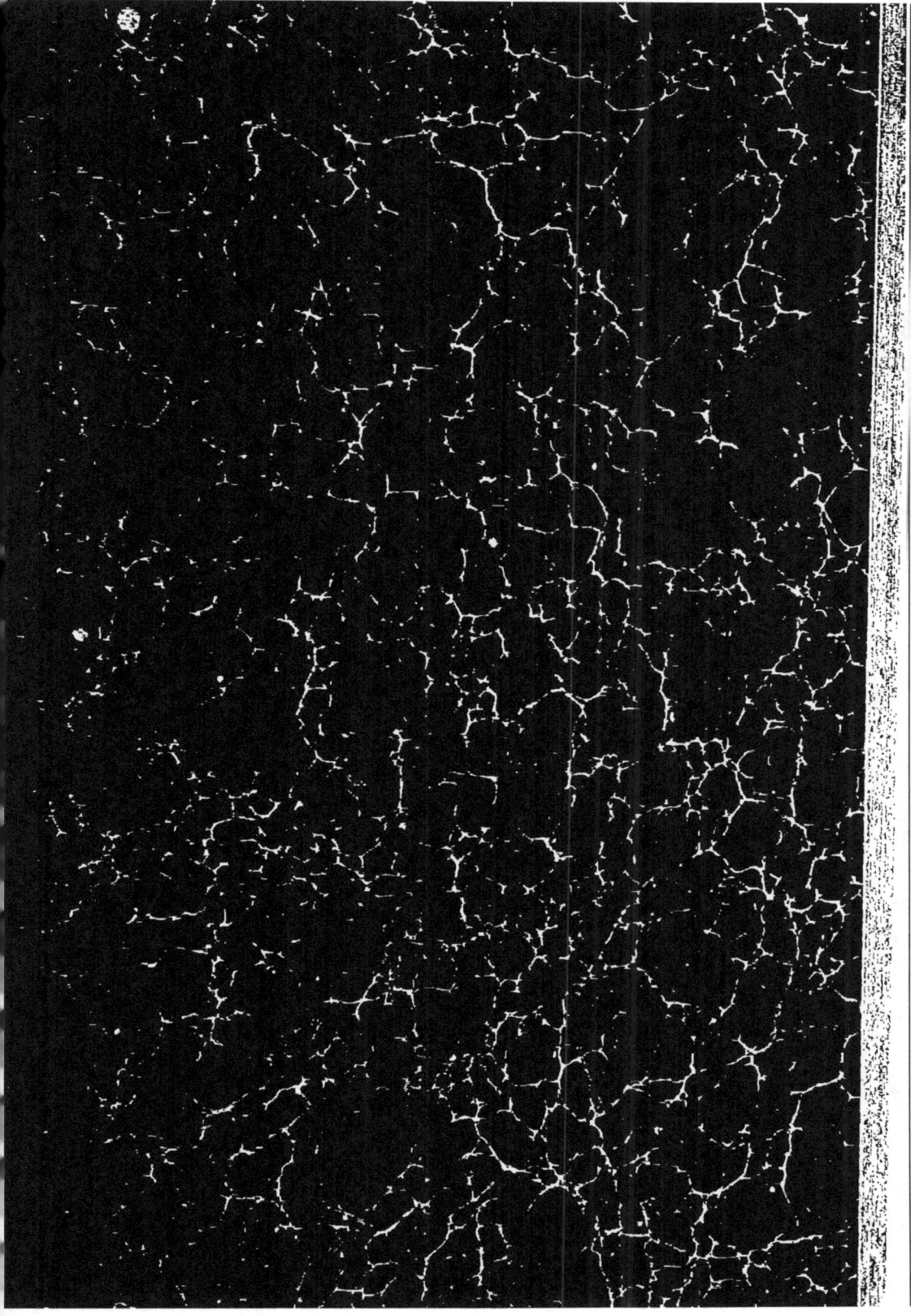

Ca.5.

OEUVRES

DE GEORGE SAND

TOME V

PARIS. IMPRIMÉ PAR BÉTHUNE ET PLON.

OEUVRES

DE

GEORGE SAND

NOUVELLE ÉDITION

REVUE PAR L'AUTEUR

ET ACCOMPAGNÉE DE MORCEAUX INÉDITS

ANDRE,
LA MARQUISE, LAVINIA,
METELLA, MATTEA.

PARIS

PERROTIN, ÉDITEUR

41, RUE TRAVERSIÈRE SAINT-HONORÉ

M DCCC XLII

ANDRÉ.

ANDRÉ.

I.

Il y a encore au fond de nos provinces de France un peu de vieille et bonne noblesse qui prend bravement son parti sur les vicissitudes politiques, là par générosité, ici par stoïcisme, ailleurs par apathie. Je sais d'anciens seigneurs qui portent des sabots, et boivent leur piquette sans se faire prier. Ils ne font plus ombrage à personne; et si le présent n'est pas brillant pour eux, du moins n'ont-ils rien à craindre de l'avenir.

Il faut reconnaître que parmi ces gens-là on rencontre parfois des caractères solidement trempés et vraiment faits pour traverser les temps d'orages. Plus d'un qui se serait débattu en vain contre sa nature épaisse, s'il eût succédé paisiblement à ses ancêtres, s'est fort bien trouvé de venir au monde avec la force physique et l'insouciance d'un rustre. Tel était le marquis de Morand. Il sortait d'une riche et puissante lignée, et pourtant s'estimait heureux et fier de posséder encore un petit vieux castel et un domaine d'environ deux cent mille francs.

Sans se creuser la cervelle pour savoir si ses aïeux avaient eu une plus belle vie dans leurs grands fiefs, il tirait tout le parti possible de son petit héritage; il y vivait comme un véritable laird écossais, partageant son année entre les plaisirs de la chasse et les soins de son exploitation; car, selon l'usage des purs campagnards, il ne s'en remettait à personne des soucis de la propriété. Il était à lui-même son majordome, son fermier et son métayer; même on le voyait quelquefois, au temps de la moisson ou de la fenaison, impatient de serrer ses denrées menacées par une pluie d'orage, poser sa veste sur un râteau planté en terre, donner de l'aisance aux courroies élastiques qui soutenaient son haut-de-chausses sur son ventre de Falstaff, et, s'armant d'une fourche, passer la gerbe aux ouvriers. Ceux-ci, quoique essoufflés et ruisselants de sueur, se montraient alors empressés, facétieux et pleins de bon vouloir; car ils savaient que le digne seigneur de Morand, en s'essuyant le front au retour, leur verserait le coup d'*embauchage* pour la semaine suivante, et ferait en vin de sa cave plus de dépense que l'eau de pluie n'eût causé de dégâts sur sa récolte.

Malgré ces petites inconséquences, le hobereau faisait bon usage de sa vigueur et de son activité. Il mettait de côté chaque année un tiers de son revenu, et, de cinq ans en cinq ans, on le voyait arrondir son domaine de quelque bonne terre labourable ou de quelque beau carrefour de hêtre et de chêne noir. Du reste, sa maison était honorable sinon élégante, sa cuisine confortable sinon exquise, son vin généreux, ses bidets pleins de vigueur, ses chiens bien ouverts et bien évidés au flanc, ses amis nombreux et bons buveurs, ses servantes hautes en couleur et quelque peu barbues. Dans son jardin fleurissaient les plus beaux espaliers du pays; dans ses prés paissaient les plus belles vaches; enfin, quoique les limites du château et de la ferme ne fussent ni bien tracées ni bien gardées, quoique les poules et les abeilles fussent un peu trop accoutumées au salon, que la saine odeur des étables pénétrât fortement dans la salle à manger, il n'est pas moins certain que la vie pouvait être douce, active, facile et sage derrière les vieux murs du château de Morand.

Mais André de Morand, le fils unique du marquis, n'en jugeait pas ainsi ; il faisait de vains efforts pour se renfermer dans la sphère de cette existence, qui convenait si bien aux goûts et aux facultés de ceux qui l'entouraient. Seul et chagrin parmi tous ces gens occupés d'affaires lucratives et de commodes plaisirs, il s'adressait des questions dangereuses : « A quoi bon ces fatigues, et que sont ces jouissances ? Travailler pour arriver à ce but, est-ce la peine ? Quel est le plus rude, de se condamner à ces amusements ou de se laisser tuer par l'ennui ? » Toutes ses idées tournaient dans ce cercle sans issue, tous ses désirs se brisaient à des obstacles grossiers, insurmontables. Il éprouvait le besoin de posséder ou de sentir tout ce qui était ignoré de ses proches ; mais ceux dont il dépendait ne s'en souciaient point, et résistaient à sa fantaisie sans se donner la peine de le contredire.

Lorsque son père s'était décidé à lui donner un précepteur, c'avait été par des raisons d'amour-propre, et nullement en vue des avantages de l'éducation. Soit disposition invétérée, soit l'effet du désaccord établi par cette éducation entre lui et les hommes qui l'entouraient, le caractère d'André était devenu de plus en plus insolite et singulier aux yeux de sa famille. Son enfance avait été maladive et taciturne. Dans son âge de puberté, il se montra mélancolique, inquiet, bizarre. Il sentit de grandes ambitions fermenter en lui, monter par bouffées, et tomber tout à coup sous le poids du découragement. Les livres dont on le nourrissait pour l'apaiser ne lui suffisaient pas ou l'absorbaient trop. Il eût voulu voyager, changer d'atmosphère et d'habitudes, essayer toutes les choses inconnues, jeter en dehors l'activité qu'il croyait sentir en lui, contenter enfin cette avidité vague et fébrile qui exagérait l'avenir à ses yeux.

Mais son père s'y opposa. Ce joyeux et loyal butor avait sur son fils un avantage immense, celui de vouloir. Si le savoir eût développé et dirigé cette faculté chez le marquis de Morand, il fût devenu peut-être un caractère éminent; mais, né dans les jours de l'anarchie, abandonné ou caché parmi des paysans, il avait été élevé par eux et comme eux. La bonne et saine logique dont il était doué lui avait appris à se contenter de sa destinée et à s'y renfermer; la force de sa volonté, la persistance de son énergie l'avaient conduit à en tirer le meilleur parti possible. Son courage roide et brutal forçait à l'estime sociale ceux qui, du reste, lui prodiguaient le mépris intellectuel. Son entêtement ferme, et quelquefois revêtu d'une certaine dignité patriarcale, avait rendu toutes les volontés souples autour de lui; et si la lumière de l'esprit, qui jaillit de la discussion, demeurait étouffée par la pratique de ce despotisme paternel, du moins l'ordre et la bonne harmonie domestique y trouvaient des garanties de durée.

André tenait peut-être de sa mère, qui était morte jeune et chétive, une insurmontable langueur de caractère, une inertie triste et molle, un grand effroi de ces récriminations et de ces leçons dures dont les hommes peu cultivés sont prodigues envers leurs enfants. Il possédait une sensibilité naïve, une tendresse de cœur qui le rendaient craintif et repentant devant les reproches même injustes. Il avait toute l'ardeur de la force pour souhaiter et pour essayer la rébellion, mais il était inhabile à la résistance. Sa bonté naturelle l'empêchait d'aller en avant. Il s'arrêtait pour demander à sa conscience timorée s'il avait le droit d'agir ainsi, et, durant ce combat, les volontés extérieures brisaient la sienne. En un mot, le plus grand charme de son naturel était son plus grand défaut; la chaîne d'airain de sa volonté devait toujours se briser à cause d'un anneau d'or qui s'y trouvait.

Rien au monde ne pouvait contrarier et même offenser le marquis de Morand comme les inclinations studieuses de son fils. Égoïste et resserré dans sa logique naturelle, il s'était dit que les vieux sont faits pour gouverner les jeunes, et que rien ne nuit plus à la sûreté des gouvernements que l'esprit d'examen. S'il avait accordé un instituteur à son fils, ce n'était pas pour le satisfaire, mais pour le placer au niveau de ses contemporains. Il avait bien compris que d'autres auraient sur lui l'avantage d'une certaine morgue scolastique s'il le laissait dans l'ignorance, et il avait pris ce grand parti pour prouver qu'il était un aussi riche et magnifique personnage que tel ou tel de ses voisins. M. Forez fut donc le seul objet de luxe qu'il admit dans la maison, à la condition toutefois, bien signifiée au survenant, d'aider de tout son pouvoir à l'autocratie paternelle, et le précepteur intimidé tint rigoureusement sa promesse.

Il trouva cette tâche facile à remplir avec un tempérament doux et maniable comme celui du jeune André; et le marquis, n'ayant pas rencontré de résistance dans tout le cours de cette délégation de pouvoir, ne fut pas trop choqué des progrès de son fils. Mais lorsque M. Forez se fut retiré, le jeune homme devint un peu plus difficile à contenir, et le marquis épouvanté se mit à chercher sérieusement le moyen de l'enchaîner à son pays natal. Il savait bien que toute sa puissance serait inutile le jour où André quitterait le toit paternel; car l'esprit de révolte était en lui, et s'il était encore retenu, grâce à sa timidité naturelle, par un froncement de sourcil et par une inflexion dure dans la voix de son père, il était évident que les motifs d'indépendance ne manqueraient pas du moment où il n'y aurait plus d'explications orageuses à affronter.

Ce n'est pas que le marquis craignît de le voir tomber dans les désordres de son âge. Il savait que son tempérament ne l'y portait pas; et même il eût désiré, en bon vivant et en homme éclairé qu'il se piquait d'être, trouver un peu moins de rigidité dans les principes de cette jeune conscience. Il rougissait de dépit quand on lui disait que son fils avait l'air d'une demoiselle. Nous ne voudrions pas affirmer qu'il n'y eût pas aussi au fond de son cœur, malgré la bonne opinion qu'il avait de lui-même, un certain sentiment de son infériorité qui bouleversait toutes ses idées sur la prééminence paternelle.

Il ne craignait pas non plus que, par goût pour les raffinements de la civilisation, son fils ne l'entraînât à de grandes dépenses au dehors. Ce goût ne pouvait être éclos dans la tête inexpérimentée d'André; et d'ailleurs le marquis avait pour point d'honneur d'aller, en fait d'argent, au-devant de toutes les fantaisies de ce fils opprimé et chéri. C'est ce qui faisait dire à toute la province qu'il n'était pas au monde de jeune homme plus heureux et mieux traité que l'héritier des Morand;

mais qu'il *jouissait* d'une mauvaise santé et qu'il était *doué* d'un caractère morose. S'il vivait, disait-on, il ne vaudrait jamais son père.

M. de Morand craignait qu'entraîné par les séductions d'un monde plus brillant son fils ne secouât entièrement le joug, et que non-seulement il ne revînt plus partager sa vie, mais qu'il s'avisât encore de vendre sa maison héréditaire et d'aliéner ses rentes seigneuriales. Quoique le marquis se fût quelque peu entaché de libéralisme dans la société des chasseurs et des buveurs roturiers qu'il appelait à sa table, il tenait secrètement à ses titres, à sa gentilhommerie, et n'affectait le dédain de ces vanités que dans l'espérance de leur donner plus de lustre aux yeux des petits. Lorsqu'il rentrait le soir après la chasse, il entendait, avec un certain orgueil, l'amble serré de sa petite jument retentir sous la herse délabrée de son château; lorsque du sommet d'une colline boisée il comptait sur ses doigts, d'un air recueilli, la valeur de chacun des arbres d'élite marqués pour la cognée, il jetait un regard d'amour sur ses tourelles à demi cachées dans la cime des bois, et son front s'éclaircissait comme au retour d'une douce pensée.

II.

Au profond ennui qui rongeait André, l'attente d'une femme selon son cœur venait, depuis quelque temps, mêler des souffrances et des douceurs plus étranges. Il est à croire que rien d'impur n'aurait pu germer dans cette âme neuve, rien de laid se poser dans cette jeune imagination, et que sa péri enfin était belle comme le jour. Autrement se serait-il pris à pleurer si souvent en songeant à elle? l'aurait-il appelée avec tant d'instances et de doux reproches, l'ingrate qui ne voulait pas descendre du ciel dans ses bras? serait-il resté si tard le soir à l'attendre dans les prés humides de rosée? se serait-il éveillé si matin pour voir lever le soleil, comme si un de ses rayons allait féconder les vapeurs de la terre et en faire sortir un ange d'amour réservé à ses embrassements?

On le voyait partir pour la chasse, mais revenir sans gibier. Son fusil lui servait de prétexte et de contenance; grâce à ce talisman, le jeune poëte traversait la campagne et bravait les rencontres, sans danger d'être pris pour un fou; il cachait son sentiment le plus cher avec un volume de roman dans la poche de sa blouse; puis, s'asseyant en silence dans les taillis, gardiens du mystère, il s'entretenait de longues heures avec Jean-Jacques ou Grandisson, tandis que les lièvres trottaient amicalement autour de lui et que les grives babillaient au-dessus de sa tête, comme de bonnes voisines qui se font part de leurs affaires.

A mesure que les vagues inquiétudes de la jeunesse se dirigeaient vers un but appréciable à l'esprit sinon à la vue du solitaire André, sa tristesse augmentait; mais l'espérance se développait avec le désir, et le jeune homme, jusque-là morose et nonchalant, commençait à sentir la plénitude de la vie. Son père tirait bon augure de l'activité des jambes du chasseur, mais il ne prévoyait pas que cette humeur vagabonde aurait pu changer André en hirondelle si la voix d'une femme l'eût appelé d'un bout de la terre à l'autre.

André était donc devenu un marcheur intrépide, sinon un heureux chasseur. Il ne trouvait pas de solitude assez reculée, pas de lande assez déserte, pas de colline assez perdue dans les verts horizons, pour fuir le bruit des métairies et le mouvement des cultivateurs. Afin d'être moins troublé dans ses lectures, il faisait chaque jour plusieurs lieues à travers champs, et la nuit le surprenait souvent avant qu'il eût songé à reprendre le chemin du logis.

Il y avait à trois lieues du château de Morand une gorge inhabitée où la rivière coulait silencieusement entre deux marges de la plus riche verdure. Ce lieu, quoique assez voisin de la petite ville de L...., n'était guère fréquenté que par les bergeronnettes et les merles d'eau; les terres avoisinantes étaient sévèrement gardées contre les braconniers et les pêcheurs; André seul, en qualité de chasseur inoffensif, ne donnait aucun ombrage au garde et pouvait s'enfoncer à loisir dans cette solitude charmante.

C'est là qu'il avait fait ses plus chères lectures et ses plus doux rêves. Il y avait évoqué les ombres de ses héroïnes de roman. Les chastes créations de Walter Scott, Alice, Rébecca, Diana, Catherine, étaient venues souvent chanter dans les roseaux des chœurs délicieux qu'interrompait parfois le gémissement douloureux et colère de la petite Fénella. Du sein des nuages, les soupirs éloignés des vierges hébraïques de Byron répondaient à ces belles voix de la terre, tandis que la grande et pâle Clarisse, assise sur la mousse, s'entretenait gravement à l'écart avec Julie, et que Virginie enfant jouait avec les brins d'herbe du rivage. Quelquefois un chœur de bacchantes traversait l'air et emportait ironiquement les douces mélodies. André, pâle et tremblant, les voyait passer, fantasques, méchantes et belles, écrasant sans pitié les fleurs du rivage sous leurs pieds nus, effarouchant les tranquilles oiseaux endormis dans les saules, et trempant leurs couronnes de pampre dans les eaux pour les secouer moqueusement à la figure du jeune rêveur. André s'éveillait de sa vision triste et découragé. Il se reprochait de les avoir trouvées belles et d'avoir eu envie un instant de suivre leur trace, semée de fleurs et de débris. Il évoquait alors ses divins fantômes, ses types chéris de sentiment et de pureté. Il les voyait redescendre vers lui dans leurs longues robes blanches et lui montrer au fond de l'onde une image fugitive qu'il s'efforçait en vain d'attirer et de saisir.

Cette ombre mystérieuse et vague qu'il voyait flotter partout, c'était son amante inconnue, c'était son bonheur futur; mais toutes les réalités différaient tellement de sa beauté idéale qu'il désespérait souvent de la rencontrer sur la terre, et se mettait à pleurer en murmurant dans son angoisse des paroles incohérentes. Son père le crut fou bien des fois, et faillit envoyer chercher le médecin pour l'avoir entendu crier au milieu de la nuit : — Où es-tu? es-tu née seulement? ne suis-je pas venu trop tôt ou trop tard pour te rencontrer sur la terre? Et vingt autres folies que le bonhomme traita de billevesées dès qu'il se fut bien assuré que son fils n'avait pas attrapé de coup de soleil dans la journée.

Un soir que le jeune homme s'était attardé dans les Prés-Girault, c'était le nom de sa chère retraite, il lui sembla voir passer à quelque distance une forme réelle; autant qu'il put la distinguer, c'était une taille déliée avec une robe blanche. Elle semblait voltiger sur la pointe des joncs, tant elle courait légèrement! Cette vision ne dura qu'un instant et disparut derrière un massif de trembles. André s'était arrêté stupéfait, et son cœur battait si fort qu'il lui eût été impossible de faire un pas pour la suivre. Quand il en eut retrouvé la force, il s'aperçut que la rivière, qui coulait à fleur de terre et formait cent détours dans la prairie, le séparait du massif. Il lui fallut faire beaucoup de chemin pour rencontrer un de ces petits ponts que les gardeurs de troupeaux construisent eux-mêmes avec des branches entrelacées et de la terre; enfin il atteignit le massif et n'y trouva personne. L'ombre était devenue si épaisse qu'il était impossible de voir à dix pas devant soi. Il revint, tout pensif et tout ému, s'asseoir devant le souper de son père; mais il dormit moins encore que de coutume, et retourna aux Prés-Girault le lendemain. Rien n'en troublait la solitude, et il craignit d'être devenu assez fou pour qu'une de ses fictions ordinaires lui fût apparue comme une chose réelle.

Le jour suivant, à force d'explorer les bords de la rivière, il trouva un petit gant de fil blanc très-fin, tricoté à l'aiguille avec des points à jour très-artistement travaillés, et qui semblait avoir servi à arracher des herbes, car il était taché de vert.

André le prit, le baisa mille fois comme un fou, l'emporta sur son cœur et en devint amoureux, sans songer que le prince *Charmant*, épris d'une pantoufle, n'était pas un rêveur beaucoup plus ridicule que lui.

Huit jours s'étaient passés sans qu'il trouvât aucune autre trace de cette apparition. Un matin il arriva lentement, comme un homme qui n'espère plus, et, s'appuyant contre un arbre, il se mit à lire un sonnet de Pétrarque.

Tout à coup une petite voix fraîche sortit des roseaux et chanta deux vers d'une vieille romance :

> Puis, tout après, je vis dame d'amour
> Qui marchait doux et venait sur la rive.

André tressaillit, et, se penchant, il vit à vingt pas de lui une jeune fille habillée de blanc, avec un petit châle couleur arbre de Judée et un mince chapeau de paille. Elle était debout et semblait absorbée dans la contemplation d'un bouquet de fleurs des champs qu'elle avait à la main. André eut l'idée de s'élancer vers elle pour la mieux voir; mais elle vint de son côté, et il se sentit tellement intimidé qu'il se cacha dans les buissons. Elle arriva tout auprès de lui sans s'apercevoir de sa présence, et se mit à chercher d'autres fleurs. Elle erra ainsi pendant près d'un quart d'heure, tantôt s'éloignant, tantôt se rapprochant, explorant tous les brins d'herbe de la prairie et s'emparant des moindres fleurettes. Chaque fois qu'elle en avait rempli sa main, elle descendait sur une petite plage que baignait la rivière et plantait son bouquet dans le sable humide pour l'empêcher de se faner. Quand elle en eut fait une botte assez grosse, elle la noua avec des joncs, plongea les tiges à plusieurs reprises dans le courant de l'eau pour en ôter le sable, les enveloppa de larges feuilles de *nymphæa* pour en conserver la fraîcheur, et, après avoir rattaché son petit chapeau, elle se mit à courir, emportant ses fleurs, comme une biche poursuivie. André n'osa pas la suivre; il craignit d'avoir été aperçu et de l'avoir mise en fuite. Il espéra qu'elle reviendrait, mais elle ne revint plus. Il retourna inutilement aux Prés-Girault pendant toute la belle saison. L'hiver vint; et, à chaque fleur que le froid moissonna, André perdit l'espérance de voir revenir sa belle chercheuse de bluets.

Mais cette matinée romanesque avait suffi pour le rendre amoureux. Il en devint maigre à faire trembler, et son père, qui jusque-là avait craint de lui voir chercher ses distractions dans les villes environnantes, fut assez inquiet de sa mélancolie pour l'engager à courir un peu les bals et les divertissements de la province.

André éprouvait désormais une grande répugnance pour tout ce qui ne se renfermait pas dans le cercle de ses rêveries et de ses promenades solitaires; néanmoins il chercha son inconnue dans les fêtes et dans les réunions d'alentour. Ce fut en vain : toutes les femmes qu'il vit lui semblèrent si inférieures à son inconnue, que, sans le gant qu'il avait trouvé, il aurait pris toute cette aventure pour un rêve.

Ce fut sans doute un malheur pour lui de se retrancher dans sa fantaisie comme dans un fort inexpugnable, et de fermer les yeux et les oreilles à toutes les séductions de l'oubli. Il aurait pu trouver une femme plus belle que son idéale, mais elle l'avait fasciné. C'était la première, et par conséquent la seule dans son imagination. Il s'obstina à croire que sa destinée était d'aimer celle-là, que Dieu la lui avait montrée pour qu'il en gardât l'empreinte dans son âme et lui restât fidèle jusqu'au jour où elle lui serait rendue. C'est ainsi que nous nous faisons nous-mêmes les ministres de la fatalité.

Ce fut surtout vers la petite ville de L.... qu'il dirigea ses recherches. Mais en vain il vit, pendant plusieurs dimanches, l'élite de *la société* se rassembler dans un salon de bourgeoises précieuses et beaux-esprits; il n'y trouva pas celle qu'il cherchait. Ce qui rendait cette découverte bien plus difficile, c'est que, par suite d'un sentiment appréciable seulement pour ceux qui ont nourri leurs premières amours de rêveries romanesques, André ne put jamais se décider à parler à qui que ce fût de la rencontre qu'il avait faite et de l'impression qu'il en avait gardée. Il aurait cru trahir une révélation divine s'il eût confié son bonheur et son angoisse à des oreilles profanes. Or, il est bien certain qu'il n'avait aucun ami qui lui ressemblât, et que tous ses jeunes compatriotes se fussent moqués de sa passion, sans en excepter Joseph Marteau, celui qu'il estimait le plus.

Joseph Marteau était fils d'un brave notaire de village. Dans son enfance il avait été le camarade d'André, autant qu'on pouvait être le camarade de cet enfant débile et taciturne. Joseph était précisément tout l'opposé : grand, robuste, jovial, insouciant, il ne sympathisait avec lui que par une certaine élévation de caractère et une grande loyauté naturelle. Ces bons côtés étaient d'autant plus sensibles que l'éducation n'avait guère rien fait pour les développer. Le manque d'instruction solide perçait dans la rudesse de ses goûts. Étranger à toutes les délicatesses d'idées qui caractérisaient le jeune marquis, il y suppléait par une conversation enjouée. Sa bonne et franche gaieté lui inspirait de l'esprit, ou au moins lui en tenait lieu, et il était la seule personne au monde qui pût faire rire le mélancolique André.

Depuis deux ou trois ans il était établi dans la ville de L... avec sa famille, et fréquentait peu le château de Morand ; mais le marquis, effrayé de la langueur de son fils, alla le trouver, et le pria de venir de temps en temps le distraire par son amitié et sa bonne humeur.

Joseph aimait André comme un écolier vigoureux aime l'enfant souffreteux et craintif qu'il protège contre ses camarades. Il ne comprenait rien à ses ennuis ; mais il avait assez de délicatesse pour ne pas les froisser par des railleries trop dures. Il le regardait comme un enfant gâté, ne discutait pas avec lui, ne cherchait pas à le consoler, parce qu'il ne le croyait pas réellement à plaindre, et ne s'occupait qu'à l'amuser, tout en s'amusant pour son propre compte. Sans doute André ne pouvait pas avoir d'ami plus utile. Il le retrouva donc avec plaisir, et, confié par son père à ce gouverneur de nouvelle espèce, il se laissa conduire partout où le caprice de Joseph voulut le promener.

Celui-ci commença par décréter que, vivant seul, André ne pouvait être amoureux. André garda le silence. Joseph reprit en décidant qu'il fallait qu'André devînt amoureux. André sourit d'un air mélancolique. Joseph conclut en affirmant que parmi les demoiselles de la ville il n'y en avait pas une qui eût le sens commun ; que ces précieuses étaient propres à donner le spleen plutôt qu'à l'ôter ; qu'il n'y avait au monde qu'une espèce de femmes aimables, à savoir, les grisettes, et qu'il fallait que son ami apprît à les connaître et à les apprécier, ce à quoi André se résigna machinalement.

III.

Les romanciers allemands parlent d'une petite ville de leur patrie où la beauté semble s'être exclusivement logée dans la classe des jeunes ouvrières. Quiconque a passé vingt-quatre heures dans la petite ville de L....., en France, peut attester la rare gentillesse et la coquetterie sans pareille de ses grisettes. Jamais nid de fauvettes babillardes ne mit au jour de plus riches couvées d'oisillons espiègles et jaseurs; jamais souffle du printemps ne joua dans les prés avec plus de fleurettes brillantes et légères. La ville de L..... s'enorgueillit à bon droit de l'éclat de ses filles, et de plus de vingt lieues à la ronde les galants de tous étages viennent risquer leur esprit et leurs prétentions dans ces bals d'artisans où, chaque dimanche, plus de deux cents petites commères étalent sous les quinquets leurs robes blanches, leurs tabliers de soie noire et leur visage couleur de rose.

Comment la toilette des dames de la ville suffit à faire travailler et vivre toutes ces fillettes, c'est ce qu'on ne saurait guère expliquer sans avouer que ces dames aiment beaucoup la toilette, et qu'elles ont bien raison.

Quoi qu'il en soit, les méchants et les méchantes vont s'étonnant du grand nombre d'*artisanes* (c'est un mot du pays que je demande la permission d'employer) qui réussissent à vivre dans une aussi petite ville; mais les gens de bien ne s'en étonnent pas : ils comprennent que cette ville privilégiée est pour la grisette un théâtre de gloire qu'elle doit préférer à tout autre séjour; ils savent en outre que la jeunesse et la santé s'alimentent sobrement et peuvent briller sous les plus modestes atours.

Ce qu'il y a de certain, c'est que nulle part peut-être en France la beauté n'a plus de droits et de franchises que dans ce petit royaume, et que nulle part ses priviléges ne dégénèrent moins en abus. L'indépendance et la sincérité dominent comme une loi générale dans les divers caractères de ces jeunes filles. Fières de leur beauté, elles exercent une puissance réelle dans leur Yvetot, et cette espèce de ligue contre l'influence féminine des autres classes établit entre elles un esprit de corps assez estimable et fertile en bons procédés.

Par exemple, si le secret de leurs fautes n'est pas toujours assez bien gardé pour ne pas faire le tour de la ville en une heure, du moins y a-t-il une barrière que ce secret ne franchit pas aisément. Là où cesse l'apostolat de l'artisanerie cesse le droit d'avoir part au petit plaisir du scandale. Ainsi l'aventure d'une grisette peut égayer ou attendrir long-temps la foule de ses pareilles avant d'être livrée au dédaigneux sourire des bas-bleus de l'endroit ou aux graveleux quolibets des villageoises d'alentour.

Ces aventures ne sont pas rares dans une ville où une seule classe de femmes mérite assez d'hommages pour accaparer ceux de toutes les classes d'hommes : aussi voit-on rarement une belle artisane être farouche au point de manquer de cavalier servant. Tant de sévérité serait presque ridicule dans un pays où la galanterie n'a pas encore mis à la porte toute naïveté de sentiment, et où l'on voit plus d'une amourette s'élever jusqu'à la passion. Ainsi une jeune fille y peut, sans se compromettre, agréer les soins d'un homme libre et ne pas désespérer de l'amener au mariage; si elle manque son but, ce qui arrive souvent, elle peut espérer de mieux réussir avec un second adorateur, et même avec un troisième, si sa beauté ne s'est pas trop flétrie dans l'attente illimitée du nœud conjugal.

A part donc les vertus austères qui se rencontrent là comme partout en petit nombre, les jeunes ouvrières de L.... sont généralement pourvues chacune d'un favori choisi entre dix, et fort envié de ses concurrents.

On peut comparer cette espèce de mariage expectatif au sigisbéisme italien. Tout s'y passe loyalement, et le public n'a pas le droit de gloser tant qu'un des deux amants ne s'est pas rendu coupable d'infidélité ou entaché de ridicule.

Il faut dire à la louange de ces grisettes qu'aucune ne fait fortune par l'intrigue, et qu'elles semblent ignorer l'ignoble trafic que les femmes font ailleurs de leur beauté ; leur orgueil équivaut à une vertu ; jamais la cupidité ne les jette dans les bras des vieillards ; elles aiment trop l'indépendance pour souffrir aucun partage, pour s'astreindre à aucune précaution. Aussi les hommes mariés ne réussissent jamais auprès d'elles. Il y a quelque chose de vraiment magnifique dans l'exercice insolent de leur despotisme féminin. Elles sont aimantes et colères, romanesques on ne peut plus, coquettes et dédaigneuses, avides de louanges, folles de plaisirs, bavardes, gourmandes, impertinentes ; mais désintéressées, généreuses et franches. Leur extérieur répond assez à ce caractère : elles sont généralement grandes, robustes et alertes ; elles ont de grandes bouches qui rient à tout propos pour montrer des dents superbes ; elles sont vermeilles et blanches, avec des cheveux bruns ou noirs. Leurs pieds sont très-provinciaux et leurs mains rarement belles ; leur voix est un peu virile, et l'accent du pays n'est pas mélodieux. Mais leurs yeux ont une beauté particulière et une expression de hardiesse et de bonté qui ne trompe pas.

Tel était le monde où Joseph Marteau essaya de lancer le timide André, en lui déclarant que le bonheur suprême était là et non ailleurs, et qu'il ne pouvait pas manquer de sortir enivré du premier bal où il mettrait les pieds. André se laissa donc conduire et se conduisit lui-même assez bien durant toute la soirée. Il dansa très-assidûment, ne fit manquer aucune figure, dépensa au moins cinq francs en oranges et en pralines *offertes aux dames;* même il se montra homme de talent et de *bonne société* (comme disent les gens de mauvaise compagnie) en prenant la place du premier violon, qui était ivre, et en jouant très-proprement un quadrille de contredanses tirées de *la Muette de Portici.*

Malgré ces excellentes actions, André ne prit pas beaucoup dans la société artisane. On le trouva *fier*, c'est-à-dire silencieux et froid ; lui-même ne s'amusa guère et ne fut pas aussi enchanté qu'on le lui avait prédit. La beauté de ces grisettes n'était nullement celle qui plaisait à son imagination. Il était difficile, mais ce n'était pas sa faute ; il avait dans la tête l'ineffaçable souvenir d'un teint pâle, de deux grands yeux mélancoliques, d'une voix douce, et voulait à toute force trouver de la poésie, sinon dans le langage, du moins dans le silence d'une femme. Tout ce petit caquetage d'enfants gâtés lui déplut. D'ailleurs il n'était pas aisé d'en approcher ; la moins belle était surveillée par plus d'un aspirant jaloux, et André ne se sentait pas la moindre vocation pour le rôle de Lovelace campagnard. Trop modeste pour espérer de supplanter qui que ce fût, il était trop nonchalant pour engager la lutte avec un concurrent. Il se retira donc de bonne heure, laissant Joseph dans une grande exaltation entre une belle ravaudeuse aux yeux noirs et un énorme bol de vin chaud.

— Comment ! dit-il à André le lendemain, tu es parti avant la fin ! Tu n'y entends rien, mon cher ; tu ne sais pas que c'est le meilleur moment. On se place adroitement à la sortie, on jette son dévolu sur une fille mal gardée, on lui offre le bras, elle accepte. Vous la reconduisez jusque chez elle, vous avez pour elle mille petits soins durant le trajet : vous lui offrez votre manteau, elle en accepte la moitié ; vous la soulevez dans vos bras pour traverser le ruisseau. Si un chien passe auprès d'elle dans l'obscurité, elle se presse contre vous d'un petit air effrayé, sous prétexte qu'elle a grand'peur des chiens enragés ; vous la rassurez, et vous brandissez votre canne en élevant la voix de manière à réveiller toute la rue. Si le chien a l'air de n'être pas belliqueux, vous pouvez même aller jusqu'à l'assommer d'un grand coup de pied en passant ; cela fait bien et donne l'air crâne. Surtout évitez de jurer ; la grisette hait tout ce qui sent le paysan. Ne gardez pas votre pipe à la bouche en lui donnant le bras ; elle est exigeante et veut du respect. Glissez-lui un compliment agréable de temps en temps, en procédant toujours par comparaison ; par exemple, dites : Mademoiselle une telle est bien jolie, c'est dommage qu'elle soit si pâle ; ce n'est pas une rose du mois de mai comme vous. Si votre belle est pâle, parlez d'une personne un peu trop enluminée, et dites que les grosses couleurs donnent l'air d'une servante. Mais surtout choisissez les beautés que vous voulez dénigrer dans la première société : votre compliment sera deux fois mieux accueilli. Enfin, au moment de quitter votre infante, prenez un air respectueux et demandez-lui la permission de l'embrasser. Dès qu'elle aura consenti, redoublez de civilité et embrassez-la le chapeau à la main ; aussitôt après saluez jusqu'à terre. Gardez-vous bien de baiser la main, on se moquerait de vous. Replacez-lui son châle sur les épaules ; louez sa taille, mais n'y touchez pas. Faites ce métier-là cinq ou six jours de suite ; après quoi vous pouvez tout espérer.

— Et cela suffit pour être préféré à un amant en titre ?

— Bah ! quand on n'a peur de rien, quand on ne doute de rien, on arrive à tout. D'ailleurs je ne te dis pas d'aller te mettre en concurrence avec un de ces gros corroyeurs qui sont accoutumés à charger des bœufs sur leurs épaules, ni avec un de ces fils de fermier qui ont toujours à la main un bâton de cormier ou un brin de houx de la taille d'un mât de vaisseau. Non, il y a assez de freluquets auxquels on peut s'attaquer, de petits clercs d'avoué qui ont la voix flûtée et le menton lisse comme la main, ou bien des flandrins de la haute bourgeoisie qui n'ont pas envie de déchirer leurs habits de drap fin. Ceux-là, vois-tu, on leur souffle leur Dulcinée en quinze jours quand on sait s'y prendre. La grisette aime assez ces marjolets qui font des phrases et qui portent des jabots ; mais elle aime par-dessus tout un brave tapageur qui ne sait pas nouer sa cravate, qui a le chapeau sur l'oreille, et qui pour elle ne craint pas de se faire enfoncer un œil ou casser une dent.

André secoua la tête.

— Je ne ferais pas fortune ici, dit-il, et je ne chercherai pas.

— Comme tu voudras, reprit Joseph ; mais viens toujours dîner avec nous aujourd'hui, tu nous l'as promis.

André se rendit donc à cinq heures chez les parents de son ami Marteau.

— Parbleu ! dit Joseph, si tu fuis les grisettes, les grisettes te poursuivent. Ma mère fait faire le trousseau de ma sœur qui se marie, et nous avons quatre ouvrières dans la maison. Quatre! et des plus jolies, ma foi! Moi, je ne fais que de dévider le fil et de ramasser les ciseaux de ces Omphales. Je tourne à l'entour en sournois, comme le renard autour d'un perchoir à poules, jusqu'à ce que la moins prudente se laisse prendre par le vertige et tombe au pouvoir du larron. Le soir, quand elles ont fini leur tâche, je les fais danser dans la cour au son de la flûte, sur six pieds carrés de sable, à l'ombre de deux acacias. C'est une scène champêtre digne d'arracher de tes yeux des larmes bucoliques. Ah! tu me verras ce soir transformé en Tityre, assis sur le bord du puits; et je veux te faire voltiger toi-même au milieu de mes nymphes. Ah çà! tu sais l'usage du pays? les ouvrières en journée mangent à la même table que nous. Ne va pas faire le dédaigneux; songe que cela se fait dans tout le département, dans les grands châteaux tout comme chez les bourgeois.

— Oui, oui, je le sais, répondit André; c'est un usage du vieux temps que les artisans ne cherchent pas à détruire.

— Moi, j'aime beaucoup cet usage-là, parce que les filles sont jolies. Si jamais je me marie, et si ma femme (comme font beaucoup de jalouses) n'admet au logis que des ouvrières de quatre-vingts ans, je saurai fort bien les envoyer manger à l'office, ou bien je leur ferai servir des nougats de pierre à fusil qui les dégoûteront de mon ordinaire. Mais ici c'est différent : les bouches sont fraîches et les dents blanches. Que la beauté soit la reine du monde, rien de mieux.

IV.

L'INTÉRIEUR de la famille Marteau était patriarcal. La grand'mère, matrone pleine de vertus et d'obésité, était assise près de la cheminée et tricotait un bas gris. C'était une excellente femme, un peu sourde, mais encore gaie, qui de temps en temps plaçait son mot dans la conversation, tout en ricanant sous les lunettes sans branches qui lui pinçaient le nez. La mère était une ménagère sèche et discrète, active, silencieuse, absolue, sujette à la migraine, et partant chagrine. Elle était debout devant une grande table couverte d'un tapis vert et taillait elle-même la besogne aux ouvrières; mais, malgré son caractère absolu, la dame ne leur parlait qu'avec une extrême politesse, et souffrait, non sans une secrète mortification, que tous ses coups de ciseaux fussent soumis à de longues discussions de leur part.

Auprès de la fenêtre ouverte, les quatre ouvrières et les trois filles de la maison, pressées comme une compagnie de perdrix, travaillaient au trousseau; la fiancée elle-même brodait le coin d'un mouchoir. La maîtresse ouvrière, placée sur une chaise plus élevée que les autres, dirigeait les travaux, et de temps en temps donnait un coup d'œil aux ourlets confiés aux petites filles. Les grisettes en sous-ordre ne comptaient pas cinquante ans à elles trois; elles étaient fraîches, rieuses et dégourdies à l'avenant. Les têtes blondes des enfants de la maison, penchées d'un petit air boudeur sur leur ouvrage et ne prenant aucun intérêt à la conversation, se mêlaient aux visages animés des grisettes, à leurs bonnets blancs posés sur des bandeaux de cheveux noirs. Ce cercle de jeunes filles formait un groupe naïf tout à fait digne des pinceaux de l'école flamande. Mais, comme Calypso parmi ses nymphes, Henriette, la couturière en chef, surpassait toutes ses ouvrières en caquet et en beauté. Du haut de sa chaise à escabeau, comme du haut d'un trône, elle les animait et les contenait tour à tour de la voix et du regard. Il y avait bien dix ans qu'Henriette était comptée parmi les plus belles, mais elle ne semblait pas vouloir renoncer de sitôt à son empire. Elle proclamait avec orgueil ses vingt-cinq ans et promenait sur les hommes le regard brillant et serein d'une gloire à son apogée. Aucune robe d'alépine ne dessinait avec une netteté plus orgueilleuse l'étroit corsage et les riches contours d'une taille impériale ; aucun bonnet de tulle n'étalait ses coquilles démesurées et ses extravagantes rosettes de rubans diaphanes sur un échafaudage plus splendide de cheveux crêpés.

À l'arrivée des deux jeunes gens, le babil cessa tout à coup comme le son de l'orgue lorsque le plain-chant de l'officiant écourte sans cérémonie les dernières modulations d'une ritournelle où l'organiste s'oublie. Mais après quelques instants de silence pendant lesquels André salua timidement et supporta le moins gauchement qu'il put le regard oblique de l'aréopage féminin, une voix flûtée se hasarda à placer son mot, puis une autre, puis deux à la fois, puis toutes, et jamais volière ne salua le soleil levant d'un plus gai ramage. Joseph se mêla à la conversation, et voyant André mal à l'aise entre les deux matrones, il l'attira auprès du jeune groupe.

— Mademoiselle Henriette, dit-il d'un ton moitié familier, moitié humble (note qu'il était important de toucher juste avec la belle couturière, et dont Joseph avait très-bien étudié l'intonation), voulez-vous me permettre de vous présenter un de mes meilleurs amis, M. André de Morand, gentilhomme comme vous savez, et gentil garçon comme vous voyez? Il n'ose pas vous dire sa peine; mais le fait est qu'il a tourné autour de vous cette nuit pendant une heure pour vous faire danser, et qu'il n'a pas pu vous approcher; vous êtes inabordable au bal, et, quand on n'a pas obtenu votre promesse un mois d'avance, on peut y renoncer.

Ce compliment plut beaucoup à mademoiselle Henriette; car une rougeur naïve lui monta au visage. Tandis qu'elle engageait avec Joseph un échange d'œillades et de facétieux propos, André remarqua que la petite Sophie, la plus jeune des quatre, parlait de lui avec sa voisine; car elle le regardait maladroitement, à la dérobée, en chuchotant d'un petit air moqueur. Il se sentit plus hardi avec ces fillettes de quinze ans qu'avec la dégagée Henriette, et les somma en riant d'avouer le mal qu'elles disaient de lui. Après avoir beaucoup rougi, beaucoup refusé, beaucoup hésité, Sophie avoua qu'elle avait dit à Louisa:

— Ce monsieur André m'a fait danser deux fois hier soir; cela n'empêche pas qu'il ne soit fier *comme tout*, il ne m'a pas dit trois mots.

— Ah! mon cher André, s'écria Joseph, ceci est une agacerie, prends-en note.

— Cela est bien vrai, interrompit Henriette, qui craignait que la petite Sophie n'accaparât l'attention des jeunes gens; tout le monde l'a remarqué: M. André a bien l'air d'un noble; il ne rit que du bout des dents et ne danse que du bout des pieds; je disais en le regardant : Pourquoi est-ce qu'il vient au bal, ce pauvre monsieur ? ça ne l'amuse pas du tout.

André, choqué de cette hardiesse indiscrète, fut bien près de répondre : En vérité, mademoiselle, vous avez raison, cela ne m'amusait pas du tout; mais Joseph lui coupa la parole en disant :

— Ah! ah! de mieux en mieux, André; mademoiselle Henriette t'a regardé; que dis-je? elle t'a contemplé, elle s'est beaucoup occupée de toi. Sais-tu que tu as fait sensation? Ma foi! je suis jaloux d'un pareil début. Mais voyez-vous, mes chères petites, pardon! je voulais dire mes belles demoiselles, vous faites à mon ami un reproche qu'il ne mérite pas; vous l'accusez d'être fier lorsqu'il n'est que triste, et il faudra bien que vous lui pardonniez sa tristesse quand vous saurez qu'il est amoureux,

— Ah!!!... s'écrièrent à la fois toutes les jeunes filles.

— Oh! mais! amoureux! reprit Joseph avec emphase, amoureux frénétique!

— Frénétique! dit la petite Louisa en ouvrant de grands yeux.

— Oui! répondit Joseph, cela veut dire très-amoureux, amoureux comme le greffier du juge de paix est amoureux de vous, mademoiselle Louisa; comme le nouveau commis à pied des droits réunis est amoureux de vous, mademoiselle Juliette; comme...

— Voulez-vous vous taire, voulez-vous vous taire! s'écrièrent-elles toutes en carillon.

Madame Marteau fronça le sourcil en voyant que l'ouvrage languissait, la grand'mère sourit, et Henriette rétablit le calme d'un signe majestueux.

— Si vous n'aviez pas fait tant de tapage, mesdemoiselles, dit-elle à ses ouvrières, M. Joseph allait nous dire de qui M. André est amoureux.

— Et je vais vous le dire en grande confidence, répondit Joseph; chut! écoutez bien, vous ne le direz pas?....

— Non, non, non! s'écrièrent-elles.

— Eh bien! reprit Joseph, il est amoureux de vous quatre. Il en perd l'esprit et l'appétit; et si vous ne tirez pas au sort laquelle de vous....

— Oh! le méchant moqueur! dirent-elles en l'interrompant.

— Monsieur Joseph, nous ne sommes pas des enfants, dit Henriette en affectant un air digne, nous savons bien que monsieur est noble et que nous sommes trop peu de chose pour qu'il fasse attention à nous. Quand une ouvrière va raccommoder le linge du château de Morand, le père et le fils s'arrangent toujours pour ne pas manger à la maison, afin certainement de ne pas manger avec elle. On la fait dîner toute seule! ce n'est pas amusant; aussi il n'y a pas beaucoup d'artisanes qui veuillent y aller. On n'y a aucun agrément, personne à qui parler; et quels chemins pour y arriver! aller en croupe derrière un métayer! ce n'est pas un si beau voyage à faire, et ce n'est pas comme chez M. de... C'est un noble pourtant, celui-là; eh bien! il vient chercher lui-même ses ouvrières à la ville, et il les emmène dans sa voiture.

— Et il a soin de choisir la plus jolie, dit Joseph; c'est toujours vous, mademoiselle Henriette.

— Pourquoi pas? dit-elle en se rengorgeant; avec des gens aussi comme il faut!...

— C'est-à-dire que mon ami André, reprit Joseph

en la regardant d'un air moqueur, n'est pas un homme comme il faut, selon vos idées.

— Je ne dis pas cela ; ces messieurs sont fiers ; ils ont raison, si cela leur convient ; chacun est maître chez soi ; libre à eux de nous tourner le dos quand nous sommes chez eux ; libre à nous de rester chez nous quand ils nous font demander.

— Je ne savais pas que nous eussions d'aussi grands torts, dit André en riant ; cela m'explique pourquoi nous avons toujours d'aussi laides ouvrières ; mais c'est leur faute si nous ne nous corrigeons pas ; essayez de nous rendre sociables, mademoiselle Henriette, et vous verrez !

Henriette parut goûter assez cette fadeur ; mais, fidèle à son rôle de princesse, elle s'en défendit.

— Oh ! nous ne mordons pas dans ces douceurs-là, reprit-elle ; nous sommes trop mal élevées pour plaire à des gens comme vous ; il vous faudrait quelqu'un comme Geneviève pour causer avec vous ; mais c'est celle-là qui ne souffre pas les grands airs !

— Oh ! pardieu ! dit vivement Joseph, cela lui sied bien, à cette précieuse-là ! Je ne connais personne qui se donne de plus grands airs mal à propos.

— Mal à propos ? dit Henriette, il ne faut pas dire cela ; Geneviève n'est pas une fille du commun ; vous le savez bien, et tout le monde le sait bien aussi.

— Ah ! je ne peux pas la souffrir, votre Geneviève, reprit Joseph ; une bégueule qu'on ne voit jamais et qui voudrait se mettre sous verre comme ses marchandises !

— Qu'est-ce donc que mademoiselle Geneviève ? demanda André ; je ne la connais pas...

— C'est la marchande de fleurs artificielles, répondit Joseph, et la plus grande *chipie*...

En ce moment la servante annonça, avec la formule d'usage dans le pays, *Voilà madame une telle,* une des dames les plus élégantes de la ville.

— Oh! je m'en vais, dit tout bas Joseph; voici la quintessence de bégueulisme.

Cette visite interrompit la conversation des grisettes, et l'activité de leur aiguille fut ralentie par la curiosité avec laquelle elles examinèrent à la dérobée la toilette de la dame, depuis les plumes de son chapeau jusqu'aux rubans de ses souliers. De son côté, madame Privat, c'était le nom de la merveilleuse, qui regardait les chiffons du trousseau avec beaucoup d'intérêt, s'avisa de faire, sur la coupe d'une manche, une objection de la plus haute importance. Le rouge monta au visage d'Henriette en se voyant attaquée d'une manière aussi flagrante dans l'exercice de sa profession. La dame avait prononcé des mots inouïs : elle avait osé dire que la manchette était de mauvais goût, et que les doubles ganses du bracelet n'étaient pas d'un bon genre. Henriette rougissait et pâlissait tour à tour; elle s'apprêtait à une réponse foudroyante, lorsque madame Privat, tournant légèrement sur le talon, parla d'autre chose. L'aisance avec laquelle on avait osé critiquer l'œuvre d'Henriette et le peu d'attention qu'on faisait à son dépit augmentèrent son ressentiment, et elle se promit d'avoir sa revanche.

Après que la dame eut parlé assez long-temps avec madame Marteau sans rien dire, elle demanda si le bouquet de noces était acheté.

— Il est commandé, dit madame Marteau, Geneviève y met tous ses soins; elle aime beaucoup ma fille, et elle lui a promis de lui faire les plus jolies fleurs qu'elle ait encore faites.

— Savez-vous que cette petite Geneviève a du talent dans son genre? reprit madame Privat.

— Oh! dit la grand'mère, c'est une chose digne d'admiration! moi, je ne comprends pas qu'on fasse des fleurs aussi semblables à la nature. Quand je vais chez elle et que je la trouve au milieu de ses ouvrages et de ses modèles, il m'est impossible de distinguer les uns des autres.

— En effet, dit la dame avec indifférence, on prétend qu'elle regarde les fleurs naturelles et qu'elle les imite avec soin; cela prouve de l'intelligence et du goût.

— Je crois bien! murmura Henriette, furieuse d'entendre parler légèrement du talent de Geneviève.

— Oh! du goût! du goût! reprit la vieille, c'est ravissant le goût qu'elle a, cette enfant! Si vous voyiez le bouquet de noces qu'elle a fait à Justine, ce sont des jasmins qu'on vient de cueillir, absolument!

— Oh! maman, dit Justine, et ces muguets!

— Tu aimes les muguets, toi? dit à sa sœur Joseph qui venait de rentrer.

— Il y a aussi des lilas blancs pour la robe de bal, dit madame Marteau; nous en avons pour cinquante francs seulement pour la toilette de la mariée, sans compter les fleurs de fantaisie pour les chapeaux; tout cela coûte bien cher et se fane bien vite.

— Mais combien de temps met-elle à faire ces bouquets? dit Joseph; un mois peut-être? travailler tout un mois pour cinquante francs, ce n'est pas le moyen de s'enrichir.

— Oh! monsieur Joseph, vous avez bien raison! dit Henriette d'une voix aigre, ce n'est certainement pas trop payé; il n'y a guère de profit, allez, pour les pauvres grisettes, et par-dessus le marché on leur fait avaler tant d'insolences! On n'a pas toujours le bonheur d'aller en journée chez du *monde honnête* comme votre famille, monsieur Joseph; il y a des personnes qui parlent bien haut chez les autres, et qui, au coin de leur feu, lésinent misérablement.

— Eh bien! eh bien! dit la grand'mère, qui, placée assez loin d'Henriette, n'entendait que vaguement ses paroles, qu'a-t-elle donc à regarder de travers par ici, comme si elle voulait nous manger? Henriette, Henriette, est-ce que tu dis du mal de nous, mon enfant?

— Eh non! eh non! ma mère, répondit Joseph; tout au contraire, mademoiselle Henriette nous aime de tout son cœur; car j'en suis aussi, n'est-ce pas, mademoiselle Henriette?

Pour faire comprendre au lecteur la crainte de la grand'mère, il est bon de dire que le caquet des grisettes est la terreur de tous les ménages de L..... Initiées durant des semaines entières à tous les petits secrets des maisons où elles travaillent, elles n'ont guère d'autre occupation, après le bal et les fleurettes des garçons, que de colporter de famille en famille les observations malignes qu'elles ont faites dans chacune, et même les scandales domestiques qu'elles y ont surpris. Elles trouvent dans toutes des auditeurs avides de commérage qui ne rougissent pas de les questionner sur ce qui se passe chez leur voisin, sans songer que demain à leur tour leur intérieur fera les frais de la chronique dans une troisième maison. La médisance est une arme terrible dont les grisettes se servent pour appuyer le pouvoir de leurs charmes et imposer aux femmes qui les haïssent le plus toutes sortes de ménagements et d'égards.

Madame Privat sentit l'imprudence qu'elle avait commise, et, sachant bien qu'il n'était pas de moyen humain d'empêcher une grisette de parler, elle prit le parti d'éviter au moins les injures directes, et battit en retraite.

Lorsqu'elle fut partie, un feu roulant de brocards soulagea le cœur d'Henriette, et ses ouvrières firent en chœur un bruit dont les oreilles de la dame durent tinter, si le proverbe ne ment pas.

Au nombre des anecdotes ridicules qui furent débitées sur son compte, Henriette en conta une qui ramena le nom de Geneviève dans la conversation : madame Privat lui avait honteusement marchandé une couronne de roses qu'elle s'était ensuite donné les gants d'avoir fait venir de Paris et payée fort cher.

Joseph, qui n'aimait pas Geneviève, déclara que c'était bien fait, et il prit plaisir à lutiner Henriette en rabaissant le talent de la jeune fleuriste.

— Oh! pour le coup, s'écria Henriette avec colère, ne dites pas de mal de celle-là ; de nous autres, tant que vous voudrez, nous nous moquons bien de vous ; mais personne n'a le droit de *donner du ridicule* à Geneviève : une fille qui vit toute seule enfermée chez elle, travaillant ou lisant le jour et la nuit, n'allant jamais au bal, n'ayant peut-être pas donné le bras à un homme une seule fois dans sa vie....

— Ah! ah! dit Joseph, vous verrez qu'elle s'y mettra un beau jour et qu'elle fera pis que les autres ; je me méfie de l'eau dormante et des filles qui lisent tant de romans.

— Des romans! appelez-vous des romans ces gros livres qu'elle feuillette toute la journée, et qui sont tous pleins de mots latins où je ne comprends rien, et où vous ne comprendriez peut-être rien vous-même ?

— Comment! dit André, mademoiselle Geneviève lit des livres latins ?

— Elle étudie des traités de botanique, répondit Joseph. Parbleu ! c'est tout simple, c'est pour son état.

— C'est donc une personne tout à fait distinguée ? reprit André.

— Oui-dà, je crois bien ! repartit Henriette ; je vous le disais tout à l'heure, c'est une grisette comme celle-là qu'il faudrait pour dîner avec monsieur ! Mais tout marquis que vous êtes, monsieur André, vous feriez bien de ne pas oublier vos manchettes pour lui parler ; on parle de fierté : c'est elle qui sait ce que c'est !

— Mais qu'est-elle donc elle-même ? interrompit Joseph ; de quel droit s'élève-t-elle au-dessus de vous ?

— Ne croyez pas cela, monsieur ; avec nous elle est aussi bonne camarade que la première venue.

— Pourquoi donc ne va-t-elle pas au bal et à la promenade avec vous ?

— C'est son caractère ; elle aime mieux étudier dans ses livres. Mais elle nous invite chez elle le soir quand elle a gagné une petite somme. Elle nous donne des gâteaux et du thé ; et puis elle chante pour nous faire danser, et elle chante mieux avec son gosier que vous avec votre flûte. Il faut voir comme elle nous reçoit bien ! quelle propreté chez elle ! c'est un petit palais ! On ne dira pas qu'elle est aidée par ses amants, celle-là !

— Ah ! oui, de jolis bals ! dit Joseph, des bals sans hommes ! Je suis sûr que vous vous ennuyez.

— Voyez-vous cet orgueil ! ces messieurs se figurent qu'on ne pense qu'à eux !

— A quoi tout cela la mènera-t-il ? reprit Joseph ;

trouvera-t-elle un mari sous les feuillets de ses vieux livres ou dans les boutons de ses fleurs?

— Bah! bah! un mari! quel est donc l'artisan qui pourrait épouser une femme comme elle? Un beau mari pour elle qu'un serrurier ou un cordonnier avec ses mains sales et son tablier de cuir! Et quant à vous, mes beaux messieurs, vous n'épousez guère, et Geneviève est trop fière pour être votre *bonne amie* autrement.

— Dites qu'elle est trop froide. Je ne peux pas souffrir les femmes qui n'aiment rien.

— Vous la connaissez bien, en vérité! dit Henriette en haussant les épaules; c'est le cœur le plus sensible: elle aime ses amies comme des sœurs, elle aime ses fleurs, comme quoi dirai-je?.... comme des enfants. Il faut la voir se promener dans les prés et trouver une fleur qui lui plaît! c'est une joie, c'est un amour! Pour une petite marguerite dont je ne donnerais pas deux sous, elle pleure de plaisir; quelquefois elle sort avec le jour pour aller dans les champs cueillir ses fleurs, avant que vous soyez sortis du nid, vous autres, oiseaux sans plumes.

— En vérité! s'écria André vivement; en ce cas c'est elle que j'ai rencontrée un jour.... Il se tut tout à coup, et sortit un instant après pour cacher l'émotion et la joie qu'il éprouvait de retrouver la trace de sa belle rêveuse de la prairie.

— Voyez-vous ce garçon-là? dit Joseph aux ouvrières lorsque André eut quitté la chambre : il est fou.

— Il est *tout étrange*, en effet, répondit Henriette.

— Il faut que je vous dise son véritable mal, reprit Joseph : il s'ennuie faute d'être amoureux, et il faut, mesdemoiselles, que vous m'aidiez à le guérir de cet ennui-là.

— Oh! nous ne nous en mêlons pas! s'écrièrent-elles toutes, non sans jeter un regard attentif sur André qui passait sous la fenêtre.

— Je parle sérieusement, chère Henriette, dit Joseph, qui rencontra la belle couturière un instant avant le dîner dans un corridor de la maison; il faut que vous m'aidiez à consoler mon ami André.

— Plaisantez-vous? répondit-elle d'un air dédaigneux; adressez-vous à un médecin si *ce monsieur* est fou.

— Non, il n'est pas fou, belle Henriette; il est trop sage au contraire. Il n'ose pas seulement trouver une femme jolie. Fiez-vous à ces amoureux-là; dès qu'ils ont secoué leur mauvaise honte, ce sont les plus tendres amants du monde. Mais ne croyez pas que je parle de vous, non, mille dieux! Si vous voulez avoir pitié de quelqu'un ici, j'aime autant que ce soit de moi que de lui. Je veux dire, en deux mots, qu'André deviendrait amoureux s'il voyait Geneviève; c'est tout à fait la beauté qu'il aimera.

— Eh bien! monsieur, qu'il aille à la messe de sept heures, et il la verra dimanche prochain. En quoi cela me regarde-t-il?

— Oh! il faut qu'il la voie dès aujourd'hui; vous le pouvez; allez la chercher après dîner; dites-lui qu'elle vienne danser dans la cour avec vous, et vous verrez que mon André commencera tout de suite à soupirer.

— Ah çà! est-ce que vous êtes fou, monsieur Marteau? quelle proposition me faites-vous?

— Aucune! comment? que supposez-vous? auriez-vous de mauvaises idées? Ah! mademoiselle Henriette, je croyais que vous n'aviez jamais entendu parler de choses semblables !....

Henriette devint rouge comme son foulard.

— Mais qu'est-ce que vous me demandez donc? d'amener Geneviève pour que ce monsieur lui fasse la cour, apparemment? Est-ce une conduite honnête?

— Eh! pourquoi pas? si vous avez l'âme pure comme moi, trouvez-vous malhonnête que mon ami André fasse la cour à votre amie Geneviève? Je réponds de lui; est-ce que vous ne répondriez pas d'elle?

— Oh! *ce n'est pas l'embarras!* j'en réponds comme de moi.

Joseph fit la grimace d'un homme qui avale une noix; puis il reprit d'un air très-sérieux :

— En ce cas, je ne vois pas de quoi vous vous effarouchez. Quand même André, qui est le plus vertueux des hommes, deviendrait un scélérat d'ici à une heure, la vertu de mademoiselle Geneviève serait-elle compromise par ses tentatives? Qu'elle vienne, croyez-moi, belle Henriette; ce sera une danseuse de plus pour notre bal de ce soir, et nous nous amuserons du petit air niais d'André et du grand air froid de Geneviève. Ne voilà-t-il pas une intrigue qui les mènera loin?

— Au fait, c'est vrai, dit Henriette, ce petit monsieur sera drôle avec ses révérences; et quant à Geneviève, elle n'a pas à craindre qu'on dise du mal d'elle tant qu'elle ira quelque part avec moi.

Joseph fit la contorsion d'un homme qui avalerait une pomme.

— J'aurai bien de la peine à la décider, ajouta Henriette; elle ne va jamais chez les bourgeois; et elle a raison, monsieur Joseph! les bourgeois ne sont pas des maris pour nous, aussi nous n'écoutons guère leurs fleurettes ; tenez-vous cela pour dit.

— Pour le coup, dit Joseph, j'avale une citrouille qui m'étouffera ! Pardon, mademoiselle, ce sont des spasmes d'estomac. Voici le dîner qui sonne ; permettez-moi de vous offrir mon bras. C'est convenu, n'est-ce pas ?

— Quoi donc, monsieur, s'il vous plaît ?

— Que vous irez chercher Geneviève après dîner ?

— J'essaierai.

V.

Henriette essaya en effet, pour complaire à Joseph Marteau, dont elle aurait été bien aise de rendre sérieuses les protestations d'amour. Du reste, elle feignait d'admirer beaucoup la vertu de Geneviève, et, par esprit de corps, elle ne cessait de vanter la supériorité de cette grisette, en sagesse et en esprit, sur toutes les dames de la ville ; mais intérieurement elle n'approuvait pas trop la rigidité excessive de sa conduite. Elle croyait que le bonheur n'est pas dans la solitude du cœur, et son amitié pour elle la portait à lui conseiller sans cesse d'écouter quelque galant.

Elle fut forcée de dissimuler avec Geneviève pour la décider à venir chez madame Marteau. La jeune fleuriste ne se rendit qu'en recevant l'assurance de n'y rencontrer que les filles de la maison et les ouvrières d'Henriette.

— Pour aider à ce mensonge, Joseph, sans rien dire à André, le mena faire un tour de promenade dans la ville, et ne rentra que lorsqu'il jugea Geneviève et Henriette arrivées.

Ils les rejoignirent dans le petit jardin qui était situé derrière la maison. Geneviève donnait le bras à la grand'mère, qui s'appuyait sur elle d'un air affectueux en lui disant :

— Viens ici, mon enfant, je veux te montrer mes hémérocales ; tu n'as jamais rien vu de plus beau. Quand tu les auras regardées, tu voudras en faire pour le bouquet de Justine ; c'est une fleur du plus beau blanc ; tiens, vois !

Geneviève ne s'apercevait pas de la présence des deux jeunes gens ; ils marchaient doucement derrière elle, Joseph faisant signe aux autres jeunes filles de ne pas les faire remarquer. Geneviève s'arrêta et regarda les fleurs sans rien dire ; elle semblait réfléchir tristement.

— Eh bien ! dit la vieille, est-ce que tu n'aimes pas ces fleurs-là ?

— Je les aime trop, répondit Geneviève d'un petit ton précieux rempli de charmes. C'est pour cela que je ne veux pas les copier. Ah ! voyez-vous, madame, je ne pourrais jamais ; comment oserais-je espérer de rendre cette blancheur-là et le brillant de ce tissu ? du satin serait trop luisant, la mousseline serait trop transparente ; oh ! jamais, jamais ! Et ce parfum ! qu'est-ce que c'est que ce parfum-là ? qui 'a mis dans cette fleur ? où en trouverais-je un pareil pour celles que je fais ? Le bon Dieu est plus habile que moi, ma chère dame !

En parlant ainsi, Geneviève, s'appuyant sur le vase de fleurs, pencha sur les hémérocales son front aussi blanc que leur calice, et resta comme absorbée par la délicieuse odeur qui s'en exhalait.

C'est alors seulement qu'André put voir son visage, et il reconnut sa dame d'amour, comme il l'appelait dans ses pensées, en souvenir des deux vers de la romance.

Geneviève ne ressemblait en rien à ses compagnes ; elle était petite et plutôt jolie que belle ; elle avait une taille très-mince et très-gracieuse, quoiqu'elle se tînt droite à ne pas perdre une ligne de sa petite stature. Elle était très-blanche, peu colorée, mais d'un ton plus fin et plus pur que la plus exquise rose musquée qui fût sortie de son atelier. Ses traits étaient délicats et réguliers ; et quoique son nez et sa bouche ne fussent pas d'une forme très-distinguée, l'expression de ses yeux et la forme de son front lui donnaient l'air fier et intelligent. Sa toilette n'était pas non plus la même que celle des grisettes de son pays ; elle se rapprochait des modes parisiennes, car elle avait étudié son art à Paris. Aussi ses compagnes toléraient beaucoup d'innovations de sa part. Seule dans toute la ville elle se permettait d'avoir un tablier de satin noir, et même de porter dans sa chambre un tablier de foulard ; ce qui, malgré toute la bienveillance possible, faisait bien un peu jaser. Elle avait hasardé de réduire les immenses dimensions du bonnet distinctif des artisanes de L.....; elle convenait bien que sur le corps d'une grande femme cette *fanfreluckerie* de rubans et de dentelles ne manquait pas d'une grâce extravagante ; mais elle objectait que sa petite personne eût été écrasée par une semblable auréole, et elle avait adopté le petit bonnet parisien à ruche courte et serrée, dont la blancheur semblait avoir été mise au défi par celle du visage qu'elle entourait. Elle avait en outre une recherche de chaussure tout à fait ignorée dans le pays ; elle tricotait elle-même avec du fil extrêmement fin ses gants et ses bas à jour. André reconnut à ses mains des gants pareils à celui qu'il possédait ; il admira la petitesse de ses mains et celle des pieds que chaussaient d'étroits souliers de prunelle à cothurnes rigidement serrés ; la robe, au lieu d'être collante comme celle de ses compagnes, était ample et flottante ; mais elle dessinait une ceinture dont une fille de dix ans eût été jalouse, et à travers la percale fine et blanche on devinait des épaules et des bras couleur de rose.

Lorsqu'elle aperçut Joseph, qui lui adressa le premier la parole, elle le salua avec une politesse froide ; mais Joseph savait le moyen de l'adoucir.

— Oh ! mademoiselle Geneviève, lui dit-il, j'ai bien pensé à vous hier à la chasse ; imaginez qu'il y a auprès de l'étang du *Château-Fondu* des fleurs comme je n'en ai jamais vu ; si j'avais pu trouver le moyen de les apporter sans les faner, j'en aurais mis pour vous dans ma gibecière.

— Vous ne savez pas ce que c'est ?

— Non, en vérité ! mais cela a deux pieds de haut ; les feuilles sont comme tachées de sang ; les fleurs sont d'un rose clair, avec de grandes taches lie de vin ; on dirait de grandes guêpes avec un dard, ou de petites vilaines figures qui vous tirent la langue ; j'en ai ri tout seul à m'en tenir les côtes en les regardant.

— Voilà une plante fort singulière, dit Geneviève en souriant.

— Je crois, dit timidement André, autant que mon peu de savoir en botanique me permet de l'affirmer, que ce sont des plantes ophrydes appelées par nos bergers *herbes aux serpents**.

---

* C'est le satyrion-bouquin.

— Ah! pourquoi ce nom-là? dit Geneviève; qu'est-ce que ces pauvres fleurs ont de commun avec ces vilaines bêtes?

— Ce sont des plantes vénéneuses, répondit André, et qui ont quelque chose d'affreux en elles malgré leur beauté, ces taches de sang d'abord, et puis une odeur repoussante. Si vous les aviez vues, vous auriez trouvé quelque chose de méchant dans leur mine; car les plantes ont une physionomie comme les hommes et les animaux.

— C'est drôle ce que tu dis-là, reprit Joseph; mais c'est parbleu vrai! Quand je te dis que ces fleurs m'ont fait l'effet de me rire au nez, et que je n'ai pas pu m'empêcher d'en faire autant!

— D'autant plus que pour les cueillir dans cet endroit, répondit André, il faut courir un certain danger : l'étang de Château-Fondu a des bords assez perfides.

— Où prenez-vous ce Château-Fondu? demanda Henriette.

— Auprès du château de Morand, répondit Joseph. Oh! c'est un endroit singulier et assez dangereux en effet. Figurez-vous un petit lac au milieu d'une prairie : l'eau est presque toute cachée par les roseaux et les joncs; cela est plein de sarcelles et de canards sauvages : c'est pourquoi j'y vais chasser souvent.

— Quand tu dis chasser, tu veux dire braconner, interrompit André.

— Soit. Je vous disais donc qu'on ne voit presque pas où l'eau commence, tant cela est plein d'herbes. Sur les bords il y a une espèce de gazon mou où vous croyez pouvoir marcher; pas du tout : c'est une vase verte où vous enfoncez au moins jusqu'aux genoux, et très-souvent jusque par-dessus la tête.

— La tradition du pays, reprit André, est qu'autrefois il y avait un château à la place de cet étang. Une belle nuit le diable, qui avait fait signer un pacte au châtelain, voulut emporter sa proie et planta sa fourche sous les fondations. Le lendemain on chercha le château dans tout le pays; il avait disparu. Seulement on vit à la place une mare verte dont personne ne pouvait approcher sans enfoncer dans la vase, et qui a gardé le nom de Château-Fondu.

— Voilà un conte comme je les aime, dit Geneviève.

— Ce qui accrédite celui-là, reprit André, c'est que dans les chaleurs, lorsque les eaux sont basses, on voit percer çà et là des amas de terres ou de pierres verdâtres que l'on prend pour des créneaux de tourelles.

— Je ne sais ce qui en est, dit Joseph; mais il est certain que mon chien, qui n'est pas poltron, qui nage comme un canard, et qui est habitué à barboter dans les marais pour courir après les bécassines, a une peur effroyable du Château-Fondu; il semble qu'il y ait là je ne sais quoi de surnaturel qui le repousse; je le tuerais plutôt que de l'y faire entrer.

— C'est un endroit tout à fait merveilleux, dit Geneviève. Est-ce bien loin d'ici?

— Oh! mon Dieu, non, dit André, qui mourait d'envie de rencontrer encore Geneviève dans les prés.

— Pas bien loin, pas bien loin! dit Joseph; il y a encore trois bonnes lieues de pays. Mais voulez-vous y aller, mademoiselle Geneviève?

— Non, monsieur; c'est trop loin.

— Il y aurait un moyen : je mettrais mon gros cheval à la patache, et...

— Oh! oui, oui! s'écrièrent Henriette et ses ouvrières; menez-nous au Château-Fondu, monsieur Joseph!

— Et nous aussi! s'écrièrent les petites sœurs de Joseph, nous aussi, Joseph. En patache, ah! quel plaisir!

— J'y consens si vous êtes sages. Voyons, quel jour?

— Pardine! c'est demain dimanche, dit Henriette.

— C'est juste. A demain donc. Vous y viendrez avec nous, mademoiselle Geneviève?

— Oh! je ne sais, dit-elle avec un peu d'embarras. Je crois que je ne pourrai pas. Je ne vous suis pas moins reconnaissante, monsieur.

— Allons! allons! voilà tes scrupules, Geneviève, dit Henriette. C'est ridicule, ma chère. Comment! tu ne peux pas venir avec nous quand les demoiselles Marteau y viennent?

— Ces demoiselles, lui dit tout bas Geneviève, sont sous la garde de leur frère...

— Eh! mon Dieu! dit tout haut Henriette, tu seras sous la mienne. Ne suis-je pas une fille majeure, établie, maîtresse de ses actions? Y a-t-il, *n'importe où*, *n'importe qui* assez malappris pour me regarder de travers? Est-ce qu'on ne se garde pas soi-même d'ailleurs? Tu es ennuyeuse, Geneviève, toi qui pourrais être si gentille! Allons, tu viendras, ma petite! Mesdemoiselles, venez donc la décider.

— Oh! oui! oui! Geneviève, tu viendras, dirent toutes les petites filles; nous n'irons pas sans toi.

Justine, l'aînée des filles de la maison, passa son bras sous celui de Geneviève en lui disant :

— Je vous en prie, ma chère, venez-y. Et elle ajouta en se penchant à son oreille : — Vous savez que je ne peux causer qu'avec vous.

— Eh bien! j'irai, dit Geneviève toute confuse, puisque vous le voulez absolument.

— Comme vous êtes aimable! dit Justine.

— Oh! ne vous y fiez pas! s'écria Henriette; voilà comme elle fait toujours. Elle promet pour se débarrasser des gens, et au moment de partir elle trouve mille prétextes pour rester. C'est une menteuse: faites-lui donner sa parole d'honneur.

— Allez-y, mon enfant, dit madame Marteau à Geneviève. Je ne puis y aller; sans cela je vous accompagnerais. Mais, si vous êtes obligeante, vous me remplacerez auprès de mes petites. Joseph est un grand fou, ces jolies demoiselles-là sont un peu étourdies: elles s'amuseront, elles danseront, et elles feront bien; mais pendant ce temps les petites filles pourraient bien se jeter dans ce vilain Château-Fondu. Vous, Geneviève, qui êtes sage et sérieuse comme une petite maman, vous les surveillerez, et je vous en saurai tout le gré possible.

— Cela me décide tout à fait, répondit Geneviève. J'irai, ma chère dame; mesdemoiselles, je vous en donne ma parole d'honneur.

— Oh! quel bonheur! s'écrièrent les petites Marteau; tu joueras avec nous, Geneviève; tu nous feras des couronnes de marguerites et des paniers de joncs, n'est-ce pas?

— Un instant, un instant, dit Joseph; combien serons-nous? Neuf femmes, André et moi. Je ne peux mettre tout ce monde-là dans ma patache: il faut nous mettre en quête d'une seconde voiture.

— Mon père a un char-à-bancs qu'il nous prêtera volontiers, dit André.

— A la bonne heure, voilà qui est convenu, reprit

Joseph. Tu iras coucher ce soir chez toi, et tu seras revenu ici de grand matin avec ton équipage. Très-bien. Maintenant préparons-nous à nous amuser demain en nous amusant aujourd'hui. Voulez-vous danser? voulez-vous jouer aux barres, à cache-cache, aux petits paquets?

— Dansons! dansons! crièrent les jeunes filles.

Joseph tira sa flûte de sa poche, grimpa sur des gradins de pierre couverts d'hortensias, et se mit à jouer, tandis que ses sœurs et les grisettes prirent place sous les lilas. André mourait d'envie d'inviter Geneviève : c'est pourquoi il ne l'osa pas et s'adressa à Henriette, qui fut assez fière d'avoir accaparé le seul danseur de la société.

Néanmoins, guidée par un regard de Joseph, elle entraîna son cavalier vis-à-vis Geneviève, qui avait pris pour danseuse la plus petite des demoiselles Marteau.

Geneviève rougit beaucoup quand il fut question de toucher la main d'André : c'était la première fois de sa vie que pareille chose lui arrivait ; mais elle prit courageusement son parti et montra une gaieté douce qu'elle n'aurait pas espérée d'elle-même si elle eût prévu une heure auparavant qu'elle dût sortir à ce point de ses habitudes.

— Eh bien! savez-vous une chose? s'écria Joseph à la fin de la contredanse; c'est que mademoiselle Geneviève passe pour ne pas savoir danser. Oui, mesdemoiselles, il y a dans la ville vingt mauvaises langues qui disent qu'elle a ses raisons pour ne pas aller au bal. Eh bien! moi, je vous le dis, je n'ai jamais vu si bien danser de ma vie; et cependant, mademoiselle Henriette, il n'y a pas beaucoup de prévôts qui pussent vous en remontrer.

Geneviève devint rouge comme une fraise, et Henriette s'approchant de Joseph, lui dit :

— Taisez-vous, vous allez la mettre en fuite. C'est un mauvais moyen pour l'apprivoiser que de faire attention à elle.

— Allons donc ! allons donc ! dit Joseph à voix basse en ricanant ; un petit compliment ne fait jamais de peine à une fille. Quand je vous dis, par exemple, que vous voilà jolie comme un ange, vous ne pouvez pas vous en fâcher, car vous savez bien que je le pense.

— Vous êtes un *diseur de riens !* répondit Henriette, gonflée d'orgueil et de contentement.

Cette fois André osa inviter Geneviève, mais il la fit danser sans pouvoir lui dire un mot ; à chaque instant la parole expirait sur ses lèvres. Il craignait de manquer d'esprit, son cœur battait, il perdait la tête. Lorsqu'il avait à faire un avant-deux, il ne s'en apercevait pas et laissait son vis-à-vis aller tout seul ; puis tout à coup il s'élançait pour réparer sa faute, dansait une autre figure et embrouillait toute la contredanse, aux grands éclats de rire des jeunes filles. Geneviève seule ne se moquait pas de lui ; elle était silencieuse et réservée. Cependant elle regardait André avec assez de bienveillance ; car il avait bien parlé sur la botanique, et cela devait abréger de beaucoup les timides préliminaires de leur connaissance. Mais si André avait osé se mêler à la conversation et s'adresser à elle d'une manière générale, il n'en était plus de même lorsqu'il s'agissait de lui dire quelques mots directement. Cette excessive timidité diminuait d'autant celle de Geneviève ; car elle était fière et non prude. Elle craignait les grosses fadeurs qu'elle entendait adresser à ses compagnes ; mais en bonne compagnie elle se fût sentie à l'aise comme dans son élément.

Il y a des natures choisies qui se développent d'elles-mêmes, et dans toutes les positions où il plaît au hasard de les faire naître. La noblesse de cœur est, comme la vivacité d'esprit, une flamme que rien ne peut étouffer, et qui tend sans cesse à s'élever, comme pour rejoindre le foyer de grandeur et de bonté éternelle dont elle émane. Quels que soient les éléments contraires qui combattent ces destinées élues, elles se font jour, elles arrivent sans effort à prendre leur place, elles s'en font une au milieu de tous les obstacles. Il y a sur leur front comme un sceau divin, comme un diadème invisible qui les appelle à dominer naturellement les essences inférieures; on ne souffre pas de leur supériorité, parce qu'elle s'ignore elle-même; on l'accepte parce qu'elle se fait aimer. Telle était Geneviève, créature plus fraîche et plus pure que les fleurs au milieu desquelles s'écoulait sa vie.

On dit que la poésie se meurt; la poésie ne peut pas mourir. N'eût-elle pour asile que le cerveau d'un seul homme, elle aurait encore des siècles de vie, car elle en sortirait comme la lave du Vésuve, et se fraierait un chemin parmi les plus prosaïques réalités. En dépit de ses temples renversés et des faux dieux adorés sur leurs ruines, elle est immortelle comme le parfum des fleurs et la splendeur des cieux. Exilée des hauteurs sociales, répudiée par la richesse, bannie des théâtres, des églises et des académies, elle se réfugiera dans la vie bourgeoise, elle se mêlera aux plus naïfs détails de l'existence. Lasse de chanter une langue que les grands ne comprennent pas, elle ira murmurer à l'oreille des petits des paroles d'amour et de sympathie. Et déjà n'est-elle pas descendue sous les voûtes des tavernes allemandes? ne s'est-elle pas assise au rouet des femmes? ne berce-t-elle pas dans ses bras les enfants du pauvre? Compte-t-on pour rien toutes ces âmes aimantes qui la possèdent et qui souffrent, qui se taisent devant les hommes et qui pleurent devant Dieu? Voix isolées qui enveloppent le monde d'un chœur universel et se rejoignent dans les cieux; étincelles divines qui retournent à je ne sais quel astre mystérieux, peut-être à l'antique Phébus, pour en redescendre sans cesse sur la terre et l'alimenter d'un feu toujours divin! Si elle ne produit plus de grands hommes, n'en peut-elle pas produire de bons? Qui sait si elle ne sera pas la divinité douce et bienfaisante d'une autre génération, et si elle ne succédera pas au doute et au désespoir dont notre siècle est atteint? Qui sait si dans un nouveau code de morale, dans un nouveau catéchisme religieux, le dégoût et la tristesse ne seront pas flétris comme des vices, tandis que l'amour, l'espoir et l'admiration seront récompensés comme des vertus?

La poésie, révélée à toutes les intelligences, serait un sens de plus que tous les hommes peut-être sont plus ou moins capables d'acquérir, et qui rendrait toutes les existences plus étendues, plus nobles et plus heureuses. Les mœurs de certaines tribus montagnardes le prouvent avec une évidence éclatante; la nature, il est vrai, prodigue de grands spectacles dans de telles régions, s'est chargée de l'éducation de ces hommes; mais les chants des bardes sont descendus dans les vallées, et les idées poétiques peuvent s'ajuster à la taille de tous les hommes. L'un porte sa poésie sur son front, un autre dans son cœur; celui-ci la cherche dans une promenade lente et silencieuse au sein des plaines, celui-là la poursuit au galop de son cheval à travers les ravins; un troisième l'arrose sur sa fenêtre dans un pot de tulipes.

Au lieu de demander où elle est, ne devrait-on pas demander où n'est-elle pas? Si ce n'était qu'une langue, elle pourrait se perdre ; mais c'est une essence qui naît de deux choses : la beauté répandue dans la nature extérieure, et le sentiment départi à toute intelligence ordinaire. Pour condamner à mort la poésie et la porter au cercueil, il nous faudra donc arracher du sol jusqu'à la dernière des fleurettes dont Geneviève faisait ses bouquets.

Car elle aussi était poète ; et croyez bien qu'il y a au fond des plus sombres masures, au sein des plus médiocres conditions, beaucoup d'existences qui s'achèvent sans avoir produit un sonnet, mais qui pourtant sont de magnifiques poèmes.

Il faut bien peu de chose pour éveiller ces esprits endormis dans l'épaisse atmosphère de l'ignorance, et pour les entourer à jamais d'une lumineuse auréole qui ne les quitte plus. Un livre tombé sous la main, un chant ou quelques paroles recueillies d'un passant, une étude entreprise dans un dessein prosaïque ou par nécessité, le moindre hasard providentiel suffit à une âme élue pour découvrir un monde d'idées et de sentiments. C'est ce qui était arrivé à Geneviève. L'art frivole d'imiter les fleurs l'avait conduite à examiner ses modèles, à les aimer, à chercher dans l'étude de la nature un moyen de perfectionner son intelligence; peu à peu elle s'était identifiée avec elle, et chaque jour, dans le secret de son cœur, elle dévorait avidement le livre immense ouvert devant ses yeux. Elle ne songeait pas à approfondir d'autre science que celle à laquelle tous ses instants étaient forcément consacrés; mais elle avait surpris le secret de l'universelle harmonie. Ce monde inanimé qu'autrefois elle regardait sans le voir, elle le comprenait désormais ; elle le peuplait d'esprits invisibles, et son âme s'y élançait pour y embrasser sans cesse l'amour infini qui plane sur la création. Emportée par les ailes de son imagination toute-puissante, elle apercevait, au delà des toits enfumés de sa petite ville, une nature enchantée qui se résumait sur sa table dans un bouton d'aubépine. Un chardonneret familier, qui voltigeait dans sa chambre, lui apportait du dehors toutes les mélodies des bois et des prairies ; et lorsque sa petite glace lui renvoyait sa propre image, elle y voyait une ombre divine si accomplie qu'elle était émue sans savoir pourquoi, et versait des pleurs délicieux comme à l'aspect d'une sœur jumelle.

Elle s'était donc habituée à vivre en dehors de tout ce qui l'entourait. Ce n'était pas, comme on le prétendait, une vertu sauvage et sombre ; elle était trop calme dans son innocence pour avoir jamais cherché sa force dans les maximes farouches. Elle n'avait pas besoin de vertu pour garder sa sainte pudeur, et le noble orgueil d'elle-même suffisait à la préserver des hommages grossiers que recherchaient ses compagnes ; elle les fuyait, non par haine, mais par dédain ; elle ne craignait pas d'y succomber, mais d'en subir le dégoût et l'ennui. Heureuse avec sa liberté et ses occupations, orpheline, riche par son travail au delà de ses besoins, elle était affable et bonne avec ses amies d'enfance : elle eût craint de leur paraître vaine de son petit savoir et se laissait égayer par elles ; mais elle supportait cette gaieté plutôt qu'elle ne la provoquait, et si jamais elle ne leur donnait le moindre signe de mépris et d'ennui, du moins son plus grand bonheur était de se retrouver seule dans sa petite chambre et de faire sa prière en regardant la lune et en respirant les jasmins de sa fenêtre.

VI.

André avait un peu trop compté sur ses forces en se chargeant de demander le char-à-bancs et le cheval de son père. Il fit cette pénible réflexion en quittant, vers neuf heures, la famille Marteau, et son anxiété prit un caractère de plus en plus grave à mesure qu'il approchait du toit paternel; mais ce fut une bien autre consternation lorsqu'il trouva son père dans un de ses accès de mauvaise humeur les plus prononcés. Le plus beau de ses bœufs de travail était tombé malade en rentrant du pâturage, et le marquis, se promenant d'un air sombre dans la salle basse de son manoir, répétait d'une voix entrecoupée, en jetant des regards effarés sur son fils : — Des tranchées! des tranchées épouvantables!

— Hélas! mon père, êtes-vous malade? s'écria André qui ne comprenait rien à son angoisse.

Le marquis haussa les épaules, et, lui tournant le dos, continua à marcher à grands pas.

André, n'osant renouveler sa question, resta fort troublé à sa place, suivant d'un œil timide tous les mouvements de son père, qu'il croyait atteint de vives souffrances.

Enfin le marquis s'arrêtant tout à coup, lui dit d'une voix brusque :

— Quel a été l'effet de la thériaque?

André rassuré, et comprenant à demi, courut vers la porte en disant qu'il allait le demander.

— Non, non, j'irai bien moi-même, reprit vivement le marquis; restez ici, vous n'êtes bon à rien, vous.

André attendit pendant une heure le retour de son père, espérant trouver un moment plus favorable pour lui présenter sa demande; mais il attendit vainement. Le marquis passa la moitié de la nuit dans l'étable avec ses laboureurs, frictionnant le triste *Vermeil* (c'était le nom de l'animal) et lui administrant toute sorte de potions. André se hasarda plusieurs fois de s'informer de la santé du malade, et, partant, de l'humeur de son père; mais lorsque le malade commença à se trouver mieux, le marquis, accablé de fatigue et gardant sur ses traits l'empreinte des soucis de la journée, ne songea plus qu'à se reposer. Il rencontra André sous le péristyle de la maison, et lui dit avec la rudesse accoutumée de son affection :

— Pourquoi n'êtes-vous pas couché, *gringalet?* est-ce qu'on a besoin de vous ici? Allons vite, que tout le monde dorme; je tombe de sommeil.

C'était peut-être la meilleure occasion possible pour obtenir le cheval et le char-à-bancs; mais André avait l'enfantillage de souffrir des mots grossiers ou communs que lui adressait souvent son père, et il prenait alors une sorte d'humeur qui le réduisait au silence. Il alla se coucher en proie aux plus vives agitations. Le lendemain devait être à ses yeux le jour le plus important de sa vie, et pourtant sans le cheval et le char-à-bancs tout était manqué, perdu sans retour.. Il ne put dormir. Il fallait partir le lendemain avant le jour; comment oserait-il aller trouver son père au milieu de son sommeil, affronter ce réveil en sursaut, si fâcheux chez les hommes replets, s'exposer peut-être à un refus? Cette dernière pensée fit frémir André. — Ah! plutôt mourir victime de sa colère, s'écria-t-il, que de manquer à ma parole et perdre le bonheur de passer un jour auprès de Geneviève!

Dès que trois heures sonnèrent il se rhabilla, et, prenant sa désobéissance furtive pour un acte de courage, il attela lui-même le gros cheval au char-à-bancs et partit sans bruit, grâce au fumier dont la basse-cour était garnie. Mais le plus difficile n'était pas fait; il fallait tourner autour du château et passer sous les fenêtres du marquis. Impossible d'éviter ce terrible défilé; le chemin était sec et le mur du château sonore; le char-à-bancs, rarement graissé, criait à chaque tour de roue d'une manière déplorable, et les larges sabots du gros cheval allaient avec maladresse sonner contre toutes les pierres du chemin. André était tremblant comme les feuilles de peuplier qu'agitait le vent du matin. Heureusement il faisait encore sombre; si son père, en proie à une de ces insomnies auxquelles sont sujets les propriétaires, était par hasard à sa fenêtre, il pourrait bien ne pas reconnaître son char-à-bancs; mais il avait l'oreille si fine, si exercée! il connaissait si bien l'allure de son cheval et le son de ses roues! André prit le parti de payer d'audace; il fouetta le cheval si vigoureusement qu'il le força de galoper. C'était une allure inouïe pour le paisible animal, et M. de Morand l'entendit passer sans rien soupçonner et sans quitter la douce chaleur de son lit.

Lorsque André fut à cinq cents pas du manoir, il osa se retourner, et, voyant derrière lui la route qui commençait à blanchir et qui était nue comme la main, il éprouva un bien-être inexprimable et permit à son coursier de modérer son allure.

A sept heures du matin, le cheval avait eu le temps

de se rafraîchir, et le char-à-bancs, avec André le fouet en main, était à la porte de madame Marteau; Joseph attelait sa carriole, et les voyageuses arrivaient une à une dans leur plus belle toilette des dimanches, mais les yeux encore un peu gros de sommeil. On perdit bien une heure en préparatifs inutiles. Enfin, Joseph régla l'ordre de la marche; il prétendit que la volonté de sa mère était de confier les demoiselles Marteau à André et à Geneviève, comme aux plus graves de la société. Quant à lui, il se chargeait d'Henriette et de ses ouvrières, et, pour prouver qu'on avait raison de le regarder comme un écervelé, il descendit au triple galop l'horrible pavé de la ville. Ses compagnes firent des cris perçants; tous les habitants mirent la tête à la fenêtre, et envièrent le plaisir de cette joyeuse partie.

André descendit la rue plus prudemment et savoura le petit orgueil d'exciter une grande surprise. — Quoi! Geneviève! disaient tous les regards étonnés. — Oui, Geneviève, avec M. de Morand! Ah! mon Dieu! et pourquoi donc? et comment? savez-vous depuis quand? Juste ciel! comment cela finira-t-il?

Geneviève, sous son voile de gaze blanche, s'aperçut aussi de tous ces commentaires; elle était trop fière pour s'en affliger; elle prit le parti de les dédaigner et de sourire.

Peu à peu André s'enhardit jusqu'à parler. Mademoiselle Marteau l'aînée était une bonne personne, assez laide, mais assez bien élevée, avec laquelle il aimait à causer. Peu à peu aussi Geneviève se mêla à la conversation, et ils étaient tous presque à l'aise en arrivant au Château-Fondu. Heureusement pour lui, André avait étudié avec assez de fruit les sciences naturelles, et il pouvait apprendre bien des choses à Geneviève. Elle l'écoutait avec avidité ; c'était la première fois qu'elle rencontrait un jeune homme aussi distingué dans ses manières et riche d'une aussi bonne éducation. Elle ne songea donc pas un instant à s'éloigner de lui et à s'armer de cette réserve qu'elle conservait toujours avec Joseph. Il lui était bien facile de voir qu'elle n'en avait pas besoin avec André et qu'il ne s'écarterait pas un instant du respect le plus profond.

La matinée fut charmante : on cueillit des fleurs, on dansa au bord de l'eau, on mangea de la galette chaude dans une métairie ; tout le monde fut gai, et mademoiselle Henriette fut enchantée de voir Geneviève aussi *bonne enfant*. Cependant, lorsque l'après-midi s'avança, Joseph fit observer que le besoin d'un repas plus solide se faisait sentir, qu'on avait assez admiré le Château-Fondu et qu'il était convenable de chercher un dîner et une autre promenade dans les environs. André tremblait en songeant au voisinage du château de son père et à l'orage qui l'y attendait, lorsque Joseph mit le comble à son angoisse en s'écriant : — Eh parbleu ! le château de notre ami André est à deux pas d'ici ; le père Morand est le meilleur des hommes, c'est mon ami intime, il nous recevra à merveille. Allons lui demander un dindon rôti et du vin de sa cave. André, montre-nous le chemin et passe devant nous pour nous faire les honneurs.

André se crut perdu ; mais, comme tous les gens faibles qui n'osent jamais s'arrêter et s'embarquent toujours dans de nouvelles difficultés, il se résigna à braver toutes les conséquences de sa destinée et remonta en voiture avec Geneviève et ses compagnes.

Cependant, à mesure qu'il approchait des tourelles héréditaires, une sueur froide se répandait sur tous ses membres. Dans quelle colère il allait trouver le marquis ! car l'enlèvement du cheval et du char-à-bancs devait depuis plusieurs heures causer dans la maison un scandale épouvantable, et le marquis était incapable, pour quelque raison humaine que ce fût, de sacrifier aux convenances le besoin d'exhaler sa colère. Quel accueil pour Geneviève qu'il eût voulu recevoir à genoux dans sa demeure ! et quelle mortification pour lui d'être traité devant elle comme un écolier pris en fraude ! Il arrêta son cheval à deux portées de fusil de la maison et descendit ; il s'approcha de la patache, pria Joseph de descendre aussi, et, l'emmenant à quelque distance, il lui confia son embarras. — Ouais ! dit Joseph, ce vieux renard est-il sournois à ce point-là ? lui qui fait semblant d'être si bon homme ! Mais ne crains rien ; personne, fût-ce le diable, n'osera jamais regarder de travers celui qui s'appelle Joseph Marteau. Monte dans ma voiture et donne-moi le fouet du char-à-bancs ; je passe le premier et je prends tout sur moi.

En effet Joseph fouetta d'une main arrogante les flancs respectables du cheval du marquis, et il fit une entrée triomphale dans la cour du château. Le marquis était précisément à la porte de l'écurie. Depuis que l'événement terrible était découvert, le marquis n'avait pas quitté la place ; il attendait son fils pour le recevoir à sa manière. De minute en minute sa fureur augmentait, et il se formait en lui un trésor d'injures qui devait mettre plus d'un jour à s'épuiser. Lorsque au lieu de la timide figure d'André sur le siége de sa voiture il vit la mine fière et décidée de Joseph, il recula de trois pas, et, avant qu'il eût articulé une parole, Joseph, lui sautant au cou, l'embrassa si fort qu'il faillit l'étouffer. — Vive Dieu ! s'écria le gai campagnard, que je suis heureux de revoir mon cher marquis! il y a plus de six semaines que j'ai le projet de vous amener ma famille; mais les femmes sont si longues à se décider pour la moindre chose! Enfin je n'ai pas voulu marier ma grande sœur sans vous la présenter : la voilà, cher marquis. Ah! il y a long-temps qu'elle entend parler de vous, et de votre beau château, et de votre grand jardin, et de vos étables, les mieux tenues du pays. Ma sœur est une bonne campagnarde, qui s'entend à toutes ces choses-là; et puis voilà les petites, une, deux, trois : allons, mesdemoiselles, faites la révérence. Marie, essuie les pruneaux que tu as sur la joue et va embrasser monsieur le marquis. Ah! c'est que c'est un fier papa que le marquis! demande-lui des dragées, il en a toujours plein ses poches. Ah çà! cher voisin, vous voyez que j'avais une fière envie de venir vous voir; dès trois heures du matin j'étais dans la chambre d'André. C'était une partie arrangée depuis hier avec ces demoiselles. Elles en grillaient d'envie. Moi, qui sais que vous êtes le plus galant homme et l'homme le plus galant de France, je voulais vous les amener toutes; car en voilà encore cinq ou six qui ne sont pas mes sœurs, mais qui n'en valent pas moins, et qui voulaient à toute force voir votre propriété. C'est une si belle chose! il n'est question que de ça dans le pays. Or je suis venu ce matin pour vous demander votre voiture, votre cheval et votre fils. André m'a répondu que vous dormiez encore, que vous étiez fatigué de la veille. Je n'ai jamais voulu souffrir qu'on vous éveillât pour si peu de chose; je n'ai même voulu déranger personne; j'ai attelé moi-même le cheval et j'ai emmené votre fils malgré lui, car c'est un paresseux!..... Et, à propos, comment se porte le bœuf malade? Mieux? Ah! j'en suis charmé. Voilà donc comment j'ai enfin réussi à vous amener à dîner toutes ces petites alouettes. J'étais bien sûr que vous m'en remercieriez. Ce marquis est l'homme le plus aimable du département ! Allons, mesdemoiselles, n'ayez pas de honte ; dites à monsieur le marquis comme vous aviez envie de venir le voir.

Le marquis, tout étourdi d'un pareil discours et de l'apparition de toutes ces jeunes et jolies figures qui semblaient se multiplier par enchantement à chaque période de Joseph, ne put trouver de prétexte à son ressentiment. La demande inopinée d'un dîner ne le contraria pas trop. Il était honorable, et en effet il avait des prétentions à la galanterie. Il prit le parti d'offrir un bras à mademoiselle Marteau, et l'autre à Geneviève, qu'à sa jolie tournure il prit pour une personne de la meilleure société ; et, priant poliment les autres de le suivre, il les conduisit à la salle à manger, où, en attendant le repas qu'il ordonna sur-le-champ, il leur fit servir des fruits et des rafraîchissements.

André, charmé de voir les choses s'arranger aussi bien, prit courage et fit lui-même les honneurs de la maison avec beaucoup de grâce. Son père le laissa faire, quoiqu'il jetât sur lui de temps en temps un regard de travers. Le hobereau n'était point avare et voulait bien offrir tout ce qu'il possédait ; mais il voulait le faire lui-même et ne pouvait souffrir qu'un autre, fût-ce son propre fils, touchât à une fleur sans sa permission.

André conduisit Geneviève à un petit jardin botanique qu'il cultivait dans un coin du grand verger de son père. Geneviève prit tant d'intérêt à ces fleurs et aux explications d'André qu'elle oublia tout le reste et s'aperçut en rougissant, lorsque la cloche du dîner sonna, qu'elle était seule avec lui, que le reste de la société était bien loin dans le fond du verger.

L'affabilité du marquis se soutint assez bien pendant tout le temps du dîner; même au dessert il s'égaya jusqu'à adresser quelques lourdes fadeurs aux beaux yeux d'Henriette et aux jolies petites mains blanches de Geneviève. Joseph était un convive excellent, un vigoureux buveur, capable de tenir tête à toute une noce depuis midi jusqu'à trois heures du matin, et jamais maussade après boire, point querelleur, point casseur d'écuelles, incapable de méconnaître ses amis dans l'ivresse. Il se conduisit si bien cette fois, et, sans cesser d'être aux petits soins pour *les dames*, il fit si bien fête au petit vin de la côte Morand, que le marquis sortit de table la joue enluminée, l'œil brillant et la mâchoire lourde. Joseph croyait avoir triomphé de sa colère et s'applaudissait intérieurement de son habileté; mais André, qui connaissait mieux son père, augurait moins bien de cet état d'excitation. Il savait que jamais le marquis n'avait une clairvoyance plus implacable que dans ces moments-là. Il l'observait donc avec inquiétude et s'observait lui-même scrupuleusement dans la crainte de dire un mot ou de faire un geste qui reveillât les souvenirs confus du cheval et du char-à-bancs enlevés.

Le marquis jusque-là ne comprenait pas trop clairement en quelle société Joseph et ses sœurs étaient venus le voir. La vérité est qu'il n'avait aucun préjugé, qu'il était poli et hospitalier envers tout le monde; mais il avait une aversion invincible pour les grisettes. Il fallait que ce sentiment eût acquis chez lui une grande violence; car il était combattu par une habitude de courtoisie envers le beau sexe et la prétention de n'être pas absolument étranger à l'art de plaire. Mais autant il aimait à accueillir gracieusement les personnes des deux sexes qui reconnaissaient humblement l'infériorité de leur rang, autant il haïssait dans le secret de son cœur celles qui traitaient de pair à compagnon avec lui sans daigner lui tenir compte de son affabilité et de ses manières libérales. Il consentait à être le meilleur bourgeois du monde pourvu qu'on n'oubliât point qu'il était marquis et qu'il ne voulait pas le paraître.

Les artisanes de L..., avec leur jactance, leurs priviléges et leur affectation de familiarité, étaient donc nécessairement des natures antipathiques à la sienne, et il est très-vrai qu'il les souffrait difficilement dans sa maison. Il ne pouvait supporter qu'elles s'arrogeassent le droit de s'asseoir à sa table sans son aveu, et il ne manquait pas, lorsque sa salle à manger était envahie par ces usurpateurs féminins, de leur céder la place et d'aller aux champs. Ce procédé lui avait aliéné la considération des grisettes les plus huppées, d'autant plus qu'elles voyaient fort bien l'adjoint de la commune, personnage revêtu d'une blouse et d'une paire de sabots, et même le garde-champêtre, dignitaire plus modeste encore, admis à l'honneur de boire un verre de vin et de s'asseoir sur un escabeau lorsqu'ils apportaient des nouvelles à l'heure où le marquis finissait son souper. Cette préférence envers des paysans leur paraissait l'indice d'un caractère insolent et bas, tandis qu'elle était au contraire le résultat d'un orgueil très-bien raisonné.

Quoique Henriette et ses ouvrières eussent été fort bien traitées cette fois, il leur restait un vieux levain de ressentiment contre les manières habituelles du marquis envers leurs pareilles. La présence de mademoiselle Marteau, les manières douces d'André, le maintien grave et poli de Geneviève leur avaient un peu imposé pendant le dîner. Aussi, en sortant de table, leur nature bruyante et indisciplinée reprenant le dessus, elles se répandirent dans le verger en caracolant comme des cavales débridées; et sautant sur les plates-bandes, écrasant sans pitié les marguerites et les tomates, elles remplirent l'air de chants plus gais que mélodieux, et de rires qui sonnèrent mal à l'oreille du marquis. Celui-ci laissa André auprès de Geneviève et de mesdemoiselles Marteau, et, tandis que Joseph prenait sa course de son côté pour aller embrasser mademoiselle Henriette à la faveur d'un jour consacré à la folie, il longea furtivement le mur où ses plus beaux espaliers étendaient leurs grands bras chargés de fruits sur un treillage vert-pomme, et monta la garde autour de ses pêches et de ses raisins. Henriette s'en aperçut, et, décidée à déployer ce grand caractère d'audace et de fierté dont elle tirait gloire, elle coupa le potager en droite ligne et vint à trente pas du marquis remplir lestement son tablier des plus beaux fruits de l'espalier. A son exemple, les grisettes s'élancèrent à la maraude et firent main-basse sur le reste. Ce qui acheva d'enflammer le marquis d'une juste colère, c'est qu'au lieu de détacher de l'arbre le fruit qu'elles voulaient emporter, elles tiraient obstinément la branche jusqu'à ce qu'elle cédât et leur restât à la main, toute chargée de fruits verts qu'elles jetaient avec dédain au milieu des allées après y avoir enfoncé les dents. Moyennant ce procédé aristocratique, au lieu d'une douzaine de pêches et d'autant de grappes de raisin qu'elles eussent pu enlever, elles trouvèrent moyen de mutiler tous les arbres fruitiers et de mettre en lambeaux ces belles treilles si bien suspendues, que le marquis lui-même avait courbées en berceaux et qui faisaient l'admiration de tous les connaisseurs.

Le marquis eut envie de prendre une des branches cassées dont elles jonchaient le sable, et de leur *courir sus* en les poursuivant comme des chèvres malfaisantes; mais il vit la grande taille de Joseph se dessiner auprès d'Henriette, et, quoique brave, il ne se soucia point d'engager avec lui une discussion qui pouvait devenir orageuse. D'ailleurs il aimait Joseph, et voyait bien qu'il n'approuvait pas ce dégât. Il prit un parti plus sage et plus cruel : il alla droit à l'écurie, fit sortir son cheval, atteler le char-à-bancs et conduire l'un et l'autre à trois cents pas de la maison dans une grange dont il prit la clef dans sa poche; puis il revint d'un air calme et rentra dans le salon. Il n'y trouva personne; mais la Vengeance qui le protégeait lui fit apercevoir du premier coup d'œil quatre ou cinq grands bonnets de tulle et deux ou trois châles de Barèges étalés avec soin sur le canapé. Ces demoiselles avaient déposé là leurs atours pour courir plus à l'aise dans le jardin. Le marquis n'en fit ni une ni deux; il s'étendit tout de son long sur les rubans et sur les dentelles, et ne manqua pas d'allonger ses grosses guêtres crottées sur le fichu de crêpe rose de mademoiselle Henriette. Il attendit ainsi dans un repos délicieux que ces demoiselles eussent fini de dévaster son verger.

Quand elles rentrèrent, elles trouvèrent en effet le malicieux campagnard qui feignait de dormir en écrasant les précieux chiffons; elles le maudirent mille fois et prononcèrent, assez haut pour qu'il l'entendît, les mots de vieil ivrogne.

— Fort bien ! disait Henriette d'un ton aigre, il faut

de la dentelle à M. le marquis pour dormir en cuvant son vin!

— Ma foi! disait Joseph en se pinçant le nez pour ne pas éclater de rire, je trouve la chose singulière et si drôle qu'il m'est impossible de m'en affliger. Vraiment! c'est dommage de réveiller ce bon marquis quand il dort si bien, l'aimable homme!

En parlant ainsi, Joseph secouait doucement la main du marquis. Celui-ci feignit long-temps de ne pouvoir se réveiller. Enfin il se décida à quitter le canapé et à laisser les grisettes ramasser les débris de leur toilette. Dans quel état, hélas!... Henriette écumait de rage. M. de Morand feignit de ne s'apercevoir de rien. Il prit le bras de Joseph et sortit sous prétexte de le mener à son pressoir. Mais sa véritable vengeance ne tarda pas à éclater. Le soleil était couché, on parla de retourner à la ville; la patache de Joseph se trouva prête devant la porte aussitôt qu'il l'eut demandée. — Prends mes sœurs et Geneviève, dit Joseph à André, et monte dans ma patache; je me charge des grisettes et du char-à-bancs. Va, pars tout de suite; car, si tu restes là et que ton père ait de l'humeur, cela tombera sur toi, tandis qu'il n'osera pas me faire de difficultés. Va-t'en vite.

André ne se le fit pas répéter; il offrit la main à ses compagnes de voyage, prit les rênes et disparut. Il était à cinq cents pas que Joseph attendait encore le char-à-bancs sur le seuil de la maison. Il avait glissé quelque monnaie dans la main du garçon d'écurie en lui disant d'amener son équipage; mais l'équipage n'arrivait pas, le garçon d'écurie ne se montrait plus, et le marquis avait subitement disparu. Au bout d'un quart d'heure d'attente Joseph prit le parti d'aller à l'écurie : elle était vide; il cherche le char-à-bancs sous le hangar : le han-

gar était désert; il appelle, personne ne lui répond. Il parcourt la ferme, et trouve enfin le garçon d'écurie qui semble accourir tout essoufflé et qui lui répond avec toute la sincérité apparente d'un paysan astucieux:
— Hélas! mon bon monsieur, il n'y a ni char-à-bancs ni cheval; le métayer est parti avec pour la foire de Saint-Denis qui commence demain matin; il ne savait pas qu'on en aurait besoin au château. M. le marquis lui avait dit hier de les prendre s'il en avait besoin..... Qu'est-ce qui savait? qu'est-ce qui pouvait prévoir?...

— Mille diables! s'écria Joseph, il est parti! et depuis quand? est-il bien loin?

— Oh! monsieur, dit le garçon en souriant d'un air piteux, il y a plus de deux heures! Il doit être à présent auprès de L..., s'il ne l'a point dépassé.

— Eh bien! dit Joseph, c'est une histoire à mourir de rire! Et il alla rejoindre les grisettes sans s'affliger autrement d'un événement qui devait les transporter de colère. Henriette jeta les hauts cris; elle refusa de croire au départ du métayer; elle maudit mille fois la malice du marquis; elle le chercha dans toute la maison pour lui faire des reproches, pour lui demander s'il n'avait pas un autre cheval et une autre voiture; le marquis fut introuvable. Le garçon d'écurie se lamenta d'un air désespérant sur ce fâcheux contre-temps. Enfin il fallut prendre un parti; le jour baissait de plus en plus, il fallut partir à pied et entreprendre, à l'entrée de la nuit, une promenade de trois lieues, par des chemins assez rudes et avec des bonnets et des fichus en marmelade. Les grisettes pleuraient, et Henriette en fureur faisait de durs reproches à Joseph sur son insouciance. Celui-ci se résignait de bonne grâce à lui offrir son bras jusqu'à la ville; elle le refusa d'abord avec dépit, et l'accepta ensuite par lassitude. Elles s'en allèrent ainsi clopin-clopant, se heurtant les pieds contre les cailloux et détestant dans leur âme l'abominable marquis, auteur de leur désastre, tandis que celui-ci, enfermé dans sa chambre et plongé dans le duvet, fredonnait en s'endormant un vieil air, à la mode peut-être dans sa jeunesse : *Allez-vous-en, gens de la noce,* etc.

VII.

De leur côté, André et Geneviève et mesdemoiselles Marteau continuaient paisiblement leur route sans entendre les cris de détresse dont Joseph, à tout hasard, faisait retentir la plaine. Enfin une des petites filles ayant laissé tomber son sac, André arrêta le cheval et descendit pour chercher dans l'obscurité l'objet perdu. Pendant ce temps il lui sembla entendre mugir au loin une voix de Stentor qui prononçait son nom. Il consulta ses compagnons, et Geneviève décida qu'il fallait retourner en arrière, parce qu'un accident était probablement arrivé aux voyageurs du char-à-bancs. André obéit, et, au bout de dix minutes, il rencontra les tristes piétons qui gagnaient le haut de la colline. Henriette voulut raconter la malheureuse aventure ; mais, suffoquée par sa colère, elle s'arrêta pour respirer, et Joseph, profitant de l'occasion, se mit à raconter à sa manière. Il déclara que c'était un plaisant tour du marquis, et que ces demoiselles l'avaient bien mérité pour la manière dont elles s'étaient comportées dans le verger.

— C'est une infamie, s'écria Henriette ; votre marquis est un vieil avare, un sournois et un ivrogne,

— Allons, allons, interrompit Joseph impatienté, vous oubliez que vous parlez devant son fils et qu'il est trop poli pour vous donner un démenti; mais, si vous étiez un homme, jarni Dieu !...

— Et c'est parce que M. André ne peut pas imposer silence à une femme, dit Geneviève assez vivement que l'on ne doit pas abuser de sa politesse et lui faire entendre un langage qu'il ne peut supporter sans souffrir. Allons, Henriette, calme-toi, prends ma place dans la voiture; tâchez de vous y arranger toutes, et de prendre seulement la petite Marie sur vos genoux. Pour nous, qui avons fait la moitié de la route en voiture, nous ferons bien le reste à pied, n'est-ce pas, ma chère Justine?

La chose fut bientôt convenue. Joseph voulut un instant faire les honneurs de sa voiture à André et achever la route à pied; mais il comprit bien vite qu'André aimait beaucoup mieux accompagner Geneviève, et il prit sa place dans la patache, qui continua le voyage au pas. André offrit son bras à Justine Marteau, afin d'avoir l'occasion d'offrir l'autre à Geneviève au bout de quelques minutes; mais à peine l'eut-elle accepté qu'André, qui se croyait fort en train de dire les choses les plus sensées du monde, ne trouva plus même à placer un mot insignifiant pour diminuer le malaise d'un silence qui dura près d'un quart d'heure sans aucune cause appréciable.

Ce fut mademoiselle Marteau qui le rompit la première, dès qu'elle eut fini de penser à autre chose; car elle était préoccupée, soit de la pensée de son trousseau, soit de celle de son fiancé. — Eh bien! dit-elle, qu'avons-nous donc tous les trois à regarder les étoiles?

— Je vous assure, répondit André, que je ne pensais

pas aux étoiles, et que je les regardais encore moins. Et vous, mademoiselle Geneviève?

— Moi, je les regardais sans penser à rien, répondit-elle.

— Permettez-moi de ne pas vous croire, reprit André; je suis sûr, au contraire, que vous réfléchissez beaucoup et à propos de tout.

— Oh! oui, je réfléchis, répondit-elle; mais je n'en pense pas plus pour cela, car je ne sais rien, et quand j'ai bien rêvé, je n'en suis pas plus avancée.

— Cela est impossible. Quand vous regardez les étoiles, vous pensez à quelque chose.

— Je pense quelquefois à Dieu, qui a mis toutes ces lumières là-haut; mais comme on ne peut pas toujours penser à Dieu, il arrive que je continue à les regarder sans savoir pourquoi; et pourtant je reste des heures entières à ma fenêtre sans pouvoir m'en arracher. D'où cela vient-il? Sans doute, les étoiles font cet effet-là à tout le monde : n'est-ce pas, Justine?

— Je crois, dit Justine, que ton amie Henriette ne les regarde jamais. Pour moi, je suis comme toi, je ne peux pas en détacher mes yeux; mais c'est que cela me fait penser à des milliers de choses.

— Oh! c'est que vous êtes savante, vous, Justine; vous êtes bien heureuse! Mais dites-moi donc à quoi les étoiles vous font penser : j'aurai peut-être eu les mêmes idées sans pouvoir m'en rendre compte.

— Mais, dit Justine, à quoi ne pense-t-on pas en regardant ces milliards de mondes, auprès desquels le nôtre n'est qu'une tache lumineuse de plus dans l'espace?

Geneviève s'arrêta tout étonnée et regarda Justine, attendant avec impatience qu'elle s'expliquât davantage,

André s'était imaginé, en voyant le beau front de Geneviève plein d'intelligence, et en écoutant son langage toujours si raisonnable et si pur, qu'elle devait savoir toutes choses, et l'idée de sa propre infériorité l'avait rendu jusque-là timide et tremblant devant elle. Il fut donc surpris à son tour, et chercha dans les grands yeux de Geneviève la cause de cet étonnement naïf.

— Est-ce que tu ne sais pas, dit Justine qui n'était pas fâchée de déployer son petit savoir, que toutes ces lumières, comme tu les appelles, sont autant de soleils et de mondes?

— Oh! j'ai entendu parler de cela à Paris par une de mes compagnes qui avait un livre... mais je prenais tout cela pour des rêves... et je ne peux pas croire encore... Dites-nous donc ce que vous en pensez, monsieur André.

Cette interpellation fit sur André un effet singulier. Il venait d'être presque choqué de l'ignorance de Geneviève; il se sentit tout à coup comme attendri. Jusque-là son amour avait été dans sa tête; il lui sembla qu'il descendait dans son cœur. Il regarda Geneviève à la faible clarté du ciel étoilé: il distinguait à peine ses traits; mais une blancheur incomparable faisait ressortir sa figure ovale sous ses cheveux noirs, et une sérénité angélique semblait résider sur ce visage délicat et pâle. André fut si ému qu'il resta quelques instants sans pouvoir répondre. Enfin il lui dit d'une voix altérée: — Oui, je crois que notre monde n'est qu'un lieu de passage et d'épreuve, et qu'il y a, parmi tous ceux que vous voyez au ciel, quelque monde meilleur où les âmes qui s'entendent peuvent se réunir et s'appartenir mutuellement.

Geneviève s'arrêta encore et le regarda à son tour comme elle avait regardé Justine. Tout ce qu'on lui disait lui semblait obscur; elle en attendait l'explication.

— Croyez-vous donc, lui dit André, que tout s'achève ici-bas ?

— Oh! non, dit-elle, je crois en Dieu et en une autre vie.

— Eh bien! ne pensez-vous pas que le paradis puisse être dans quelqu'une de ces belles étoiles ?

— Mais je n'en sais rien. Vous-même, qu'en savez-vous ?

— Oh! rien. Je ne sais pas où Dieu a caché le bonheur qu'il fait espérer aux hommes. Croyez-vous, mesdemoiselles, qu'on puisse obtenir tout ce qu'on désire en cette vie ?

— Mais non! dit Justine; on peut désirer l'impossible. Le bonheur et la raison consistent à régler nos besoins et nos souhaits.

— Cela est très-bien dit, répondit André; mais pensez-vous qu'il existe trois personnes au monde qui puissent atteindre à la sagesse ? Nous voici trois : répondez-vous de nous trois ?

— Oh! c'est tout au plus si je réponds de moi-même, dit Justine en riant; comment répondrais-je de vous? Cependant je répondrais de Geneviève; je crois qu'elle sera toujours calme et heureuse.

— Et vous, mademoiselle, dit André, en repondez-vous ?

— Pourquoi pas? dit-elle avec une tranquillité naïve. Mais parlez-moi donc des étoiles, cela m'inquiète davantage. Pourquoi Justine dit-elle que ce sont des mondes et des soleils ?

André, heureux et fier, pour la première fois de sa

vie, d'avoir quelque chose à enseigner, se mit à lui expliquer le système de l'univers, en ayant soin de simplifier toutes les démonstrations et de les rendre abordables à l'intelligence de son élève. Malgré la soumission attentive et la curiosité confiante de Geneviève, André fut frappé du bon sens et de la netteté de ses idées. Elle comprenait rapidement ; il y avait des instants où André, transporté, lui croyait des facultés extraordinaires, et d'autres où il croyait parler à un enfant. Quand ils furent arrivés aux premières maisons de la ville, Henriette descendit de voiture et dit qu'elle se chargeait de reconduire Geneviève chez elle. André n'osa pas aller plus loin ; il prit congé d'elle, et, se dérobant aux instances de Joseph qui voulait l'emmener boire du punch, il reprit légèrement le chemin de son castel. Tout ce qu'il désirait désormais, c'était de se trouver seul et de n'être pas distrait de ses pensées. Elles se pressaient tellement dans son cerveau qu'il s'assit bientôt sur le bord du chemin, et, posant son front dans ses mains, il resta ainsi jusqu'à ce que le froid de la nuit le saisît et l'avertît de reprendre sa marche.

VIII.

Le lendemain, lorsque André se retrouva seul dans son grand verger, il s'était passé bien des choses dans sa tête ; mais il avait trouvé une solution à sa plus grande incertitude, et il éprouvait une joie et une impatience tumultueuses. Il s'était demandé bien des fois depuis douze heures si Geneviève était un ange du ciel exilé sur une terre ingrate et pauvre, ou si elle était simplement une grisette plus décente et plus jolie que les autres. Cependant il n'avait pu réprimer une émotion tendre et presque paternelle lorsqu'elle lui avait naïvement demandé de l'instruire. Cet aveu paisible de son ignorance, ce désir d'apprendre, cette facilité de compréhension, devaient lui gagner le cœur d'un homme simple et bon comme elle. Il y avait sous cette inculte végétation une terre riche et fertile, où la parole divine pourrait germer et fructifier. Une âme sympathique, une voix amie pouvait développer cette noble nature et la révéler à elle-même.

Telle fut la conclusion que tira André de toutes ces rêveries, et il se sentit transporté d'enthousiasme à l'idée de devenir le Prométhée de cette précieuse argile. Il bénit le ciel qui lui avait accordé les moyens de s'instruire. Il remercia dans son cœur son bon maître, M. Forez, qui lui avait ouvert le trésor de ses connaissances; et, dans son exaltation, peu s'en fallut qu'il n'allât aussi remercier son père, qui avait consenti à faire de lui autre chose qu'un paysan. Dans ses jours de spleen, il lui était arrivé souvent de maudire l'éducation, qui, en lui créant des besoins nouveaux, lui rendait sa condition réelle plus triste encore. Maintenant il demandait pardon à Dieu d'un tel blasphème. Il reconnaissait tous les avantages de l'étude, et se sentait maître du feu sacré qui devait embraser l'âme de Geneviève.

Mais toutes ces fumées de bonheur et de gloire se dissipèrent lorsqu'il songea à la difficulté de revoir prochainement Geneviève et à la possibilité effrayante de ne la revoir jamais. Il avait fait avec sa liberté de la veille mille romans délicieux en parcourant à pas lents les allées humides de la rosée du matin; mais, à force de se créer un bonheur imaginaire, le besoin de réaliser ses rêves devint un malaise et un tourment. Son cœur battait violemment et à chaque instant semblait s'élancer hors de son sein pour rejoindre l'objet aimé. Il s'étonna de ces agitations. Il n'avait pas prévu qu'arrivé à ce point l'amour devait devenir une souffrance de toutes les heures. Il avait cru au contraire que, du moment où il aurait retrouvé l'objet d'une si longue attente, sa vie s'écoulerait calme, pleine et délicieuse ; qu'un jour de bonheur suffirait à ses rêveries et à ses souvenirs pendant un mois, et qu'il aurait autant de douceur à savourer le passé qu'à jouir du présent. Maintenant la veille lui semblait s'être envolée trop rapidement ; il se reprochait de n'en avoir pas profité ; il se rappelait cent circonstances où il aurait pu dire à propos un mot qui lui eût obtenu la bienveillance de Geneviève, et il éprouvait un regret mortel de sa timidité. Il brûlait de trouver l'occasion de la réparer ; mais quand viendrait cette occasion ? dans huit jours ? dans quatre ? un seul lui paraissait éternellement long, et l'ennui dévorait déjà sa vie.

La crainte de se montrer trop empressé et d'effaroucher l'austérité de Geneviève lui faisait seule renoncer aux mille projets romanesques qu'il enfantait presque malgré lui. Mais bientôt il était forcé de s'avouer que vivre sans la voir était impossible, et qu'il fallait sortir de son inaction ou devenir fou.

Il alla vers le soir à la ville. Il s'assit à l'écart sur un des bancs de la promenade, espérant qu'elle passerait peut-être ; mais il vit défiler par groupes toutes les filles de la ville sans apercevoir le petit pied de Geneviève. Il se rappela qu'elle ne sortait jamais à ces heures-là. Il rôda autour de la maison Marteau sans oser y entrer; car il éprouvait une répugnance infinie à laisser deviner ce qui se passait en lui. A l'entrée de la nuit il vit sortir Henriette et ses ouvrières. Geneviève n'était point avec elles. S'il avait su où elle demeurait, il se serait glissé sous sa fenêtre : il l'eût peut-être aperçue; mais il ne le savait pas, et pour rien au monde il ne l'eût demandé à qui que ce fût.

Le lendemain il revint dans la journée; et, tâchant de prendre l'air le plus indifférent, il alla voir Joseph. Joseph ne fut pas dupe de ce maintien grave.—Voyons, lui dit-il, pourquoi ne parles-tu pas de la seule chose qui t'intéresse maintenant? Tu voudrais bien voir Geneviève, n'est-ce pas? Ce n'est pas aisé. J'y pensais ce matin, je cherchais un expédient pour avoir accès dans sa maison, et je n'en ai pas trouvé. Il faudra bien pourtant que nous en venions à bout. Henriette nous aidera.

L'obligeance indiscrète de Joseph choqua cruellement son ami. Il se mit à rire d'un air sec et forcé en lui déclarant qu'il ne comprenait rien à cette plaisanterie et qu'il le priait de ne pas l'y mêler davantage.

— Ah! tu fais le fier! tu te méfies de moi! dit Joseph un peu piqué. Eh bien! comme tu voudras, mon cher; tire-toi d'affaire tout seul, puisque tu n'as pas besoin d'aide.

André s'affligea d'avoir offensé un ami si dévoué; mais il lui fut impossible de revenir sur son refus et sur son désaveu. Il se retira assez triste. Le bon Joseph s'en aperçut; et, pour lui prouver qu'il n'avait pas de rancune, il le reconduisit jusqu'au bout de l'avenue de peupliers qui termine la ville. Avant de sortir d'une petite rue tortueuse et déserte, il lui montra une vieille maison de briques, dont tous les pans étaient encadrés de bois grossièrement sculpté. Un toit en auvent s'étendait à l'entour et ombrageait les étroites fenêtres. — Tiens, dit Joseph en lui montrant deux de ces fenêtres, éclairées par le soleil couchant et couvertes de pots de fleurs, c'est là que *Rose respire*. Monter l'escalier, ce n'est pas le plus difficile ; mais franchir le palier et passer la porte, c'est pire que d'entrer dans le jardin des Hespérides.

André, troublé, s'efforça de prendre un air dégagé et de sourire.

— Aurais-je dit quelque sottise? dit Joseph. Cela est possible. J'aime trop la mythologie. Je ne suis pas toujours heureux dans mes citations.

— Celle-là est fort bonne, au contraire, répondit André ; j'en ris parce qu'elle est plaisante, et que je ne me sens point le courage d'Alcide et de Jason.

Quoi qu'il en soit, André était le lendemain sur l'escalier de la vieille maison rouge. Où allait-il? il le savait à peine. Serait-il reçu? il ne l'espérait pas. Il avait à la main un énorme bouquet des plus belles fleurs qu'il avait pu réunir : c'était toute sa recommandation. Il était tour à tour pâle comme ses narcisses et vermeil comme ses adonis. Il se soutenait à peine, et à la dernière marche il fut forcé de s'asseoir. C'était déjà beaucoup d'avoir pu arriver jusque-là sans attrouper toute la maison et sans causer un scandale qui eût indisposé Geneviève contre lui. Il avait passé adroitement le long de l'arrière-boutique du chapelier, qui occupait le rez-de-chaussée, sans être aperçu d'aucun des apprentis ; au premier étage, il avait évité un atelier de lingères, dont la porte était ouverte, et d'où partait le refrain de plusieurs romances très-aimées des grisettes de tous les pays, telles que :

ANDRÉ.
Bocage que l'aurore
Embellit de ses feux, etc.

Ou bien :

Il ne vient pas, où peut-il être? etc.

Ou bien encore :

Fleuve du Tage, etc., etc.

André cacha son bouquet dans son chapeau ; et, tournant le dos à la porte entr'ouverte, il franchit cet étage comme un éclair et ne s'arrêta qu'au troisième. Là, tout palpitant, se recommandant à Dieu, il s'approcha de la porte à trois reprises différentes et s'en éloigna aussitôt, incertain s'il ne laisserait pas son bouquet et ne s'enfuirait pas à toutes jambes. Enfin une quatrième résolution l'emporta. Il frappa bien doucement, et, près de s'évanouir, s'appuya contre le mur.

Cinq minutes d'un profond silence lui donnèrent le temps de se reconnaître. Il pensa que Geneviève était sortie, et il se réjouit presque d'échapper à la terrible émotion qu'il avait résolu de braver. Cependant le désir de la voir fut plus fort que sa poltronnerie, et il allait frapper de nouveau, lorsque ses yeux, accoutumés à l'obscurité de l'escalier, distinguèrent un petit carré de papier collé sur la porte. Il l'examina quelques instants et réussit à lire :

GENEVIÈVE, fleuriste.

et un peu plus bas, en plus petits caractères : *Tournez le bouton, s'il vous plaît.*

André, transporté d'une joie étourdie, ouvrit la porte et entra dans une vieille salle proprement tenue, meublée de quatre chaises de paille, d'une petite provision de raisins suspendue au plafond, et d'une toile noire et usée, où l'on retrouvait quelques vestiges d'une figure de Vierge tenant un enfant Jésus dans ses bras. Une petite porte, sur laquelle était encore écrit le nom de Geneviève, était placée au bout de cette salle. Cette fois André sentit toutes ses terreurs se réveiller ; mais, après tout ce qu'il avait déjà osé, il n'était plus temps de renoncer lâchement à son entreprise : il frappa donc à cette dernière porte, qui s'ouvrit aussitôt, et Geneviève parut.

Elle devint toute rouge et le salua avec un embarras où André crut distinguer un peu de mécontentement. Il balbutia quelques mots ; mais il perdit tout à fait contenance en s'apercevant que Geneviève n'était pas seule. Madame Privat était debout auprès d'un carton de fleurs et se composait un bouquet de bal. Elle jeta sur André un regard de surprise et d'ironie : c'eût été une si bonne fortune pour elle de pouvoir publier une jolie médisance bien cruelle sur le compte de la vertueuse Geneviève ! Geneviève sentit le danger de sa position, et prenant aussitôt une assurance pleine de fierté : — Entrez, dit-elle, monsieur le marquis, ayez la bonté de vous asseoir et d'attendre un instant. Vous voudrez bien me faire votre commande après que j'aurai servi madame.

Et, se rapprochant de madame Privat, elle ouvrit tous ses cartons avec une dignité calme qui imposa un instant à la merveilleuse provinciale. Mais l'occasion était trop bonne pour y renoncer aisément. Après avoir choisi quelques boutons de rose mousseuse, madame Privat se retourna vers André, qu'elle déconcerta tout à fait avec son regard curieux et impertinent. — Vraiment, dit-elle en s'efforçant de prendre un ton enjoué, c'est la première fois que je vois un jeune homme venir commander des fleurs artificielles. Vous ne recevez pas souvent la visite de ces messieurs, n'est-ce pas, mademoiselle Geneviève ?

— Pardonnez-moi, madame, répondit froidement Geneviève, je reçois très-souvent des commandes de bouquets pour les mariages et pour les présents de noces, et ces messieurs m'apportent quelquefois les fleurs naturelles qu'ils veulent me faire imiter.

— Ah ! M. de Morand se marie ? dit vivement madame Privat en fixant sur lui un regard scrutateur.

Son impertinence étonna tellement André, qu'il hésita un instant à répondre ; mais l'indignation l'emportant sur sa timidité naturelle, il répondit effrontément : — Non, madame, je m'occupe de botanique et je désire avoir une collection de certaines fleurs que mademoiselle a le talent d'imiter parfaitement. C'est un herbier de nouvelle espèce auquel M. Forez, mon ancien précepteur, s'intéresse beaucoup. Quant au mariage, les pauvres maris sont tellement ridicules pour le moment dans ce pays-ci que j'attendrai un temps plus favorable.

Madame Privat se mordit la lèvre et sortit brusquement. La réponse d'André faisait allusion à une aventure récente de son ménage ; et, quoique André ne fût pas méchant, il n'avait pu résister au désir de lui fermer la bouche. Quand elle fut sortie, il regarda Geneviève en souriant, espérant que cet incident allait faire oublier l'audace de sa visite ; mais il trouva Geneviève froide et sévère. — Puis-je savoir, monsieur, lui dit-elle, ce qui me procure l'honneur de votre présence ?

André se troubla. — Je mérite que vous me receviez mal, répondit-il. J'ai été étourdi, imprudent, mademoiselle, en m'imaginant que c'était une chose toute simple que de venir vous offrir ces fleurs. L'impertinente personne qui sort d'ici m'a fait sentir mon tort; me le pardonnerez-vous?

— Oui, monsieur, répondit Geneviève, s'il est vrai que vous n'en ayez pas prévu les suites, et si vous me promettez de ne pas m'y exposer une seconde fois.

— J'aimerais mieux renoncer au bonheur de vous revoir jamais que de vous causer une contrariété, répondit André; et, laissant son bouquet sur la table, il se leva tristement pour se retirer; mais une larme vint au bord de sa paupière, et Geneviève, qui s'en aperçut, se troubla à son tour.

— Au moins, lui dit-elle avec douceur, je ne vous chasse pas, et puisque vous n'avez eu que de bonnes intentions aujourd'hui, je vous remercie de votre bouquet.

En même temps elle le prit et l'examina. André s'arrêta et resta debout et incertain.

— Il est bien joli, dit Geneviève. Comment appelez-vous ces fleurs roses si rondes et si petites?

— Ce sont des hépatiques, répondit-il en se rapprochant; voici des belles de nuit à odeur de vanille, de la giroflée-mahon blanche, et des mauves couleur de rose.

— Oh! celles-là se fanent vite, dit Geneviève. Je vais les mettre dans l'eau.

Elle délia le bouquet et le mit dans un vase plein d'eau fraîche, en arrangeant chaque fleur avec soin. Pendant ce temps, André examinait les cartons ouverts et admirait la perfection des ouvrages de Geneviève. Cependant il lui échappa une exclamation de blâme qui faillit faire tomber le vase de fleurs des mains de la jeune fille.

— Qu'est-ce donc? s'écria-t-elle.

— O ciel! répondit André, des fuxias à calice vert! Cela n'existe pas, c'est une invention gratuite.

— Hélas! vous avez raison, dit Geneviève en rougissant, ce n'est pas ma faute. Une demoiselle de la ville, pour qui j'ai fait cette branche de fuxia, l'a voulue ainsi. En vain je lui ai montré l'original; elle s'est obstinée à trouver ce bouquet trop rouge. — Feuilles, tiges, fleurs, tout, disait-elle, était de la même teinte. Elle m'a forcée d'ajouter ces feuilles, qui sont d'un ton faux, et de doubles calices...

— Qui sont d'une monstruosité épouvantable, dit André avec chaleur. Quoi! mutiler une si jolie plante, si gracieuse, si délicate!

— Il y a des gens de si mauvais goût! reprit Geneviève; tous les jours on me demande des choses extravagantes. J'avais fait des millepertuis de Chine assez jolis; aussitôt toutes ces dames en ont demandé; mais l'une les voulait bleus, l'autre rouges, selon la couleur de leurs rubans et de leurs robes. Que voulez-vous que devienne la vérité devant de pareilles considérations? Je suis bien forcée pour gagner ma vie de céder à tous ces caprices: aussi je ne fais que pour moi des fleurs dont je sois contente. Celles-là, je ne les vends pas, ce sont mes études et mes vrais plaisirs. Je vous les ferais voir si...

— Oh! voyons-les, je vous en supplie, dit André; montrez-moi ces trésors.

Geneviève alla ouvrir une armoire réservée et montra à son jeune pédant une collection de fleurs admirablement faites. — Voici du véritable fuxia, dit-elle en lui désignant avec orgueil une branche de cette jolie plante.

— Ceci est un chef-d'œuvre, dit André en la prenant avec précaution. Vous ne savez pas quelles immenses ressources vous offre votre talent. Un amateur paierait cette fleur un prix exorbitant. Cependant on pourrait y faire encore une légère critique : les fleurs sont trop régulièrement parfaites; la nature est plus capricieuse, plus sans façon. Ainsi le calice du fuxia a souvent cinq pétales, et souvent trois, au lieu de quatre qu'il doit avoir. Les caryophyllées sont sujettes à ces erreurs continuelles et n'en sont que plus belles. Voyez ce violier jaune qui est sur votre fenêtre.

— Vous avez peut-être raison, dit Geneviève. Moi, j'évitais cela dans la crainte de mal faire. Aimez-vous ces pois de senteur?

— Il n'y manque que le parfum; cependant voici un petit défaut : toutes les légumineuses ont dix étamines, mais neuf seulement sont réunies dans une sorte de gaîne; la dixième est indépendante des autres, et vous n'avez pas observé cette particularité.

— Êtes-vous sûr de cela?

— Il y a du genêt d'Espagne dans mon bouquet : déchirez-en une fleur.

— En vérité, vous avez raison; mais vous êtes bien sévère. Tant mieux pourtant; il y a beaucoup à profiter avec vous. Continuez donc à m'instruire, je vous en prie.

André examina tous les cartons et trouva peu à critiquer, beaucoup à louer; mais il ne négligea aucune occasion de relever les fautes légères de l'artiste, car il sentit que c'était le moyen de captiver l'attention et de rendre sa présence désirable.

— Puisqu'il en est ainsi, dit Geneviève quand il eut fini, je n'oserai plus achever une fleur nouvelle sans vous consulter; car vous en savez plus que moi.

— Vous en sauriez bien vite autant si vous vouliez faire de votre art une étude un peu méthodique. Certainement, à force de recherches et d'observations, vous savez une infinité de choses que je ne saurai jamais; mais l'ordre qu'on m'a fait mettre dans cette étude m'a appris des choses très-simples que vous ignorez. M. Forez avait pour cela une méthode admirable et d'une clarté parfaite.

— Et comment faire pour savoir? dit Geneviève.

— Laissez-moi vous apporter mes cahiers et mon herbier; avec une heure d'application par jour, vous en saurez dans un mois plus que M. Forez lui-même.

— Oh! que je le voudrais! dit Geneviève; mais cela est impossible. Orpheline et seule comme je suis, je ne puis recevoir vos visites sans m'exposer aux plus méchants propos.

— N'êtes-vous pas au-dessus de ces puériles attaques? dit André. A quoi vous a servi toute une vie de retraite et de prudence, si vous êtes aussi vulnérable que la plus étourdie de vos compagnes, et si, au premier acte d'indépendance que votre raison voudra tenter, l'opinion ne vous tient aucun compte d'une sagesse que vous avez si bien prouvée?

— L'opinion! l'opinion! dit Geneviève en rougissant. Ce n'est pas que je la respecte, je sais ce qu'elle vaut, dans ce pays du moins; mais je la crains. Je n'ai pas de famille, personne pour me protéger; la méchanceté peut me prendre à partie, comme elle a fait tant de fois pour de pauvres filles qui avaient bien peu de torts à se reprocher. Elle peut me rendre bien malheureuse...

— Oui, si vous manquez de caractère; mais si vous

avez le juste orgueil de la vertu, si vous êtes pénétrée de votre propre dignité...

— Ne me dites pas cela, on me reproche déjà d'être trop fière.

— Si j'avais le droit de vous faire un reproche, ce ne serait pas celui-là...

— Et lequel donc? dit Geneviève vivement; puis elle s'arrêta tout à coup, et André lut sur son visage qu'elle était fâchée d'avoir laissé échapper cette question et qu'elle craignait une réponse trop significative.

— Je n'ai pas ce droit, répondit-il tristement, et je ne me flatte pas de l'avoir jamais. Vous craignez le blâme; quelle raison assez forte auriez-vous pour le braver? Ne faites pas attention à ce que je vous ai dit. Je déraisonne souvent.

— Cet aveu n'est pas rassurant, dit Geneviève en s'efforçant de sourire, pour quelqu'un qui comptait vous demander souvent des conseils.

— Sur la botanique? reprit André. Je vous enverrai mes cahiers. Si quelque passage vous embarrasse, veuillez faire un signe sur la marge et me le renvoyer; je demanderai une explication détaillée à M. Forez et le prierai de la rédiger lui-même. Je vous la ferai parvenir par mademoiselle Marteau, ou par mademoiselle Henriette, ou par telle autre personne que vous me désignerez. De cette manière, il me sera impossible de vous compromettre, et je ne serai pour personne un sujet de trouble et de scandale.

Geneviève fut affligée de l'entendre s'exprimer d'un ton froid et blessé. Sa douceur et sa sensibilité naturelles parlèrent plus vite que sa raison.

— J'aimerais mieux, dit-elle, recevoir ces explications de vous directement; je comprendrais plus vite et je pourrais vous remercier moi-même de votre complaisance. Je ne sais pas comment il me deviendra possible de recevoir vos avis; mais j'en chercherai le moyen.... S'il me faut y renoncer, croyez que j'en aurai du regret, et que je conserverai de la reconnaissance pour vous.

Elle s'arrêta toute troublée, et André se sentit si ému qu'il craignit de se mettre à pleurer devant elle. C'est pourquoi il se retira précipitamment en faisant de profonds saluts et en attachant sur elle des regards pleins de douleur et de tendresse.

Quand il fut sorti, Geneviève se laissa tomber sur une chaise, mit les deux mains sur son cœur et le sentit battre avec violence. Alors, épouvantée de ce qu'elle éprouvait et n'osant s'interroger elle-même, elle se jeta à genoux et demanda au ciel de lui laisser le calme dont elle avait joui jusqu'alors.

Elle fut presque malade le reste de la journée et ne toucha point au frugal dîner qu'elle avait préparé elle-même comme à l'ordinaire. Vers le soir, elle s'enveloppa de son petit châle et alla se promener derrière la ville, dans un lieu solitaire où elle était sûre de pouvoir rêver en liberté. Quand la nuit vint, elle s'assit sur une éminence plantée de néfliers, et elle contempla le lever de ces astres dont André lui avait expliqué la marche. Peu à peu ses idées prirent un cours extraordinaire, et les connaissances nouvelles que la conversation d'André lui avait révélées portèrent son esprit vers des pensées plus vagues, mais plus élevées. Lorsqu'elle revint sur elle-même, elle s'étonna de trouver à ses agitations de la journée moins d'importance qu'elle ne l'avait craint d'abord. Elle ressentait déjà l'effet de ces contemplations où l'âme semble sortir de sa prison terrestre et s'envoler vers des régions plus pures ; mais elle ne se rendait raison d'aucune de ces impressions nouvelles et marchait dans ce pays inconnu avec la surprise et le doute d'un enfant qui lit pour la première fois un conte de fées.

Geneviève n'était point romanesque ; elle n'avait jamais désiré d'aimer ou d'être aimée. Elle ne pensait aux passions qu'avec crainte, et s'était promis de s'y soustraire à la faveur d'une vie solitaire et laborieuse. Naturellement aimante et bonne, elle commençait à pressentir l'amour d'André pour elle. Elle n'eût pas osé se l'expliquer à elle-même ; mais elle avait compris instinctivement ses tourments, ses craintes et son chagrin de la matinée. Elle en avait été émue sans savoir pourquoi, et elle lui avait parlé avec une bienveillance qui ne cachait pas un sentiment plus vif. Geneviève n'avait pas d'amour, et quand elle chercha consciencieusement la cause de son trouble, elle reconnut en elle-même le regret d'avoir commis une imprudence.
— Qu'avais-je donc ce matin, en effet ? se demanda-t-elle, et pourquoi me suis-je laissé émouvoir si vite par les idées et les discours de ce jeune homme ? pourquoi l'ai-je tant remercié ? Qu'a-t-il fait pour moi ? il m'a expliqué des choses bien intéressantes, il est vrai ; mais il l'a fait pour soutenir la conversation ou pour le plaisir de voir mon étonnement. Et puis il m'a apporté un bouquet que j'aurais pu cueillir moi-même dans les prés, et fait une visite dont, grâce à madame Privat, toute la ville jase déjà. Pourquoi m'a-t-il fait cette visite ? si c'était par amitié, il aurait dû prévoir à quels dangers il m'exposait. Et moi qui l'ai si bien senti tout de suite, d'où vient que, sur deux ou trois grandes paroles qu'il m'a dites, j'ai presque promis de braver,

pour le voir, les railleries des méchants et des sots ?
Ah ! je suis une folle. Je désire m'élever au-dessus de
ma fortune et de mon état : qu'y gagnerai-je ? Quand
j'aurai appris tout ce que mes compagnes ignorent, en
serai-je plus heureuse ?.... Hélas ! il me semble que
oui ; mais c'est peut-être un conseil de l'orgueil. Déjà
j'étais prête à sacrifier ma réputation au plaisir d'apprendre la botanique et de causer avec un jeune homme
savant. Mon Dieu, mon Dieu ! défendez-moi de ces
idées-là, et apprenez-moi à me contenter de ce que
vous m'avez donné.

Geneviève rentra plus calme et résolue à ne plus revoir André. Elle se tint parole ; car elle reçut les cahiers et les herbiers par Henriette, et ne les ouvrit pas,
dans la crainte d'y trouver trop de tentations. Elle s'habitua en peu de jours à penser à lui sans trouble et
sans émotion. Une quinzaine s'écoula sans qu'elle sortît
de sa retraite et sans qu'elle entendît parler du désolé
jeune homme, qui passait une partie des nuits à pleurer sous ses fenêtres.

IX.

Mais la Providence voulait consoler André, et le hasard peut-être voulait faire échouer les résolutions de
Geneviève. Un matin elle se laissa tenter par le lever du
soleil et par le chant des alouettes, et alla chercher des
iris dans les Prés-Girault ; elle ne savait pas qu'André
l'y avait vue un certain jour qui avait marqué dans sa
vie comme une solennité et qui avait décidé de tout son
avenir. Elle se flattait d'avoir trouvé là un refuge con-

tre tous les regards, un asile contre toutes les poursuites. Elle y arriva joyeuse et s'assit au bord de l'eau en chantant. Mais aussitôt des pas firent crier le sable derrière elle. Elle se retourna et vit André.

Un cri lui échappa, un cri imprudent qui l'eût perdue si André eût été un homme plus habile. Mais le bon et crédule enfant n'y vit rien que de désobligeant, et lui dit d'un air abattu : — Ne craignez rien, mademoiselle ; si ma présence vous importune, je me retire. Croyez que le hasard seul m'a conduit ici ; je n'avais pas l'espoir de vous y rencontrer, et je n'aurai pas l'audace de déranger votre promenade.

La pâleur d'André, son air triste et doux, son regard plein de reproche et pourtant de résignation produisirent un effet magnétique sur Geneviève. — Non, monsieur, lui dit-elle, vous ne me dérangez pas, et je suis bien aise de trouver l'occasion de vous remercier de vos cahiers... Ils m'intéressent beaucoup, et tous les jours... Geneviève se troubla et ne put achever, car elle mentait et s'en faisait un grave reproche. André, un peu rassuré, lui fit quelques questions sur ses lectures. Elle les éluda en lui demandant le nom d'une jolie fleurette bleue qui croissait comme un tapis étendu sur l'eau. — C'est, répondit André, le bécabunga, qu'il faut se garder de confondre avec le cresson, quoiqu'il croisse pêle-mêle avec lui. En parlant ainsi, il se mit dans l'eau jusqu'à mi-jambes pour cueillir la fleur que Geneviève avait regardée ; il s'y fût mis jusqu'au cou si elle avait eu envie de la feuille sèche qu'emportait le courant un peu plus loin. Il parlait si bien sur la botanique qu'elle ne put y résister. Au bout d'un quart d'heure ils étaient assis tous deux sur le gazon. André jonchait le tablier de Geneviève de fleurs effeuillées dont il lui démontrait l'organisation. Elle l'écoutait en fixant sur lui ses grands yeux attentifs et mélancoliques. André était parfois comme fasciné et perdait tout à fait le fil de son discours. Alors il se sauvait par une digression sur quelque autre partie des sciences naturelles, et Geneviève, toujours avide de s'élancer dans les régions inconnues, le questionnait avec vivacité. André voulut, pour lui rendre ses dissertations plus claires, remonter au principe des choses, lui expliquer la forme de la terre, la différence des climats, l'influence de l'atmosphère sur la végétation, les diverses régions où les végétaux peuvent vivre, depuis le pin des sommets glacés du Nord jusqu'au bananier des Indes brûlantes. Mais ce cours de géographie botanique effrayait l'imagination de Geneviève.

— Oh! mon Dieu! s'écria-t-elle à plusieurs reprises, la terre est donc bien grande?

— Voulez-vous en prendre une idée? lui dit André; je vous apporterai demain un atlas; vous apprendrez la géographie et la botanique en même temps.

— Oui, oui, je le veux! dit vivement Geneviève; et puis elle songea à ses résolutions, hésita, voulut se rétracter et céda encore, moitié au chagrin d'André, moitié à l'envie de voir s'entr'ouvrir les feuillets mystérieux du livre de la science.

Elle revint donc le lendemain, non sans avoir livré un rude combat à sa conscience; mais cette fois la leçon fut si intéressante! Le dessin de ces mers qui enveloppent la terre, le cours de ces fleuves immenses, la hauteur de ces plateaux d'où les eaux s'épanchent dans les plaines, la configuration de ces terres échancrées, entassées, disjointes, rattachées par des isthmes, séparées par des détroits; ces grands lacs, ces forêts incultes, ces terres nouvelles aperçues par des voyageurs, perdues pendant des siècles et soudainement retrouvées, toute cette magie de l'immensité jeta Geneviève dans une autre existence. Elle revint aux Prés-Girault tous les jours suivants, et souvent le soleil commençait à baisser quand elle songeait à s'arracher à l'attrait de l'étude. André goûtait un bonheur ineffable à réaliser son rêve, et à verser dans cette âme intelligente les trésors que la sienne avait recelés jusque-là sans en connaître le prix. Son amour croissait de jour en jour avec les facultés de Geneviève. Il était fier de l'élever jusqu'à lui, et d'être à la fois le créateur et l'amant de son Ève.

Leurs matinées étaient délicieuses. Libres et seuls dans une prairie charmante, tantôt ils causaient, assis sous les saules de la rivière ; tantôt ils se promenaient le long des sentiers bordés d'aubépines. Tout en devisant sur les mondes inconnus, ils regardaient de temps en temps autour d'eux, et, se regardant aussi l'un l'autre, ils s'éveillaient des magnifiques voyages de leur imagination pour se retrouver dans une oasis paisible, au milieu des fleurs, et le bras enlacé l'un à l'autre. Quand la matinée était un peu avancée, André tirait de sa gibecière un pain blanc et des fruits, ou bien il allait acheter une jatte de crème dans quelque chaumière des environs, et il dejeunait sur l'herbe avec Geneviève. Cette vie pastorale établit promptement entre eux une intimité fraternelle, et leurs plus beaux jours s'écoulèrent sans que le mot d'amour fût prononcé entre eux et sans que Geneviève songeât que ce sentiment pouvait entrer dans son cœur avec l'amitié.

Mais les pluies du mois de mai, toujours abondantes dans ce pays-là, vinrent suspendre leurs rendez-vous innocents.

Une semaine s'écoula sans que Geneviève pût hasarder sa mince chaussure dans les prés humides. André n'y put tenir. Il arriva un matin chez elle avec ses livres. Elle voulut le renvoyer. Il pleura; et, refermant son atlas, il allait sortir: Geneviève l'arrêta, et, heureuse de le consoler, heureuse en même temps de ne pas voir enlever ce cher atlas de sa chambre, elle lui donna une chaise auprès d'elle et reprit les leçons du Pré-Girault. Le jeune professeur, à mesure qu'il se voyait compris, se livrait à son exaltation naturelle et devenait éloquent.

Pendant deux mois il vint tous les jours passer plusieurs heures avec son écolière. Elle travaillait tandis qu'il parlait, et de temps en temps elle laissait tomber sur la table une tulipe ou une renoncule à demi faite pour suivre de l'œil les démonstrations que son maître traçait sur le papier; elle l'interrompait aussi de temps en temps pour lui demander son avis sur la découpure d'une feuille ou sur l'attitude d'une tige. Mais l'intérêt qu'elle mettait à écouter les autres leçons l'emportant de beaucoup sur celui-là, elle négligea un peu son art, contenta moins ses pratiques par son exactitude, et vit le nombre des acheteuses diminuer autour de ses cartons. Elle était lancée sur une mer enchantée et ne s'apercevait pas des dangers de la route. Chaque jour elle trouvait, dans le développement de son esprit, une jouissance enthousiaste qui transformait entièrement son caractère et devant laquelle sa prudence timide s'était envolée, comme les terreurs de l'enfance devant la lumière de la raison. Cependant elle devait être bientôt forcée de voir les écueils au milieu desquels elle s'était engagée.

Mademoiselle Marteau se maria, et le surlendemain

de ses noces, lorsque les voisins et les parents furent rentrés chez eux satisfaits et malades, elle invita ses amies d'enfance à venir dîner sur l'herbe, à une métairie qui lui avait servi de dot, et qui était située auprès de la ville. Ces jeunes personnes faisaient toutes partie de la meilleure bourgeoisie de la province; néanmoins Geneviève y fut invitée. Ce n'était pas la première fois que ses manières distinguées et sa conduite irréprochable lui valaient cette préférence. Déjà plusieurs familles honorables l'avaient appelée à leurs réunions intimes, non pas, comme ses compagnes, à titre d'ouvrière en journée, mais en raison de l'estime et de l'affection qu'elle inspirait. Toute la sévère étiquette derrière laquelle se retranche la société bourgeoise aux jours de gala, pour se venger des mesquineries forcées de sa vie ordinaire, s'était depuis long-temps effacée devant le mérite incontesté de la jeune fleuriste : elle n'était regardée précisément ni comme une demoiselle ni comme une ouvrière ; le nom intact et pur de Geneviève répondait à toute objection à cet égard. Geneviève n'appartenait à aucune classe et avait accès dans toutes.

Mais cette gloire acquise au prix de toute une vie de vertu, cette position brillante où jamais aucune fille de condition n'avait osé aspirer, Geneviève l'avait perdue à son insu ; elle était devenue savante, mais elle ignorait encore à quel prix.

Justine Marteau, aimable et bonne fille, étrangère aux caquets de la ville, lui fit le même accueil qu'à l'ordinaire; mais les autres jeunes personnes, au lieu de l'entourer, comme elles faisaient toujours, pour l'accabler de questions sur la mode nouvelle et de demandes pour leur toilette, laissèrent un grand espace entre elles et la place où Geneviève s'était assise. Elle ne s'en apereut pas d'abord ; mais le soin que prit Justine de venir se placer auprès d'elle lui fit remarquer l'abandon des autres et l'espèce de mépris qu'elles affectaient de lui témoigner. Geneviève était d'une nature si peu violente qu'elle n'éprouva d'abord que de l'étonnement ; aucun sentiment d'indignation ni même de douleur ne s'éveilla en elle. Mais lorsque le repas fut fini, plusieurs demoiselles, qui semblaient n'attendre que le moment de fuir une si mauvaise compagnie, demandèrent leurs bonnes et se retirèrent ; les autres se divisèrent par groupes et se dispersèrent dans le jardin, en évitant avec soin d'approcher de la réprouvée. En vain Justine s'efforça d'en rallier quelques-unes ; elles s'enfuirent ou se tinrent un instant près d'elle dans une attitude si altière et avec un silence si glacial que Geneviève comprit son arrêt. Pour éviter d'affliger la bonne Justine elle feignit de ne pas s'en affecter elle-même et se retira sous prétexte d'un travail qu'elle avait à terminer. A peine était-elle seule et commençait-elle à réfléchir à sa situation qu'elle entendit frapper à sa porte, et qu'elle vit entrer Henriette avec un visage composé et une espèce de toilette qui annonçait une intention cérémonieuse et solennelle dans sa visite. Geneviève était fort pâle, et même l'émotion qu'elle venait d'éprouver lui causait des suffocations : elle fut très-contrariée de ne pouvoir être seule, et, de son côté, elle se composa un visage aussi calme que possible ; mais Henriette était résolue à ne tenir aucun compte de ses efforts, et, après l'avoir embrassée avec une affectation de tendresse inusitée, elle la regarda en face d'un air triste, en lui disant :

— Eh bien ?

— Eh bien, quoi ? dit Geneviève, à qui la fierté donna la force de sourire.

— Te voilà revenue? reprit Henriette du même ton de condoléance.

— Revenue de quoi? que veux-tu dire?

— On dit qu'elles se sont conduites indignement.... Ah! c'est une horreur! Mais, va, sois tranquille, nous te vengerons; nous savons aussi bien des choses que nous dirons, et les plus bégueules auront leur paquet.

— Doucement! doucement! dit Geneviève; je ne te demande vengeance contre personne et je ne me crois pas offensée.

— Ah! dit Henriette avec un mouvement de satisfaction méchante que son amitié pour Geneviève ne put lui faire réprimer, il est bien inutile de m'en faire un secret; je sais tout ce qui s'est passé; il y a assez longtemps que j'entends comploter l'affront qui t'a été fait. Ces belles demoiselles ne cherchaient qu'une occasion, et tu as été au-devant de leur méchanceté avec bien de la complaisance. Voilà ce que c'est, Geneviève, de vouloir sortir de son état! Si tu n'avais jamais fréquenté que tes pareilles, cela ne te serait pas arrivé. Non, non, ce n'est pas parmi nous que tu aurais été insultée; car nous savons toutes ce que c'est que d'avoir une faiblesse, et nous sommes indulgentes les unes pour les autres. Le grand crime en effet que d'avoir un amant! Et toutes ces princesses-là en ont bien deux ou trois! Nous leur dirons leur fait. Laisse-les faire, nous aurons notre tour.

Geneviève se sentit si offensée de ces consolations qu'elle faillit se trouver mal. Elle s'assit toute tremblante, et ses lèvres devinrent aussi pâles que ses joues.

— Il ne faut pas te désoler, ma pauvre enfant, lui dit Henriette avec toute la sincérité de son indiscrète amitié; le mal n'est pas sans remède; le mariage arrange tout, et tu vaux bien ce petit marquis. Seulement, ma chère, il faudrait de la prudence; tu en avais tant autrefois! Comment as-tu fait pour la perdre si vite?

— Laissez-moi, Henriette, dit Geneviève en lui serrant la main. Je crois que vous avez de bonnes intentions; mais vous me faites beaucoup de mal. Nous reparlerons de tout ceci; mais pour le moment je serais bien aise de me mettre au lit. Je suis un peu malade.

— Eh bien! eh bien! je vais t'aider. Comment! je te quitterais dans un pareil moment! Non pas, certes! Va, Geneviève, tu apprendras à connaître tes vraies amies; tu as trop compté sur les demoiselles à grande éducation. Les livres ne rendent pas meilleur, sois-en sûre. On n'apprend pas à avoir bon cœur, cela vient tout seul; et il n'y a pas besoin d'avoir étudié pour valoir quelque chose. Veux-tu que je bassine ton lit? quelle tisane veux-tu boire?

— Rien, rien, Henriette; tu es une bonne fille, mais je ne veux rien.

— Il faut cependant te soigner! Veux-tu te laisser *surmonter* par le chagrin? Pauvre Geneviève! elles ont donc été bien insolentes, ces bégueules? Qu'est-ce qu'on t'a dit? Raconte-moi tout; cela te soulagera.

— Je n'ai vraiment rien à raconter; on ne m'a rien dit de désobligeant, et je ne me plains de personne.

— En ce cas tu es bien bonne, Geneviève, ou tu ne te doutes guère du mal qu'on te fait. Si tu savais comme on te déchire! quelle haine on a pour toi!

— De la haine! de la haine contre moi? Et pourquoi, au nom du ciel?

— Parce qu'on est enchanté de trouver l'occasion de te rabaisser. Tu excitais tant de jalousie dans le temps où on disait : *Geneviève première et dernière, Geneviève sans reproche, Geneviève sans pareille!* Ah! que d'ennemies tu avais déjà! mais elles n'osaient rien dire : qu'auraient-elles dit? Aujourd'hui elles ont leur revanche : Geneviève par-ci, Geneviève par-là! Il n'y a pas de filles perdues qu'on n'excuse pour avoir le plaisir de te mettre au-dessous d'elles. Ah! cela devait arriver : tu étais montée si haut! A présent on ne te laisse pas descendre à moitié; on te roule en bas sous les pieds. Et pourquoi? tu es peut-être aussi sage que par le passé; mais on ne veut plus le croire; on est si content d'avoir une raison à donner! C'est une infamie la manière dont on te traite. Les hommes sont peut-être encore plus déchaînés contre toi que les femmes. C'est incroyable! Ordinairement les hommes nous défendent un peu pourtant; eh bien! ils sont tous tes ennemis; ils disent que ce n'était pas la peine de faire tant la dédaigneuse pour écouter ce petit monsieur parce qu'il est noble et qu'il parle latin. J'ai beau leur dire qu'il te fait la cour dans de bonnes intentions, qu'il t'épousera. Ah bah! ils secouent la tête en disant que les marquis n'épousent pas les grisettes. — Car, après tout, disent-ils, Geneviève la savante est une grisette comme les autres. Son père était ménétrier, et sa mère faisait des gants; sa tante allait chez les bourgeois raccommoder les vieilles dentelles, et sa belle-sœur est encore repasseuse de fin à la journée...

— Tout cela n'est pas bien méchant, dit Geneviève; je ne vois pas en quoi j'en puis être blessée. Après tout, qu'importe à ces messieurs que je me marie avec un marquis ou que je reste Geneviève la fleuriste? Si les visites de M. de Morand me font du tort, qui donc a le droit de s'en plaindre? Quel motif de ressentiment peut-on avoir contre moi? A qui ai-je jamais fait du mal?

— Ah! ma pauvre Geneviève! c'est bien à cause de cela : c'est qu'on sait que tu es bonne, et qu'on ne te craint pas. On n'oserait pas m'insulter comme on t'a insultée aujourd'hui; on sait bien que j'ai bec et ongles pour me défendre, et on ne se risquerait pas à jeter de trop grosses pierres dans mon jardin, tandis qu'on en jette dans tes fenêtres et qu'un de ces jours on te lapidera dans les rues. Pauvre agneau sans mère, toi qui vis toute seule dans un petit coin sans menacer et sans supplier personne, on aura beau jeu avec toi!

— Ma chère amie, je vois que vous vous affectez du mal qu'on essaie de me faire. Vous êtes bien bonne pour moi; mais vous l'auriez été encore davantage si vous ne m'aviez pas appris toutes ces mauvaises nouvelles... Je ne les aurais peut-être jamais sues...

— Tu te serais donc bouché les oreilles? car tu n'aurais pas pu traverser la rue sans entendre dire du mal de toi; et quand même tu aurais été sourde, cela ne t'aurait servi à rien; il aurait fallu être aveugle aussi pour ne pas voir un rire malhonnête sur toutes les figures. Ah! Geneviève! tu ne sais pas ce que c'est que la calomnie. Je l'ai appris plusieurs fois à mes dépens!.... et je te plains, ma petite!.... Mais j'ai su prendre le dessus et forcer les mauvaises langues à se taire.

— En parlant plus haut qu'elles, n'est-ce pas? dit Geneviève en souriant.

— Oui, oui, en parlant tout haut et en jouant jeu sur table, répondit Henriette un peu piquée. Tu aurais été plus sage si tu avais fait comme moi, ma chère.

— Et qu'appelles-tu jouer jeu sur table?

— Agir hardiment et sans mystère, se servir de sa liberté et narguer ceux qui le trouvent mauvais, avoir des *sentiments* pour quelqu'un et n'en pas rougir; car, après tout, n'avons-nous pas le droit d'accepter un galant en attendant un mari?

— Eh bien! ma chère, dit Geneviève un peu sèchement, en supposant que je me sois servie de ce droit réservé aux grisettes et que j'aie les *sentiments* qu'on m'attribue, pourquoi donc ma conduite cause-t-elle tant de scandale?

— Ah! c'est que tu n'y as pas mis de franchise; tu as eu peur, tu t'es cachée, et l'on fait sur ton compte des suppositions qu'on ne fait pas sur le nôtre.

— Et pourquoi? s'écria Geneviève, irritée enfin; de quoi me suis-je cachée? de qui pense-t-on que j'aie peur?

— Ah! voilà, voilà ton orgueil! c'est cela qui te perdra, Geneviève. Tu veux trop te distinguer. Pourquoi n'as-tu pas fait comme les autres? pourquoi, du moment que tu as accepté les hommages de ce jeune homme, ne t'es-tu pas montrée avec lui au bal et à la promenade? pourquoi ne t'a-t-il pas donné le bras dans les rues? pourquoi n'as-tu pas confié à tes amies, à moi, par exemple, qu'il te faisait la cour? Nous aurions su à quoi nous en tenir; et quand on serait venu nous dire : — Geneviève a donc un amoureux? nous aurions répondu : — Certainement! pourquoi Geneviève n'aurait-elle pas un amoureux? Croyez-vous qu'elle ait fait un vœu? Êtes-vous son héritier? Qu'avez-vous à dire? Et l'on n'aurait rien dit, parce que, après tout, cela aurait été tout simple. Au lieu de cela, tu as agi sournoisement : tu as voulu conserver ta grande réputation de vertu et en même temps écouter les douceurs d'un homme, tu as gardé ton petit secret fièrement, tu as accordé des rendez-vous aux Prés-Girault. Tu as beau rougir, pardine! tout le monde le sait, va! Ce grand flandrin de bourrelier qui demeure en face, et qui ne fait pas d'autre métier que de boire et de bavarder, t'a suivie un beau matin. Il a vu M. André de Morand qui t'attendait au bord de la rivière et qui est venu t'offrir son bras, que tu as accepté tout de suite. Le lendemain et tous les jours de la semaine le bourrelier t'a vue sortir à la même heure et rentrer tard dans le jour. Il n'était pas bien difficile de deviner où tu allais; toute la ville l'a su au bout de deux jours. Alors on a dit : — Voyez-vous cette petite effrontée qui veut se faire passer pour une sainte, qui fait semblant de ne pas oser regarder un homme en face, et qui court les champs avec un marjolet! C'est une hypocrite, une prude : il faut la démasquer. Et puis on a vu M. André se glisser par les petites rues et venir de ce côté-ci. Il est vrai que, pour n'être pas trop remarqué, il sautait le fossé du potager de madame Gaudon et arrivait à ta porte par le derrière de la ville. Mais vraiment cela était bien malin! Je l'ai vu plus de dix fois sauter ce fossé, et je savais bien qu'il n'allait pas faire la cour à madame Gaudon, qui a quatre-vingt-dix ans. Cela me fendait le cœur. Je disais à ces demoiselles : — Geneviève ne ferait-elle pas mieux de venir avec nous au bal et de danser toute une nuit avec M. André que de le faire entrer chez elle par-dessus les fossés?

— Je vous remercie de cette remarque, Henriette; mais n'auriez-vous pas pu la garder pour vous seule ou me l'adresser à moi-même, au lieu d'en faire part à quatre petites filles?

— Crois-tu que j'eusse quelque chose à leur apprendre sur ton compte? Allons donc! quand il n'est question que de toi dans tout le département depuis deux mois! Mais je vois que tout cela te fâche; nous en reparlerons une autre fois. Tu es malade, mets-toi au lit.

— Non, dit Geneviève; je me sens mieux, et je vais me mettre à travailler. Je te remercie de ton zèle, Henriette. Je crois que tu as fait pour moi ce que tu as pu. Dorénavant ne t'en inquiète plus. Je ne m'exposerai plus à être insultée; et, en vivant libre et tranquille chez moi, il me sera fort indifférent qu'on s'occupe au dehors de ce qui s'y passe.

— Tu as tort, Geneviève, tu as tort, je t'assure, de prendre la chose comme tu fais. Je t'en prie, écoute un bon conseil...

— Oui, ma chère, un autre jour, dit Geneviève en l'embrassant d'un air un peu impérieux pour lui faire comprendre qu'elle eût à se retirer. Henriette le comprit en effet et se retira assez piquée. Elle avait trop bon cœur pour renoncer à défendre ardemment Geneviève en toute rencontre; mais elle était femme et grisette. Elle avait été souvent, comme elle le disait elle-même, *victime de la calomnie*, et elle ne se méfiait pas assez d'un certain plaisir involontaire en voyant Geneviève, dont la gloire l'avait si long-temps éclipsée, tomber dans la même disgrâce aux yeux du public.

Geneviève, restée seule, s'aperçut que la franchise d'Henriette lui avait fait du bien. En élargissant la blessure de son orgueil, les reproches et les consolations de la couturière lui avaient inspiré un profond dédain pour les basses attaques dont elle était l'objet. Deux mois auparavant, Geneviève, heureuse surtout d'être ignorée et oubliée, n'eût pas aussi courageusement méprisé la sotte colère de ces oisifs. Mais depuis qu'une rapide éducation avait retrempé son esprit, elle sentait de jour en jour grandir sa force et sa fierté. Peut-être se glissait-il secrètement un peu de vanité dans la comparaison qu'elle faisait entre elle et toutes ces mesquines jalousies de province, où les plus importants étaient les plus sots, et où elle ne trouvait à aucun étage un esprit à la hauteur du sien. Mais ce sentiment involontaire de sa supériorité était bien pardonnable au milieu de l'effervescence d'un cerveau subitement éclairé du jour étincelant de la science. Geneviève gravissait si vite des hauteurs inaccessibles aux autres, qu'elle avait le vertige et ne voyait plus très-clairement ce qui se passait au-dessous d'elle.

Elle se persuada que les clameurs d'une populace d'idiots ne monteraient pas jusqu'à elle, et qu'elle était invulnérable à de pareilles atteintes. Elle aurait eu raison s'il y avait au ciel ou sur la terre une puissance équitable occupée de la défense des justes et de la répression des impudents; mais elle se trompait, car les justes sont faibles et les impudents sont en nombre. Elle s'assit tranquillement auprès de la fenêtre et se mit à travailler. Le soleil couchant envoyait de si vives lueurs dans sa chambre que tout prenait une couleur de pourpre, et les murailles blanches de son modeste atelier, et sa robe de guingamp, et les pâles feuilles de rose que ses petites mains étaient en train de découper. Cette riche lumière eut une influence soudaine sur ses idées. Geneviève avait toujours eu un vague sentiment de la poésie; mais elle n'avait jamais aussi nettement aperçu le rapport qui unit les impressions de l'esprit et les beautés extérieures de la nature. Cette puissance se révéla soudainement à elle en cet instant. Une émotion délicieuse, une joie inconnue succédèrent à ses ennuis. Tout en travaillant avec ardeur, elle s'éleva au-dessus d'elle-même et de toutes les choses réelles qui l'entouraient pour vouer un culte enthousiaste au nouveau Dieu du nouvel univers déroulé devant elle, et, tout en s'unissant à ce Dieu dans un transport poétique, ses mains créèrent la fleur la plus parfaite qui fût jamais éclose dans son atelier.

Quand le soleil se fut caché derrière les toits de briques et les massifs de noyers qui encadraient l'horizon, Geneviève posa son ouvrage et resta long-temps à contempler les tons orangés du ciel et les lignes d'or pâle qui le traversaient. Elle sentit ses yeux humides et sa tête brûlante. Quand elle quitta sa chaise, elle éprouva de vives douleurs dans tous les membres et quelques frissons nerveux. Geneviève était d'une complexion extrêmement délicate : les émotions de la journée, la surprise, la colère, la fierté, l'enthousiasme, en se succédant avec rapidité, l'avaient brisée de fatigue. Elle s'aperçut qu'elle avait réellement la fièvre, et se mit au lit. Alors elle tomba dans les rêveries vagues d'un demi-sommeil, et perdit tout à fait le sentiment de la réalité.

X.

Henriette, en quittant Geneviève, était allée, pour calmer son petit ressentiment, écouter un sermon du vicaire. Ce vicaire avait beaucoup de réputation dans le pays, et passait pour un jeune Bourdaloue, quoique le moindre vieux curé de hameau prêchât beaucoup plus sensément dans son langage rustique. Mais heureusement pour sa gloire, le vicaire de L... avait fait divorce avec le naturel et la simplicité. Son accent théâtral, son débit ronflant, ses comparaisons ampoulées, et surtout la sûreté de sa mémoire, lui avaient valu un succès incontesté, non-seulement parmi les dévotes, mais encore parmi les femmes érudites de l'endroit. Quant aux auditeurs des basses classes, ils ne comprenaient absolument rien à son éloquence, mais ils admiraient sur la foi d'autrui.

Ce jour-là le prédicateur, faute de sujet, prêcha sur la charité. Ce n'était pas un bon jour, il y avait peu de beau monde. Il y eut peu de métaphores, et l'amplification fut négligée ; le sermon fut donc un peu plus intelligible que de coutume, et Henriette saisit quelques lieux communs qui furent débités d'ailleurs avec aplomb, d'une voix sonore et sans le moindre *lapsus linguæ*. On sait qu'en province le *lapsus linguæ* est l'écueil des orateurs, et qu'il leur importe peu de manquer absolument d'idées, pourvu que les mots abondent toujours et se succèdent sans hésitation.

Henriette fut donc émue et entraînée, d'autant plus que le sujet du sermon s'appliquait précisément à la situation de son cœur. Ce cœur n'avait rien de méchant, et donnait de continuels démentis à un caractère arrogant et jaloux. La pensée de Geneviève malheureuse et méconnue le remplit de regrets et de remords. Le sermon terminé, Henriette résolut d'aller trouver son amie, et de réparer, autant qu'il serait en elle, le chagrin que ses consolations, moitié affectueuses, moitié amères, avaient dû lui causer.

Elle prit à peine le temps de souper et courut chez la jeune fleuriste. Elle frappa, on ne lui répondit pas. La clef avait été retirée ; elle crut que Geneviève était sortie; mais au moment de s'en aller une autre idée lui vint : elle pensa que Geneviève était enfermée avec son amant, et elle regarda à travers la serrure.

Mais elle ne vit qu'une chandelle qui achevait de se consumer dans l'âtre de la cheminée, et le profond silence qui régnait dans l'appartement lui fit pressentir la réalité. Elle poussa donc la porte avec une force un peu mâle, et la serrure, faible et usée, céda bientôt. Elle trouva Geneviève assez malade pour avoir à peine la force de lui répondre; et tandis qu'elle se rendormait avec l'apathie que donne la fièvre, la bonne couturière se hâta d'aller chercher les couvertures de son propre lit pour l'envelopper. Ensuite elle alluma du feu, fit bouillir des herbes, acheta du sucre avec l'argent gagné dans sa journée, et, s'installant auprès de son amie, lui prépara des tisanes de sa composition, auxquelles elle attribuait un pouvoir infaillible.

La nuit était tout à fait venue, et le coucou de la maison sonnait neuf heures, lorsque Henriette entendit ouvrir la première porte de l'appartement de Geneviève. La pénétration naturelle à son sexe lui fit deviner la personne qui s'approchait, et elle courut à sa rencontre dans la grande salle vide qui servait d'antichambre à l'atelier de la fleuriste.

Le lecteur n'est sans doute pas moins pénétrant qu'Henriette, et comprend fort bien qu'André, n'ayant pas vu Geneviève de la journée, et rôdant depuis deux heures sous sa fenêtre sans qu'elle s'en aperçût, ne pouvait se décider à retourner chez lui sans avoir au moins échangé un mot avec elle. Quoique l'heure fût indue pour se présenter chez une grisette sage, il monta, et s'approchait presque aussi tremblant que le jour où il avait frappé pour la première fois à sa porte.

Il fut contrarié de rencontrer Henriette ; mais il espéra qu'elle se retirait, et il la saluait en silence lorsqu'elle le prit presque au collet, et l'entraînant au bout de la chambre : — Il faut que je vous parle, monsieur André, dit-elle vivement ; asseyons-nous.

André céda tout interdit, et Henriette parla ainsi :

— D'abord il faut vous dire que Geneviève est malade, bien malade.

André devint pâle comme la mort.

— Oh ! cependant ne soyez pas effrayé, reprit Henriette, je suis là ; j'aurai soin d'elle, je ne la quitterai pas d'une minute ; elle ne manquera de rien.

— Je le crois, ma chère demoiselle, dit André éperdu ; mais ne pourrais-je savoir..... quelle est donc sa maladie ? depuis quand ?... Je vais...

— Non pas, non pas, dit Henriette en le retenant ; elle dort dans ce moment-ci, et vous ne la verrez pas avant de m'avoir entendue. Ce sont des choses d'importance que j'ai à vous dire, monsieur André, il faut y faire attention.

— Au nom du ciel ! parlez, mademoiselle, s'écria André.

— Eh bien ! reprit Henriette d'un ton solennel, il faut que vous sachiez que Geneviève est perdue.

— Perdue ! juste ciel ! elle se meurt !...

André s'était levé brusquement, il retomba anéanti sur sa chaise.

— Non, non, vous vous trompez, dit Henriette en le secouant, elle ne se meurt pas ; c'est sa réputation est morte, monsieur, et c'est vous qui l'avez tuée !

— Mademoiselle, dit André vivement, que voulez-vous dire ? Est-ce une méchante plaisanterie ?

— Non, monsieur, répondit Henriette en prenant son

air majestueux; je ne plaisante pas. Vous faites la cour à Geneviève, et elle vous écoute. Ne dites pas non ; tout le monde le sait, et Geneviève en est convenue avec moi aujourd'hui.

André confondu garda le silence.

— Eh bien! reprit Henriette avec chaleur, croyez-vous ne pas faire tort à une fille en venant tous les jours chez elle, en lui donnant des rendez-vous dans les prés? Vous *droguez* jour et nuit autour de sa maison, soit pour entrer, soit pour vous donner l'air d'être reçu à toutes les heures.

— Qui a dit cette impertinence? s'écria André; qui a inventé cette fausseté?

— C'est moi qui ai dit cette impertinence, répondit Henriette intrépidement, et je n'invente aucune fausseté. Je vous ai vu vingt fois traverser le jardin d'en face, et je sais que tous les jours vous passez deux ou trois heures dans la chambre de Geneviève.

— Eh bien! que vous importe? s'écria André, chez qui la timidité était souvent vaincue par une humeur irritable. De quel droit vous mêlez-vous de ce qui se passe entre Geneviève et moi? Êtes-vous la mère ou la tutrice de l'un de nous?

— Non, dit Henriette en élevant la voix; mais je suis l'amie de Geneviève, et je vous parle en son nom.

— En son nom? dit André effrayé de l'emportement qu'il venait de montrer.

— Et au nom de son honneur, qui est perdu, je vous le dis.

— Et vous avez tort d'oser le dire, repartit André en colère, car c'est un mensonge infâme.

Henriette, en colère à son tour, frappa du pied.

— Comment! s'écria-t-elle, vous avez *le front* de

dire que vous ne lui faites pas la cour, quand cette pauvre enfant est diffamée et montrée au doigt dans toute la ville, quand les demoiselles de la première société refusent de dîner sur l'herbe avec elle et lui tournent le dos dès qu'elle ouvre la bouche ; quand tous les garçons crient qu'il faut l'insulter en public, qu'elle le mérite pour avoir trompé tout le monde et pour avoir méprisé ses égaux !

— Qu'ils y viennent ! s'écria André transporté de colère.

— Ils y viendront, et vous aurez beau monter la garde et en assommer une douzaine, Geneviève l'aura entendu, tout le monde autour d'elle l'aura répété ; la blessure sera sans remède : elle aura reçu le coup de la mort.

— Mon Dieu ! mon Dieu ! s'écria André en joignant les mains, que je suis malheureux ! Quoi ! Geneviève est désolée à ce point ! sa vie est en danger peut-être, et j'en suis la cause !

— Vous devez en avoir du regret, dit Henriette.

— Ah ! si tout mon sang pouvait racheter sa vie ! si le sacrifice de toutes mes espérances pouvait assurer son repos !...

— Eh bien ! eh bien ! dit Henriette d'un air profondément ému, si cela est vrai, de quoi vous affligez-vous ? qu'y a-t-il de désespéré ?

— Mais que faire ? dit André avec angoisse.

— Comment ! vous le demandez ? Aimez-vous Geneviève ?

— Peut-on en douter ? Je l'aime plus que ma vie !

— Êtes-vous un homme d'honneur ?

— Pourquoi cette question, mademoiselle ?

— Parce que si vous aimiez Geneviève, et si vous étiez un honnête homme, vous l'épouseriez.

André, éperdu, fit une grande exclamation et regarda Henriette d'un air effaré.

— Eh bien! s'écria-t-elle, voilà votre réponse? C'est celle de tous les hommes. Monstres que vous êtes! que Dieu vous confonde!

— Ma réponse! dit André lui prenant la main avec force; ai-je répondu? puis-je répondre? Geneviève consentirait-elle jamais à m'épouser?

— Comment! dit Henriette avec un éclat de rire, si elle consentirait! une fille dans sa position, et qui sans cela serait forcée de quitter le pays!

— Oh! non, jamais si cela dépend de moi! s'écria André éperdu de terreur et de joie. L'épouser! moi, elle consentirait à m'épouser!

— Ah! vous êtes un bon enfant, s'écria Henriette se jetant à son cou, transportée de joie et d'orgueil en voyant le succès de son entreprise. Ah çà! mon bon monsieur André, votre père donnera-t-il son consentement?

André pâlit et recula d'épouvante au seul nom de son père. Il resta silencieux et atterré jusqu'à ce qu'Henriette renouvelât sa question; alors il répondit *non* d'un air sombre, et ils se regardèrent tous deux avec consternation, ne trouvant plus un mot à dire pour se rassurer mutuellement.

Enfin Henriette, ayant réfléchi, lui demanda quel âge l avait.

— Vingt-cinq ans, répondit-il.

— Eh bien! vous êtes majeur; vous pouvez vous passer de son consentement.

— Vous avez raison, dit-il, enchanté de cet expédient, je m'en passerai ; j'épouserai Geneviève sans qu'il le sache.

— Oh! dit Henriette en secouant la tête, il faut pourtant bien qu'il vous donne le moyen de payer vos habits de noces... Mais j'y pense, n'avez-vous pas l'héritage de votre mère?

— Sans doute, répondit-il, frappé d'admiration; j'ai droit à soixante mille francs.

— Diable! s'écria Henriette, c'est une fortune. O ma bonne Geneviève! ô mon cher André! comme vous allez être heureux! et comme je serai contente d'avoir arrangé votre mariage!

— Excellente fille! s'écria André à son tour, sans vous je ne me serais jamais avisé de tout cela et je n'aurais jamais osé espérer un pareil sort. Mais êtes-vous sûre que Geneviève ne refusera pas?

— Que vous êtes fou! Est-ce possible, quand elle est malade de chagrin! Ah! cette nouvelle-là va lui rendre la vie!

— Je crois rêver, dit André en baisant les mains d'Henriette; oh! je ne pouvais pas me le persuader; j'aurais trop craint de me tromper. Et pourtant elle m'écoutait avec tant de bonté! elle prenait ses leçons avec tant d'ardeur! O Geneviève! que ton silence et le calme de tes grands yeux m'ont donné de craintes et d'espérances! Fou et malheureux que j'étais! je n'osais pas me jeter à ses pieds et lui demander son cœur : le croiriez-vous, Henriette? depuis un an je meurs d'amour pour elle, et je ne savais pas encore si j'étais aimé! C'est vous qui me l'apprenez, bonne Henriette! Ah! dites-le-moi, dites-le-moi encore!

— Belle question! dit Henriette en riant; après qu'une fille a sacrifié sa réputation à monsieur, il demande si on l'aime! Vous êtes trop modeste, ma foi! et à la place de Geneviève... car vous êtes tout à fait gentil avec votre air tendre... Mais chut!... la voilà qui s'éveille... Attendez-moi là.

— Eh! pourquoi n'irais-je pas avec vous? Je suis un peu médecin, moi; je saurai ce qu'elle a; car je suis horriblement inquiet...

— Ma foi! écoutez, dit Henriette, j'ai envie de vous laisser ensemble: elle n'a pas d'autre mal que le chagrin; quand vous lui aurez dit que vous voulez l'épouser, elle sera guérie. Je crois que cette parole-là vaudra mieux que toutes mes tisanes... Allez, allez, dépêchez-vous de la rassurer... Je m'en vais... je reviendrai savoir le résultat de la conversation.

— Oh! pour Dieu, ne me laissez pas ainsi, dit André effrayé; je n'oserai jamais me présenter devant elle maintenant et lui dire ce qui m'amène, si vous ne l'avertissez pas un peu.

— Comme vous êtes timide! dit Henriette étonnée: vraiment voilà des amoureux bien avancés, et c'est bien la peine de dire tant de mal de vous deux! Les pauvres enfants! Allons, je vais toujours voir comment va la malade.

Henriette entra dans la chambre de son amie; André resta seul dans l'obscurité, le cœur bondissant de trouble et de joie.

XI.

La maladie de Geneviève n'était pas sérieuse; une irritation momentanée lui avait causé un assez violent accès de fièvre, mais déjà son sang était calmé, sa tête libre, et il ne lui restait de cette crise qu'une grande fatigue et un peu de faiblesse dans la mémoire.

Elle s'étonna de voir Henriette la soulever dans ses bras, l'accabler de questions et lui présenter son infaillible tisane. Sa surprise augmenta lorsque Henriette, toujours disposée à l'amplification, lui parla de sa maladie, du danger qu'elle avait couru. — Eh! mon Dieu, dit la jeune fille, depuis quand donc suis-je ainsi?

— Depuis trois heures au moins, répondit Henriette.

— Ah! oui! reprit Geneviève en souriant; mais rassure-toi, je ne suis pas encore perdue; j'ai la tête un peu lourde, l'estomac un peu faible, et voilà tout. Je crois que si je pouvais avoir un bouillon, je serais tout à fait sauvée.

— J'ai un bouillon tout prêt sur le feu; le voici, dit Henriette en s'empressant autour du lit de Geneviève avec la satisfaction d'une personne contente d'elle-même. Mais j'ai quelque chose de mieux que cela; c'est une grande nouvelle à t'annoncer.

— Ah! merci, ma chère enfant, donne-moi ce bouillon, mais garde ta grande nouvelle, j'en ai assez pour aujourd'hui: tout ce qui peut se passer dans cette jolie ville m'est indifférent; je ne veux que tes soins et ton amitié. Pas de nouvelles, je t'en prie.

— Tu es une ingrate, Geneviève; si tu savais de quoi il s'agit!... Mais je ne veux pas te désobéir, puisque tu me défends de parler. Je suppose aussi que tu aimeras mieux entendre cela de sa bouche que de la mienne.

— De sa bouche? dit Geneviève en levant vers elle sa jolie tête pâle coiffée d'un bonnet de mousseline blanche; de qui parles-tu? es-tu folle ce soir? C'est toi qui as la fièvre, ma chère fille.

— Oh ! tu fais semblant de ne pas me comprendre, répondit Henriette; cependant, quand je parle de *lui*, tu sais bien que ce n'est pas d'un autre. Allons, apprends la vérité : il attend que tu veuilles le recevoir; il est là.

— Comment, il est là! Qui est là, chez moi, à cette heure-ci?

— M. André de Morand; est-ce que tu as oublié son nom pendant ta maladie?

— Henriette, Henriette! dit tristement Geneviève, je ne vous comprends pas; vous êtes en même temps bonne et méchante : pourquoi cherchez-vous à me tourmenter? Vous me trompez; M. de Morand ne vient jamais chez moi le soir, il n'est pas ici.

— Il est ici, dans la chambre à côté. Je te le jure sur l'honneur, Geneviève.

— En ce cas, dis-lui, je t'en prie, que je suis malade et que j'aurai le plaisir de le voir un autre jour.

— Oh ! cela est impossible; il a quelque chose de trop important à te dire; il faut qu'il te parle tout de suite, et tu en seras bien aise. Je vais le faire entrer.

— Non, Henriette. Je ne le veux pas. Ne voyez-vous pas que je suis couchée, et trouvez-vous qu'il soit convenable à une fille de recevoir ainsi la visite d'un homme? Il est impossible que M. de Morand ait quelque chose de si pressé à me dire.

— Cela est certain pourtant. Si tu le renvoies, il en sera désespéré, et toi-même tu t'en repentiras.

— Cette journée est un rêve, dit Geneviève d'un ton mélancolique, et je dois me résigner à tomber de surprise en surprise. Reste près de moi, Henriette; je vais m'habiller et recevoir M. de Morand.

— Tu es trop faible pour te lever, ma chère : quand

on est malade, on peut bien causer en bonnet de nuit avec son futur mari; vas-tu faire la prude?

— Je consens à passer pour une prude, dit Geneviève avec fermeté; mais je veux me lever.

En peu d'instants elle fut habillée et passa dans son atelier. Henriette la fit asseoir sur le seul fauteuil qui décorât ce modeste appartement, l'enveloppa de son propre manteau, lui mit un tabouret sous les pieds, l'embrassa et appela André.

Geneviève ne comprenait rien à ses manières étranges et à ses affectations de solennité. Elle fut encore plus surprise lorsque André entra d'un air timide et irrésolu, la regarda tendrement sans rien dire, et, poussé par Henriette, finit par tomber à genoux devant elle.

— Qu'est-ce donc? dit Geneviève embarrassée; de quoi me demandez-vous pardon, monsieur le marquis? Vous n'avez aucun tort envers moi.

— Je suis le plus coupable des hommes, répondit André en tâchant de prendre sa main qu'elle retira doucement, et le plus malheureux, ajouta-t-il, si vous me refusez la permission de réparer mes crimes.

— Quels crimes avez-vous commis? dit Geneviève avec une douceur un peu froide. Henriette, je crains bien que vous n'ayez fait ici quelque folie et importuné M. de Morand des ridicules histoires de ce matin; s'il en est ainsi...

— N'accusez pas Henriette, interrompit André, c'est notre meilleure amie; elle m'a averti de ce que j'aurais dû prévoir et empêcher; elle m'a appris les calomnies dont vous étiez l'objet, grâce à mon imprudence; elle m'a dit le chagrin auquel vous étiez livrée.

— Elle a menti, dit Geneviève avec un rire forcé; je n'ai aucun chagrin, monsieur André, et je ne pense pas que dans tout ceci il y ait le moindre sujet d'affliction pour vous et pour moi...

— Ne l'écoutez pas, dit Henriette ; voilà comme elle est, orgueilleuse au point de mourir de chagrin plutôt que d'en convenir ! Au reste, je vois que c'est ma présence qui la rend si froide avec vous ; je m'en vais faire un tour, je reviendrai dans une heure, et j'espère qu'elle sera plus gentille avec moi. Au revoir, Geneviève la princesse. Tu es une méchante ; tu méconnais tes amis.

Elle sortit en faisant des signes d'intelligence à André. Geneviève fut choquée de son départ autant que de ses discours ; mais elle pensa qu'il y aurait de l'affectation à la retenir, puisque tous les jours elle recevait André tête à tête.

Quand ils furent seuls ensemble, André se sentit fort embarrassé. L'air étonné de Geneviève n'encourageait guère la déclaration qu'il avait à lui faire ; enfin, il rassembla tout son courage, et lui offrit son cœur, son nom et sa petite fortune en réparation du tort immense qu'il lui avait fait par ses assiduités.

Geneviève fut moins étonnée qu'elle ne l'eût été la veille d'une semblable ouverture ; le caquet d'Henriette l'avait préparée à tout. Elle n'entendit pas sans plaisir les offres du jeune marquis. Elle avait conçu pour lui une affection véritable, une haute estime ; et quoiqu'elle n'eût jamais désiré lui inspirer un sentiment plus vif, elle était flattée d'une résolution qui annonçait un attachement sérieux. Mais elle pensa bientôt qu'André cédait à un excès de délicatesse dont il pourrait avoir à se repentir. Elle lui répondit donc, avec calme et sincérité, qu'elle ne se croyait pas assez peu de chose pour que son honneur fût à la disposition des sots et des bavards, que leurs propos ne l'atteignaient point, et qu'il n'avait pas plus à réparer sa conduite qu'elle à rougir de la sienne.

— Je le sais, lui répondit-il, mais souvenez-vous de ce que vous m'avez dit un jour. Vous êtes sans famille, sans protection; les méchants peuvent vous nuire et rendre votre position insoutenable. Vous aviez raison, mademoiselle; vous voyez qu'on vous menace; j'aurai beau me multiplier pour vous défendre, l'insulte n'en arrivera pas moins jusqu'à vous. Il suffit d'un mot pour que mon bras vous soit une égide et réduise vos ennemis au silence. Ce mot fera en même temps le bonheur de ma vie; si ce n'est par amitié pour moi, dites-le au moins par intérêt pour vous-même.

— Non, monsieur André, répondit doucement Geneviève en lui laissant prendre sa main, ce mot ne ferait pas le bonheur de votre vie; au contraire, il vous rendrait peut-être éternellement malheureux. Je suis pauvre, sans naissance; malgré vos soins, j'ai encore bien peu d'éducation : je vous serais trop inférieure, et, comme je suis orgueilleuse, je vous ferais peut-être souffrir beaucoup. D'ailleurs votre famille ferait sans doute des difficultés pour me recevoir, et je ne pourrais me résoudre à supporter ses dédains.

— O froide et cruelle Geneviève! s'écria André, vous ne pourriez rien supporter pour moi, quand moi je traverserais l'univers pour contenter un de vos caprices, pour vous donner une fleur ou un oiseau. Ah! vous ne m'aimez pas!

— Pourquoi me dites-vous cela? répondit Geneviève; avez-vous bien besoin de mon amitié?

— Cœur de glace! s'écria André; vous m'avez parlé avec tant de confiance et de bonté, nous avons passé ensemble de si douces heures d'étude et d'épanchement, et vous n'aviez pas même de l'amitié pour moi!

— Vous savez bien le contraire, André, lui répondit Geneviève d'un ton ferme et franc en lui tendant sa main qu'il couvrit de baisers; mais ne pouvez-vous croire à mon amitié sans m'épouser? Si l'un de nous doit quelque chose à l'autre, c'est moi qui vous dois une vive reconnaissance pour vos leçons.

— Eh bien! s'écria André, acquittez-vous avec moi et soyez généreuse! acquittez-vous au centuple, soyez ma femme....

— C'est un prix bien sérieux, répondit-elle en souriant, pour des leçons de botanique et de géographie! Je ne savais pas qu'en apprenant ces belles choses-là je m'engageais au mariage....

— Nous nous y engagions l'un et l'autre aux yeux du monde, dit André : nous ne l'avions pas prévu; mais puisqu'on nous le rappelle, cédons, vous par raison, moi par amour.

Il prononça ce dernier mot si bas que Geneviève l'entendit à peine.

— Je crains, lui dit-elle, que vous ne preniez un mouvement de loyauté romanesque pour un sentiment plus fort. Si nous étions du même rang, vous et moi, si notre mariage était une chose facile et avantageuse à tous deux, je vous dirais que je vous aime assez pour y consentir sans peine. Mais ce mariage sera traversé par mille obstacles : il causera du scandale ou au moins de l'étonnement; votre père s'y opposera peut-être, et je ne vois pas quelle raison assez forte nous avons l'un et l'autre pour braver tout cela. Une grande passion nous en donnerait la force et la volonté; mais il n'y a rien de tout cela entre nous, nous n'avons pas d'amour l'un pour l'autre.

— Juste ciel! que dit-elle donc? s'écria André au désespoir. Elle ne m'aime pas, et elle ne sait pas seulement que je l'aime!

— Pourquoi pleurez-vous? lui dit Geneviève avec amitié. Je vous afflige donc beaucoup? ce n'est pas mon intention.

— Et ce n'est pas votre faute non plus, Geneviève. Je suis malheureux de n'avoir pas senti plus tôt que vous ne m'aimiez pas; je croyais que vous compreniez mon amour et que vous en aviez quelque pitié, puisque vous ne me repoussiez pas.

— Est-ce un reproche, André? Hélas! je ne le mérite pas. Il aurait fallu être vaine pour croire à votre amour : vous ne m'en avez jamais parlé.

— Est-ce possible? Je ne vous ai jamais dit, jamais fait comprendre que je ne vivais que pour vous, que je n'avais que vous au monde?

— Ce que vous dites est singulier, dit Geneviève après un instant d'émotion et de silence. Pourquoi m'aimez-vous tant? comment ai-je pu le mériter? qu'ai-je fait pour vous?

— Vous m'avez fait vivre, répondit André; ne m'en demandez pas davantage. Mon cœur sait pourquoi il vous aime, mais ma bouche ne saurait pas vous l'expliquer; et puis vous ne me comprendriez pas. Si vous m'aimiez, vous ne demanderiez pas pourquoi je vous aime; vous le sauriez comme moi, sans pouvoir le dire.

Geneviève garda encore un instant le silence; ensuite elle lui dit :

— Il faut que je sois franche. Je vous l'avoue : dans les premiers jours vous étiez si ému en entrant ici, et vous paraissiez si affligé quand je vous priais de cesser vos visites, que je me suis presque imaginé une ou deux fois que vous étiez *amoureux;* cela me faisait une espèce de chagrin et de peur. Les amours que je connais m'ont toujours paru si malheureux ou si coupables que je craignais d'inspirer une passion trop frivole ou trop sérieuse. J'ai voulu vous fuir et me défendre de vos leçons; mais l'envie d'apprendre a été plus forte que moi, et....

— Quel aveu cruel vous me faites, Geneviève! C'est à votre amour pour l'étude que je dois le bonheur de vous avoir vue pendant ces deux mois!.... Et moi, je n'y étais donc pour rien?....

— Laissez-moi achever, lui dit Geneviève en rougissant; comment voulez-vous que je réponde à cela? je vous connaissais si peu.... à présent, c'est différent. Je regretterais le maître autant que la leçon....

— Autant? pas davantage? Ah! vous n'aimez que la science, Geneviève; vous avez une intelligence avide, un cœur bien calme....

— Mais non pas froid, lui dit-elle; je ne mérite pas ce reproche-là. Que vous disais-je donc?

— Que vous aviez presque deviné mon amour dans les commencements, et qu'ensuite....

— Ensuite je vous revis tout changé : vous aviez l'air grave, vous causiez tranquillement; et si vous vous attendrissiez, c'était en m'expliquant la grandeur de Dieu et la beauté de la terre. Alors je me rassurai; j'attribuai vos anciennes manières à la timidité ou à quelques idées de roman qui s'étaient effacées à mesure que vous m'aviez mieux connue.

— Et vous vous êtes trompée, dit André : plus je vous ai vue, plus je vous ai aimée. Si j'étais calme, c'est que j'étais heureux, c'est que je vous voyais tous les jours et que tous les jours je comptais sur un heureux lendemain, c'est que les seuls beaux moments de ma vie sont ceux que j'ai passés ici et aux Prés-Girault. Ah! vous ne savez pas depuis combien de temps je vous aime, et combien, sans cet amour, je serais resté malheureux.

Alors André, encouragé par le regard doux et attentif de Geneviève, lui raconta les ennuis de sa jeunesse, lui peignit la situation de son esprit et de son cœur avant le jour où il l'avait vue pour la première fois au bord de la rivière. Il lui raconta aussi l'amour qu'il avait eu pour elle depuis ce jour-là, et Geneviève n'y comprit rien.

— Comment cela peut-il se passer dans la tête d'une personne raisonnable? lui dit-elle. J'ai souvent entendu lire à Paris, dans notre atelier, des passages de roman qui ressemblaient à cela ; mais je croyais que les livres avaient seuls le privilége de nous amuser avec de semblables folies.

— Ah! Geneviève, lui dit André tristement, il y a dans votre âme une étincelle encore enfouie. Vous avez la candeur d'un enfant, et, ce qu'il y a de plus cruel et de plus doux dans la vie, vous l'ignorez! Ce qu'il y a de plus beau en vous-même, rien ne vous l'a encore révélé. C'est que vous n'avez pas encore entendu une voix assez pure pour vous charmer et vous convaincre ; c'est que l'amour n'a parlé devant vous qu'une langue grossière ou puérile. Oh! qu'il serait heureux celui qui vous ferait comprendre ce que c'est qu'aimer! Si vous l'écoutiez, Geneviève, s'il pouvait vous initier à ces grands secrets de l'âme comme à une merveille de plus dans les œuvres du Tout-Puissant, il vous le dirait à genoux, et il mourrait de bonheur le jour où vous lui diriez : — J'ai compris.

Geneviève regarda André en silence comme le jour où il lui avait parlé pour la première fois des étoiles et de la pluralité des mondes ; elle pressentait encore un monde nouveau, et elle cherchait à le deviner avant d'y engager son cœur. André vit sa curiosité, et il espéra.

— Laissez-moi vous expliquer encore ce mystère. Je n'oserai guère parler moi-même, je serais trop au-dessous de mon sujet ; mais je vous lirai les poètes qui ont su le mieux ce que c'est que l'amour, et si vous m'interrogez mon cœur essaiera de vous répondre.

— Et pendant ce temps, lui dit Geneviève en souriant, les médisants se tairont ! on les priera d'attendre, pour recommencer leurs injures, que j'aie appris ce que c'est que l'amour, et que je puisse leur dire si je vous aime ou non.

— Non, Geneviève, on leur dira dès demain que je vous adore, que vous avez un peu d'amitié pour moi, que je demande à vous épouser, et que vous y consentez.

— Mais si l'amour ne me vient pas ? dit Geneviève.

— Alors vous ferez, en m'acceptant, un mariage de raison, et je mettrai tous mes soins à vous assurer le bonheur calme que vous craignez de perdre en aimant.

— Oh ! André, vous êtes bon ! dit Geneviève en serrant doucement les mains brûlantes d'André ; mais je vous crains sans savoir pourquoi. Je ne sais si c'est moi qui suis trop indifférente, ou vous qui êtes trop passionné ; j'ai peur de mon ignorance même et ne sais quel parti prendre.

— Celui que vous dictera votre cœur ; n'avez-vous pas seulement un peu de compassion ?

— Mon cœur me conseille de vous écouter, répondit Geneviève avec abandon ; voilà ce qu'il y a de vrai.

André baisait encore ses mains avec transport lorsque Henriette rentra.

— Eh bien ! s'écria-t-elle en voyant la joie de l'un et la sérénité de l'autre, tout est arrangé ! A quand la noce ?

— C'est Geneviève qui fixera le jour, répondit André. Vous pouvez, ma chère Henriette, le dire demain dans toute la ville.

— Oh ! s'il ne s'agit que de cela, soyez en paix. Il n'est pas minuit ; demain, avant midi, il n'y aura pas une mauvaise langue qui ne soit mise à la raison. Oh ! quelle joie ! quelle bonne nouvelle pour ceux qui t'aiment ! Car tu as encore des amis, ma bonne Geneviève ! M. Joseph, qui ne t'aimait pas beaucoup autrefois, il faut l'avouer, se conduit comme un ange maintenant à ton égard ; il ne souffre pas qu'on dise un mot de travers devant lui sur ton compte, et c'est un gaillard.... qu'est-ce que je dis donc ! c'est un brave jeune homme qui sait se faire écouter quand il parle.

— C'est par amitié pour M. André qu'il agit ainsi, dit Geneviève ; je ne l'en remercie pas moins : tu le lui diras de ma part, car je suppose que tu lui parles quelquefois, Henriette ?

— Ah ! des malices ? Comment ! tu t'en mêles aussi, Geneviève ? Il n'y a plus d'enfants ! Il faut bien te passer cela, puisque te voilà bientôt marquise.

— Ne te presse pas tant de me faire ton compliment, ma chère, et ne publie pas si vite cette belle nouvelle ; c'est encore une plaisanterie, et nous ne savons pas si nous ne ferons pas mieux, M. André et moi, de rester amis comme nous sommes.

— Qu'est-ce qu'elle dit là? s'écria Henriette; est-ce que vous vous jouez de nous, monsieur le marquis? Est-ce que ce n'était pas sérieusement que vous parliez?

Elle était au moment de lui faire une scène; mais il la rassura et lui dit qu'il espérait vaincre les hésitations de Geneviève; il la pria même de l'aider, et Henriette, en se rengorgeant, répondit de tout. — N'ai-je pas déjà bien avancé vos affaires? dit-elle; sans moi, cette petite sucrée que voilà aurait toujours fait semblant de ne pas vous comprendre, et vous seriez encore là à vous morfondre sans oser parler.

Les plaisanteries d'Henriette embarrassaient Geneviève; elle se plaignit d'être un peu fatiguée, refusa les offres de sa compagne qui voulait passer la nuit auprès d'elle, l'embrassa tendrement et toucha légèrement la main d'André en signe d'adieu.

— Comment! c'est comme cela que vous vous séparez? s'écria Henriette; un jour de fiançailles! Par exemple! vous ne vous aimez donc pas?

— Qu'est-ce qu'elle veut dire? demanda André à Geneviève en s'efforçant de prendre de l'assurance, mais en tremblant malgré lui.

— Eh! vraiment, on s'embrasse! dit Henriette. De beaux amoureux qui ne savent pas seulement cela!

— Si l'usage l'ordonne, dit André avec émotion, est-ce que vous n'y consentirez pas, mademoiselle?

— Mais savez-vous, dit Geneviève gaiement, qu'Henriette ira le dire demain dans toute la ville!

— Raison de plus, dit André un peu rassuré; ce sera un engagement que vous aurez signé et qui donnera plus de poids à la nouvelle de notre mariage.

— Oh! en ce cas, je refuse, dit-elle; je ne veux rien signer encore.

— Eh bien! par amitié? reprit André qui déjà la tenait dans ses bras; comme vous avez embrassé Henriette tout à l'heure?

— Par amitié seulement, répondit Geneviève en se laissant embrasser.

André fut si troublé de ce baiser qu'il comprit à peine ensuite comment il était sorti de la chambre. Il se trouva dans la rue avec Henriette sans savoir ce qu'était devenu l'escalier. Cependant, lorsqu'il se rappela plus tard cet instant d'enivrement, il s'y mêla un souvenir pénible. Geneviève avait un peu rougi par pudeur; mais son regard était resté serein, sa main fraîche, et son cœur n'avait pas tressailli. — C'est ma Galatée, se disait-il; mais elle ne s'est animée que pour regarder les cieux. Descendra-t-elle de son piédestal, et voudra-t-elle poser ses pieds sur la terre auprès de moi?

Cependant l'espérance, qui ne manque jamais à la jeunesse, le consola bientôt. Geneviève, avec un si noble esprit, ne pouvait pas avoir un cœur insensible; cette tranquillité d'âme tenait à la chasteté exquise de ses pensées, à ses habitudes solitaires et recueillies. Il avait déjà vu se réaliser un de ses plus beaux rêves, il était le conseil et la lumière de cette sainte ignorance; maintenant un vœu plus enivrant lui restait à accomplir, c'était de se placer entre elle et la divinité universelle qu'il lui avait fait connaître. Il fallait cesser d'être le prêtre et devenir le dieu lui-même. L'enthousiasme d'André, les palpitations de son cœur allaient au-devant d'un pareil triomphe, et son âme, avide d'émotions tendres, ne pouvait pas croire à l'inertie d'une autre âme.

De son côté, Geneviève ressentait un peu d'effroi. Les paroles d'André, ses caresses timides, son accent passionné, lui avaient causé une sorte de trouble; et quoiqu'elle désirât presque éprouver les mêmes émotions, elle avait, par instants, comme une certaine méfiance de cette exaltation dont elle n'avait jamais conçu l'idée et dont elle craignait de n'être pas capable.

Cependant il est si doux de se sentir aimé que Geneviève s'abandonna sans peine à ce bien-être nouveau; elle s'habitua à penser qu'elle n'était pas seule au monde, qu'une autre âme sympathisait à toute heure avec la sienne, et que désormais elle ne porterait plus seule le poids des ennuis et des maux de la vie. Elle fit ces réflexions en s'habillant le lendemain; et en comparant cette matinée à la journée précédente, elle s'avoua qu'il lui avait fallu un certain courage pour supporter les soucis de la veille, et que cette nouvelle journée s'annonçait douce et calme sous la protection d'un cœur dévoué. — Après tout, se dit-elle, André est sincère; s'il s'exagère à lui-même aujourd'hui l'amour qu'il a pour moi, du moins il lui restera toujours assez d'honnêteté dans le cœur pour me garder son amitié. Je ne cesserai pas de la mériter : pourquoi me l'ôterait-il? Et puis, que sais-je? pourquoi refuserais-je de croire aux belles paroles qu'il me dit? Il en sait bien plus que moi sur toutes choses, et il doit mieux juger que moi de l'avenir.

En se parlant ainsi à elle-même, et tout en se coiffant devant une petite glace, elle regardait ses traits avec curiosité et prit même son miroir pour l'approcher de la fenêtre; là elle contempla de près ses joues fines et transparentes comme le tissu d'une fleur, et elle s'aperçut qu'elle était jolie. — Quelquefois je l'avais cru, pensa-t-elle; mais je ne savais pas si c'était de la jeunesse ou de la beauté. Cependant pour qu'André, après m'avoir vue un instant, soit resté amoureux de moi tout un an, il faut bien que j'aie quelque chose de plus que la fraîcheur de mon âge. André aussi a une jolie figure : comme il avait de beaux yeux hier soir! et comme ses mains sont blanches! Comme il parle bien! Quelle différence entre lui et Joseph, et tous les autres!

Elle resta long-temps pensive devant sa glace, oubliant de relever ses cheveux épars; ses joues étaient animées, et un sourire charmant l'embellissait encore. Elle s'était levée tard, et la matinée était avancée. André entra dans la première pièce sans qu'elle l'entendît, et elle s'aperçut tout à coup qu'il était passé dans l'atelier; il avait toussé pour l'appeler.

Alors elle se leva si précipitamment qu'elle fit tomber son miroir et poussa un cri. André, effrayé du bruit que fit la glace en se brisant, et surtout du cri échappé à Geneviève, crut qu'elle se trouvait mal et s'élança dans sa chambre. Il la trouva debout, vêtue de sa robe blanche et toute couverte de ses longs cheveux noirs. Le premier mouvement de Geneviève fut de rire en voyant la terreur d'André pour une si faible cause; mais bientôt elle fut toute confuse de la manière dont il la regardait. Il ne l'avait jamais vue si jolie. Le bonnet qu'elle portait toujours, comme les grisettes de L..., avait empêché André de savoir si sa chevelure était belle. En découvrant cette nouvelle perfection, il resta naïvement émerveillé, et Geneviève devint toute rouge sous ses longs cheveux fins et lisses qui tombaient le long de ses joues.

— Allez-vous-en, lui dit-elle, et, pendant que je vais me coiffer, cherchez dans l'atelier une rose que j'ai faite hier soir. La nuit est venue et la fièvre m'a prise comme je l'achevais. Je sais où je l'aurai laissée. Vous l'avez peut-être écrasée sous vos pieds dans vos conférences avec Henriette.

— Dieu m'en préserve! dit André; et, obéissant à regret, il chercha sur la table de l'atelier. La précieuse rose y était négligemment couchée au milieu des outils qui avaient servi à la créer. André fit un grand cri, et Geneviève épouvantée s'élança à son tour dans l'atelier avec ses cheveux toujours dénoués. Elle trouva André qui tenait la rose entre deux doigts et la contemplait dans une sorte d'extase.

— Ah çà! vous avez voulu me rendre la pareille, lui dit-elle. A quel jeu jouons-nous?

— Geneviève, Geneviève! répondit-il, voici un chef-d'œuvre. A quelle heure et sous l'influence de quelle pensée avez-vous fait cette rose de Bengale? quel sylphe a chanté pendant que vous y travailliez? quel rayon du soleil en a coloré les feuilles?

— Je ne sais pas ce que c'est qu'un sylphe, répondit Geneviève; mais il y avait dans ma chambre un rayon de soleil qui me brûlait les yeux, et qui, je crois, m'a donné la fièvre. Je ne sais pas comment j'ai pu travailler et penser à tant de choses en même temps. Voyons donc cette rose; je ne sais pas comment elle est.

— C'est une chose aussi belle dans son genre, répondit André, que l'œuvre d'un grand maître; c'est la nature rendue dans toute sa vérité et dans toute sa poésie. Quelle grâce dans ses pétales mous et pâles! quelle finesse dans l'intérieur de ce calice! quelle souplesse dans tout ce travail! Quelles étoffes merveilleuses employez-vous donc pour cela, Geneviève? Certainement les fées s'en mêlent un peu!

— Les demoiselles de la ville me font présent de leurs plus fins mouchoirs de batiste quand ils sont usés, et avec de la gomme et de la teinture...

— Je ne veux pas savoir comment vous faites, ne me le dites pas; mais donnez-moi cette rose et ne mettez pas votre bonnet.

— Vous êtes fou aujourd'hui! Prenez cette rose : c'est en effet la meilleure que j'aie faite. Je ne pensais pas à vous en la faisant.

André la regarda d'un air boudeur et vit sur sa figure une petite grimace moqueuse. Il courut après elle et la saisit au moment où elle lui jetait la porte au nez. Quand il la tint dans ses bras, il fut fort embarrassé ; car il n'osait ni l'embrasser ni la laisser aller. Il vit sur son épaule ses beaux cheveux, qu'il baisa.

— Quel être singulier! dit Geneviève en rougissant. Est-ce qu'on a jamais baisé des cheveux?

XII.

On pense bien qu'André dans ses nouvelles leçons ne s'en tint pas à la seule science. Ses regards, l'émotion de sa voix, sa main tremblante en effleurant celle de Geneviève, disaient plus que ses paroles. Peu à peu Geneviève comprit ce langage, et les battements de son cœur y répondirent en secret. Après lui avoir révélé les lois de l'univers et l'histoire des mondes, il voulut l'initier à la poésie, et par la lecture des plus belles pages sut la préparer à comprendre Goëthe, son poète favori. Cette éducation fut encore plus rapide que la précédente. Geneviève saisissait à merveille tous les côtés poétiques de la vie. Elle dévorait avec ardeur les livres qu'André prenait pour elle dans la petite bibliothèque de M. Forez. Elle se relevait souvent la nuit pour y rêver en regardant le ciel. Elle appliquait à son amour et à celui d'André les plus belles pensées de ses poëtes chéris; et cette affection, d'abord paisible et douce, se revêtit bientôt d'un éclat inconnu. Geneviève s'éleva jusqu'à son amant; mais cette égalité ne fut pas de longue durée. Plus neuve encore et plus forte d'esprit, elle le dépassa bientôt. Elle apprit moins de choses, mais elle lui prouva qu'elle sentait plus vivement que lui ce qu'elle savait, et André fut pénétré d'admiration et de gratitude; il se sentit heureux bien au delà de ses espérances. Il vit naître l'enthousiasme dans cette âme virginale, et reçut dans son sein les premiers épanchements de cet amour qu'il avait enseigné.

Cependant Henriette avait été colporter en tous lieux la nouvelle du prochain mariage d'André avec Geneviève. Le premier à qui elle en fit part fut Joseph Marteau; et, au grand étonnement de la couturière, celui-ci fit une exclamation de surprise où n'entrait pas le moindre signe de joie ou d'approbation.

— Comment! cela ne vous fait pas plaisir? dit Henriette; vous ne me remerciez pas d'avoir réussi à marier votre ami avec la plus jolie et la plus aimable fille du pays?

Joseph secoua la tête. — Cela me paraît, dit-il, la chose la plus folle que vous ayez pu inventer. Quelle diable d'idée avez-vous eue là!

— Fi! monsieur, je ne comprends pas l'indifférence que vous y mettez.

— Cela ne m'est pas indifférent, répondit Joseph. J'en suis fort contrarié, au contraire.

— Êtes-vous fou aujourd'hui? s'écria Henriette. Ne vous ai-je pas entendu, hier encore, dire que vous n'estimiez réellement Geneviève que depuis qu'elle aimait M. André? n'avez-vous pas travaillé vous-même à rendre M. André amoureux d'elle? Qui est cause de leur première entrevue? est-ce vous ou moi? Ne m'avez-vous pas priée d'amener Geneviève chez vous pour que M. André pût la voir?...

— Mais non pas l'épouser! reprit Joseph avec une franchise un peu brusque.

— Oh! quelle horreur! s'écria Henriette; je vous comprends maintenant, monsieur; vous êtes un scélérat, et je ne vous reparlerai de ma vie. Juste Dieu! séduire une fille et l'abandonner, cela vous paraîtrait naturel et juste; mais l'épouser quand on l'a perdue de réputation, vous appelez cela une *diable* d'idée, une invention folle!... Ah! je vois le danger où je m'exposais en souffrant vos galanteries; mais, Dieu merci, il est encore temps de m'en préserver. Pauvres filles que nous sommes! c'est ainsi qu'on abuse de notre candeur et de notre crédulité! Vous n'abuserez pas ainsi de moi, monsieur Joseph; adieu, adieu pour toujours.

Et Henriette s'enfuit furieuse et désespérée. Joseph se promit de l'apaiser une autre fois, et il chercha André. Mais pendant bien des jours André fut introuvable. Il passait le temps où il était forcé de quitter Geneviève à courir les prés comme un fou et à pleurer d'amour et de joie à l'ombre de tous les buissons. Enfin Joseph le joignit un matin comme il allait franchir la porte de sa bien-aimée, et, à son grand déplaisir, il l'entraîna dans le jardin voisin.

— Ah çà! lui dit-il, es-tu fou? Qu'est-ce qui t'arrive? Dois-je en croire les bavardages d'Henriette et ceux de toute la ville? as-tu l'intention sérieuse d'épouser Geneviève?

— Certainement, répondit André avec candeur. Quelle question me fais-tu là!

— Allons, dit Joseph, c'est une folie de jeune homme, à ce que je vois; mais heureusement il est encore temps d'y songer. As-tu réfléchi un peu, mon cher André? sais-tu quel âge tu as? connais-tu ton père? espères-tu lui faire accepter une grisette pour belle-fille? crois-tu que tu auras seulement le courage de lui en parler?

— Je n'en sais rien, répondit André un peu troublé de cette dernière question; mais je sais que j'ai droit à un petit héritage de ma mère, et que cela suffira pour m'enrichir au delà de mes besoins et de ceux de Geneviève.

— Idée de roman, mon cher! On peut vivre avec moins; mais quand on a vécu dans une certaine aisance, il est dur de se voir réduit au nécessaire. Songes-tu que ton père est jeune encore, qu'il peut se remarier, avoir d'autres enfants, te déshériter? Songes-tu que tu auras des enfants toi-même, que tu n'as pas d'état, que tu n'auras pas de quoi les élever convenablement, et que la misère te tombera sur le corps à mesure que l'amour te sortira du cœur?

— Jamais il n'en sortira! s'écria André, il me donnera le courage de supporter toutes les privations, toutes les souffrances...

— Bah! bah! reprit Joseph, tu ne sais pas de quoi tu parles; tu n'as jamais souffert, jamais jeûné.

— Je l'apprendrai, s'il le faut.

— Et Geneviève l'apprendra aussi?

— Je travaillerai pour elle.

— A quoi ? Fais-moi plaisir de me dire à quelle profession tu es propre. As-tu fait ton droit? as-tu étudié la médecine? Pourrais-tu être professeur de mathématiques? Saurais-tu au moins faire des bottes, ou même tracer un sillon droit avec la charrue?

— Je ne sais rien d'utile, je l'avoue, repartit André. Je n'ai vécu jusqu'ici que de lectures et de rêveries. Je ne suis pas assez fort pour exercer un métier; mais le peu que je possède pourra me mettre à l'abri du besoin.

— Essaies-en, et tu verras...

— Je compte en essayer.

Joseph frappa du pied avec chagrin.

— Et c'est moi qui t'ai mis cette sottise d'amour en tête! s'écria-t-il; je ne me le pardonnerai jamais! Pouvais-je penser que tu prendrais au sérieux la première occasion de plaisir offerte à ta jeunesse?

— J'étais donc un lâche et un misérable à tes yeux? Tu croyais que je consentirais à voir diffamer Geneviève sans prendre sa défense et sans réparer le mal que je lui aurais fait!

— On n'est pas un lâche et un misérable pour cela, dit Joseph en haussant les épaules; je ne crois être ni l'un ni l'autre, et pourtant je fais la cour à Henriette; tout le monde le sait, et je la laisse tant qu'elle veut se bercer de l'espoir d'être un jour madame Marteau. Je veux être son amant, et voilà tout.

— Vous pouvez parler d'Henriette avec légèreté; quoique je n'approuve pas le mensonge, je vous trouve excusable jusqu'à un certain point. Mais établissez-vous la moindre comparaison entre elle et Geneviève?

— Pas la moindre; j'aime Henriette à la folie, et il

n'y a pas un cheveu de Geneviève qui me tente ; je n'entends rien à ces sortes de femmes. Mais je comprends ta situation. Tu es le premier amant de Geneviève, et tu lui dois plus qu'à toute autre. Rassure-toi cependant ; tu ne seras pas le dernier, et il n'y a pas de fille inconsolable.

— Je ne connais pas les autres filles, et vous ne connaissez pas Geneviève. Nous ne pouvons pas raisonner ensemble là-dessus ; agis avec Henriette comme tu voudras, je me conduirai avec Geneviève comme Dieu m'ordonne de le faire.

Joseph s'épuisa en remontrances sans ébranler la résolution de son ami ; il le quitta pour aller faire la paix avec Henriette, et se consola de l'imprudence d'André en se disant tout bas : « Heureusement ce n'est pas encore fait ; la grosse voix du marquis n'a pas encore tonné. »

Cet événement ne se fit pas long-temps attendre. Des amis officieux eurent bientôt informé M. de Morand de la passion de son fils pour une grisette. Malgré sa haine pour cette espèce de femmes, il s'en inquiéta peu d'abord. Il fut même content, jusqu'à un certain point, de voir André renoncer à ses rêves d'expatriation. Mais quand on lui eut répété plusieurs fois que son fils avait manifesté l'intention sérieuse d'épouser Geneviève, quoiqu'il lui fût encore impossible de le croire, il commença à se sentir mécontent de cette espèce de bravade, et résolut d'y mettre fin sur-le-champ. Un matin donc, au moment où André franchissait, joyeux et léger, le seuil de sa maison pour aller trouver Geneviève, une main vigoureuse saisit la bride de son petit cheval et le fit même reculer. Comme il faisait à peine jour, André ne reconnut pas son père au premier coup d'œil, et, pour la première fois de sa vie, il se mit à jurer contre l'insolent qui l'arrêtait.

— Doucement, monsieur, répondit le marquis, vous me semblez bien malappris pour un bel esprit comme vous êtes. Faites-moi le plaisir de descendre de cheval et d'ôter votre chapeau devant votre père.

André obéit; et quand il eut mis pied à terre, le marquis lui ordonna de renvoyer son cheval à l'écurie.

— Faut-il le débrider? demanda le palefrenier.

— Non, dit André, qui espérait être libre au bout d'un instant.

— Il faut lui ôter la selle! cria le marquis d'un ton qui ne souffrait pas de réplique.

André se sentit gagner par le froid de la peur; il suivit son père jusqu'à sa chambre.

— Où alliez-vous? lui dit celui-ci en s'asseyant lourdement sur son grand fauteuil de toile d'Orange.

— A L..., répondit André timidement.

— Chez qui?

— Chez Joseph, répondit André après un peu d'hésitation.

— Où allez-vous tous les matins?

— Chez Joseph.

— Où passez-vous toutes les après-midi?

— A la chasse.

— D'où venez-vous si tard tous les soirs : de chez Joseph et de la chasse, n'est-ce pas?

— Oui, mon père.

— Avec votre permission, monsieur le savant, vous en avez menti. Vous n'allez ni chez Joseph, ni à la chasse. Auriez-vous en votre possession quelque beau livre écrit sur l'art de mentir? Faites-moi le plaisir d'aller l'étudier dans votre chambre, afin de vous en acquitter un peu mieux à l'avenir. M'entendez-vous ?

André, révolté de se voir traité comme un enfant, hésita, rougit, pâlit et obéit. Son père le suivit, l'enferma à double tour, mit la clef dans sa poche et s'en fut à la chasse.

André, furieux et désolé, maudit mille fois son sort et finit par sauter par la fenêtre. Il s'en alla passer une heure aux pieds de Geneviève. Mais, dans la crainte de l'effrayer de la dureté de son père, il lui cacha son aventure, et lui donna, pour raison de sa courte visite, une prétendue indisposition du marquis.

Le marquis fit bonne chasse, oublia son prisonnier, et rentra assez tard pour lui laisser le temps de rentrer le premier. Lorsqu'il le retrouva sous les verrous il se sentit fort apaisé et l'emmena souper assez amicalement avec lui, croyant avoir remporté une grande victoire et signalé sa puissance par un acte éclatant. André, de son côté, ne montra guère de rancune ; il croyait avoir échappé à la tyrannie et s'applaudissait de sa rébellion secrète comme d'une résistance intrépide. Ils se réconcilièrent en se trompant l'un l'autre et en se trompant eux-mêmes, l'un se flattant d'avoir subjugué, l'autre s'imaginant avoir désobéi.

Le lendemain, André s'éveilla long-temps avant le jour ; et, se croyant libre, il allait reprendre la route de L..., quand son père parut comme la veille, un peu moins menaçant seulement.

— Je ne veux pas que tu ailles à la ville aujourd'hui, lui dit-il ; j'ai découvert un taillis tout plein de bécasses. Il faut que tu viennes avec moi en tuer cinq ou six.

— Vous êtes bien bon, mon père, répondit André ; mais j'ai promis à Joseph d'aller déjeuner avec lui...

— Tu déjeunes avec lui tous les jours, répondit le

marquis d'un ton calme et ferme ; il se passera fort bien de toi pour aujourd'hui. Va prendre ton fusil et ta carnassière.

Il fallut encore qu'André se résignât. Son père le tint à la chasse toute la journée, lui fit faire dix lieues à pied, et l'écrasa tellement de fatigue, qu'il eut une courbature le lendemain, et que le marquis eut un prétexte excellent pour lui défendre de sortir. Le jour suivant, il l'emmena dans sa chambre, et, ouvrant le livre de ses domaines sur une table, il le força de faire des additions jusqu'à l'heure du dîner. Vers le soir, André espérait être libre : son père le mena voir tondre des moutons.

Le quatrième jour, Geneviève, ne pouvant résister à son inquiétude, lui écrivit quelques lignes, les confia à un enfant de son voisinage, qu'elle chargea d'aller les lui remettre. Le message arriva à bon port, quoique Geneviève, ne prévoyant pas la situation de son amant, n'eût pris aucune précaution contre la surveillance du marquis. Le hasard protégea le petit page aux pieds nus de Geneviève, et André lut ces mots, qui le transportèrent d'amour et de douleur :

« Ou votre père est dangereusement malade, ou vous
» l'êtes vous-même, mon ami. Je m'arrête à cette der-
» nière supposition avec raison et avec désespoir. Si
» vous étiez bien portant, vous m'écririez pour me don-
» ner des nouvelles de votre père et pour m'expliquer
» les motifs de votre absence. Vous êtes donc bien mal,
» puisque vous n'avez pas la force de penser à moi et
» de m'épargner les tourments que j'endure ! O André!
» quatre jours sans te voir, à présent c'est impossible à
» supporter sans mourir ! »

André sentit renaître son courage. Il viola sans hésitation la consigne de son père, et courut à travers champs jusqu'à la ville. Il arriva plus fatigué par les terres labourées, les haies et les fossés qu'il avait franchis, qu'il ne l'eût été par le plus long chemin. Poudreux et haletant, il se jeta aux pieds de Geneviève et lui demanda pardon en la serrant contre son cœur.

— Pardonne-moi, pardonne-moi, lui disait-il, oh! pardonne-moi de t'avoir fait souffrir.

— Je n'ai rien à vous pardonner, André, lui répondit-elle; quels torts pourriez-vous avoir envers moi? Je ne vous accuse pas, je ne vous interroge même pas. Comment pourrais-je supposer qu'il y a de votre faute dans ceci? Je vous vois et je remercie Dieu.

XIII.

CETTE sainte confiance donna de véritables remords à André. Il savait bien qu'avec un peu plus de courage il aurait pu s'échapper plus tôt ; mais il n'osait avouer ni son asservissement ni la tyrannie de son père. Déclarer à Geneviève les traverses qu'elle avait à essuyer pour devenir sa femme était au-dessus de ses forces. Bien des jours se passèrent sans qu'il pût se décider à sortir de cette difficulté soit en affrontant la colère du marquis, soit en éveillant l'effroi et le chagrin dans l'âme tranquille de Geneviève. Il erra pendant un mois. On le rencontrait à toutes les heures du jour et de la nuit courant ou plutôt fuyant à travers prés et bois, de la ville au château et du château à la ville ; ici cherchant à apaiser les inquiétudes de sa maîtresse, là tâchant d'éviter les remontrances paternelles. Au milieu de ces agitations, la force lui manqua; il ne sentit plus que la fatigue de lutter ainsi contre son cœur et contre son caractère. La fièvre le prit et le plongea dans le découragement et l'inertie.

Jusque-là il avait réussi à faire accepter à Geneviève toutes les mauvaises raisons qu'il avait pu inventer pour excuser l'irrégularité et la brièveté de ses visites. Il éprouva une sorte de satisfaction paresseuse et mélancolique à se sentir malade; c'était une excuse irrécusable à lui donner de son absence, c'était une manière d'échapper à la surveillance et aux reproches du marquis. Le besoin égoïste du repos parla plus haut un instant que les empressements et les impatiences de l'amour. Il ferma les yeux et s'endormit presque joyeux de n'avoir pas six lieues à faire et autant de mensonges à inventer dans sa journée.

Un soir, comme Joseph Marteau, en attendant quelqu'un, fumait un cigare à sa fenêtre, il vit une robe blanche traverser furtivement l'obscurité de la ruelle et s'arrêter comme incertaine à la petite porte de la maison. Joseph se pencha vers cette ombre mystérieuse; et, le feu de son cigare l'ayant signalé dans les ténèbres, une petite voix tremblante l'appela par son nom.

— Oh! dit Joseph, ce n'est point la voix d'Henriette. Que signifie cela?

En deux secondes il franchit l'escalier; et, s'élançant dans la rue, il saisit une taille délicate, et à tout hasard voulut embrasser sa nouvelle conquête.

— Par amitié et par charité, monsieur Marteau, lui dit-elle en se dégageant, épargnez-moi, reconnaissez-moi: je suis Geneviève.

— Geneviève! Au nom du diable! comment cela se fait-il?

— Au nom de Dieu ! ne faites pas de bruit et écoutez-moi. André est sérieusement malade. Il y a trois jours que je n'ai reçu de ses nouvelles, et je viens d'apprendre qu'il est au lit avec la fièvre et le délire. J'ai cherché Henriette sans pouvoir la rencontrer. Je ne sais où m'informer de ce qui se passe au château de Morand. D'heure en heure mon inquiétude augmente ; je me sens tour à tour devenir folle et mourir. Il faut que vous ayez pitié de moi et que vous alliez savoir des nouvelles d'André. Vous êtes son ami, vous devez être inquiet aussi... Il peut avoir besoin de vous...

— Parbleu ! j'y vais sur-le-champ, répondit Joseph en prenant le chemin de son écurie. Diable ! diable ! qu'est-ce que tout cela ?

Préoccupé de cette fâcheuse nouvelle et partageant autant qu'il était en lui l'inquiétude de Geneviève, il se mit à seller son cheval tout en grommelant entre ses dents et jurant contre son domestique et contre lui-même à chaque courroie qu'il attachait. En mettant enfin le pied sur l'étrier, il s'aperçut, à la lueur d'une vieille lanterne de fer suspendue au plafond de l'écurie, que Geneviève était là et suivait tous ses mouvements avec anxiété. Elle était si pâle et si brisée que, contre sa coutume, Joseph fut attendri.

— Soyez tranquille, lui dit-il ; je serai bientôt arrivé.

— Et revenu ? lui demanda Geneviève d'un air suppliant.

— Ah ! diable ! cela est une autre affaire. Six lieues ne se font pas en un quart d'heure. Et puis, si André est vraiment mal, je ne pourrai pas le quitter !

— Oh ! mon Dieu ! que vais-je devenir ? dit-elle en croisant ses mains sur sa poitrine. Joseph ! Joseph !

s'écria-t-elle avec effusion en se rapprochant de lui, sauvez-le, et laissez-moi mourir d'inquiétude.

— Ma chère demoiselle, reprit Joseph, tranquillisez-vous ; le mal n'est peut-être pas si grand que vous croyez.

— Je ne me tranquilliserai pas ; j'attendrai, je souffrirai, je prierai Dieu. Allez vite... Attendez, Joseph, ajouta-t-elle en posant sa petite main sur la main rude du cavalier ; s'il meurt, parlez-lui de moi, faites-lui entendre mon nom, dites-lui que je ne lui survivrai pas d'un jour !

Geneviève fondit en larmes : les yeux de Joseph s'humectèrent malgré lui.

— Écoutez, dit-il : si vous restez à m'attendre, vous souffrirez trop. Venez avec moi.

— Oui ! s'écria Geneviève ; mais comment faire ?

— Montez en croupe derrière moi. Il fait une nuit du diable : personne ne nous verra. Je vous laisserai dans la métairie la plus voisine du château ; je courrai m'informer de ce qui s'y passe, et vous le saurez au bout d'un quart d'heure, soit que j'accoure vous le dire et que je retourne vite auprès d'André, soit que je le trouve assez bien pour le quitter et vous ramener avant le jour.

— Oui, oui, mon bon Joseph, s'écria Geneviève.

— Eh bien ! dépêchons-nous, dit Joseph ; car j'attends Henriette d'un moment à l'autre, et, si elle nous voit partir ensemble, elle nous tourmentera pour venir avec nous, ou elle me fera quelque scène de jalousie absurde.

— Partons ! partons vite ! dit Geneviève.

Joseph plia son manteau et l'attacha derrière sa selle

pour faire un siége à Geneviève. Puis il la prit dans ses bras et l'assit avec soin sur la croupe de son cheval ; ensuite il monta adroitement sans la déranger, et, piquant des deux, il gagna la campagne : mais, en traversant une petite place, son malheur le força de passer sous un des six réverbères dont la ville est éclairée ; le rayon tombant d'aplomb sur son visage, il fut reconnu d'Henriette, qui venait droit à lui. Soit qu'il craignît de perdre en explications un temps précieux, soit qu'il se fît un malin plaisir d'exciter sa jalousie, il poussa son cheval et passa rapidement auprès d'elle avant qu'elle pût reconnaître Geneviève. En voyant le perfide à qui elle avait donné rendez-vous s'enfuir à toute bride avec une femme en croupe, Henriette, frappée de surprise, n'eut pas la force de faire un cri et resta pétrifiée jusqu'à ce que la colère lui suggérât un déluge d'imprécations que Joseph était déjà trop loin pour entendre.

C'était la première fois de sa vie que Geneviève montait sur un cheval. Celui de Joseph était vigoureux ; mais, peu accoutumé à un double fardeau, il bondissait dans l'espoir de s'en débarrasser.

— Tenez-moi bien, criait Joseph.

Geneviève ne songeait pas à avoir peur. En toute autre circonstance rien au monde ne l'eût déterminée à une semblable témérité. Courir les chemins la nuit, seule avec un libertin avéré comme l'était Joseph, c'était une chose aussi contraire à ses habitudes qu'à son caractère ; mais elle ne pensait à rien de tout cela. Elle serrait son bras autour de son cavalier sans se soucier qu'il fût un homme, et se sentait emportée dans les ténèbres sans savoir si elle était enlevée par un cheval ou par le vent de la nuit.

— Voulez-vous que nous prenions le plus court? lui dit Joseph.

— Certainement, répondit-elle.

— Mais le chemin n'est pas bon : la rivière sera un peu haute, je vous en avertis. Vous n'aurez pas peur?

— Non, dit Geneviève. Prenons le plus court.

— Cette diable de petite fille n'a peur de rien, se dit Joseph, pas même de moi. Heureusement que la situation d'André m'ôte l'envie de rire, et que d'ailleurs mon amitié pour lui...

— Que dites-vous donc? il me semble que vous parlez tout seul, lui demanda Geneviève.

— Je dis que le chemin est mauvais, répondit Joseph, et que si je tombais vous seriez obligée de tomber aussi.

— Dieu nous protégera, dit Geneviève avec ferveur; nous sommes déjà assez malheureux.

— Il faut que j'aie bien de l'amitié pour vous, reprit Joseph au bout d'un instant, pour avoir chargé de deux personnes le dos de ce pauvre François; savez-vous que la course est longue! et j'aimerais mieux aller toute ma vie à pied que de surmener François.

— Il s'appelle François? dit Geneviève préoccupée; il va bien doucement.

— Oh! diable! patience! patience! nous voici au gué. Tenez-moi bien et relevez un peu vos pieds; je crois que la rivière sera forte.

François s'avança dans l'eau avec précaution, mais quand il fut arrivé vers le milieu de la rivière il s'arrêta; et se sentant trop embarrassé de ses deux cavaliers pour garder l'équilibre sur les pierres mouvantes, il refusa d'aller plus avant. L'eau montait déjà presque aux genoux de Joseph, et Geneviève avait bien de la peine à préserver ses petits pieds.

— Diable! dit Joseph, je ne sais si nous pourrons traverser; François commence à perdre pied, et le brave garçon n'ose pas se mettre à la nage à cause de vous.

— Donnez-lui de l'éperon, dit Geneviève.

— Cela vous plaît à dire; un cheval chargé de deux personnes ne peut guère nager : si j'étais seul, je serais déjà à l'autre bord; mais avec vous je ne sais que faire. Il fait terriblement nuit; je crains de prendre sur la droite et d'aller tomber dans la prise d'eau, ou de me jeter trop sur la gauche et d'aller donner contre l'écluse. Il est vrai que François n'est pas une bête et qu'il saura peut-être se diriger tout seul.

— Tenez! dit Geneviève, Dieu veille sur nous : voici la lune qui paraît entre les buissons et qui nous montre le chemin; suivez cette ligne blanche qu'elle trace sur l'eau.

— Je ne m'y fie pas! c'est de la vapeur et non de la vraie lumière. Ah çà! prenez garde à vous.

Il donna de l'éperon à François, qui, après quelque hésitation, se mit à la nage et gagna un endroit moins profond où il prit pied de nouveau; mais il fit de nouvelles difficultés pour aller plus loin, et Joseph s'aperçut qu'il avait perdu le gué.

— Le diable sait où nous sommes, dit-il; pour moi je ne m'en doute guère, et je ne vois pas où nous pourrons aborder.

— Allons tout droit, dit Geneviève.

— Tout droit? la rive a cinq pieds de haut; et si François s'engage dans les joncs qui sont par là, je ne sais où, nous sommes perdus tous les trois. Ces diables d'herbes nous prendront comme dans un filet, et vous aurez beau savoir tous leurs noms en latin, mademoiselle Geneviève, nous n'en serons pas moins pâture à écrevisses.

— Retournons en arrière, dit Geneviève.

— Cela ne vaudra pas mieux, dit Joseph. Que voulez-vous faire au milieu de ce brouillard? Je vous vois comme en plein jour, et à deux pieds plus loin, votre serviteur; il n'y a plus moyen de savoir si c'est du sable ou de l'écume.

En parlant Joseph se retourna vers Geneviève et vit distinctement sa jambe, qu'à son insu elle avait mise à découvert en relevant sa robe pour ne pas se mouiller. Cette petite jambe, admirablement modelée et toujours chaussée avec un si grand soin, vint se mettre en travers dans l'imagination de Joseph avec toutes ses perplexités, et, en la regardant, il oublia entièrement qu'il avait lui-même les jambes dans l'eau et qu'il était en grand danger de se noyer au premier mouvement que ferait son cheval.

— Allons donc, dit Geneviève, il faut prendre un parti; il ne fait pas chaud ici.

— Il ne fait pas froid, dit Joseph.

— Mais il se fait tard, André meurt peut-être! Joseph, avançons et recommandons-nous à Dieu, mon ami.

Ces paroles mirent une étrange confusion dans l'esprit de Joseph: l'idée de son ami mourant, les expressions affectueuses de Geneviève et l'image de cette jolie jambe se croisaient singulièrement dans son cerveau.

— Allons, dit-il enfin, donnez-moi une poignée de main, Geneviève; et si un de nous seulement en réchappe, qu'il parle de l'autre quelquefois avec André.

Geneviève lui serra la main, et, laissant retomber sa

robe, elle frappa elle-même du talon le flanc de sa monture. François se remit courageusement à la nage, avança jusqu'à une éminence et, au lieu de continuer, revint sur ses pas.

— Il cherche le chemin; il voit qu'il s'est trompé, dit Joseph. Laissons-le faire, il a la bride sur le cou.

Après quelques incertitudes, François retrouva le gué, et parvint glorieusement au rivage.

— Excellente bête! s'écria Joseph; puis, se retournant un peu, il étouffa une espèce de soupir en voyant la jupe de Geneviève retomber jusqu'à sa cheville, et il ne put s'empêcher de murmurer entre ses dents : — Ah! cette petite jambe!

— Qu'est-ce que vous dites? demanda l'ingénue jeune fille.

— Je dis que François a de fameuses jambes, répondit Joseph.

— Et que la Providence veillait sur nous, reprit Geneviève avec un accent si sincère et si pieux que Joseph se retourna tout à fait; et, en voyant son regard inspiré, son visage pâle et presque angélique, il n'osa plus penser à sa jambe et sentit comme une espèce de remords de l'avoir tant remarquée en un semblable moment.

Ils arrivèrent sans autre accident à la métairie où Joseph voulait laisser Geneviève. Cette métairie lui appartenait, et il croyait être sûr de la discrétion de ses métayers; mais Geneviève ne put se décider à affronter leurs regards et leurs questions. Elle pria Joseph de la déposer sur le bord du chemin, à un quart de lieue du château.

— C'est impossible, lui dit-il. Que ferez-vous seule ici? vous aurez peur et vous mourrez de froid.

— Non, répondit-elle ; donnez-moi votre manteau. J'irai m'asseoir là-bas, sous le porche de Saint-Sylvain, et je vous attendrai.

— Dans cette chapelle abandonnée ? vous serez piquée par les vipères ; vous rencontrerez quelque sorcier, quelque *meneur de loups!*

— Allons, Joseph, est-ce le moment de plaisanter !

— Ma foi ! je ne plaisante pas. Je ne crois guère au diable ; mais je crois à ces voleurs de bestiaux qui font le métier de fantômes la nuit dans les pâturages. Ces gens-là n'aiment pas les témoins et les maltraitent quand ils ne peuvent pas les effrayer.

— Ne craignez rien pour moi, Joseph ; je me cacherai d'eux comme ils se cacheront de moi. Allez ! et pour l'amour de Dieu, revenez vite me dire ce qu'il a.

Elle sauta légèrement à terre, prit le manteau de Joseph sur son épaule et s'enfonça dans les longues herbes du pâturage.

— Drôle de fille ! se dit Joseph en la regardant fuir comme une ombre vers la chapelle. Qu'est-ce qui l'aurait jamais crue capable de tout cela ? Henriette le ferait certainement pour moi, mais elle ne le ferait pas de même. Elle aurait peur, elle crierait à propos de tout ; elle serait ennuyeuse à périr..... elle l'est déjà passablement...

Et, tout en devisant ainsi, Joseph Marteau arriva au château de Morand.

Il trouva André assez sérieusement malade et en proie à un violent accès de délire. Le marquis passait la nuit auprès de lui avec le médecin, la nourrice et M. Forez. Joseph fut accueilli avec reconnaissance, mais avec tristesse. On avait des craintes graves : André ne reconnaissait personne ; il appelait Geneviève ; il demandait à la voir ou à mourir. Le marquis était au désespoir, et, ne pouvant pas imaginer de plus grand sacrifice pour soulager son fils que l'abjuration momentanée de son autorité, il se penchait sur lui, et, lui parlant comme à un enfant, il lui promettait de lui laisser aimer et épouser Geneviève ; mais, lorsqu'il se rapprochait de ses hôtes, il maudissait devant eux cette *misérable petite fille* qui allait être cause de la mort d'André, et disait qu'il la tuerait s'il la tenait entre ses mains. Au bout d'une heure, Joseph, voyant André un peu mieux, partit pour en informer Geneviève, et pour calmer autant que possible l'inquiétude où elle devait être plongée. Il prit à travers prés, et en dix minutes arriva à la chapelle de Saint-Sylvain : c'était une masure abandonnée depuis long-temps aux reptiles et aux oiseaux de nuit. La lune en éclairait faiblement les décombres et projetait des lueurs obliques et tremblantes sous les arceaux rompus des fenêtres. Les angles de la nef restaient dans l'obscurité, et Joseph se défendit mal d'une certaine impression désagréable en passant auprès d'une statue mutilée qui gisait dans l'herbe et qui se trouva sous ses pieds au moment où il traversait un de ces endroits sombres. Il était fort et brave, dix hommes ne lui auraient pas fait peur ; mais son éducation rustique lui avait laissé malgré lui quelques idées superstitieuses. Il ne s'y complaisait point, comme font parfois les cerveaux poétiques ; il en rougissait au contraire et cachait ce penchant sous une affectation d'incrédulité philosophique ; mais son imagination, moins forte que son orgueil, ne pouvait étouffer les terreurs de son enfance et surtout le souvenir du passage de la *grand'bête* dans la métairie où il était resté six ans en nourrice. La *grand'bête* apparaît tous les dix ans dans le pays et sème l'effroi de famille en famille. Elle s'efforce de pénétrer dans les métairies pour empoisonner les étables et faire périr les troupeaux. Les habitants sont forcés de soutenir chaque soir une espèce de siége, et c'est avec bien de la peine qu'ils parviennent à l'éloigner, car les balles de fusil ne l'atteignent point, et les chiens fuient en hurlant à son approche. Au reste la bête, ou plutôt l'esprit malin qui en emprunte la forme, est d'un aspect indéfinissable : plusieurs l'ont portée toute une nuit sur leur dos (car elle se livre à mille plaisanteries diaboliques avec les imprudents qu'elle rencontre dans les prés au clair de la lune), mais nul ne l'a jamais vue distinctement. On sait seulement qu'elle change de stature à volonté. Dans l'espace de quelques instants elle passe de la taille d'une chèvre à celle d'un lapin, et de celle d'un loup à celle d'un bœuf; mais ce n'est ni un lapin, ni une chèvre, ni un bœuf, ni un loup, ni un chien enragé : c'est la *grand'bête;* c'est le fléau des campagnes, la terreur des habitants et le triste présage d'une prochaine épidémie parmi les bestiaux.

Joseph se rappelait malgré lui toutes ces traditions effrayantes; mais s'il n'avait pas l'esprit assez fort pour les repousser, du moins il se sentait assez de courage et le bras assez prompt pour ne jamais reculer devant le danger.

Il s'étonnait de ne point trouver Geneviève au lieu qu'elle lui avait indiqué, lorsqu'un bruit de chaînes lui fit brusquement tourner la tête, et il vit à trois pas de lui une vague forme de quadrupède dont la longue face pâle semblait l'observer attentivement. Le premier mouvement de Joseph fut de lever le manche de son fouet pour frapper l'animal redoutable; mais, à sa grande confusion, il vit une jeune pouliche blanche, à demi sauvage, qui était venue là pour paître l'herbe autour des tombeaux, et qui s'enfuit épouvantée en traînant ses enferges sur les dalles de la chapelle.

Joseph, tout honteux de sa terreur, pénétra au fond de la nef; une croix de bois marquait la place où avait été l'autel. Geneviève était agenouillée devant cette croix; elle avait roulé son fichu de mousseline blanche comme un voile autour de sa tête, penchée dans l'immobilité du recueillement. Un cerveau plus exalté que celui de Joseph l'aurait prise pour une ombre. Étonné de trouver Geneviève dans une attitude si calme, et ne comprenant pas l'émotion que cette femme agenouillée la nuit au milieu des ruines lui causait à lui-même, le bon campagnard eut comme un sentiment de respect qui le fit hésiter à troubler cette sainte prière; mais, au bruit des pas de Joseph, Geneviève se retourna, et, se levant à demi, le questionna d'un air inquiet.

Il eut presque envie de la tromper et de lui cacher la vérité; mais elle interpréta son silence et s'écria en joignant les mains :

— Au nom du ciel, ne me faites pas languir... s'il est mort!... ah! oui... je le vois... il est mort!... Et elle s'appuya en chancelant contre la croix.

— Non, non! répondit vivement Joseph; il vit, on peut le sauver encore.

— Ah! merci, merci! dit Geneviève; mais dites-moi bien la vérité, est-il bien mal?

— Mal? certainement. Voici la réponse ambiguë du médecin : peu de chose à craindre, peu de chose à espérer; c'est-à-dire que la maladie suit son cours ordinaire et ne présente pas d'accident impossible à combattre, mais que par elle-même c'est une maladie grave et qui ne pardonne pas souvent.

— En ce cas, dit Geneviève après un instant de silence, retournez auprès de lui, je vais encore prier ici.

Elle se remit à genoux et laissa tomber sa tête sur ses mains jointes, dans une attitude de résignation si triste que Joseph en fut profondément touché.

— Je vais y retourner en effet, répondit-il ; mais je reviendrai certainement vers vous aussitôt qu'il y aura un peu de mieux.

— Écoutez, Joseph, lui dit-elle, s'il doit mourir cette nuit, il faut que je le voie, que je lui dise un dernier adieu. Tant que j'aurai un peu d'espoir, je ne me sentirai pas la hardiesse de me montrer dans sa maison ; mais si je n'ai plus qu'un instant pour le voir sur la terre, rien au monde ne pourra m'empêcher de profiter de cet instant-là. Jurez-moi que vous m'avertirez quand tout sera perdu, quand lui et moi n'aurons plus qu'une heure à vivre.

Joseph le jura.

— Je ne sais ce qu'elle a dans la voix ni de quels mots elle se sert, pensait-il en s'éloignant ; mais elle me ferait pleurer comme un enfant.

XIV.

Geneviève pria long-temps ; puis elle s'enveloppa du manteau de Joseph et s'assit sur une tombe, morne et résignée ; puis elle pria de nouveau et marcha parmi les ruines, interrogeant avec anxiété le sentier par où Joseph devait revenir. Peu à peu une inquiétude plus poignante surmontait son courage. Elle regardait la lune qu'elle avait vue se lever, et qui maintenant s'abaissait vers l'horizon. L'air, en devenant plus humide et plus froid, lui annonçait l'approche de l'aube, et Joseph ne revenait pas.

Après avoir lutté aussi long-temps que ses forces le lui permirent, elle perdit courage, et, s'imaginant qu'André était mort, elle s'enveloppa la tête dans le manteau de Joseph pour étouffer ses cris. Puis elle s'apaisa un peu en songeant que dans ce cas Joseph, n'ayant plus rien à faire auprès de son ami, serait de retour vers elle. Mais alors elle se persuada qu'André était mourant et que Joseph ne pouvait se résoudre à l'abandonner, dans la crainte de revenir trop tard et de le trouver mort. Cette idée devint si forte que les minutes de son impatience se traînèrent comme des siècles. Enfin elle se leva avec égarement, jeta le manteau de Joseph sur le pavé, et se mit à courir de toutes ses forces dans le sentier de la prairie.

Elle s'arrêta deux ou trois fois pour écouter si Joseph n'arrivait pas à sa rencontre; mais, n'entendant et ne voyant personne, elle reprit sa course avec plus de précipitation, et franchit comme un trait les portes du château de Morand.

Dans l'agitation d'une si triste veillée, tous les serviteurs étaient debout, toutes les portes étaient ouvertes. On vit passer une femme vêtue de blanc, qui ne parlait à personne et semblait voler à travers les cours. La vieille cuisinière se signa en disant :

— Hélas! notre jeune maître est *achevé*. Voilà son esprit qui passe.

— Non, dit le bouvier, qui était un homme plus

éclairé que la cuisinière. Si c'était l'âme de notre jeune maître, nous l'aurions vue sortir de la maison et aller au cimetière, tandis que cette *chose-là* vient du côté du cimetière et entre dans la maison. Ça doit être sainte Solange ou sainte Sylvie qui vient le guérir.

— M'est avis, observa la laitière, que c'est plutôt l'âme de sa pauvre mère qui vient le chercher.

— Disons un *Ave* pour tous les deux, reprit la cuisinière; et ils s'agenouillèrent tous les trois sous le portail de la grange.

Pendant ce temps, Geneviève, guidée par les lumières qu'elle voyait aux fenêtres, ou plutôt entraînée par cette main invisible qui rapproche les amants, se précipitait, palpitante et pâle, dans la chambre d'André. Mais à peine en eut-elle passé le seuil que le marquis, s'élançant vers elle avec fureur, s'écria en levant le bras d'un air menaçant :

— Qu'est-ce que je vois là? qu'est-ce que cela veut dire? Hors d'ici, intrigante effrontée! espérez-vous venir débaucher mon fils jusque dans ma maison? Il est trop tard, je vous en avertis; il est mourant, grâce à vous, mademoiselle; pensez-vous que je vous en remercie?

Geneviève tomba à genoux.

— Je n'ai pas mérité tout cela, dit-elle d'une voix étouffée; mais c'est égal, dites-moi ce que vous voudrez, pourvu que je le voie....., laissez-moi le voir et tuez-moi après si vous voulez!

— Que je vous le laisse voir, misérable! s'écria le marquis révolté d'une semblable prière. Êtes-vous folle ou enragée? Avez-vous peur de ne pas nous avoir fait assez de mal, et venez-vous achever mon fils jusque dans mes bras?

La voix lui manqua, un mélange de colère et de douleur le prenant à la gorge. Geneviève ne l'écoutait pas; elle avait jeté les yeux sur le lit d'André et le voyait pâle et sans connaissance dans les bras du médecin et du curé. Elle ne songea plus qu'à courir vers lui, et, se levant, elle essaya d'en approcher malgré les menaces du marquis.

— Jour de Dieu! maudite créature, s'écria-t-il en se mettant devant elle, si tu fais un pas de plus, je te jette dehors à coups de fouet!

— Que Dieu me punisse si vous y touchez seulement avec une plume! dit Joseph en se jetant entre eux deux.

Le marquis recula de surprise.

— Comment, Joseph! dit-il, tu prends le parti de cette vagabonde? Ne trouvais-tu pas que j'avais raison de la détester et d'empêcher André...

— C'est possible, interrompit Joseph; mais je ne peux pas entendre parler à une femme comme vous le faites; sacredieu! monsieur de Morand, vous ne devriez pas apprendre cela de moi.

— J'aime bien que tu me donnes des leçons! reprit le marquis. Allons! emmène-la à tous les diables et que je ne la revoie jamais!

— Geneviève, dit Joseph en offrant son bras à la jeune fille, venez avec moi, je vous prie; ne vous exposez pas à de nouvelles injures.

— Ne me défendrez-vous pas contre lui? répondit Geneviève, refusant avec force de se laisser emmener. Ne lui direz-vous pas que je ne suis ni une misérable ni une effrontée? Dites-lui, Joseph, dites-lui que je suis une honnête fille, que je suis Geneviève la fleuriste qu'il a reçue une fois dans sa maison avec bonté. Dites-lui que je ne peux ni ne veux faire de mal à personne, que j'aime André et que j'en suis aimée ; mais que je suis incapable de lui donner un mauvais conseil... Monsieur le marquis, demandez à M. Joseph Marteau si je suis ce que vous croyez. Laissez-moi approcher du lit d'André. Si vous craignez que ma vue ne lui fasse du mal, je me cacherai derrière son rideau; mais laissez-moi le voir pour la dernière fois... Après, vous me chasserez si vous voulez, mais laissez-moi le voir... Vous n'êtes pas un méchant homme, vous n'êtes pas mon ennemi ; que vous ai-je fait ? Vous ne pouvez maltraiter une femme. Accordez-moi ce que je vous demande.

En parlant ainsi, Geneviève était retombée à genoux et cherchait à s'emparer d'une des grosses mains du marquis. Elle était si belle dans sa pâleur, avec ses joues baignées de larmes, ses longs cheveux noirs qui, dans l'agitation de sa course, étaient tombés sur son épaule, et cette sublime expression que la douleur donne aux femmes, que Joseph jugea sa prière infaillible. Il pensa que nul homme, si affligé qu'il fût, ne pouvait manquer de voir cette beauté et de se rendre. — Allons, mon cher voisin, dit-il en s'unissant à Geneviève, accordez-lui ce qu'elle demande, et soyez sûr que vous êtes injuste envers elle. Qui sait d'ailleurs si sa vue ne guérirait pas André ?

— Elle le tuerait ! s'écria le marquis, dont la colère augmentait toujours en raison de la douceur et de la modération des autres. Mais heureusement, ajouta-t-il, le pauvre enfant n'est pas en état de s'apercevoir que cette impudente est ici. Sortez, mademoiselle, et n'espérez pas m'adoucir par vos basses cajoleries. Sortez, ou j'appelle mes valets d'écurie pour vous chasser.

En même temps il la poussa si rudement qu'elle

tomba dans les bras de Joseph. — Ah ! c'est trop fort, s'écria celui-ci. Marquis ! tu es un butor et un rustre. Cette honnête fille parlera à ton fils, et si tu le trouves mauvais tu n'as qu'à le dire : en voici un qui te répondra.

En parlant ainsi Joseph Marteau montra un de ses poings au marquis, tandis que de l'autre bras il souleva Geneviève et la porta auprès du lit d'André. M. de Morand, stupéfait d'abord, voulut se jeter sur lui ; mais Joseph, selon l'usage rustique du pays, prit une paille qu'il tira précipitamment du lit d'André, et la mettant entre lui et M. de Morand :

— Tenez, marquis, lui dit-il, il est encore temps de vous raviser et de vous tenir tranquille. Je serais au désespoir de manquer à un ami et à un homme de votre âge ; mais le diable me rompe comme cette paille si je me laisse insulter, fût-ce par mon père ! entendez-vous ?

— Mes frères, au nom de Jésus-Christ finissez cette scène scandaleuse, dit le curé. Monsieur le marquis, votre fils reconnaît cette jeune fille : c'est peut-être la volonté de Dieu qu'elle le ramène à la vie. C'est une fille pieuse et qui a dû prier avec ferveur. Si vous ne voulez pas que votre fils l'épouse, prenez-vous-y du moins avec le calme et la dignité qui conviennent à un père. Je vous aiderai à faire comprendre à ces enfants que leur devoir est d'obéir. Mais dans ce moment-ci vous devez céder quelque chose si vous voulez qu'on vous cède tout à fait plus tard. Et vous, monsieur Joseph, ne parlez pas avec cette violence et ne menacez pas un vieillard auprès du lit de souffrance de son enfant, et peut-être auprès du lit de mort d'un chrétien.

Joseph n'avait pas abjuré un certain respect pour le

caractère ecclésiastique et pour les remontrances pieuses. Il était capable de chanter des chansons obscènes au cabaret et de rire des choses saintes le verre à la main ; mais il n'aurait pas osé entrer dans l'église de son village le chapeau sur la tête, et il n'eût, pour rien au monde, insulté le vieux prêtre qui lui avait fait faire sa première communion.

— Monsieur le curé, dit-il, vous avez raison ; nous sommes des fous. Que M. de Morand s'apaise ce soir, je lui ferai des excuses demain.

— Je ne veux pas de vos excuses, répondit le marquis d'un ton d'humeur qui marquait que sa colère était à demi calmée ; et quant à M. le curé, ajouta-t-il entre ses dents, il pourrait bien garder ses sermons pour l'heure de la messe... Que cette fille sorte d'ici, et tout sera fini.

— Qu'elle reste, je vous prie, monsieur, dit le médecin ; votre fils éprouve réellement du soulagement à son approche. Regardez-le : ses yeux ont repris un peu de mobilité, et il semble qu'il cherche à comprendre sa situation.

En effet André, après la profonde insensibilité qui avait suivi son accès de délire, commençait à retrouver la mémoire, et, à mesure qu'il distinguait les traits de Geneviève, une expression de joie enfantine commençait à se répandre sur son visage affaissé. La main de Geneviève qui serra la sienne acheva de le réveiller. Il eut un mouvement convulsif ; et, se tournant vers les personnes qui l'entouraient et qu'il reconnaissait encore confusément, il leur dit avec un sourire naïf et puéril : *C'est Geneviève !* et il se mit à la regarder d'un air doucement satisfait.

— Eh bien ! oui, c'est Geneviève ! dit le marquis en

prenant le bras de la jeune fille et en la poussant vers son fils ; puis il alla s'asseoir auprès de la cheminée, moitié heureux, moitié colère.

— Oui, c'est Geneviève ! disait Joseph triomphant, en criant beaucoup trop fort pour la tête débile de son ami.

— C'est Geneviève qui a prié pour vous, dit le curé d'une voix insinuante et douce en se penchant vers le malade. Remerciez Dieu avec elle.

— Geneviève !... dit André en regardant alternativement le curé et sa maîtresse d'un air de surprise ; oui, Geneviève et Dieu !

Il retomba assoupi, et tous ceux qui l'entouraient gardèrent un religieux silence. Le médecin plaça une chaise derrière Geneviève et la poussa doucement pour l'y faire asseoir. Elle resta donc près de son amant, qui de temps en temps s'éveillait, regardait autour de lui avec inquiétude, et se calmait aussitôt sous la douce pression de sa main. A chaque mouvement de son fils, le marquis se retournait sur son fauteuil de cuir et faisait mine de se lever ; mais Joseph, qui s'était assis de l'autre côté de la cheminée et qui lisait un journal oublié derrière le trumeau, lui adressait avec les yeux et le geste la muette injonction de se taire. Le marquis voyait en effet André retomber endormi sur l'épaule de Geneviève ; et, dans la crainte de lui faire mal, il restait immobile. Il est impossible d'imaginer quels furent les tourments de cet homme violent et absolu pendant les heures de cette silencieuse veillée. Le médecin s'était jeté sur un matelas et reposait au milieu de la chambre ; il était étendu là comme un gardien devant le lit de son malade, prêt à s'éveiller au moindre bruit et à effrayer par une sentence menaçante la conscience du marquis pour l'empêcher de séparer les deux amants.

Joseph, ému et fatigué, ne comprenait rien à son journal, qui avait bien six mois de date, et de temps en temps tombait dans une espèce de demi-sommeil où il voyait passer confusément les objets et les pensées qui l'avaient tourmenté durant cette nuit ; tantôt la rivière gonflée qui l'emportait lui et son cheval loin de Geneviève à demi noyée, tantôt André mourant lui redemandant Geneviève, tantôt le corbillard d'André, suivi de Geneviève, qui relevait sa jupe par mégarde et laissait voir sa jolie petite jambe.

A cette dernière image, Joseph faisait un grand effort pour chasser le démon de la concupiscence des voies saintes de l'amitié, et il s'éveillait en sursaut. Alors il distinguait, à la lueur mourante de la lampe, la figure rouge du marquis luttant avec les tressaillements convulsifs de l'impatience, et leurs yeux se rencontraient comme ceux de deux chats qui guettent la même souris.

Pendant ce temps, le curé lisait son bréviaire à la clarté du jour naissant. Un petit vent frais agitait les feuilles de la vigne qui encadrait la fenêtre et jouait avec les rares cheveux blancs du bonhomme. A chaque soupir étouffé du malade, il abaissait son livre, relevait ses lunettes et protégeait de sa muette bénédiction le couple heureux et triste.

Geneviève avait tant souffert, et le trot du cheval l'avait tellement brisée qu'elle ne put résister. Malgré l'anxiété de sa situation, elle céda, et laissa tomber sa jolie tête auprès de celle d'André. Ces deux visages, pâles et doux, dont l'un semblait à peine plus âgé et plus mâle que l'autre, reposèrent une demi-heure sur le même oreiller pour la première fois et sous les yeux d'un père irrité et vaincu, qui frémissait de colère à ce spectacle et qui n'osait les séparer.

Quand le jour fut tout à fait venu, le curé, ayant achevé son bréviaire, s'approcha du médecin, et ils eurent ensemble une consultation à voix basse. Le médecin se leva sans bruit, alla toucher le pouls d'André et les artères de son front ; puis il revint parler au curé. Celui-ci s'approcha alors de Geneviève, qui s'était doucement éveillée pour céder la main de son amant à celle du médecin. Elle écouta le curé, fit un signe de tête respectueux et résigné ; puis alla trouver Joseph et lui parla à l'oreille. Joseph se leva. Le marquis avait fini par s'endormir. Quand il s'éveilla, il se trouva seul dans la chambre avec son fils et le médecin. Ce dernier vint à lui et lui dit :

— M. le curé a jugé prudent et convenable de faire retirer la jeune personne dont la présence ou le départ aurait pu agir trop violemment dans quelques heures sur les nerfs du malade. Je me suis assuré de l'état du pouls. La fièvre était presque tombée, et la faiblesse de votre fils permettait de compter sur le défaut de mémoire. En effet, le malade s'est éveillé sans chercher Geneviève et sans montrer la moindre agitation. Tout à l'heure il m'a demandé si je n'avais pas vu cette nuit une femme blanche auprès de son lit. Je lui ai persuadé qu'il avait vu en rêve cette apparition ; maintenez-le dans cette erreur, et gardez-vous de rien dire qui le ramène à un sentiment trop vif de la réalité. Je vois maintenant à cette maladie des causes purement morales ; je vous déclare que vous pouvez mieux que moi guérir votre fils.

— Oui, oui, je le ménagerai, dit le marquis ; mais n'espérez pas que je donne mon consentement au mariage ; j'aimerais mieux le voir mourir.

— Le mariage ne me regarde pas, dit le médecin ;

mais si vous voulez tuer votre fils par le chagrin et la violence, avertissez-moi dès aujourd'hui; car, dans ce cas, je n'ai plus rien à faire ici.

Le marquis n'avait jamais trouvé une franchise si âpre autour de lui. Depuis plus de trente ans personne n'avait osé le contrarier, et depuis quelques heures tous se permettaient de lui résister. Dans la crainte de perdre son fils, il le traita doucement jusqu'au jour de la convalescence; mais, dans son cœur, il amassa contre Geneviève une haine implacable.

XV.

Geneviève rentra chez elle très-lasse et un peu calmée. Joseph retourna tous les jours auprès d'André, et tous les soirs il vint donner de ses nouvelles à Geneviève. La guérison du jeune homme fit des progrès rapides, et quinze jours après il commençait à se promener dans le verger, appuyé sur le bras de son ami. Mais, pendant cette quinzaine, Geneviève avait lu clairement dans sa destinée. Elle n'avait jamais soupçonné jusque-là l'horreur que son mariage avec André inspirait au marquis; elle avait entrevu confusément des obstacles dont André essayait de la distraire. L'accueil cruel du marquis dans cette triste nuit ne l'affecta d'abord que médiocrement; mais quand ses anxiétés cessèrent avec le danger de son amant, elle reporta ses regards sur les incidents qui l'avaient conduite auprès de son lit. La figure, les menaces et les insultes de M. de Morand lui revinrent comme le souvenir d'un mauvais rêve. Elle se demanda si c'était bien elle, la fière, la réservée Geneviève, qui avait été injuriée et souillée ainsi. Alors elle examina sa conduite exaltée, sa situation équivoque, son avenir incertain ; elle se vit, d'un côté, perdue dans l'opinion de ses compatriotes si elle n'épousait pas André ; de l'autre, elle se vit méprisée, repoussée et détestée par un père orgueilleux et entêté, qui serait son implacable ennemi si elle épousait André malgré sa défense.

Une prévision encore plus cruelle vint se mêler à celle-là. Elle crut deviner les motifs de la conduite d'André ; elle s'expliqua ses longues absences, son air tourmenté et distrait auprès d'elle, son impatience et son effroi en la quittant ; elle frémit de se voir dans une position si difficile, appuyée sur un si faible roseau, et de découvrir dans le cœur de son amant la même incertitude que dans les événements dont elle était menacée. Elle jeta les yeux avec tristesse sur sa gloire et son bonheur de la veille, et mesura en tremblant l'abîme infranchissable qui la séparait déjà du passé.

Calme et prudente, Geneviève, avant de s'abandonner à ces terreurs, voulut savoir à quel point elles étaient fondées. Elle questionna Joseph. Il ne fallait pas beaucoup d'adresse pour le faire parler. Il avait une finesse excessive pour se tirer des embarras qu'il trouvait à la hauteur de son bras et de son œil ; mais les susceptibilités du cœur de Geneviève n'étaient pas à sa portée. Il l'admirait sans la comprendre et la contemplait tout ravi, comme une vision enveloppée de nuages. Il se confia donc au calme apparent avec lequel elle l'interrogea sur les dispositions du marquis et sur le caractère d'André. Il crut qu'elle savait déjà à quoi s'en tenir sur l'obstination de l'un et sur l'irrésolution de l'autre, et il lui donna sur ces deux questions si importantes pour elle les plus cruels éclaircissements. Geneviève, qui voulait puiser son courage dans la connaissance exacte de son malheur, écoutait ces tristes révélations avec un sang-froid héroïque, et quand Joseph croyait l'avoir consolée et rassurée en lui disant : — Bonsoir, Geneviève ; il ne faut pas que cela vous tourmente : André vous aime ; je suis votre ami ; nous combattrons le sort ; Geneviève s'enfermait dans sa chambre et passait des nuits de fièvre et de désespoir à savourer le poison que la sincérité de Joseph lui avait versé dans le cœur.

Joseph, de son côté, commençait à prendre un intérêt singulier à la douleur de Geneviève, et il éprouvait une étrange impatience. Il guettait le moment où il pourrait parler d'elle avec André ; mais André semblait fuir ce moment. A mesure que ses forces physiques revenaient, son vrai caractère reprenait le dessus, et de jour en jour la crainte remplaçait l'espoir que son père lui avait laissé entrevoir un instant. Il ne savait pas que Geneviève était venue auprès de son lit, il ne savait pas à quel point elle avait souffert pour lui. Il se laissait aller paresseusement au bien-être de la convalescence, et s'il désirait sincèrement de voir arriver le jour où il pourrait aller la trouver, il est certain aussi qu'il craignait le jour où son père enflerait sa grosse voix pour lui dire : *D'où venez-vous ?*

Geneviève attendait, pour le juger et prendre un parti, la conduite qu'il tiendrait avec elle ; mais il demeurait dans l'indécision. Chaque jour elle demandait à Joseph s'il lui avait parlé d'elle, et Joseph répondait ingénument que non. Enfin un jour il crut lui apporter une grande consolation en lui racontant qu'André lui avait ouvert son cœur, qu'il lui avait parlé d'elle avec enthousiasme, et de la cruauté de son père avec désespoir.

— Et qu'a-t-il résolu ? demanda Geneviève.

— Il m'a demandé conseil, répondit Joseph.

— Et c'est tout?

— Il s'est jeté dans mes bras en pleurant, et m'a supplié de l'aider et de le protéger dans son malheur.

Geneviève eut sur les lèvres un sourire imperceptible. Ce fut toute l'expansion d'une âme offensée et déchirée à jamais.

— Et j'ai promis, reprit Joseph, de donner pour lui mon dernier vêtement et ma dernière goutte de sang; pour lui et pour vous, entendez-vous, mademoiselle Geneviève?

Elle le remercia d'un air distrait qu'il prit pour de l'incrédulité.

— Oh! vous ne vous fiez pas à mon amitié, je le sais, dit-il. André doit vous avoir raconté que *dans les temps* j'étais un peu contraire à votre mariage; je ne vous connaissais pas, Geneviève; à présent je sais que vous êtes un *bon sujet*, un *bon cœur*, et je ne ferais pas moins pour vous que pour ma propre sœur.

— Je le crois, mon cher monsieur Marteau, dit Geneviève en lui tendant la main. Vous m'avez donné déjà bien des preuves d'amitié durant cette cruelle quinzaine. A présent je suis tranquille sur la santé d'André, et, grâce à vous, j'ai supporté sans mourir les plus affreuses inquiétudes. Je n'abuserai pas plus long-temps de votre compassion; j'ai une cousine à Guéret qui m'appelle auprès d'elle, et je vais la rejoindre.

— Comment! vous partez? dit Joseph dont la figure prit tout à coup, et à son insu, une expression de tristesse qu'elle n'avait peut-être jamais eue. Et quand? et pour combien de temps?

— Je pars bientôt, Joseph, et je ne sais pas quand je reviendrai.

— Eh ! quoi ! vous quittez le pays au moment où André va être guéri et pourra venir vous voir tous les jours ?

— Nous ne nous reverrons jamais ! dit Geneviève, pâle et les yeux levés au ciel.

— C'est impossible, c'est impossible ! s'écria Joseph. Qu'a-t-il fait de mal ? qu'avez-vous à lui reprocher ? Voulez-vous le faire mourir de chagrin ?

— A Dieu ne plaise ! Dites-lui bien, Joseph, que c'est une affaire pressée... ma cousine, dangereusement malade, qui m'a forcée de partir ; que je reviendrai bientôt, plus tard... Dites d'abord dans quelques jours, et puis vous direz ensuite dans quelques semaines, et puis enfin dans quelques mois. D'ailleurs j'écrirai ; je trouverai des prétextes ; je lui laisserai d'abord de l'espérance, et puis peu à peu je l'accoutumerai à se passer de moi... et il m'oubliera.

— Que le diable l'emporte s'il vous oublie ! dit Joseph d'une voix altérée ; quant à moi, je vivrais cent ans que je me souviendrais de vous !... Mais enfin dites-moi, Geneviève, pourquoi voulez-vous partir, si vous n'êtes pas fâchée contre André ?

— Non, je ne suis pas fâchée contre lui, dit Geneviève avec douceur. Pauvre enfant ! comment pourrais-je lui faire un reproche d'être né esclave ? Je le plains et je l'aime ; mais je ne puis lui faire aucun bien, et je puis lui apporter tous les maux. Ne voyez-vous pas que déjà ce malheureux amour lui a causé tant d'agitations et d'inquiétudes qu'il a failli en mourir ? ne voyez-vous pas que notre mariage est impossible ?

— Non, mordieu ! je ne vois pas cela. André a une fortune indépendante ; il sera bientôt en âge de la réclamer et de se débarrasser de l'autorité de son père,

— C'est un affreux parti, et qu'il ne prendra jamais, du moins d'après mon conseil.

— Mais je l'y déciderai, moi! dit Joseph en levant les épaules.

— Ce sera en pure perte, répondit Geneviève avec fermeté. De telles résolutions deviennent quelquefois inévitables pour les âmes les plus honnêtes; mais, pour qu'elles n'aient rien d'odieux, il faut que toutes les voies de douceur et d'accommodement soient épuisées, il faut avoir tenté tous les moyens de fléchir l'autorité paternelle, et André ne peut que désobéir en cachette à son père ou le braver de loin.

— C'est vrai! dit Joseph, frappé du bon sens de Geneviève.

— Pour moi, ajouta-t-elle, je ne saurai ni descendre à implorer un homme comme le marquis de Morand, ni m'élever à la hardiesse de diviser le fils et le père. Si je n'avais pas de remords, j'aurais certainement des regrets; car André ne serait ni tranquille ni heureux après un pareil démenti à la timidité de son caractère et à la douceur de son âme. Il est donc nécessaire de renoncer à ce mariage imprudent et romanesque; il en est temps encore... André n'a contracté aucun engagement envers moi.

En prononçant ces derniers mots, le visage de Geneviève se couvrit d'une orgueilleuse rougeur, et Joseph, l'homme le plus sceptique de la terre lorsqu'il s'agissait de la vertu des grisettes, sentit sa conviction subjuguée; il crut lire tout à coup sur le front de Geneviève son inviolable pureté.

— Écoutez, lui dit-il en se levant et en lui prenant la main avec une rudesse amicale, je ne suis ni galant ni romanesque; je n'ai, pour vous plaire, ni l'esprit ni le savoir d'André. Il vous aime d'ailleurs, et vous l'aimez... Je n'ai donc rien à dire...

Et il sortit brusquement, croyant avoir dit quelque chose. Geneviève, étonnée, le suivit des yeux, et chercha à interpréter l'émotion que trahissaient sa figure et son attitude; mais elle n'en put deviner le motif, et reporta sur elle-même ses tristes pensées. Depuis bien des jours elle n'avait plus le courage de travailler. Elle s'efforçait en vain de se mettre à l'ouvrage; de violentes palpitations l'oppressaient dès qu'elle se penchait sur sa table, et sa main tremblante ne pouvait plus soutenir le fer ni les ciseaux. La lecture lui faisait plus de mal encore. Son imagination trouvait à chaque ligne un nouveau sujet de douleur. — Hélas! se disait-elle alors, c'était bien la peine de m'apprendre ce qu'il faut savoir pour sentir le bonheur!

Elle pleurait depuis une heure à sa fenêtre lorsqu'elle vit venir Henriette. Elle eut envie de se renfermer et de ne pas la recevoir; mais il y avait long-temps qu'elle évitait son amie, elle craignit de l'offenser ou de l'affliger; et, se hâtant d'essuyer ses larmes, elle se résigna à cette visite.

Mais au lieu de venir l'embrasser comme de coutume, Henriette entra d'un air froid et sec, et tira brusquement une chaise sur laquelle elle se posa avec roideur. — Ma chère, lui dit-elle après un instant de silence consacré à préparer sa harangue et son maintien, je viens te dire *une chose*.

Puis elle s'arrêta pour voir l'effet de ce début.

— Parle, ma chère, répondit la patiente Geneviève.

— Je viens te dire, reprit Henriette en s'animant peu à peu malgré elle, que je ne suis pas contente de toi : ta conduite n'est pas celle d'une amie. Je ne te parle pas de tes devoirs envers la *société :* tu foules aux pieds tous les *principes ;* mais je me plains de ton ingratitude envers moi, qui me suis employée à te servir et à te rendre heureuse. Sans moi tu n'aurais jamais eu l'esprit de décider André à t'épouser ; et si tu deviens jamais madame la marquise, tu pourras bien dire que tu le dois à mon amitié plus qu'à ta prudence. Tout ce que je te demande, c'est de rester avec lui et de me laisser Joseph.

— Qu'est-ce que vous voulez dire par là ? demanda Geneviève avec un dédain glacial.

— Je veux dire, s'écria Henriette en colère, que tu es une petite coquette hypocrite et effrontée ; que tu n'as pas l'air d'y toucher, mais que tu sais très-bien attirer et cajoler les hommes qui te plaisent. C'est un bonheur pour toi d'être si méprisante et d'avoir le cœur si froid, car tu serais sans cela la plus grande dévergondée de la terre. Sois ce qu'il te plaira, je ne m'en soucie pas ; mais prends tes adorateurs ailleurs que sous mon bras. Je ne chasse pas sur tes terres ; je n'ai jamais adressé une œillade à ton marjolet de marquis. Si j'avais voulu m'en donner la peine, il n'était pas difficile à enflammer, le pauvre enfant, et mes yeux valent bien les tiens....

Geneviève, révoltée de ce langage, haussa les épaules et détourna la tête vers la fenêtre. — Oui ! oui ! continua Henriette, fais la sainte victime, tu ne m'y prendras plus. Écoute, Geneviève, fais à ta tête, prends deux ou trois galants, couvre-toi de ridicule, livre-toi à la risée de toute la ville, je n'y peux rien et je ne m'en mêlerai plus ; mais je t'avertis que si Joseph Marteau vient encore ici demain passer deux heures tête à tête avec toi, comme il fait tous les soirs depuis quinze jours, je viendrai sous ta fenêtre avec un galant nouveau; car je te prie de croire que je ne suis pas au dépourvu, et que j'en trouverai vingt en un quart d'heure qui valent bien M. Joseph Marteau..... Mais sache que ce galant aura avec lui tous les jeunes gens de la ville, et que tu seras régalée du plus beau charivari dont le pays ait jamais entendu parler. Ce n'est pas que j'aime M. Joseph, je m'en soucie comme de toi; mais je n'entends pas porter encore le ruban jaune à mon bonnet. Je ne suis pas d'âge à servir de pis-aller.

— Infamie! infamie! murmura Geneviève pâle et près de s'évanouir; puis elle fit un violent effort sur elle-même, et se levant elle montra la porte à Henriette d'un air impératif. — Mademoiselle, lui dit-elle, je n'ai plus qu'un soir à passer ici; si vous aviez autant de vigilance que vous avez de grossièreté, vous auriez écouté à ma porte il y a une heure, ce qui eût été parfaitement digne de vous; vous m'auriez alors entendue dire à M. Joseph Marteau que je quittais le pays, et vous auriez été rassurée sur la possession de votre amant. Maintenant, sortez, je vous prie. Vous pourrez demain couvrir d'insultes les murs de cette chambre; ce soir elle est encore à moi; sortez!

En prononçant ce dernier mot, Geneviève tomba évanouie et sa tête frappa rudement contre le pied de sa chaise. Henriette, épouvantée et honteuse de sa conduite, se jeta sur elle, la releva, la prit dans ses bras vigoureux et la porta sur son lit. Quand elle eut réussi à la ranimer, elle se jeta à ses pieds et lui demanda pardon avec des sanglots qui partaient d'un cœur naturellement bon. Geneviève le sentit, et, pardonnant au caractère emporté et au manque d'éducation de son amie, elle la releva et l'embrassa.

— Tu nous aurais épargné à toutes deux une affreuse soirée, lui dit-elle, si tu m'avais interrogée avec douceur et confiance, au lieu de venir me faire une scène cruelle et folle. Au premier mot de soupçon, je t'aurais rassurée....

— Ah! Geneviève, la jalousie raisonne-t-elle? répondit Henriette; prend-elle le temps d'agir, seulement? Elle crie, jure et pleure; c'est tout ce qu'elle sait faire. Comment, ma pauvre enfant, tu partais, et moi je t'accusais! Mais pourquoi partais-tu sans me rien dire? Voilà comme tu fais toujours : pas l'ombre de confiance envers moi. Et pourquoi diantre en as-tu plus pour M. Joseph que pour ton amie d'enfance? Car enfin, je n'y conçois rien!....

— Ah! voilà tes soupçons qui reviennent? dit Geneviève en souriant tristement.

— Non, ma chère, répondit Henriette; je vois bien que tu ne veux pas me l'enlever, puisque tu t'en vas. Mais il est hors de doute que cet imbécile-là est amoureux de toi...

— De moi? s'écria Geneviève stupéfaite.

— Oui, de toi, reprit Henriette; de toi qui ne te soucies pas de lui, j'en suis sûre; car enfin tu aimes André, tu pars avec lui, n'est-ce pas? Vous allez vous marier hors du pays?

— Oui, oui, Henriette; tu sauras tout cela plus tard; aujourd'hui il m'est impossible de t'en parler; ce n'est pas manque de confiance en toi, mon enfant. Je t'écrirai de Guéret, et tu approuveras toute ma conduite.... Parlons de toi; tu as donc des chagrins aussi?

— Oh! des chagrins à devenir folle; et c'est toi, ma pauvre Geneviève, qui en es cause, bien innocemment sans doute! Mais que veux-tu que je te dise? je ne peux pas m'empêcher d'être bien aise de ton départ; car enfin tu vas être heureuse avec ton amant, et moi je retrouverai peut-être le bonheur avec le mien.

— Vraiment, Henriette, je ne savais pas qu'il fût ton amant. Tu m'as toujours soutenu le contraire quand je t'ai plaisantée sur lui. Tu te plains de n'avoir pas ma confiance; que dirai-je de la tienne, menteuse?

Henriette rougit; puis, reprenant courage : — Eh bien! c'est vrai, dit-elle, j'ai eu tort aussi; mais le fait est qu'il m'aimait à la folie il n'y a pas long-temps, et, malgré toute ma prudence, il s'y est pris si habilement, le sournois! qu'il a réussi à se faire aimer. Eh bien! le voilà qui pense à une autre. Le scélérat! depuis cette maudite promenade que vous avez faite ensemble au clair de la lune pour aller voir André qui se mourait, M. Joseph n'a plus la tête à lui : il ne parle que de toi, il ne rêve qu'à toi, il ne trouve plus rien d'aimable en moi. Si je crie à la vue d'une souris ou d'une araignée: « Ah! dit-il, Geneviève n'a peur de rien; c'est un petit dragon. » Si je me mets en colère : « Ah! Geneviève ne se fâche jamais; c'est un petit ange. » Et « Geneviève aux grands yeux »..... et « Geneviève au petit pied »…. Tout cela n'est pas amusant à entendre répéter du matin au soir; de sorte que j'avais fini par te détester cordialement, ma pauvre Geneviève.

— Si je revois jamais M. Joseph, dit Geneviève, je lui ferai certainement des reproches pour le beau service que m'a rendu son amitié; mais je n'en aurai pas de sitôt l'occasion. En attendant, il faut que je lui écrive; donne-moi l'écritoire, Henriette.

— Comment! il faut que tu lui écrives? s'écria Henriette dont les yeux étincelèrent.

— Oui, vraiment, répondit Geneviève en souriant;

mais rassure-toi, ma chère, la lettre ne sera pas cachetée, et c'est toi qui la lui remettras. Seulement, je te prie de ne pas la lire avant de la lui donner.

— Ah! tu as des secrets avec Joseph?

— Cela est vrai, Henriette, je lui ai confié un secret; mais il te le dira, j'y consens.

— Et pourquoi commences-tu par lui? Tu n'as donc pas confiance en moi? tu me crois donc incapable de garder un secret?

— Oui, Henriette, incapable, répondit Geneviève en commençant sa lettre.

— Comme tu es drôle! dit Henriette en la regardant d'un air stupéfait. Enfin, il n'y a que toi au monde pour avoir de pareilles idées! Écrire à un jeune homme! tu trouves cela tout simple! et me donner la lettre, à moi qui suis sa maîtresse! et me dire: La voilà; elle n'est pas cachetée, tu ne la liras pas!

— Est-ce que j'ai tort de croire à ta délicatesse? dit Geneviève écrivant toujours.

— Non certes! mais enfin c'est une commission bien singulière; et moi qui viens de faire une scène épouvantable à Joseph, quelle figure vais-je faire en lui portant une lettre de toi? une lettre!...

— Mais, ma chère, dit Geneviève, une lettre est une lettre; qu'y a-t-il de si tendre et de si intime dans l'envoi d'un papier plié?

— Mais, ma chère, répondit Henriette, entre jeunes gens et jeunes filles on ne s'écrit que pour se parler d'amour. De quoi peut-on se parler, si ce n'est de cela?

— En effet, je lui parle d'amour, répondit Geneviève, mais de l'amour d'un autre. Va, Henriette, emporte ce billet, et ne le remets pas demain avant midi. Embrasse-moi. Adieu!

XVI.

Geneviève passa la nuit à mettre tout en ordre. Elle fit ses cartons, et en touchant toutes ces fleurs qu'André aimait tant elle y laissa tomber plus d'une larme.
— Voici, leur disait-elle dans l'exaltation de ses pensées, la rosée qui désormais vous fera éclore. Ah! desséchez-vous, tristes filles de mon amour! Lui seul savait vous admirer, lui seul savait pourquoi vous étiez belles. Vous allez pâlir et vous effeuiller aux mains des indifférents; parmi eux je vais me flétrir comme vous. Hélas! nous avons tout perdu; vous aussi, vous ne serez plus comprises!

Elle fit un autre paquet des livres qu'André lui avait donnés; mais la vue de ces livres si chers lui fut bien douloureuse. — C'est vous qui m'avez perdue, leur disait-elle. J'étais avide de savoir vous lire, mais vous m'avez fait bien du mal! Vous m'avez appris à désirer un bonheur que la société réprouve et que mon cœur ne peut supporter. Vous m'avez forcée à dédaigner tout ce qui me suffisait auparavant. Vous avez changé mon âme, il fallait donc aussi changer mon sort!

Geneviève fit tous les apprêts de son départ avec l'ordre et la précision qui lui étaient naturels. Quiconque l'eût vue arranger tout son petit bagage de femme et d'artiste, et tapisser d'ouate la cage où devait voyager son chardonneret favori, l'eût prise pour une pensionnaire allant en vacances. Son cœur était cependant dévoré de douleur sous ce calme apparent. Elle ne se laissait aller à aucune démonstration violente, mais personne ne recevait des atteintes plus profondes; son âme rongeait son corps sans tacher sa joue ni plisser son front.

Le lendemain, à sept heures du matin, Geneviève, tristement cahotée dans la patache de Guéret, quitta le pays. Il n'y eut ni amis, ni larmes, ni petits soins à son départ. Elle s'en alla seule, comme elle avait long-temps vécu, ne s'inquiétant ni de la misère ni de la fatigue, se fiant à elle-même pour gagner son pain, ne demandant secours à personne, ne se plaignant de rien, mais emportant au fond de son âme une plaie incurable, le souvenir d'une espérance morte à jamais pour elle.

Henriette remit la lettre à Joseph d'un air de suffisance et de magnanimité auquel le bon Marteau ne fit pas attention. En voyant la signature de Geneviève il se troubla, eut quelque peine à comprendre la lettre, la relut deux fois; puis, sans rien répondre aux questions d'Henriette, il se mit à courir et monta tout haletant l'escalier de Geneviève. La clef était à la porte; il entra sans songer à frapper, trouva la première et la seconde pièce vides, et pénétra dans l'atelier. Il n'y restait, de la présence de Geneviève, que quelques feuilles de roses en batiste éparses sur la table. Un autre que Joseph les eût tendrement recueillies; il les prit dans sa main, les froissa avec colère et les jeta sur le carreau en jurant. Puis il courut seller son cheval et partit pour le château de Morand.

— Tout cela est bel et bon, mais Geneviève est partie!

C'est ainsi qu'il entama la conversation en entrant brusquement dans la chambre d'André. André devint pâle, se leva et retomba sur sa chaise, sans rien com-

prendre à ce que disait Joseph, mais frappé de terreur
à l'idée d'une souffrance nouvelle. Joseph lui fit une
scène incompréhensible, lui reprocha sa lâcheté, sa
froideur, et, quand il eut tout dit, s'aperçut enfin
qu'il avait affligé et épouvanté André sans lui rien apprendre. Alors il se souvint des recommandations de
Geneviève et des ménagements que demandait encore
la santé de son ami; sa première vivacité apaisée, il
sentit qu'il s'y était pris d'une manière cruelle et maladroite. Embarrassé de son rôle, il se promena dans la
chambre avec agitation, puis tira la lettre de Geneviève
de son sein et la jeta sur la table. André lut :

« Adieu, Joseph. Quand vous recevrez ce billet, je
» serai partie, tout sera fini pour moi. Ne me plaignez
» pas, ne vous affligez pas. J'ai du courage, je fais mon
» devoir, et il y a une autre vie que celle-ci. Dites à
» André que ma cousine s'est trouvée tout à coup si
» mal que j'ai été obligée de partir sur-le-champ sans
» attendre qu'il pût venir me voir. Dites-lui que je re-
» viendrai bientôt; suivez les instructions que je vous
» ai données hier. Habituez-le peu à peu à m'oublier,
» ou du moins à renoncer à moi. Dites à son père que
» je le supplie de traiter André avec douceur, et que je
» suis partie pour jamais. Adieu, Joseph. Merci de
» votre amitié; reportez-la sur André. Je n'ai plus be-
» soin de rien. Aimez Henriette, elle est sincère et
» bonne; ne la rendez pas malheureuse; sachez, par
» mon exemple, combien il est affreux de perdre l'es-
» pérance. Plus tard, quand tout sera réparé, guéri,
» oublié, souvenez-vous quelquefois de Geneviève. »

— Mais pourquoi ? qu'ai-je fait ? comment ai-je mérité qu'elle m'abandonne ainsi ? s'écria André au désespoir.

— Je n'en sais, ma foi, rien! répondit Joseph. Le diable m'emporte si je comprends rien à vos amours! Mais ce n'est pas le moment de se creuser la cervelle. Écoute, André, il n'y a qu'un mot qui vaille : es-tu décidé à épouser Geneviève?

— Décidé! oui, Joseph. Comment peux-tu en douter?

— Décidé, bon. Maintenant es-tu sûr de l'épouser? as-tu songé à tout? as-tu prévu la colère et la résistance de ton père? as-tu fait ton plan? Veux-tu réclamer ta fortune et forcer son consentement, ou bien veux-tu vivre maritalement avec Geneviève dans un autre pays sans l'épouser, et prendre un état qui vous fasse subsister tous deux?

— Je ne ferai jamais cette dernière proposition à Geneviève. Je sais que je lui deviendrais odieux et que je rougirais de moi-même le jour où je chercherais à en faire ma maîtresse, quand je puis en faire ma femme.

— Tu résisteras donc à ton père hardiment, franchement?

— Oui.

— Eh bien! à l'œuvre tout de suite! Geneviève n'est pas bien loin. Il faut courir après elle : tu es assez fort pour sortir; je vais mettre François au char-à-bancs de monsieur ton père. Il le prendra comme il voudra cette fois-ci, et nous partirons tous deux. Nous rejoindrons la route de Guéret par la traverse et nous ramènerons Geneviève à la ville. Voilà pour aujourd'hui. Tu coucheras chez moi et tu écriras une jolie petite lettre au marquis, dans laquelle tu lui demanderas doucement et respectueusement son consentement... ensuite nous verrons venir!

Ce projet plut beaucoup à André. — Allons, dit-il, je suis prêt.

Joseph alla jusqu'à la porte, s'arrêta pour réfléchir et revint.

— Que t'a dit ton père, demanda-t-il, lorsque tu lui as parlé de ton projet?

— Ce qu'il m'a dit! reprit André étonné; je ne lui en ai jamais parlé.

— Comment, diable! tu n'es pas plus avancé que cela? Et pourquoi ne lui en as-tu pas encore parlé!

— Et comment pourrais-je le faire? Sais-tu quel homme est mon père quand on l'irrite?

— André, dit Joseph en se rasseyant d'un air sérieux, tu n'épouseras jamais Geneviève; elle a bien fait de renoncer à toi.

— Oh! Joseph, pourquoi me parles-tu ainsi quand je suis si malheureux? s'écria André en cachant son visage dans ses mains. Que veux-tu que je fasse? que veux-tu que je devienne? Tu ne sais donc pas ce que c'est que d'avoir vécu vingt ans sous le joug d'un tyran? Tu as été élevé comme un homme, toi; et d'ailleurs la nature t'a fait robuste. Moi, je suis né faible et l'on m'a opprimé...

— Mais, par tous les diables! s'écria Joseph, on n'élève pas les hommes comme les chiens; on ne les persuade pas par la peur du fouet. Quel secret a donc trouvé ton père pour t'épouvanter ainsi? Crains-tu d'être battu, ou te prend-il par la faim? l'aimes-tu, ou le hais-tu? es-tu dévot ou poltron? Voyons, qu'est-ce qui t'empêche de lui dire une bonne fois : « Monsieur mon père, j'aime une honnête fille, et j'ai donné ma parole de l'épouser. Je vous demande respectueusement votre approbation, et je vous jure que je la mérite. Si vous consentez à mon bonheur, je serai pour toujours votre fils et votre ami; si vous refusez, j'en suis au désespoir, mais je ne puis manquer à mes devoirs envers Geneviève. Vous êtes riche, j'ai de quoi vivre; séparons nos biens; ceci est à vous, ceci est à moi; j'ai bien l'honneur de vous saluer. Votre fils respectueux, André. » C'est comme cela qu'on parle ou qu'on écrit.

— Eh bien! Joseph, je vais écrire, tu as raison. Je laisserai la lettre sur une table, ou je la ferai remettre par un domestique après notre départ. Va préparer le char-à-bancs; mais prends bien garde qu'on ne te voie...

— Ah! voilà une parole d'écolier qui tremble! Non, André, cela ne peut pas se faire ainsi. Je commence à voir clair dans ta tête et dans la mienne. J'ai des devoirs aussi envers Geneviève. Je suis son ami; je dois agir prudemment et ne pas la jeter dans de nouveaux malheurs par un zèle inconsidéré. Avant de courir après elle et de contrarier une résolution qu'elle a encore la force d'exécuter, il faut que je sache si tu es capable de tenir la tienne. Il ne s'agit pas de plaisanter, vois-tu! Diantre! la réputation d'une fille honnête ne doit pas être sacrifiée à une amourette de roman.

— Tu es bien sévère avec moi, Joseph! Il y a peu de temps, tu te moquais de moi parce que je prenais la chose au sérieux, et tu te jouais d'Henriette comme jamais je n'ai songé à me moquer de ma chère, de ma respectée Geneviève.

— Tu as raison, je raisonne je ne sais comment, et je dis des choses que je n'ai jamais dites. Je dois te paraître singulier, mais à coup sûr pas autant qu'à moi-même; pourtant c'est peut-être tout simple. Écoute, André, il faut que je te dise tout.

— Mon Dieu! que veux-tu dire, Joseph? tu me tourmentes et tu m'inquiètes aujourd'hui à me rendre fou.

— Tâche de rassembler toutes les forces de ta raison pour m'écouter. Ce que je vois de ta conduite et de celle de Geneviève me fait croire que tu n'as pas grande envie de l'épouser... ne m'interromps pas. Je sais que tu as bon cœur, que tu es honnête et que tu l'aimes ; mais je sais aussi tout ce qui t'empêchera d'en faire ta femme. Écoute ; Geneviève est déshonorée dans le pays ; mais moi je ne crois pas qu'elle ait été ta maîtresse... Je mettrais ma main au feu pour le soutenir... elle est aussi pure à présent que le jour de sa première communion.

— Je le jure par le Dieu vivant, s'écria André ; si mon âme n'avait pas eu pour elle un saint respect, son premier regard aurait suffi pour me l'inspirer !

— Eh bien ! ce que tu me dis là me décide tout à fait. Pèse bien toutes mes paroles et réponds-moi dans une heure, ce soir ou demain au plus tard, si tu as besoin de réflexions ; mais réponds-moi définitivement et sans retour sur ta parole. Veux-tu que j'offre à Geneviève de l'épouser ? Si elle y consent, c'est dit !

— Toi ? s'écria André en reculant de surprise.

— Oui, moi, répondit Joseph. Le diable me pourfende si je n'y suis pas décidé ! Ce n'est pas une offre en l'air. C'est une chose à laquelle j'ai pensé douze heures par jour depuis la nuit où tu as été si malade. Je m'en repentirai peut-être un jour ; mais aujourd'hui, je le sens, c'est mon devoir, c'est la volonté de Dieu. Geneviève est perdue, désespérée. Tu ne peux pas l'épouser, et si tu ne l'épouses pas tu seras poursuivi par un remords éternel. Je suis votre ami. Une voix intérieure me dit : « Joseph, tu peux tout réparer. On se moquera peut-être de toi, mais ni Geneviève ni André ne seront ingrats. Ils consentiront à se séparer pour jamais, et un jour ils te remercieront. »

En parlant ainsi Joseph s'attendrit et s'éleva presque à la hauteur du rôle généreux et romanesque à l'abri duquel il espérait persuader à André de renoncer à Geneviève. Joseph n'était rien moins qu'un héros de roman. C'était un campagnard madré qui s'était épris sérieusement de Geneviève et qui, entrevoyant l'espérance de la séparer d'André, cédait à un égoïsme bien excusable, et n'était pas fâché de hâter cette rupture. Mais son caractère était un singulier mélange de ruse et de loyauté. Aussi, quand il vit qu'André, dupe d'abord de sa fausse générosité, après l'avoir remercié avec effusion, refusait de renoncer à Geneviève, il abandonna sur-le-champ le rêve de bonheur dont il s'était bercé. Quand il entendit André parler de sa passion avec cette espèce d'éloquence dont il n'avait pas le secret, il revint à lui-même. — Non, se dit-il intérieurement, Geneviève ne pourrait pas oublier un si beau parleur pour s'affubler d'un rustre comme moi. Si le respect humain ou le dépit la décidait à m'accepter, elle s'en repentirait, et j'aurais fait trois malheureux, André, elle et moi. D'ailleurs, se dit-il encore, André sait mieux aimer que moi. Il ne sait pas agir, mais il sait souffrir et pleurer. Voilà ce qui gagne le cœur des femmes. Ce pauvre enfant n'aura peut-être ni la force de l'épouser ni celle de l'abandonner. Dans tous les cas, il sera malheureux ; mais je ne veux pas qu'il soit dit que j'y aie contribué, moi, Joseph Marteau, son ami d'enfance. Ce serait mal. »

C'est avec ces idées et ces maximes que Joseph Marteau, après avoir passé en un jour par les sentiments les plus contraires, se résolut à hâter de tout son pouvoir la réconciliation d'André avec Geneviève.

— Je m'abandonne à toi comme à mon meilleur, comme à mon seul ami, lui dit André; dis-moi ce qu'il faut faire, aide-moi, réfléchis et décide. J'exécuterai aveuglément tes ordres.

— Eh bien! lui dit Joseph, il faut procéder honnêtement, si nous voulons avoir l'assentiment de Geneviève. Va trouver ton père sur-le-champ et demande-lui son consentement. S'il te l'accorde, écris à Geneviève pour la prier de revenir; je porterai la lettre et je lui dirai tout ce qui pourra la décider. S'il refuse, nous partons sans le prévenir, et nous procédons cavalièrement avec lui.

— Ne pourrais-tu me sauver l'horreur de cet entretien? dit André; j'aimerais mieux me battre avec dix hommes que de parler à mon père.

— Impossible, impossible! dit Joseph; il refusera, il te brutalisera, il n'en faut pas douter; tant mieux! tous les torts seront de son côté, et nous aurons le droit d'agir vigoureusement.

André se décida enfin et trouva son père occupé à nettoyer ses fusils de chasse. Il entra timidement et fit crier la porte en l'ouvrant lentement et d'une main tremblante.

— Voyons! qu'y a-t-il? qu'est-ce que c'est? dit le marquis impatienté; pourquoi n'entrez-vous pas franchement? Vous avez toujours l'air d'un voleur ou d'un pauvre honteux.

— Je viens vous demander un moment d'entretien, répondit André d'un air froid et craintif. C'était la première fois qu'il essayait d'avoir une explication avec son père. Le marquis fut si surpris qu'il leva les yeux et toisa André de la tête aux pieds. Il pressentit en un instant le sujet de cette démarche, et la colère s'alluma dans ses veines avant que son fils eût dit un mot. Tous deux gardèrent le silence, puis le marquis s'écria : — Allons, tonnerre de Dieu ! êtes-vous venu ici pour me regarder le blanc des yeux ? Parlez ou allez-vous-en.

— Je parlerai, mon père, dit André, à qui le sentiment de l'offense donnait un peu de courage. Je viens vous déclarer que je suis amoureux de Geneviève la fleuriste, et que mon intention est de l'épouser, si vous voulez bien m'accorder votre consentement...

— Et si je ne l'accorde pas, s'écria le marquis en se contenant un peu, que ferez-vous ?

— J'essaierai de vous fléchir ; et si je ne le peux pas....

— Eh bien ?

André resta deux minutes sans répondre. Les yeux étincelants de son père le tenaient en arrêt comme le lièvre fasciné sous le regard du chien de chasse. — Eh bien ! monsieur l'épouseur de filles, dit le marquis d'un ton moqueur et méprisant, que ferez-vous si je vous défends de mettre les pieds hors de la maison d'ici à un an ?

— Je désobéirai à mon père, répondit André en s'animant, car mon père aura agi avec moi d'une manière injuste et insensée.

Rien au monde ne pouvait irriter le marquis plus que les paroles et le maintien de son fils. Un caractère plus hardi et plus souple aurait su flatter cet orgueil impérieux et brutal ; mais André n'avait pas le courage de caresser un animal si rude. Tout ce qu'il pouvait, c'était de faire bonne contenance devant lui et de ne pas s'abandonner à la tentation de fuir son aspect terrifiant.

— Ah! nous y voilà! dit le marquis en grinçant des dents et en se frottant les mains : voilà où nous devions en venir! Eh bien! qu'il en arrive ce qu'il plaira à Dieu; pleurez, maigrissez, mourez ; aussi bien les sots comme vous ne sont pas dignes de vivre ; mais certainement vous n'aurez pas mon consentement. Vous attendrez ma mort si vous voulez ; je n'ai pas encore envie d'en finir pour vous laisser la liberté d'épouser une....

André fit un mouvement pour sortir afin de ne pas entendre injurier Geneviève. Le marquis le retint par le bras et le força d'écouter un déluge de menaces et d'imprécations. Il fit entrer dans ce sermon très-peu chrétien une espèce de récrimination sentimentale à sa manière. Il lui reprocha tous les bienfaits de sa tendresse, et lui présenta comme des preuves d'une adorable sollicitude les soins vulgaires qu'impose à tous les hommes le plus simple sentiment des devoirs de la paternité. Il le fit en des termes qui eussent rendu son discours aussi bouffon qu'il espérait le rendre pathétique si André eût été capable d'avoir une pensée plaisante en cet instant. — Quand vous êtes venu au monde, lui dit-il, vous étiez si chétif et si laid que pas une femme de la commune ne voulut vous prendre en nourrice ; c'était une trop grande responsabilité que de se charger de vous. Je trouvai enfin une pauvre misérable à la Chassaigne qui offrit de vous emporter ; mais quand je vous vis dans son tablier, pauvre araignée, je craignis que le soleil ne vous fît fondre dans le trajet, et je vous tirai de là pour vous jeter sur mon propre lit. Alors je fis venir ma plus belle chèvre, une chèvre de deux ans qui venait de mettre bas pour la première fois, et je vous la donnai pour nourrice. Je fis tuer les chevreaux et je les mangeai, et pourtant c'étaient deux beaux chevreaux ! tout le monde avait regret de voir deux *élèves* d'une si bonne race aller à la boucherie ; mais je ne reculai devant aucun sacrifice pour sauver cet avorton qui ne devait cependant me donner que des chagrins. Je vous gardai à la maison pendant les années où un enfant est le plus désagréable. Je me résignai à entendre les criailleries de maillot, que je déteste ; vous n'avez pas fait une dent sans que j'aie donné un mouchoir ou un tablier à la servante qui prenait soin de vous. C'était, ma foi, une belle fille ! je n'avais pas choisi la plus laide du pays, et je la payais cher ! Je voulais qu'on n'eût pas à me reprocher d'avoir négligé quelque chose pour ce fils malingre qui me causait tant d'embarras et qui devait ne m'être jamais bon à rien. Combien de fois ne me suis-je pas levé au milieu de la nuit pour vous préparer des *breuvages* quand on venait me dire que vous aviez des convulsions !

André aurait pu trouver à toutes ces grandes actions de son père des explications fort prosaïques. Sans parler des petits cadeaux à la servante, qui, dans le pays, n'étaient pas uniquement attribués à la tendresse paternelle, il aurait pu se rappeler aussi que le marquis avait coutume de passer les nuits dans la plus grande agitation quand un de ses bestiaux était malade ; et, quant aux fameux *breuvages* qu'il préparait lui-même, et pareils en tout à ceux qu'il distribuait largement à ses bœufs de travail, André avait souvent fait, dans son enfance, le rude essai de ses forces contre l'énergie de ces potions diaboliques.

Mais André était si bon et si doux qu'il fut un instant ému et persuadé par ces grossières démonstrations d'amitié. Le marquis l'observait attentivement, tout en poursuivant sa déclamation.

Il vit sur son visage des traces d'attendrissement, et, empressé de ressaisir son empire, il en profita pour frapper les derniers coups. Mais il le fit d'une façon maladroite. Il se risqua à vouloir couvrir d'infamie la conduite de Geneviève, à la présenter comme une intrigante qui tâchait d'envahir le cœur et la fortune d'un enfant crédule. André retrouva, comme par enchantement, le peu de forces qu'il avait apportées à cet entretien. Il sortit en déclarant à son père qu'il appellerait à son secours la justice, le bon sens et les lois, s'il le fallait. Avec une résistance plus patiente et plus ménagée, il aurait pu vaincre l'obstination du marquis; mais André craignait trop la fatigue du cœur et de l'esprit pour entreprendre une lutte quelconque.

Joseph vint à sa rencontre sur l'escalier et lui dit : — J'ai entendu le commencement et la fin de la querelle. Cela s'est passé comme je m'y attendais. Le char-à-bancs est prêt; partons.

Ils partirent si lestement que le marquis n'eut pas le temps de s'en apercevoir. Joseph, enchanté de faire un coup de tête, fouettait son cheval en riant aux éclats; et André, tout tremblant, songeait à la première journée qu'il avait passée avec Geneviève au *Château Fondu*, et qu'il avait conquise par une fuite pareille.

Ils trouvèrent la patache, inclinée sur son brancard, à la porte d'un cabaret, dans un petit village de la Marche. Il ne faisait pas encore jour. Le conducteur savourait un cruchon de vin du pays, acide comme du vinaigre, et qu'il préférait fièrement à celui des meilleurs crus. Joseph et André jetèrent un regard empressé autour de la salle, qu'éclairait faiblement la lueur d'un maigre foyer. Ils aperçurent Geneviève assise dans un coin, la tête appuyée sur ses mains et le corps penché sur une table. André la reconnut à son petit châle violet, qu'elle avait serré autour d'elle pour se préserver du froid du matin, et à une mèche de cheveux noirs qui s'échappait de son bonnet et qui brillait sur sa main comme une larme. Succombant à la fatigue d'une nuit de cahots, la pauvre enfant dormait dans une attitude de résignation si douce et si naïve qu'André sentit son cœur se briser d'attendrissement. Il s'élança et la serra dans ses bras en la couvrant de baisers et de sanglots. Geneviève s'éveilla en criant, crut rêver, et s'abandonna aux caresses de son amant, tandis que Joseph, ému péniblement, leur tourna le dos, et, dans sa colère, donna un grand coup de pied au chat qui dormait sur la cendre du foyer.

Geneviève voulait résister et poursuivre sa route. André appela Joseph à son secours et le conjura d'attester la fermeté de sa conduite envers son père. Le bon Joseph imposa silence à sa mauvaise humeur et exagéra la bravoure et les grandes résolutions d'André. Geneviève avait bien envie de se laisser persuader. On tint conseil. On donna pour boire au conducteur afin qu'il attendît une heure de plus, ce qui fut d'autant plus facile que Geneviève était le seul voyageur de la patache.

Geneviève fit observer que son départ devait déjà être connu de toute la ville de L...., qu'un brusque retour avec André serait un sujet de scandale ou de moquerie; jusque-là on pouvait croire à la maladie de sa cousine. Il ne fallait pas donner à toute cette histoire la tournure d'un dépit amoureux ou d'un caprice romanesque. La jalousie d'Henriette impliquerait Joseph dans cette combinaison d'événements d'une manière étrange et ridicule. André, toujours ardent et courageux quand il ne s'agissait que de prévoir les obstacles, prétendait qu'il fallait fouler aux pieds toutes ces considérations. Joseph, plus tranquille, approuva toutes les observations de Geneviève, et décida, en dernier ressort, qu'elle devait passer huit jours à Guéret, tandis qu'André reviendrait à L.... et s'établirait chez lui. Ce temps devait être consacré à faire, par lettres, de nouvelles démarches respectueuses auprès du marquis, après quoi on s'occuperait des démarches légales. Geneviève, à ce mot, secoua la tête sans rien dire ; son parti était pris de ne jamais recourir à ces moyens-là. Elle mettait son dernier espoir dans la persévérance d'André à persuader son père ; elle ignorait que cette persévérance avait duré une demi-heure et ne devait pas se ranimer.

Ils se séparèrent donc avec mille promesses mutuelles de se rejoindre à la fin de la semaine et de s'écrire tous les jours. André, selon le conseil de Joseph, écrivit à son père et ne reçut pas de réponse. Geneviève résolut d'attendre le résultat de ces tentatives pour prendre un parti. Nouvelles lettres d'André, nouveau silence du marquis. Geneviève prolongea son absence. André, au désespoir, fit faire une première sommation à son père et partit pour Guéret. Il se jeta aux pieds de Geneviève et la supplia de revenir avec lui, ou de lui permettre de rester près d'elle. Elle était près de consentir à l'un ou à l'autre, lorsqu'il eut la mauvaise inspiration de lui apprendre le dernier acte de fermeté qu'il venait de faire auprès du marquis. Cette nouvelle causa un profond chagrin à Geneviève ; elle la désapprouva formellement et se plaignit de n'avoir pas été consultée.

Au milieu de sa tristesse, elle éprouva un peu de ressentiment contre son amant et ne put se défendre de l'exprimer.

— Voilà où tu m'as entraînée, lui dit-elle. J'ai toujours voulu t'éloigner ou te fuir, et par ton imprudence tu m'as jetée dans un abîme dont nous ne sortirons jamais. Me voilà couverte de honte, perdue, et, pour laver cette tache, il faut que je t'exhorte à violer tous les devoirs de la piété filiale. Non, c'est impossible, André; il vaut mieux souffrir et n'être pas coupable. Réussir au prix du remords, c'est se condamner dès cette vie aux tourments de l'enfer.

André ne savait que répondre à ces scrupules, que d'ailleurs il partageait. Il sentait que son devoir était de la quitter et de lui laisser accomplir son courageux sacrifice, dût-il en mourir de chagrin. Mais cela était plus que tout le reste au-dessus de ses forces; il se jetait à genoux, pleurait et demandait la pitié et les consolations de Geneviève.

Geneviève était forte et magnanime; mais elle était femme et elle aimait. Après l'élan qui la portait aux grandes résolutions, la tendresse et l'instinct du bonheur parlaient à leur tour. Elle regrettait de n'avoir pas pour appui un amant plus courageux qu'elle.

— Ah! disait-elle à André, tu m'entraînes dans le mal, tu me fais manquer à l'estime que je voulais avoir pour moi-même; je ne m'en consolerai pas et je ne pourrai jamais cesser de t'accuser un peu. Avec un homme plus fort que toi j'aurais pratiqué les vertus héroïques; il me semble que j'en suis capable et que ma destinée était de faire des choses extraordinaires. Et pourtant je vais tomber dans une existence coupable, égoïste et honteuse. Je vais travailler sordidement à épouser un homme plus riche que moi, et pourquoi? pour imposer silence à la calomnie. André, André! renonce à moi; il en est encore temps; crains que, si je te cède aujourd'hui, je ne m'en repente demain.

— Tu as raison, disait André, séparons-nous; et il tombait dans les convulsions. Son faible corps se refusait à ces émotions violentes. Geneviève n'avait pas le courage surhumain de l'abandonner et de le désespérer dans ces moments cruels. Elle lui promettait tout ce qu'il voulait, et elle finit par retourner à L... avec lui.

XVII.

Alors commença pour tous deux une vie de souffrances continuelles. D'une part, le marquis, furieux de la sommation de l'huissier, se plaignait à tout le pays de l'insolence de son fils et de l'impudente ambition de cette ouvrière qui voulait usurper le noble nom de sa famille. Il trouvait beaucoup de gens envieux du mérite de Geneviève ou avides de colporter les secrets d'autrui, et les calomnies débitées contre la pauvre fille acquirent une publicité effrayante. Toutes les prudes de la ville, et le nombre en était grand, lui retirèrent leur pratique, et se portèrent en foule chez une marchande qui avait profité de l'absence de Geneviève pour venir s'établir à L... Ses fleurs étaient ridicules auprès de celles de Geneviève; mais qui pouvait s'en soucier ou s'en apercevoir, si ce n'est deux ou trois amateurs de botanique, qui cultivaient des fleurs et n'en commandaient pas? Le besoin vint assiéger la pauvre fleuriste; personne ne s'en douta, et André moins que tout autre, tant elle fut bien cacher sa pénurie ; mais elle supporta de longs jeûnes, et sa santé s'altéra sérieusement.

L'amitié d'Henriette, qui lui avait été douce et secourable autrefois, lui fut tout à fait ravie. La dernière fuite de Joseph, les fréquentes visites qu'il continuait à rendre à Geneviève, et surtout l'indifférence qu'il ne pouvait plus dissimuler, furent autant de traits envenimés dont Henriette reçut l'atteinte, et dont elle retourna la pointe vers sa rivale. Elle était bonne, et son premier mouvement était toujours généreux ; mais elle n'avait pas l'âme assez élevée pour résister à l'humiliation de l'abandon et aux railleries de ses compagnes. Elle accablait Geneviève de menaces ridicules. La malheureuse enfant perdit enfin ce noble et tranquille orgueil qui l'avait soutenue jusque-là. Elle devint craintive et sa raison s'affaiblit ; elle passait les nuits dans une solitude effrayante ; son imagination, troublée par la fièvre, l'entourait de fantômes : tantôt c'était le marquis, tantôt Henriette qui la foulaient aux pieds et lui dévoraient le cœur, tandis qu'André dormait tranquillement, et, panos à ses cris, ne s'éveillait pas. Alors elle se levait effarée, baignée de sueur ; elle ouvrait sa fenêtre et s'exposait à l'air froid de l'automne. Un matin André entra chez elle et la trouva évanouie à terre ; il voulut ne plus la quitter et s'obstina à passer les nuits dans la chambre voisine. Il fallut y consentir ; elle n'avait pas une amie pour la secourir. Ni Geneviève ni André, qui était réduit au même dénûment, n'avait le moyen de payer une garde ; d'ailleurs André l'aurait-il remise à des soins mercenaires, quand il croyait pouvoir la soigner avec le respect et la sécurité d'un frère ?

Il ne savait pas à quel danger il s'exposait. Au milieu de la nuit, les cris de Geneviève le réveillaient en sursaut; il se levait et la trouvait à moitié nue, pâle et les cheveux épars. Elle se jetait à son cou en lui disant : — Sauve-moi, sauve-moi! Et quand cet accès de frayeur fébrile était passé, elle retombait épuisée dans ses bras et s'abandonnait indifférente et presque insensible à ses caresses. André s'était juré de ne jamais profiter de ces moments d'accablement et d'oubli. Il s'asseyait à son chevet et l'endormait en la soutenant sur son cœur; mais ce cœur palpitait de toute l'ardeur de la jeunesse et d'une passion long-temps comprimée. Chaque nuit il espérait calmer le feu dont il était dévoré par une étreinte plus forte, par un baiser plus passionné que la veille; et il croyait chaque nuit pouvoir s'arrêter à cette dernière caresse brûlante, mais chaste encore.

Qu'y a-t-il d'impur entre deux enfants beaux et tristes, et abandonnés du reste du monde? Pourquoi flétrir la sainte union de deux êtres à qui Dieu inspire un mutuel amour? André ne put combattre long-temps le vœu de la nature. Geneviève malade et souffrante lui devenait plus chère chaque jour. Le feu de la fièvre animait sa beauté d'un éclat inaccoutumé; avec cette rougeur et ces yeux brillants, c'était une autre femme, sinon plus aimée, du moins plus désirable. André ne savait pas lutter long-temps contre lui-même; il succomba, et Geneviève avec lui.

Quand elle retrouva ses forces et sa raison, il lui sembla qu'elle sortait d'un rêve ou qu'un des génies des contes arabes l'avait portée dans les bras de son amant durant son sommeil. Il se jeta à ses pieds, les arrosa de larmes et la conjura de ne pas se repentir du bonheur qu'elle lui avait donné. Geneviève pardonna d'un air sombre et avec un cœur désespéré; elle avait trop de fierté pour ne pas haïr tout ce qui ressemblait à une victoire des sens sur l'esprit; elle n'osa faire des reproches à André; elle connaissait l'exaspération de sa douleur au moindre signe de mécontentement qu'elle lui donnait; elle savait qu'il était si peu maître de lui-même que dans sa souffrance il était capable de se donner la mort.

Elle supporta son chagrin en silence; mais au lieu de tout pardonner à l'entraînement de la passion, elle sentit qu'André lui devenait moins cher et moins sacré de jour en jour. Elle l'aimait peut-être avec plus de dévouement; mais il n'était plus pour elle, comme autrefois, un ami précieux, un instituteur vénéré; la tendresse demeurait, mais l'enthousiasme était mort. Pâle et rêveuse entre ses bras, elle songeait au temps où ils étudiaient ensemble sans oser se regarder, et ce temps de crainte et d'espoir était pour elle mille fois plus doux et plus beau que celui de l'entier abandon.

Pour comble de malheur, Geneviève devint grosse; alors il n'y eut plus à reculer, André fit les sommations de rigueur à son père, et, un soir, Geneviève, appuyée sur le bras de Joseph, alla à l'église et reçut l'anneau nuptial de la main d'André. Elle avait été le matin à la mairie avec le même mystère; ce fut un mariage triste et commis en secret comme une faute.

La misère où tombait de jour en jour ce couple malheureux, et surtout la grossesse de Geneviève, mettaient André dans la nécessité de réclamer sa fortune; mais Geneviève s'opposait avec force à cette dernière démarche. — Non, disait-elle, c'est bien assez de lui avoir désobéi et d'avoir bravé sa malédiction et sa colère; il ne faut pas mériter son mépris et sa haine. Jusqu'ici il peut dire que je suis une insensée, qui s'est éprise de son fils et qui l'a entraîné dans le malheur;

il ne faut pas qu'il dise que je suis une vile créature qui veut le dépouiller de son argent pour s'enrichir.

André voyait les souffrances et les privations que la misère imposait à sa femme; il aurait dû surmonter les scrupules de Geneviève et sacrifier tout à la conservation de celle qui allait le rendre père; mais cet effort était pour lui le plus difficile de tous. Il savait que le marquis tenait encore plus à l'argent qu'au plaisir de commander; il prévoyait des lettres de reproches et de menaces plus terribles que toutes celles qu'il avait reçues de lui à l'occasion de son mariage, et puis il se flattait de faire vivre Geneviève par son travail. Il avait obtenu avec bien de la peine un misérable emploi dans un collége. André était instruit et intelligent, mais il n'était pas *industrieux*. Il ne savait pas s'appliquer et s'attacher à une profession, en tirer parti, et s'élever par sa persévérance jusqu'à une position meilleure et plus honorable. Ce métier de cuistre lui était odieux; il le remplissait avec une répugnance qui lui attirait l'inimitié des élèves et des professeurs. On l'accabla de vexations qui lui rendirent l'exercice de son misérable état de plus en plus pénible; il les supporta du mieux qu'il put, mais sa santé en souffrit. Chaque soir en rentrant chez lui il avait des attaques de nerfs, et souvent le matin il était si brisé et il se sentait le cœur tellement dévoré de douleur et de colère qu'il lui était impossible de se traîner jusqu'à sa classe; on le renvoya.

Joseph lui avait ouvert sa bourse; mais il était pauvre, chargé de famille. D'ailleurs Geneviève, à l'insu de laquelle André avait accepté d'abord les secours de son ami, avait fini par s'apercevoir de ces emprunts, et elle s'y opposait désormais avec fermeté. Elle supportait la faim et le froid avec un courage héroïque, et se condamnait aux plus grossiers travaux sans jamais faire entendre une plainte. André était assez malheureux ; assez de tourments, assez de remords le déchiraient ; elle essaya de le consoler en pleurant avec lui. Mais une femme ne peut pas aimer d'amour un homme qu'elle sent inférieur à elle en courage ; l'amour sans vénération et sans enthousiasme n'est plus que de l'amitié ; l'amitié est une froide compagne pour aider à supporter les maux immenses que l'amour a fait accepter.

Joseph ne voyait de tout cela que l'air souffrant et abattu d'André et sa situation précaire ; il ne savait plus quel conseil ni quel secours lui donner. Un matin il prit sa gibecière et son fusil, acheta un lièvre en traversant le marché et s'en alla à travers champs au château de Morand. Il y avait six mois qu'il n'avait eu de rapports directs avec le marquis ; il savait seulement que celui-ci s'en prenait à lui de tout ce qui était arrivé et parlait de lui avec un vif ressentiment. — Il en arrivera ce qui pourra, se disait Joseph en chemin ; mais il faut que je tente quelque chose sur lui, n'importe quoi, n'importe comment. Joseph Marteau n'est pas une bête ; il prendra conseil des circonstances, et tâchera d'étudier son marquis de la tête aux pieds pour s'en emparer.

Le marquis ne s'attendait guère à sa visite. Il assistait à un semis d'orge dans un de ses champs ; Joseph, en l'apercevant, fut surpris du changement qui s'était opéré dans ses traits et dans son attitude. La révolte et l'abandon d'André avaient bien porté une certaine atteinte à son cœur paternel ; mais son principal regret était de n'avoir plus personne à tourmenter et à faire souffrir. La grosse philosophie de tous ceux qui l'entouraient recevait stoïquement les bourrasques de sa colère; l'effroi, la pâleur et les larmes d'André étaient des victoires plus réelles, plus complètes, et il ne pouvait se consoler d'avoir perdu ces triomphes journaliers.

Joseph s'attendait au froid accueil qu'il reçut; aussi fit-il bonne contenance, comme s'il ne se fût aperçu de rien.

— Je ne comptais pas sur le plaisir de vous voir, lui dit M. de Morand.

— Oh! ni moi non plus, dit Joseph; mais passant par ce chemin et vous voyant si près de moi, je n'ai pu me dispenser de vous souhaiter le bonjour.

— Sans doute, dit le marquis, vous ne pouviez pas vous en dispenser... d'autant plus que cela ne vous coûtait pas beaucoup de peine.

Joseph secoua la tête avec cet air de bonhomie qu'il savait parfaitement prendre quand il voulait.

— Tenez, voisin, dit-il (je vous demande pardon, je ne peux pas me déshabituer de vous appeler ainsi), nous ne nous comprenons pas, et puisque vous voilà, il faut que je vous dise ce que j'ai sur le cœur. J'étais bien résolu à n'avoir jamais cette explication avec vous; mais quand je vous ai vu là avec cette brave figure que j'avais tant de plaisir à rencontrer quand je n'étais pas plus haut que mon fusil, ç'a été plus fort que moi; il a fallu que je misse mon dépit de côté et que je vinsse vous donner une poignée de main. Touchez là. Deux honnêtes gens ne se rencontrent pas tous les jours dans un chemin, comme on dit.

La grosse cajolerie avait un pouvoir immense sur le marquis; il ne put refuser de prendre la main de Joseph; mais en même temps il le regarda en face d'un air de surprise et de mécontentement.

— Qu'est-ce que cela signifie? dit-il; vous prétendez

avoir du dépit contre moi, et vous avez l'air de me pardonner quelque chose, quand c'est moi qui...

— Je sais ce que vous allez dire, voisin, interrompit Joseph, et c'est de cela que je me plains; je sais de quoi vous m'accusez, et je trouve mal à vous de soupçonner un ami sans l'interroger.

— Sur quoi, diable! voulez-vous que je vous interroge quand je suis sûr de mon fait? N'avez-vous pas emmené mon fils sous mes yeux pour le conduire à la recherche de cette folle qui, sans vous, s'en allait à Guéret et ne revenait peut-être plus? N'avez-vous pas été compère et compagnon dans toutes ces belles équipées? N'avez-vous pas conseillé à André de m'insulter et de me désobéir? N'avez-vous pas donné le bras à la mariée le jour de cet honnête mariage? Répondez à tout cela, Joseph, et interrogez un peu votre conscience; elle vous dira que je devrais retirer ma main de la vôtre quand vous me la tendez.

Joseph sentit que le marquis avait raison, et il fit un effort sur lui-même pour ne pas se déconcerter.

— Je conviens, dit-il, que les apparences sont contre moi, marquis; mais si nous nous étions expliqués au lieu de nous fuir, vous verriez que j'ai fait tout le contraire de ce que vous croyez. Le jour où j'ai emmené André avec votre char-à-bancs et mon cheval, il est vrai, je crois avoir rempli mon devoir d'ami sincère envers le père autant qu'envers le fils.

— Comment cela, je vous prie? dit le marquis en haussant les épaules.

— Comment cela! reprit Joseph avec une effronterie sans pareille; ne vous souvient-il plus de la colère épouvantable et de l'insolente ironie de votre fils durant cette dernière explication que vous eûtes ensemble?

— Il est vrai que jamais je ne l'avais vu si hardi et si têtu, répondit le marquis.

— Eh bien! dit Joseph, sans moi il aurait dépassé toutes les bornes du respect filial ; quand je vis ce malheureux jeune homme exaspéré de la sorte, et résolu à vous dire l'affreux projet qu'il avait conçu dans le désespoir de la passion...

— Quel projet? interrompit le marquis. Son mariage? il me l'a dit assez clairement, je pense.

— Non, non, marquis, quelque chose de bien pis que cela, et que, grâce à moi, il renonça à exécuter ce jour-là.

— Mais qu'est-ce donc?

— Impossible de vous le dire, vos cheveux se dresseraient. Ah! funestes effets de l'amour! Heureusement je réussis à l'entraîner hors de la maison paternelle ; j'espérais le tromper, lui faire croire que nous courions après sa belle, et, à la faveur de la nuit, l'emmener coucher à ma petite métairie de Granières, où peut-être il se serait calmé et aurait fini par entendre raison ; mais il s'aperçut de la feinte, et, après m'avoir fait plusieurs menaces de fou, il s'élança à bas du char-à-bancs et se mit à courir à travers champs comme un insensé. J'eus une peine incroyable à le rejoindre, et, avant de le saisir à bras-le-corps, j'en reçus plusieurs coups de poing assez vigoureux...

— Impossible! dit le marquis jusque-là demi-persuadé, mais que cette dernière impudence de Joseph commençait à rendre incrédule ; André n'a jamais eu la force de donner une chiquenaude à une mouche.

— Ne savez-vous pas, marquis, dit Joseph sans se troubler, que dans l'exaspération de l'amour ou de la folie les hommes les plus faibles deviennent robustes?

Ne vous souvenez-vous pas de lui avoir vu des attaques de nerfs si violentes que vous aviez de la peine à le tenir, vous qui, certes, n'êtes pas une femmelette ?

— Bah ! c'est que je craignais de le briser en le touchant.

— Oh bien ! moi, précisément par la même raison, je me laissai gourmer jusqu'à ce qu'il s'apaisât un peu. Alors, voyant qu'il était impossible de l'empêcher d'aller voir Geneviève, je pris le parti de l'accompagner pour tâcher de rendre cette entrevue moins dangereuse. Est-ce là la conduite d'un traître envers vous, voisin ?

— A la bonne heure, dit le marquis ; mais depuis vous lui avez certainement donné de mauvais conseils.

— Ceux qui disent cela en ont menti par la gorge ! s'écria Joseph en jouant la fureur. Je voudrais les voir là au bout de mon fusil pour savoir s'ils oseraient soutenir leur imposture.

— Tu diras ce que tu voudras, Joseph, si tu avais voulu employer ton crédit sur l'esprit d'André, tu l'aurais empêché de faire ce qu'il a fait ; mais tu t'es croisé les bras et tu as dit : Il en arrivera ce qu'il pourra ; ce sont les affaires de ce vieux grondeur de Morand, je ne m'en embarrasse guère..... Oh ! je connais ton insouciance, Joseph, et je te vois d'ici.

Joseph, voyant le marquis sensiblement radouci, redoubla d'audace et affirma par les serments les plus épouvantables qu'il avait fait son possible pour ramener André au sentiment du devoir ; mais André, disait-il, était un lion déchaîné ; il n'écoutait plus rien et montrait un caractère opiniâtre, violent et vindicatif, sur lequel rien ne pouvait avoir prise.

— Chose étrange ! dit le marquis en l'écoutant d'un

air stupéfait; il était si craintif et si nonchalant avec moi!

— Ne croyez pas cela, marquis, disait Joseph, vous ne l'avez jamais connu; ce garçon-là est sournois en diable!

— C'est vrai, dit le marquis; il avait l'air de se soumettre; mais je n'avais pas les talons tournés que le drôle désobéissait de plus belle.

— Vous voyez bien que je le connais, reprit Joseph; il a agi de même avec moi; quand je lui avais fait une scène infernale pour le ramener au respect qu'il vous doit, il avait l'air convaincu. Je tournais les talons, et voilà mon drôle qui allait trouver les huissiers pour vous les envoyer.

— Ah! le scélérat! s'écria le marquis en serrant les poings à ce souvenir. Je ne sais pas, Joseph, comment tu peux le fréquenter encore; car tu es toujours ami intime avec lui : on vous voit partout ensemble; tu donnes le bras à sa femme; on a même dit que tu en étais amoureux, et que, durant la maladie d'André, tu avais été au mieux avec elle. Ne m'as-tu pas fait une scène incroyable la nuit où elle a osé venir jusqu'ici? En d'autres circonstances, j'aurais oublié notre vieille amitié et je t'aurais cassé la tête; vrai, j'étais un peu en colère.

— Voisin, permettez-moi de dire, au nom de notre vieille amitié, que vous aviez tort. Il s'agissait de la vie d'André dans ce moment-là. Je me souciais bien de cette pécore! N'avez-vous pas vu comment je l'ai fait détaler aussitôt qu'André a été rendormi?

— Non, je m'étais endormi moi-même dans ce moment.

— Ah! je suis fâché que vous n'ayez pas vu cela. Je lui ai dit son fait; et, à présent, croyez-vous que je ne le lui dise pas tous les jours? Quant à elle, c'est, après tout, une assez bonne fille, douce, rangée et pleine de bons sentiments. J'en ai eu mauvaise opinion autrefois; mais je suis bien revenu sur son compte. Je suis sûr que vous n'auriez pas à vous plaindre d'elle si vous la connaissiez. Celui qui n'entend raison sur rien, celui qui menace et exécute, c'est André. Vous n'avez pas l'idée de ce qu'est votre fils à présent, marquis; et si vous saviez ce qu'il a résolu et ce que jusqu'ici j'ai réussi à empêcher, vous ne diriez pas que je lui donne de mauvais conseils.

— Il faut que tu me dises ce qu'il a résolu contre moi. Ah! je m'en moque bien! Je voudrais bien voir qu'il essayât du nouveau?

— Il y a des choses que le caractère le plus ferme et l'esprit le plus sensé ne peuvent ni prévenir ni empêcher, dit Joseph d'un air grave; les nouvelles lois donnent aux enfants un recours si étendu contre l'autorité sacrée des parents!

Le marquis commença à prévoir l'ouverture que lui préparait Joseph. Il y avait pensé plus d'une fois et s'était flatté que son fils n'oserait jamais en venir là. Grossièrement abusé par la feinte amitié de Joseph, il commença à concevoir des craintes sérieuses, et il jeta autour de lui un regard étrange, que Joseph interpréta sur-le-champ. Il se promit de profiter de la terreur cupide du marquis, et, pour s'emparer de lui de plus en plus, il s'invita adroitement à dîner. — Ma demande n'est pas trop indiscrète, dit-il en tirant de sa gibecière le lièvre qu'il avait acheté au marché; j'ai précisément sur moi le rôti.

— C'est une belle pièce de gibier, dit le marquis en examinant le lièvre d'un air de connaisseur.

— Je le crois bien, dit Joseph; mais ne me faites pas trop de compliments, car c'est votre bien que je vous rapporte; j'ai tué *ça* sur vos terres.

— En vérité? dit le marquis, dont les yeux brillèrent de joie : eh bien! tu vois, ils prétendent tous qu'il n'y a pas de lièvres dans ma commune! Moi, je sais qu'il y en a de beaux et de bons, puisque j'en élève tous les ans plus de cinquante que je lâche en avril dans mes champs. Ça me coûte gros; mais enfin c'est agréable de trouver un lièvre dans un sillon de temps en temps.

— A qui le dites-vous?

— Eh bien! tu sais les tracasseries de mes voisins pour ces malheureux lièvres. L'un disait : — Il se ruine, il fait des folies; l'autre : — Il a perdu la tête; jamais lièvres ne multiplieront dans un terrain si sec et si pierreux; ils s'en iront tous du côté des bois. Un troisième disait : — Le marquis fournit de lièvres la table du voisin; il fait des élèves pour sa commune, mais ils iront brouter le serpolet de Theil. Jusqu'à mon garde-champêtre qui me soutient effrontément n'avoir jamais vu la trace d'un lièvre sur nos guérets.

— Eh bien! qu'est-ce que c'est que ça? dit Joseph en balançant d'un air superbe son lièvre par les oreilles; est-ce un âne? est-ce une souris? Je voudrais bien que le garde-champêtre et tous les voisins fussent là pour me dire si ce que je tiens là est une chouette ou un oison.

Cette aimable plaisanterie fit rire aux éclats le marquis triomphant.

— Dis-moi, Joseph, est-ce le seul lièvre que tu aies vu *sur* la commune?

— Ils étaient trois ensemble, répondit Joseph sans hésiter. Je crois bien que j'en ai blessé un qui ne s'en vantera pas.

— Ils étaient trois! dit le marquis enchanté.

— Trois, qui se promenaient comme de bons bourgeois dans la Marsèche de Lourche. Il y a une *mère* certainement ; je l'ai reconnue à sa manière de courir. Elle doit être pleine.

— Ah! jamais lièvres ne multiplieront sur les terres du marquis! dit M. de Morand d'un air goguenard, en se frottant les mains. Et dis-moi, Joseph, tu n'as pas tiré sur la mère?

— Plus souvent! je sais le respect qu'on doit à la progéniture. Ah! par exemple, nous lâcherons quelques coups de fusil à ces petits messieurs-là dans six mois, quand ils auront eu le temps d'être papas et mamans à leur tour.

— Oui, s'écria le marquis, je veux que nous fassions un dîner avec tous les voisins; et, pour les faire enrager, on n'y servira que du lièvre tué sur les terres de Morand.

— Premier service, civet de lièvre, s'écria Joseph ; rôti, râbles de lapereaux ; entremets, filets de lièvre en salade, pâté de lièvre, purée, hachis... Les convives seront malades de colère et d'indigestion.

En réjouissant son hôte par ces grosses facéties, Joseph arriva avec lui au château. Le dîner fut bientôt prêt. Le fameux lièvre, qui peut-être avait passé son innocente vie à six lieues des terres du marquis, fut trouvé par lui savoureux et plein d'un goût de terroir qu'il prétendait reconnaître. Le marquis s'égaya de plus en plus à table, et quand il en sortit il était tout à fait bon homme et disposé à l'expansion. Joseph s'était observé, et, tout en feignant de boire souvent, il avait ménagé son cerveau. Il fit alors en lui-même une récapitulation du plan territorial de Morand. Élevé dans les environs, habitué depuis l'enfance à poursuivre le gibier le long des haies du voisin, il connaissait parfaitement la topographie des terres héréditaires de Morand et celle des propriétés de même genre apportées en dot par sa femme. Il choisit en lui-même le plus beau champ parmi ces dernières, et pria le marquis de l'y conduire sans rien laisser soupçonner de son intention. — On m'a dit que vous aviez planté cela d'une manière splendide; si ce n'est pas abuser de votre complaisance, allons un peu de ce côté-là.

Le marquis fut charmé de la proposition; rien ne pouvait le flatter plus que d'avoir à montrer ses travaux agricoles. Ils se mirent donc en route. Chemin faisant, Joseph s'arrêta sur le bord d'une traîne comme frappé d'admiration. — Tudieu! quelle luzerne! s'écria-t-il. Est-ce de la luzerne, voisin? Quel diable de fourrage est-ce là? c'est vigoureux comme une forêt, et bientôt on s'y promènera à couvert du soleil.

— Ah! dit le marquis, je suis bien aise que tu voies cela. Je te prie d'en parler un peu dans le pays : c'est une expérience que j'ai faite, un nouveau fourrage essayé pour la première fois dans nos terres.

— Comment cela s'appelle-t-il?

— Ah! ma foi! je ne saurais pas te dire; cela a un nom anglais ou irlandais que je ne peux jamais me rappeler. La société d'agriculture de Paris envoie tous les ans à notre société départementale (dont tu sais que je suis le doyen) différentes sortes de graines étrangères. Ça ne réussit pas dans toutes les mains.

— Mais dans les vôtres, voisin, il paraît que ça prospère. Il faut convenir qu'il n'y a peut-être pas deux cultivateurs en France qui sachent comme vous retourner une terre et lui faire produire ce qu'il vous plaît d'y semer. Vous êtes pour les prairies artificielles, n'est-ce pas?

— Je dis, mon enfant, qu'il n'y a que ça, et que celui qui voudra avoir du bétail un peu présentable dans notre pays ne pourra jamais en venir à bout sans les regains. Nous avons trop peu de terrain à mettre en pré, vois-tu ; il ne faut pas se dissimuler que nous sommes secs comme l'Arabie. Ça aura de la peine à prendre : le paysan est entêté et ne veut pas entendre parler de changer la vieille coutume. Cependant ils commencent à en revenir un peu.

— Parbleu! je le crois bien ; quand on voit au marché des bœufs comme les vôtres, on est forcé d'y faire attention. Pour moi, c'est une chose qui m'a toujours tourmenté l'esprit. L'autre jour encore j'en ai vu passer une paire qui allait à Berthenoux, et je me disais : Que diable leur fait-il manger pour leur donner cette graisse, et ce poil, et cette mine?

— Eh bien! veux-tu que je te dise une chose? Tu vois cette luzerne anglaise, cela m'a rapporté vingt charrois de fourrage l'année dernière.

— Vingt charrois là-dedans! Votre parole d'honneur, voisin?

— Foi de marquis!

— C'est prodigieux! Vous me vendrez six boisseaux de cette graine-là, marquis; je veux la faire essayer dans mon petit domaine de Granières.

— Je te les donnerai, et je t'apprendrai la manière de t'en servir.

— Dites-moi, voisin, qu'est-ce qu'il y avait dans cette terre-là auparavant?

— Rien du tout, du mauvais blé. C'était cultivé par ces vieux Morins, les anciens métayers du père de ma femme, de braves gens, mais bornés. J'ai changé tout cela.

Joseph allongea sa figure de deux pouces, et prenant un air étrangement mélancolique : — C'est une jolie prairie, dit-il ; ce serait dommage qu'elle changeât de maître!

Cette parole tira subitement le marquis de sa béatitude : il tressaillit.

— Est-ce que tu crois, dit-il après un instant de silence, qu'il y aurait quelqu'un d'assez hardi pour me chercher chicane sur quoi que ce soit?

— Je connais bien des gens, répondit Joseph, qui se ruineraient en procès pour avoir seulement un lambeau d'une propriété comme la vôtre.

Cette réponse rassura le marquis. Il crut que Joseph avait fait une réflexion générale, et, ayant escaladé pesamment un échalier, il s'enfonça avec lui dans les buissons touffus d'un pâturage.

— Je n'aime pas cela, dit-il en frappant du pied la terre vierge de culture où depuis un temps immémorial les troupeaux broutaient l'aubépine et le serpolet ; je n'aime pas le terrain que l'on ne travaille pas. Les métayers ne veulent pas sacrifier les pâturages, parce que cela leur épargne la peine de soigner les bœufs à l'étable. Moi, je n'aime pas ces champs d'épines et de ronces où les moutons laissent plus de laine qu'ils ne trouvent de pâture. J'ai déjà mis la moitié de celui-là en froment, et l'année prochaine je vous ferai retourner le reste. Les métayers diront ce qu'ils voudront, il faudra bien qu'ils m'obéissent.

— Certainement, si vos prairies à l'anglaise vous donnent assez de fourrage pour nourrir les bœufs au dedans toute l'année, vous n'avez pas besoin de *pâturaux*. Mais est-ce de la bonne terre?

— Si c'est de la bonne terre! une terre qui n'a jamais rien fait! N'as-tu pas vu sur ma cheminée des brins de paille?

— Parbleu, oui! des tiges de froment qui ont cinq pieds de haut.

— Eh bien! c'étaient les plus petits. Dans tout ce premier blé les moissonneurs étaient debout dans les sillons, aussi bien cachés qu'une compagnie de perdrix.

— Diable! mais c'est une dépense que de retourner un pâtural comme celui-là.

— C'est une dépense qui prend trois ans du revenu de la terre. Peste! je ne recule devant aucun sacrifice pour améliorer mon bien.

— Ah! dit Joseph avec un grand soupir, qu'André est coupable de mécontenter un père comme le sien! Il sera bien avancé quand il aura retiré son héritage des mains habiles qui y sèment l'or et l'industrie, pour le confier à quelque imbécile de paysan qui le laissera pourrir en jachères!

Le marquis tressaillit de nouveau et marcha quelque temps les mains croisées derrière le dos et la tête baissée. — Tu crois donc qu'André aurait cette pensée? dit-il enfin d'un air soucieux.

— Que trop! répondit Joseph avec une affectation de tristesse laconique. Heureusement, ajouta-t-il après cinq minutes de marche, que son héritage maternel est peu de chose.

— Peu de chose! dit le marquis ; peste! tu appelles cela peu de chose! un bon tiers de mon bien, et le plus pur, le plus soigné!

— Il est vrai que ce domaine est un petit bijou, dit Joseph, des bâtiments tout neufs.

— Et que j'ai fait construire à mes frais, dit le marquis.

— Le bétail superbe! reprit Joseph.

— La race toute renouvelée depuis cinq ans, croisée mérinos, moutons cornus, dit le marquis. Il m'en a coûté cinquante francs par tête.

— Ce qu'il y a de joli dans cette propriété de Morand, reprit Joseph, c'est que c'est tout rassemblé, c'est sous la main : votre château est planté là ; d'un côté les bois, de l'autre la terre labourable ; pas un voisin entre deux, pas un petit propriétaire incommode fourré entre vos pièces de blé, pas une chèvre de paysan dans vos haies, pas un troupeau d'oies à travers vos avoines. C'est un avantage, cela!

— Oui! mais, vois-tu, si j'étais obligé par hasard de faire une séparation entre mon bien et celui qui m'est venu de ma femme, les choses iraient tout autrement. Figure-toi que le bien de Louise se trouve enchevêtré dans le mien. Quand je l'épousai, je savais bien ce que je faisais. Sa dot n'était pas grosse, mais cela m'allait comme une bague au doigt. Pour faucher ses prés, il n'y avait qu'un fossé à sauter ; pour serrer ses moissons, il n'y avait pas de chemin de traverse, pas de charrette cassée, pas de bœuf estropié dans les ornières ; on allait et venait de mon grenier à son champ comme de ma chambre à ma cuisine. C'est pourquoi je la pris pour femme, quoique du reste son caractère ne me convînt pas, et qu'elle m'ait donné un fils malingre et boudeur qui est tout son portrait.

— Et qui vous donnera bien de l'embarras si vous n'y prenez pas garde, voisin !

— Comment, diable ! veux-tu que j'y prenne garde avec les sacrées lois que nous avons ?

— Il faut tâcher, dit Joseph, de s'emparer de son caractère.

— Ah ! si quelqu'un au monde pouvait dompter et gouverner un fils rebelle, répondit le marquis, il me semble que c'était moi ! Mais que faire avec ces êtres qui ne résistent ni ne cèdent, que vous croyez tenir, et qui vous glissent des mains comme l'anguille entre les doigts du pêcheur ?

Joseph vit que le marquis commençait à s'effrayer tout de bon ; il le fit passer habilement par un crescendo d'épouvantes, affectant avec simplicité de l'arrêter à toutes les pièces de terre qui appartenaient à André, et que le pauvre marquis, habitué à regarder comme siennes depuis trente ans, lui montrait avec un orgueil de propriétaire. Quand il avait ingénument étalé tout son savoir-faire dans de longues démonstrations, et qu'il s'était évertué à prouver que le domaine de sa femme avait triplé de revenu entre ses mains, Joseph lui enfonçait un couteau dans le cœur en lui disant : — Quel dommage que vous soyez à la veille d'être dépouillé de tout cela !

Alors le marquis affectait de prendre courage.

— Que m'importe ! disait-il, il m'en restera toujours assez pour vivre : me voilà vieux.

— Hum ! voisin, les belles filles du pays disent le contraire.

— Eh bien ! reprenait le marquis, j'aurai toujours

moyen d'être aimable et de faire de petits cadeaux à mes bergères quand je serai content d'elles.

— Eh! sans doute; au lieu du tablier de soie vous donnerez le tablier de cotonnade; au lieu de la jupe de drap fin, la jupe de droguet. Quand c'est le cœur qui reçoit, la main ne pèse pas les dons.

— Ces drôlesses aiment la toilette, reprit le marquis.

— Eh bien! vous ne réduirez en rien cet article de dépense; vous ferez quelques économies de plus sur la table : au lieu du gigot de mouton rôti, un bon quartier de chèvre bouilli; au lieu du chapon gras, l'oison du mois de mai. Avec de vrais amis, on dîne joyeusement sans compter les plats.

— Mes gaillards de voisins font pourtant diablement attention aux miens, reprit le marquis; et, quand ils veulent manger un bon morceau, ils regardent s'il y a de la fumée au-dessus de la cheminée de ma cuisine.

— Il est certain qu'on dîne joliment chez vous, voisin! *Il en est parlé*. Eh bien! vous établirez la réforme dans l'écurie. Que faites-vous de trois chevaux? un bon bidet à deux fins vous suffit.

— Comme tu y vas! Et la chasse? ne me faut-il pas deux poneys pour tenir la Saint-Hubert?

— Mais votre gros cheval?

— Mon grison m'est nécessaire pour la voiture : veux-tu pas que je fasse tirer mes petites bêtes?

— Eh bien! laissons le grison au râtelier et descendons à la cave.... Vous faites au moins douze pièces de vin par an?

— Qui se consomment dans la maison, sans compter le vin d'Issoudun.

— Eh bien! nous retrancherons le vin d'Issoudun; vous vendrez six pièces de votre crû, et vous couperez le reste avec de l'eau de prunes sauvages : ce qui vous fera douze pièces de bonne piquette bien verte, bien rafraîchissante.

— Va-t'en à tous les diables avec ta piquette ! je n'ai pas besoin de me rafraîchir : ne me parle pas de cela. A mon âge être dépouillé, ruiné, réduit aux plus affreuses privations ! un père qui s'est sacrifié pour son fils dans toutes les occasions, qui s'arrache le pain de la bouche depuis trente ans ! Que faire ? Si j'allais le trouver et lui appliquer une bonne volée de coups de bâton ? Qu'en penses-tu, Joseph ?

— Mauvais moyen ! dit Joseph ; vous l'aigririez contre vous, et il ferait pire : il faut tâcher plutôt de le prendre par la douceur, entrer en arrangement, le rappeler auprès de vous.

— Eh bien ! oui, dit le marquis, qu'il revienne demeurer avec moi ; qu'il abandonne sa Geneviève, et je lui pardonne tout.

— Généreux père ! je vous reconnais bien là ; mais qu'il abandonne sa Geneviève ! Abandonner sa femme ! c'est chose impossible : il serait capable de m'étrangler si j'allais le lui proposer.

— Mais c'est donc un vrai démon que ce morveux-là ? dit le marquis en frappant du pied.

— Un vrai démon ! répondit Joseph ; vous serez forcé, je le parie, de vous charger aussi de sa sotte de femme et de son piaillard d'enfant.

— Il a un enfant ! s'écria le marquis ; ah ! mille milliards de serpents ! en voilà bien d'une autre !

— Oui, dit Joseph : c'est là le pire de l'affaire. Est-ce que vous ne saviez pas que sa femme est grosse ?

— Ah ! grosse seulement ?

— L'enfant n'est pas né, mais c'est tout comme. André est si glorieux d'être père qu'il ne parle plus d'autre chose ; il fait mille beaux projets d'éducation pour monsieur son héritier. Il veut aller se fixer à Paris avec sa famille. Vous pensez bien que, dans de pareilles circonstances, il n'entendra pas facilement raison sur la succession.

— Eh bien! nous plaiderons, dit le marquis.

— C'est ce que je ferais à votre place, répondit tranquillement Joseph.

— Oui, mais je perdrai, reprit le marquis, qui raisonnait fort juste quand on ne le contrariait pas : la loi est toute en sa faveur.

— Croyez-vous? dit Joseph avec une feinte ingénuité.

— Je n'en suis que trop sûr.

— Malheur! Et que faire? vous charger aussi de la femme? C'est à quoi vous ne pourrez jamais consentir, et vous aurez bien raison.

— Jamais! j'aimerais mieux avoir cent fouines dans mon poulailler qu'une grisette dans ma maison.

— Je le crois bien, dit Joseph. Tenez, je vous conseille de vous débarrasser d'eux avec une bonne somme d'argent comptant, et ils vous laisseront en repos.

— De l'argent comptant, bourreau! où veux-tu que je le prenne? Avec ce que j'ai dépensé pour retourner ce pâtural, une paire de bœufs de travail que je viens d'acheter, les vins qui ont gelé, les charançons qui sont déjà dans les blés nouvellement rentrés, c'est une année épouvantable : je suis ruiné, ruiné! je n'ai pas cent francs à la maison.

— Moi, je vous conseille de courir les chances du procès.

— Quand je te dis que je suis sûr de perdre : veux-tu me faire damner aujourd'hui?

— Eh bien! parlons d'autre chose, voisin; ce sujet-là vous attriste, et il est vrai de dire qu'il n'a rien d'agréable.

— Si fait, parlons-en; car enfin il faut savoir à quoi s'en tenir. Puisque te voilà et que tu dois voir André ce soir ou demain, je voudrais que tu pusses lui porter quelque proposition de ma part.

— Je ne sais que vous dire, répondit Joseph; cherchez vous-même ce qu'il convient de faire : vous avez plus de jugement et de connaissances en affaires que moi lourdaud. En fait de générosité et de grandeur dans les procédés, ni moi ni personne ne pourra se flatter de vous en remontrer.

— Il est vrai que je connais assez bien le monde, reprit le marquis, et que j'aime à faire les choses noblement. Eh bien! va lui dire que je consens à le recevoir et à l'entretenir de tout dans ma maison, lui, sa femme et tous les enfants qui pourront survenir, à condition qu'il ne me demandera jamais un sou et qu'il me signera un abandon de son héritage maternel.

— Vous êtes un bon père, marquis, et certainement je n'en ferais pas tant à votre place; mais je crains qu'André, qui a perdu la tête, ne montre en cette occasion une exigence plus grande que vos bienfaits : il vous demandera une pension.

— Une pension! jour de Dieu!

— Ah! je le crains; une petite pension viagère.

— Viagère encore! Qu'il ne s'y attende pas, le misérable! Je me laisserai couper par morceaux plutôt que de donner de l'argent : je n'en ai pas; je jure par tous les saints que je ne le peux pas. Qu'il vienne me chasser de ma maison et vendre mes meubles, s'il l'ose.

Joseph ne voulut pas aller plus loin ce jour-là; il

crut avoir déjà fait beaucoup en arrachant la promesse d'une espèce de réconciliation; il savait que c'était ce qui ferait le plus de plaisir à Geneviève, et il espéra qu'une nouvelle tentative sur le marquis pourrait l'amener à de plus grands sacrifices; il voulut donc laisser à cette première négociation le temps de faire son effet, et il prit congé du marquis avec force louanges ironiques sur sa magnanimité, et en lui promettant de porter sa généreuse proposition aux insurgés.

XVIII.

LE bon Joseph retourna à la ville d'un pied leste et le cœur léger. Arriver vers des amis malheureux et leur apporter une bonne nouvelle à laquelle ils ne s'attendent pas, c'est une double joie. Il trouva Geneviève seule et contemplant, à la lueur de sa lampe, une branche artificielle de boutons de fleurs d'oranger. Il était entré sans frapper, comme il lui arrivait souvent de le faire par précipitation et par étourderie; il entendit Geneviève qui parlait seule et qui disait à ces fleurs : — Bouquet de vierge, j'ai été forcée de te porter le jour de mon mariage; mais je t'ai profané, et mon front n'était pas digne de toi. J'étais si honteuse de ce sacrilége que je t'ai caché bien avant dans mes cheveux, que je t'ai couvert de mon voile. Cependant tu ne t'es pas effeuillé sur ma tête; pour t'en remercier, je veux t'emporter dans ma tombe.

— Qu'est-ce que vous dites, Geneviève? dit Joseph épouvanté de ces paroles qu'il comprenait à peine.

Geneviève fit un cri, jeta le bouquet, et devint pâle et tremblante.

— Je vous apporte une bonne nouvelle, dit Joseph en s'asseyant à son côté : André est réconcilié avec son père ; le marquis est réconcilié avec vous ; il vous attend ; il veut vous avoir tous deux, tous trois près de lui.

— Ah ! mon ami, dit Geneviève, ne me trompez-vous pas ? comment le savez-vous ?

— Je le sais parce qu'il me l'a dit, parce que je viens de le quitter et que je lui ai fait donner sa parole.

— Ah ! Joseph ! répondit Geneviève, embrassez-moi ; grâce à vous, je mourrai tranquille.

— Mourir ! dit Joseph en l'embrassant avec une émotion qu'il eut bien de la peine à cacher ; ne parlez pas de cela, c'est une idée de femme enceinte. Où est André ?

— Il se promène tous les soirs aux bords de la rivière, du côté des *Couperies.*

— Pourquoi se promène-t-il sans vous ?

— Je n'ai pas la force de marcher, et puis nous sommes si tristes que nous n'osons plus rester ensemble.

— Mais vous allez vous égayer, de par Dieu ! dit Joseph ; je vais le chercher et lui apprendre tout cela.

Il courut rejoindre André. Celui-ci fut moins joyeux que Geneviève à l'idée d'un rapprochement entre lui et son père. Il désirait le voir, obtenir son pardon, l'embrasser, lui présenter sa femme, et rien de plus. Demeurer avec lui était un projet qui l'effrayait extrêmement. Au milieu de ses hésitations et de ses répugnances, Joseph fut frappé de l'indolence et de l'inertie avec laquelle il envisageait sa position et la pauvreté où se consumait Geneviève.

— Malheureux ! lui dit-il, tu ne songes donc pas que

l'important n'est pas de jouer une scène de comédie sentimentale, mais d'avoir du pain pour ta femme et l'enfant qu'elle va te donner? Il faut bien se garder d'accepter cette première proposition de ton père sans arracher de son avarice quelque chose de mieux : une pension alimentaire au moins, et une moitié de ton revenu, s'il est possible.

— Mais par quel moyen? dit André; je ne puis avoir recours aux lois sans que Geneviève en soit informée; tu ne connais pas sa fermeté; elle est capable de me haïr si je viole sa défense.

— Aussi, reprit Joseph, faut-il lui cacher soigneusement mes démarches et me laisser faire.

André s'abandonna à la prudence et à l'adresse de son ami, trop faible pour combattre son père et trop faible aussi pour empêcher un autre de le combattre en son nom. Toujours effrayé, inerte et souffrant entre le bien et le mal, il retourna auprès de sa femme, feignit de partager son contentement, et s'endormit fatigué de la vie, comme il s'endormait tous les soirs.

Quelques jours s'écoulèrent avant que Joseph pût revoir le marquis. Une foire considérable avait appelé le seigneur de Morand à plusieurs lieues de chez lui, et il ne revint qu'à la fin de la semaine. Il rentra un soir, s'enferma dans sa chambre, et déposa dans une cachette à lui connue quelques rouleaux d'or provenant de la vente de ses bestiaux. — Ceux-là, dit-il en refermant le secret de la boiserie, on ne me les arrachera pas de sitôt. Il revint s'asseoir dans son fauteuil de cuir et s'essuya le front avec la douce satisfaction d'un homme qui ne s'est pas fatigué en vain. En ce moment ses yeux tombèrent sur une petite lettre d'une écriture inconnue qu'on avait déposée sur sa table; il l'ouvrit, et après avoir lu les cinq ou six lignes qu'elle contenait, il se frotta les mains avec une joie extrême, retourna vers son argent, le contempla, relut la lettre, serra l'argent, et sortit pour commander son souper d'un ton plus doux que de coutume. Comme il entrait dans la cuisine, il se trouva face à face avec Joseph qui attendait son retour depuis plusieurs heures, et qui était venu pour lui porter le dernier coup; mais cette fois toutes les batteries du brave diplomate furent déjouées.

— Eh bien! mon cher, lui dit le marquis en lui donnant amicalement sur l'épaule une tape capable d'étourdir un bœuf, nous sommes sauvés; tout est réparé, arrangé, terminé, tu sais cela? c'est toi qui as apporté la lettre?

— Quelle lettre? dit Joseph renversé de surprise.

— Bas! tu ne sais pas? dit le marquis: les enfants ont entendu raison, ils se confessent, ils s'humilient; c'est à tes bons conseils que je dois cela, j'en suis sûr; tiens, lis.

Joseph prit avidement le billet et tressaillit en reconnaissant l'écriture.

« MONSIEUR,

» Notre excellent ami, Joseph Marteau, nous a appris
» avant-hier que vous aviez la bonté de pardonner à
» l'égarement de notre amour, et que vous tendiez les
» bras à un fils repentant. Dans l'impatience de voir
» s'opérer une réconciliation que j'ai demandée à Dieu
» tous les jours depuis six mois, je viens vous supp-
» plier de hâter cet heureux instant. J'espère que Joseph
» vous dira combien mon respect pour vous est sincère
» et désintéressé. Si André avait jamais eu la pensée de
» vous vendre sa soumission, j'aurais cessé de l'estimer

» et j'aurais rougi d'être sa femme. Permettez-nous bien
» vite d'aller pleurer à vos pieds ; c'est tout, absolument
» tout ce que vous demande

» Votre respectueuse servante,
» GENEVIÈVE. »

— Tout est perdu pour ces malheureux enfants romanesques, pensa Joseph ; ce qu'il me reste à faire, c'est de réparer de mon mieux le tort que j'ai pu faire à André dans l'esprit de son père par mes abominables mensonges.

Il y travailla sur-le-champ, et n'eut pas de peine à faire oublier au marquis les prétendues menaces qui l'avaient effrayé. Le hobereau était si content de ressaisir à la fois ses terres et son argent qu'il était dans les meilleures dispositions envers tout le monde ; il se grisa complétement à souper, devint tendre et paternel, et prétendit qu'André était ce qu'il avait de plus cher au monde.

— Après votre argent, papa ! lui répondit étourdiment Joseph, qui, par dépit, s'était grisé aussi.

— Qu'est-ce que tu dis ? s'écria le marquis ; veux-tu que je te casse une bouteille sur la tête pour t'apprendre à parler ?

La querelle n'alla pas plus loin ; le marquis s'endormit, et Joseph se sentait une mauvaise humeur inquiète et agissante qui lui donnait envie d'être dehors et de faire galoper François à bride abattue. Avant de le laisser partir, M. de Morand lui fit promettre de revenir le lendemain avec André et Geneviève.

Le lendemain de bonne heure, Joseph, reposé et dégrisé, alla trouver ses amis. Il avait bien envie de les gronder ; mais la candeur et la noblesse de Geneviève, au milieu de ses perfidies obligeantes, le forçaient au silence. Ils montèrent tous trois en patache, et arrivèrent au château de Morand sans s'être dit un mot durant la route. André était triste, Joseph embarrassé; Geneviève était absorbée dans une rêverie douce et mélancolique. Les embrassements du marquis et de son fils furent convulsivement froids; la douce figure de Geneviève, son air souffrant, ses respectueuses caresses, firent une certaine impression sur la grossière écorce du marquis. Il ne put s'empêcher de lui témoigner des égards et des soins qu'il n'avait peut-être jamais eus pour aucune femme, hors les cas d'amour et de galanterie, où il se piquait d'être accompli. Le jeune couple fut installé au château assez convenablement, et richement en comparaison de l'état misérable dont il sortait. Le marquis eut l'air de faire beaucoup, quoiqu'il ne fît que prêter une chambre et céder deux places à sa table. André ne se plaignait pas; Geneviève était reconnaissante des plus petites attentions. Joseph venait de temps en temps; il était mécontent et découragé d'avoir manqué sa grande entreprise. La conduite sordide du père le révoltait, la résignation indolente du fils l'impatientait; mais il ne pouvait que se taire et boire le vin du marquis.

Tout alla bien pendant quelques jours. Quand les premiers moments de satisfaction d'un côté et d'allégement de l'autre furent passés, quand le marquis se fut accoutumé à ne rien craindre de la part de son fils, et André à ne rien espérer de la part de son père, l'antipathie naturelle qui existait entre eux reprit le dessus. Le marquis était méfiant maladroitement, comme un vieux campagnard. Il croyait avoir maté André; mais il ne pouvait croire à l'excessive noblesse de sa femme, et n'était pas tranquille sur l'abandon qu'elle faisait de toute prétention d'argent. Il consulta Joseph, qui, ennuyé de cette affaire, et près d'éclater en injures et en reproches contre le marquis, refusa de s'en occuper, et répondit laconiquement que Geneviève était la plus honnête femme qu'il connût. Cette réponse redoubla la méfiance du marquis. Il trouvait une contradiction évidente dans les manières de Joseph avec lui. Il commença à se tourmenter et à tourmenter André pour qu'il signât un désistement complet de la gestion et de la jouissance de sa fortune. André fut indigné de cette proposition et l'éluda froidement. Le marquis s'inquiéta de plus en plus. — Ils m'ont trompé, se disait-il; ils ont fait semblant de se soumettre à tout, et ils se sont introduits dans ma maison dans l'espérance de me dépouiller.

Dès que cette idée eut pris une certaine consistance dans son cerveau, son aversion contre Geneviève se ranima, et il commença à ne pouvoir plus la cacher. Une grosse servante maîtresse, qui depuis long-temps gouvernait la maison, et qui avait vu avec rage l'introduction d'une autre femme dans son petit royaume, mit tous ses soins à envenimer, par de sots rapports, ses actions, ses paroles et jusqu'à ses regards. Elle n'eut pas de peine à aigrir les vieux ressentiments du marquis, et l'infortunée Geneviève devint un objet de haine et de persécution.

Elle fut lente à s'en apercevoir : elle ne pouvait croire à tant de petitesse et de méchanceté ; mais quand elle s'en aperçut elle fut glacée d'effroi, et, tombant à genoux, elle implora la Providence qui l'avait abandonnée. Elle supporta un mois l'oppression, le soupçon insultant et l'avarice grossière avec une patience angélique. Un jour, insultée et calomniée à propos d'une aumône de quelques francs qu'elle avait faite dans le village, elle appela André à son secours et lui demanda aide et protection. André, pour tout secours, lui proposa de prendre la fuite.

Geneviève approchait du terme de sa grossesse ; elle ne possédait pas un denier pour subvenir aux frais de sa délivrance ; elle se sentait trop malade et trop épuisée pour nourrir son enfant, et elle n'avait pas de quoi le faire nourrir par une autre. Elle ne pouvait plus rien gagner, son état était perdu ; André n'avait pas l'industrie de s'en créer un. Elle sentit qu'elle était enchaînée, qu'il fallait vivre ou mourir sous le joug de son beau-père. Elle se soumit et sentit la douleur pénétrer comme un poison dans toutes les fibres de son cœur.

Quand son parti fut pris, quand elle se fut détachée de la vie par un renoncement volontaire et complet à toute espérance de bonheur, elle retrouva la forte patience et le calme extérieur qui faisaient la base de son caractère. Une grande passion pour son mari l'eût rendue capable de porter joyeusement le poids d'une si rude destinée et de se conserver pour des jours meilleurs ; mais ces jours-là n'étaient pas à espérer avec une âme aussi débile que celle d'André. Geneviève n'était pas née passionnée ; elle était née honnête, intelligente et ferme. Elle raisonnait avec une logique accablante, et toutes ses conclusions tendaient à la désespérer. Un instant elle avait entrevu une vie d'amour et d'enthousiasme, elle l'avait comprise plutôt que sentie ; pour lui inspirer l'aveugle dévouement de la passion, il eût fallu un être assez grand, assez accompli pour la convaincre avant de l'entraîner. Elle avait vu cet être-là dans ses livres, et elle avait cru le voir encore derrière l'enveloppe douce, gracieuse et caressante d'André ; mais à la première occasion elle avait découvert qu'elle s'était trompée.

Elle continua de l'aimer et le traita dans son cœur, non comme un amant, mais comme elle eût fait d'un frère plus jeune qu'elle. Elle s'efforça de lui éviter la souffrance en lui cachant la sienne; elle s'habitua à souffrir seule, à n'avoir ni appui, ni consolation, ni conseil. Sa force augmenta dans cette solitude intellectuelle; mais son corps s'y brisa, et elle sentit avec joie qu'elle ne devait pas souffrir long-temps.

André la vit dépérir sans comprendre qu'il allait la perdre. Elle souffrait extrêmement de sa grossesse, et attribuait à cet état toutes ses indispositions et toutes ses tristesses.

André la soignait tendrement et s'imaginait qu'elle serait délivrée de tous ses maux le jour où elle deviendrait mère.

Geneviève, se sentant près de ce moment, songea à l'avenir de cet enfant qu'elle espérait léguer à son mari. Elle s'effraya de l'éducation qu'il allait recevoir et des maux qu'il aurait à endurer; elle désira lui procurer une existence indépendante, et, pensant qu'elle avait assez fait pour montrer sa soumission et son désintéressement personnel, elle décida en elle-même que le moment du courage et de la fermeté était venu.

Elle déclara donc à André qu'il fallait demander à son père une pension alimentaire qui mît leur enfant, en cas d'événement, à couvert du besoin, et qui pût par la suite lui assurer un sort indépendant. Elle fixa cette pension à douze cents francs de rente, le strict nécessaire pour quiconque sait lire et écrire, et ne veut être ni soldat ni domestique.

André laissa voir sur son visage l'émotion pénible

que lui causait cette nécessité : il promit néanmoins de s'en occuper. Geneviève comprit qu'il ne s'en occuperait pas. Elle s'arma de résolution et alla trouver le marquis. Elle lui exposa sa demande dans les termes les plus doux, et fut accueillie mieux qu'elle ne s'y attendait. Le marquis espéra acheter à ce prix modeste la signature d'André à un acte de renonciation, et il promit à cette condition d'acquiescer à la demande de Geneviève ; mais celle-ci, qui en toute autre situation se fût engagée à tous les sacrifices possibles, comprit qu'elle n'avait pas le droit de le faire en ce moment : elle allait mourir et laisser un orphelin ; car André n'était pas plus propre au rôle de père qu'à celui de fils et d'époux. Elle frémit à l'idée de dépouiller son enfant et de le sacrifier à un sentiment d'orgueil et de dédain. Elle essaya de faire comprendre à son beau-père ce qui se passait en elle ; mais ce fut bien inutile : le marquis insista. Geneviève fut forcée de résister franchement. Alors le marquis entra dans une fureur épouvantable et l'accabla d'injures. La gouvernante, qui avait écouté à la porte, dans la crainte que son maître ne se laissât persuader par cet entretien, entra et joignit ses reproches et ses insultes à celles du marquis. Geneviève avait supporté les premières avec résignation ; elle répondit aux secondes par une seule parole de ce froid mépris qu'elle savait exprimer, dans l'occasion, d'une manière incisive. Le marquis prit le parti de sa maîtresse, et, ayant épuisé tout le vocabulaire des jurons et des gros mots, leva le bras pour frapper Geneviève. En cet instant, André, attiré par le bruit, entrait dans la chambre. Personne n'était plus violent que lui quand une forte commotion le tirait de sa léthargie habituelle ; dans ces moments-là il perdait absolument la tête et devenait furieux. A la vue de Geneviève enceinte, à demi terrassée par le bras robuste du marquis, tandis que l'odieuse servante s'avançait, une chaise dans les mains, pour la jeter sur elle, André s'élança sur un couteau de chasse qui était ouvert sur la table, prit d'une main son père à la gorge, et de l'autre le frappa à la poitrine.

Geneviève s'était élancée entre eux avec un gémissement d'horreur; elle avait saisi le bras d'André et l'avait contraint à céder. La chemise du marquis fut à peine effleurée par la lame, et Geneviève se coupa les doigts assez profondément en cherchant à s'en emparer. — Ton père! ton père! c'est ton père! criait-elle à André d'une voix étouffée; André laissa tomber le couteau et s'évanouit.

La servante essaya de jeter sur Geneviève tout l'odieux de cette scène déplorable; mais le marquis avait vu de trop près les choses pour ne pas savoir très-bien que Geneviève lui avait sauvé la vie, que le sang dont il était couvert était sorti des veines de la pauvre innocente. Il se calma aussitôt et l'aida à secourir André, qui était dans un état effrayant. Quand il revint à lui, il regarda son père et sa femme d'un air effaré et leur demanda ce qui s'était passé. — Rien! dit le marquis, dont le cœur n'était pas toujours fermé à la miséricorde à la vue d'un repentir sincère, et qui d'ailleurs se sentait aussi coupable qu'André. — A genoux, André! dit Geneviève à son mari; à genoux devant ton père! et ne te relève pas qu'il ne t'ait pardonné. Je vais te donner l'exemple.

Cette soumission acheva de désarmer le marquis; il embrassa son fils et Geneviève, et déclara qu'il accordait la pension de douze cents francs. Les malheureux jeunes gens n'étaient guère en état de songer au sujet de la querelle. André eut, pendant trois jours, un tremblement nerveux de la tête aux pieds. Son père radoucit sensiblement ses manières accoutumées, mit sa servante à la porte et témoigna presque de la tendresse à Geneviève; mais il n'était plus temps : son enfant était mort ce jour-là dans son sein ; elle ne le sentait plus remuer, et elle attendait tous les jours avec un courage stoïque les atroces douleurs qui devaient la délivrer de la vie.

Le brave médecin qui avait soigné André vint la voir et lui demanda comment elle se trouvait. Geneviève l'emmena dans le verger, et quand ils furent seuls : — Mon enfant est mort, lui dit-elle d'un air triste et calme, et moi je mourrai aussi ; dites-moi si vous croyez que ce sera bientôt ? Le médecin n'eut pas de peine à la croire et vit qu'elle était perdue, mais qu'elle avait du courage.

— Au moins, lui dit-il, vous mourrez sans trop souffrir ; vous n'aurez pas la force d'accoucher. Vous avez un anévrisme au cœur, et vous étoufferez dès les premiers symptômes de délivrance.

— Je vous remercie de cette promesse, dit Geneviève, et je remercie Dieu qui m'épargne à mon dernier moment. J'ai assez souffert dans cette vie; il a fini avec moi.

En effet, pendant ce dernier mois, Geneviève ne souffrit plus : elle n'avait plus la force de quitter son fauteuil; mais elle lisait l'Écriture sainte ou se faisait apporter des fleurs dont elle parsemait sa table. Elle passait des heures entières à les contempler d'un air heureux, et personne ne pouvait deviner à quoi elle songeait dans ces moments-là. Geneviève souffrait de se voir entourée et surveillée, elle demandait en grâce à être seule ; alors il lui semblait qu'elle rêvait ou priait plus librement ; elle regardait doucement le ciel et ses fleurs, puis elle se penchait vers elles et leur parlait à demi-voix d'une manière étrange et enfantine : — Vous savez que je vous aime, leur disait-elle ; j'ai un secret à vous dire : c'est que je vous ai toujours préférées à tout. Pendant long-temps je n'ai vécu que pour vous ; j'ai aimé André à cause de vous, parce qu'il me semblait pur et beau comme vous. Quand j'ai souffert par lui, je me suis reportée vers vous ; je vous ai demandé de me consoler, et vous l'avez fait bien souvent ; car vous me connaissez, vous avez un langage, et je vous comprends. Nous sommes sœurs. Ma mère m'a souvent dit que, quand elle était enceinte de moi, elle ne rêvait que de fleurs, et que, quand je suis née, elle m'a fait mettre dans un berceau semé de feuilles de roses. Quand je serai morte, j'espère qu'André en répandra encore sur moi, et qu'il vous portera tous les jours sur mon tombeau, ô mes chères amies !

Quelquefois elle prenait un lis et l'approchait du visage d'André agenouillé devant elle : — Tu es blanc comme lui, lui disait-elle, et ton âme est suave et chaste comme son calice ; tu es faible comme sa tige, et le moindre vent te courbe et te renverse. Je t'ai aimé peut-être à cause de cela ; car tu étais, comme mes fleurs chéries, inoffensif, inutile et précieux.

Quelquefois il lui arriva de se surprendre à regretter presque la vie. Le matin, quand la nature s'éveillait riante et animée, quand les oiseaux chantaient dans les arbres couverts de fleurs, quand tout semblait goûter et savourer le bonheur, alors elle éprouvait contre André une sorte de colère sourde ; elle se rappelait les jours calmes et délicieux qu'elle avait passés dans sa petite chambre avant de le connaître, et elle sentait que tous ses maux dataient du jour où il lui avait parlé d'amour et de science. Elle regrettait son ignorance, et le calme de son imagination, et les tendres rêveries où elle s'endormait heureuse, alors qu'elle ne savait la raison de rien dans l'univers. Dans ces moments de tristesse, elle priait André de la laisser seule, et elle attendait, pour le rappeler, que cette disposition eût fait place à sa résignation habituelle; alors elle le traitait avec une ineffable tendresse, et, pour le récompenser de ses derniers soins, elle emporta dans la tombe le secret de quelques larmes accordées à la mémoire du passé.

Quelques jours avant sa mort Henriette vint la voir, et lui demanda pardon, à genoux et en sanglotant, de sa conduite folle et cruelle. Geneviève la pressa contre son cœur et lui promit de prier pour elle dans le ciel.

Le dernier jour Geneviève pria André de lui apporter plus de fleurs qu'à l'ordinaire, d'en couvrir son lit et de lui faire un bouquet et une couronne. Quand il les eut apportées, il s'aperçut qu'il y avait des tubéreuses et voulut les retirer dans la crainte que leur parfum ne lui fît mal; Geneviève le força de les lui rendre. — Donne, donne, André, lui dit-elle, tu ne sais pas quel bien j'en espère; le moment de souffrir et de mourir est venu : puissent-elles me servir de poison et m'endormir vite. Joseph entra en ce moment; elle lui tendit la main et le fit asseoir près d'elle; elle passa son autre bras autour du cou d'André et appuya sa joue froide contre la sienne. Ils voulurent lui parler. — Taisez-vous, leur dit-elle, je pense à quelque chose, je vous répondrai plus tard. Elle resta ainsi une demi-heure. Joseph sentit alors un léger tressaillement ; il baisa la main qu'il tenait, elle était roide et froide.

— André, dit-il d'une voix étouffée, embrasse ta femme.

André embrassa Geneviève ; il la regarda : elle était morte.

André fut malade pendant un an. L'infortuné n'eut pas la force de mourir. Joseph ne le quitta pas un seul jour. On les voit souvent se promener ensemble le long des traînes. André marche lentement et les yeux baissés, quelquefois il sourit d'un air étonné ; son père est devenu doux et complaisant pour lui. Depuis qu'il n'a plus ni désirs ni espérances sur la terre, il n'a plus de lutte à soutenir contre ce vieillard obstiné. Henriette ne parle jamais de Geneviève sans un déluge d'éloges et de larmes sincères et bruyantes. Celui qui la regrette le plus vivement, c'est Joseph : il n'en parle jamais, il semble aussi insouciant, aussi *viveur* qu'autrefois ; mais il y a des moments où sa figure trahit une souffrance encore plus longue et plus profonde que celle d'André.

FIN D'ANDRÉ.

LA MARQUISE,

LAVINIA,

METELLA, MATTEA.

LA MARQUISE.

I.

La marquise de R... n'était pas fort spirituelle, quoiqu'il soit reçu en littérature que toutes les vieilles femmes doivent pétiller d'esprit. Son ignorance était extrême sur toutes les choses que le frottement du monde ne lui avait point apprises. Elle n'avait pas non plus cette excessive délicatesse d'expression, cette pénétration exquise, ce tact merveilleux qui distinguent, à ce qu'on dit, les femmes qui ont beaucoup vécu. Elle était, au contraire, étourdie, brusque, franche, quelquefois même cynique. Elle détruisait absolument toutes les idées que je m'étais faites d'une marquise du bon temps. Et pourtant elle était bien marquise, et elle avait vu la cour de Louis XV; mais, comme ç'avait été dès lors un caractère d'exception, je vous prie de ne pas chercher dans son histoire l'étude sérieuse des mœurs d'une époque. La société me semble si difficile à connaître bien et à bien peindre dans tous les temps, que je ne veux point m'en mêler. Je me bornerai à vous raconter de ces faits particuliers qui établissent des rapports de sympathie irrécusable entre les hommes de toutes les sociétés et de tous les siècles.

Je n'avais jamais trouvé un grand charme dans la société de cette marquise. Elle ne me semblait remarquable que pour la prodigieuse mémoire qu'elle avait conservée du temps de sa jeunesse, et pour la lucidité virile avec laquelle s'exprimaient ses souvenirs. Du reste, elle était, comme tous les vieillards, oublieuse des choses de la veille et insouciante des événements qui n'avaient point sur sa destinée une influence directe.

Elle n'avait pas eu une de ces beautés piquantes qui, manquant d'éclat et de régularité, ne pouvaient se passer d'esprit. Une femme ainsi faite en acquérait pour devenir aussi belle que celles qui l'étaient davantage. La marquise, au contraire, avait eu le malheur d'être incontestablement belle. Je n'ai vu d'elle que son portrait, qu'elle avait, comme toutes les vieilles femmes, la coquetterie d'étaler dans sa chambre à tous les regards. Elle y était représentée en nymphe chasseresse, avec un corsage de satin imprimé imitant la peau de tigre, des manches de dentelle, un arc de bois de sandal, et un croissant de perles qui se jouait sur ses cheveux crêpés. C'était, malgré tout, une admirable peinture, et surtout une admirable femme : grande, svelte, brune, avec des yeux noirs, des traits sévères et nobles, une bouche vermeille qui ne souriait point, et des mains qui, dit-on, avaient fait le désespoir de la princesse de Lamballe. Sans la dentelle, le satin et la poudre, c'eût été vraiment là une de ces nymphes fières et agiles que les mortels apercevaient au fond des forêts ou sur le flanc des montagnes pour en devenir fous d'amour et de regret.

Pourtant la marquise avait eu peu d'aventures. De son propre aveu, elle avait passé pour manquer d'esprit. Les hommes blasés d'alors aimaient moins la beauté pour elle-même que pour ses agaceries coquettes. Des femmes infiniment moins admirées lui avaient ravi tous ses adorateurs, et, ce qu'il y a d'étrange, elle n'avait pas semblé s'en soucier beaucoup. Ce qu'elle m'avait raconté, *à bâtons rompus*, de sa vie me faisait penser que ce cœur-là n'avait point eu de jeunesse, et que la froideur de l'égoïsme avait dominé toute autre faculté. Cependant je voyais autour d'elle des amitiés assez vives pour la vieillesse : ses petits-enfants la chérissaient, et elle faisait du bien sans ostentation; mais comme elle ne se piquait point de principes, et avouait n'avoir jamais aimé son amant, le vicomte de Larrieux, je ne pouvais pas trouver d'autre explication à son caractère.

Un soir je la vis plus expansive encore que de coutume. Il y avait de la tristesse dans ses pensées. — Mon cher enfant, me dit-elle, le vicomte de Larrieux vient de mourir de sa goutte; c'est une grande douleur pour moi qui fus son amie pendant soixante ans. Et puis il est effrayant de voir comme l'on meurt! Ce n'est pas étonnant, il était si vieux!

— Quel âge avait-il? lui demandai-je.

— Quatre-vingt-quatre ans. Pour moi, j'en ai quatre-vingts; mais je ne suis pas infirme comme il l'était; je dois espérer de vivre plus que lui. N'importe! voici plusieurs de mes amis qui s'en vont cette année, et on a beau se dire qu'on est plus jeune et plus robuste, on ne peut pas s'empêcher d'avoir peur quand on voit partir ainsi ses contemporains.

— Ainsi, lui dis-je, voilà tous les regrets que vous lui accordez, à ce pauvre Larrieux, qui vous a adorée pendant soixante ans, qui n'a cessé de se plaindre de vos rigueurs, et qui ne s'en est jamais rebuté? C'était le modèle des amants, celui-là ! On ne fait plus de pareils hommes !

— Laissez donc, dit la marquise avec un sourire froid, cet homme avait la manie de se lamenter et de se dire malheureux. Il ne l'était pas du tout ; chacun le sait.

Voyant ma marquise en train de babiller, je la pressai de questions sur ce vicomte de Larrieux et sur elle-même ; et voici la singulière réponse que j'en obtins.

— Mon cher enfant, je vois bien que vous me regardez comme une personne d'un caractère très-maussade et très-inégal. Il se peut que cela soit. Jugez-en vous-même ; je vais vous dire toute mon histoire, et vous confesser des travers que je n'ai jamais dévoilés à personne. Vous qui êtes d'une époque sans préjugés, vous me trouverez moins coupable peut-être que je ne me le semble à moi-même ; mais, quelle que soit l'opinion que vous prendrez de moi, je ne mourrai pas sans m'être fait connaître à quelqu'un. Peut-être me donnerez-vous quelque marque de compassion qui adoucira la tristesse de mes souvenirs.

Je fus élevée à Saint-Cyr. L'éducation brillante qu'on y recevait produisait effectivement fort peu de chose. J'en sortis à seize ans pour épouser le marquis de R... qui en avait cinquante, et je n'osai pas m'en plaindre, car tout le monde me félicitait sur ce beau mariage, et toutes les filles sans fortune enviaient mon sort.

J'ai toujours eu peu d'esprit ; dans ce temps-là j'étais tout à fait bête. Cette éducation claustrale avait achevé d'engourdir mes facultés déjà très-lentes. Je sortis du couvent avec une de ces niaises innocences dont on a bien tort de nous faire un mérite, et qui nuisent souvent au bonheur de toute notre vie.

En effet, l'expérience que j'acquis en six mois de mariage trouva un esprit si étroit pour la recevoir, qu'elle ne me servit de rien. J'appris, non pas à connaître la vie, mais à douter de moi-même. J'entrai dans le monde avec des idées tout à fait fausses et des préventions dont toute ma vie n'a pu détruire l'effet.

A seize ans et demi j'étais veuve ; et ma belle-mère, qui m'avait prise en amitié pour la nullité de mon caractère, m'exhorta à me remarier. Il est vrai que j'étais grosse, et que le faible douaire qu'on me laissait devait retourner à la famille de mon mari au cas où je donnerais un beau-père à son héritier. Dès que mon deuil fut passé, on me produisit donc dans le monde, et l'on m'y entoura de galants. J'étais alors dans tout l'éclat de la beauté, et, de l'aveu de toutes les femmes, il n'était point de figure ni de taille qui pussent m'être comparées.

Mais mon mari, ce libertin vieux et blasé qui n'avait jamais eu pour moi qu'un dédain ironique, et qui m'avait épousée pour obtenir une place promise à ma considération, m'avait laissé tant d'aversion pour le mariage que jamais je ne voulus consentir à contracter de nouveaux liens. Dans mon ignorance de la vie, je m'imaginais que tous les hommes étaient les mêmes, que tous avaient cette sécheresse de cœur, cette impitoyable ironie, ces caresses froides et insultantes qui m'avaient tant humiliée. Toute bornée que j'étais, j'avais fort bien compris que les rares transports de mon mari ne s'adressaient qu'à une belle femme, et qu'il n'y mettait rien de son âme. Je redevenais ensuite pour lui une sotte dont il rougissait en public, et qu'il eût voulu pouvoir renier.

Cette funeste entrée dans la vie me désenchanta pour jamais. Mon cœur, qui n'était peut-être pas destiné à cette froideur, se resserra et s'entoura de méfiances. Je pris les hommes en aversion et en dégoût. Leurs hommages m'insultèrent; je ne vis en eux que des fourbes qui se faisaient esclaves pour devenir tyrans. Je leur vouai un ressentiment et une haine éternels.

Quand on n'a pas besoin de vertu, on n'en a pas; voilà pourquoi, avec les mœurs les plus austères, je ne fus point vertueuse. Oh! combien je regrettai de ne pouvoir l'être! combien je l'enviai, cette force morale et religieuse qui combat les passions et colore la vie! la mienne fut si froide et si nulle! que n'eussé-je point donné pour avoir des passions à réprimer, une lutte à soutenir, pour pouvoir me jeter à genoux et prier comme ces jeunes femmes que je voyais, au sortir du couvent, se maintenir sages dans le monde durant quelques années à force de ferveur et de résistance! Moi, malheureuse, qu'avais-je à faire sur la terre? Rien qu'à me parer, à me montrer et à m'ennuyer. Je n'avais point de cœur, point de remords, point de terreurs; mon ange gardien dormait au lieu de veiller. La Vierge et ses chastes mystères étaient pour moi sans consolation et sans poésie. Je n'avais nul besoin des protections célestes; les dangers n'étaient pas faits pour moi, et je me méprisais pour ce dont j'eusse dû me glorifier.

Car il faut vous dire que je m'en prenais à moi autant qu'aux autres quand je trouvais en moi cette volonté de ne pas aimer dégénérée en impuissance. J'avais souvent confié aux femmes qui me pressaient de faire choix d'un mari ou d'un amant l'éloignement que m'inspiraient l'ingratitude, l'égoïsme et la brutalité des hommes. Elles me riaient au nez quand je parlais ainsi, m'assurant que tous n'étaient pas semblables à mon vieux mari, et qu'ils avaient des secrets pour se faire pardonner leurs défauts et leurs vices. Cette manière de raisonner me révoltait ; j'étais humiliée d'être femme en entendant d'autres femmes exprimer des sentiments aussi grossiers, et rire comme des folles quand l'indignation me montait au visage. Je m'imaginais un instant valoir mieux qu'elles toutes.

Et puis je retombais avec douleur sur moi-même ; l'ennui me rongeait. La vie des autres était remplie, la mienne était vide et oisive. Alors je m'accusais de folie et d'ambition démesurée ; je me mettais à croire tout ce que m'avaient dit ces femmes rieuses et philosophes, qui prenaient si bien leur siècle comme il était. Je me disais que l'ignorance m'avait perdue, que je m'étais forgé des espérances chimériques, que j'avais rêvé des hommes loyaux et parfaits qui n'étaient point de ce monde. En un mot, je m'accusais de tous les torts qu'on avait eus envers moi.

Tant que les femmes espérèrent me voir bientôt convertie à leurs maximes et à ce qu'elles appelaient leur sagesse, elles me supportèrent. Il y en avait même plus d'une qui fondait sur moi un grand espoir de justification pour elle-même, plus d'une qui avait passé des témoignages exagérés d'une vertu farouche à une conduite éventée, et qui se flattait de me voir donner au monde l'exemple d'une légèreté capable d'excuser la sienne.

Mais quand elles virent que cela ne se réalisait point, que j'avais déjà vingt ans et que j'étais incorruptible, elles me prirent en horreur ; elles prétendirent que j'étais leur critique incarnée et vivante ; elles me tournèrent en ridicule avec leurs amants, et ma conquête fut l'objet des plus outrageants projets et des plus immorales entreprises. Des femmes d'un haut rang dans le monde ne rougirent point de tramer en riant d'infâmes complots contre moi, et, dans la liberté de mœurs de la campagne, je fus attaquée de toutes les manières avec un acharnement de désirs qui ressemblait à de la haine. Il y eut des hommes qui promirent à leurs maîtresses de m'apprivoiser, et des femmes qui permirent à leurs amants de l'essayer. Il y eut des maîtresses de maison qui s'offrirent à égarer ma raison avec l'aide des vins de leurs soupers. J'eus des amies et des parentes qui me présentèrent, pour me tenter, des hommes dont j'aurais fait de très-beaux cochers pour ma voiture. Comme j'avais eu l'ingénuité de leur ouvrir toute mon âme, elles savaient fort bien que ce n'était ni la piété, ni l'honneur, ni un ancien amour qui me préservait, mais bien la méfiance et un sentiment de répulsion involontaire; elles ne manquèrent pas de divulguer mon caractère, et, sans tenir compte des incertitudes et des angoisses de mon âme, elles répandirent hardiment que je méprisais tous les hommes. Il n'est rien qui les blesse plus que ce sentiment; ils pardonnent plutôt le libertinage que le dédain. Aussi partagèrent-ils l'aversion que les femmes avaient pour moi; ils ne me recherchèrent plus que pour satisfaire leur vengeance et me railler ensuite. Je trouvai l'ironie et la fausseté écrites sur tous les fronts, et ma misanthropie s'en accrut chaque jour.

Une femme d'esprit eût pris son parti sur tout cela; elle eût persévéré dans la résistance, ne fût-ce que pour augmenter la rage de ses rivales; elle se fût jetée ouvertement dans la piété pour se rattacher à la société de ce petit nombre de femmes vertueuses qui, même en ce temps-là, faisaient l'édification des honnêtes gens. Mais je n'avais pas assez de force dans le caractère pour faire face à l'orage qui grossissait contre moi. Je me voyais délaissée, haïe, méconnue; déjà ma réputation était sacrifiée aux imputations les plus horribles et les plus bizarres. Certaines femmes vouées à la plus licencieuse débauche feignaient de se croire en danger auprès de moi.

II.

Sur ces entrefaites arriva de province un homme sans talent, sans esprit, sans aucune qualité énergique ou séduisante, mais doué d'une grande candeur et d'une droiture de sentiments bien rare dans le monde où je vivais. Je commençais à me dire qu'il fallait faire enfin un *choix*, comme disaient mes compagnes. Je ne pouvais pas me marier, étant mère, et, n'ayant confiance à la bonté d'aucun homme, je ne croyais pas avoir ce droit. C'était donc un amant qu'il me fallait accepter pour être au niveau de la compagnie où j'étais jetée. Je me déterminai en faveur de ce provincial, dont le nom et l'état dans le monde me couvraient d'une assez belle protection. C'était le vicomte de Larrieux.

Il m'aimait, lui, et dans la sincérité de son âme ! Mais son âme ! en avait-il une ? C'était un de ces hommes froids et positifs qui n'ont pas même pour eux l'élégance du vice et l'esprit du mensonge. Il m'aimait à son ordinaire, comme mon mari m'avait quelquefois aimée. Il n'était frappé que de ma beauté, et ne se mettait pas en peine de découvrir mon cœur. Chez lui ce n'était pas dédain, c'était ineptie. S'il eût trouvé en moi la puissance d'aimer, il n'eût pas su comment y répondre.

Je ne crois pas qu'il ait existé un homme plus matériel que ce pauvre Larrieux. Il mangeait avec volupté, il s'endormait sur tous les fauteuils, et le reste du temps il prenait du tabac. Il était ainsi toujours occupé à satisfaire quelque appétit physique. Je ne pense pas qu'il eût une idée par jour.

Avant de l'élever jusqu'à mon intimité, j'avais de l'amitié pour lui, parce que si je ne trouvais en lui rien de grand, du moins je n'y trouvais rien de méchant; et en cela seul consistait sa supériorité sur tout ce qui m'entourait. Je me flattai donc, en écoutant ses galanteries, qu'il me réconcilierait avec la nature humaine, et je me confiai à sa loyauté. Mais à peine lui eus-je donné sur moi ces droits que les femmes faibles ne reprennent jamais, qu'il me persécuta d'un genre d'obsession insupportable, et réduisit tout son système d'affection aux seuls témoignages qu'il fût capable d'apprécier.

Vous voyez, mon ami, que j'étais tombée de Charybde en Scylla. Cet homme, qu'à son large appétit et à ses habitudes de sieste j'avais cru d'un sang si calme, n'avait même pas en lui le sentiment de cette forte amitié que j'espérais rencontrer. Il disait en riant qu'il lui était impossible d'avoir de l'amitié pour une belle femme. Et si vous saviez ce qu'il appelait l'amour!

Je n'ai point la prétention d'avoir été pétrie d'un autre limon que toutes les autres créatures humaines. A présent que je ne suis plus d'aucun sexe, je pense que j'étais alors tout aussi femme qu'une autre, mais qu'il a manqué au développement de mes facultés de rencontrer un homme que je pusse aimer assez pour jeter un peu de poésie sur les faits de la vie animale. Mais cela n'étant point, vous-même, qui êtes un homme, et par conséquent moins délicat sur cette perception de sentiments, vous devez comprendre le dégoût qui s'empare du cœur quand on se soumet aux exigences de l'amour sans en avoir compris les besoins. En trois jours le vicomte de Larrieux me devint insoutenable.

Eh! bien, mon cher, je n'eus jamais l'énergie de me débarrasser de lui ! Pendant soixante ans il a fait mon tourment et ma satiété. Par complaisance, par faiblesse ou par ennui, je l'ai supporté. Toujours mécontent de mes répugnances, et toujours attiré vers moi par les obstacles que je mettais à sa passion, il a eu pour moi l'amour le plus patient, le plus courageux, le plus soutenu et le plus ennuyeux qu'un homme ait jamais eu pour une femme.

Il est vrai que, depuis que je l'avais érigé auprès de moi en protecteur, mon rôle dans le monde était infiniment moins désagréable. Les hommes n'osaient plus me rechercher; car le vicomte était un terrible ferrailleur et un atroce jaloux. Les femmes, qui avaient prédit que j'étais incapable de fixer un homme, voyaient avec dépit le vicomte enchaîné à mon char; et peut-être entrait-il dans ma patience envers lui un peu de cette vanité qui ne permet point à une femme de paraître délaissée. Il n'y avait pourtant pas de quoi se glorifier beaucoup dans la personne de ce pauvre Larrieux ; mais c'était un fort bel homme ; il avait du cœur, il savait se taire à propos, il menait un grand train de vie, il ne manquait pas non plus de cette fatuité modeste qui fait ressortir le mérite d'une femme. Enfin, outre que les femmes n'étaient point du tout dédaigneuses de cette fastidieuse beauté qui me semblait être le principal défaut du vicomte, elles étaient surprises du dévouement sincère qu'il me marquait, et le proposaient pour modèle à leurs amants. Je m'étais donc placée dans une situation enviée : mais cela, je vous assure, me dédommageait médiocrement des ennuis de l'intimité. Je les supportai pourtant avec résignation, et je gardai à Larrieux une inviolable fidélité. Voyez, mon cher enfant, si je fus aussi coupable envers lui que vous l'avez pensé.

— Je vous ai parfaitement comprise, lui répondis-je; c'est vous dire que je vous plains et que je vous estime. Vous avez fait aux mœurs de votre temps un véritable sacrifice, et vous fûtes persécutée parce que vous valiez mieux que ces mœurs-là. Avec un peu plus de force morale, vous eussiez trouvé dans la vertu tout le bonheur que vous ne trouvâtes point dans une intrigue. Mais laissez-moi m'étonner d'un fait; c'est que vous n'ayez point rencontré, dans tout le cours de votre vie, un seul homme capable de vous comprendre et digne de vous convertir au véritable amour. Faut-il en conclure que les hommes d'aujourd'hui valent mieux que les hommes d'autrefois?

— Ce serait de votre part une grande fatuité, me répondit-elle en riant. J'ai fort peu à me louer des hommes de mon temps, et cependant je doute que vous ayez fait beaucoup de progrès; mais ne moralisons point. Qu'ils soient ce qu'ils sont; la faute de mon malheur est toute à moi; je n'avais pas l'esprit de le juger. Avec ma sauvage fierté, il aurait fallu être une femme supérieure, et choisir d'un coup d'œil d'aigle, entre tous ces hommes si plats, si faux et si vides, un de ces êtres vrais et nobles, qui sont rares et exceptionnels dans tous les temps. J'étais trop ignorante, trop bornée pour cela. A force de vivre, j'ai acquis plus de jugement : je me suis aperçue que certains d'entre eux, que j'avais confondus dans ma haine, méritaient d'autres sentiments; mais alors j'étais vieille. Il n'était plus temps de m'en aviser.

— Et tant que vous fûtes jeune, repris-je, vous ne fûtes pas une seule fois tentée de faire un nouvel essai ? Cette aversion farouche n'a jamais été ébranlée ? Cela est étrange.

III.

La marquise garda un instant le silence ; mais tout à coup, posant avec bruit sur la table sa tabatière d'or, qu'elle avait long-temps roulée entre ses doigts : — Eh ! bien, puisque j'ai commencé à me confesser, dit-elle, je veux tout vous avouer. Écoutez bien :

— Une fois, une seule fois dans ma vie, j'ai été amoureuse, mais amoureuse comme personne ne l'a été, d'un amour passionné, indomptable, dévorant, et pourtant idéal et platonique s'il en fut. Oh ! cela vous étonne bien d'apprendre qu'une marquise du dix-huitième siècle n'ait eu dans toute sa vie qu'un amour, et un amour platonique ! C'est que, voyez-vous, mon enfant, vous autres jeunes gens, vous croyez bien connaître les femmes, et vous n'y entendez rien. Si beaucoup de vieilles de quatre-vingts ans se mettaient à vous raconter franchement leur vie, peut-être découvririez-vous dans l'âme féminine des sources de vice et de vertu dont vous n'avez pas l'idée.

— Maintenant devinez de quel rang fut l'homme pour qui, moi, marquise, et marquise hautaine et fière entre toutes, je perdis tout à fait la tête.

— Le roi de France ou le dauphin Louis XVI ?...

— Oh ! si vous débutez ainsi, il vous faudra trois heures pour arriver jusqu'à mon amant. J'aime mieux vous le dire : c'était un comédien.

— C'était toujours bien un roi, j'imagine.

— Le plus noble et le plus élégant qui monta jamais sur les planches. Vous n'êtes pas surpris ?

— Pas trop. J'ai ouï dire que ces unions disproportionnées n'étaient pas rares, même dans le temps où les préjugés avaient le plus de force en France. Laquelle des amies de madame d'Épinay vivait donc avec Jéliotte ?

— Comme vous connaissez notre temps ! Cela fait pitié. Eh ! c'est précisément parce que ces traits-là sont consignés dans les mémoires, et cités avec étonnement, que vous devriez conclure leur rareté et leur contradiction avec les mœurs du temps. Soyez sûr qu'ils faisaient dès lors un grand scandale ; et lorsque vous entendez parler d'horribles dépravations, du duc de Guiche et de Manicamp, de madame de Lionne et de sa fille, vous pouvez être assuré que ces choses-là étaient aussi révoltantes au temps où elles se passèrent qu'au temps où vous les lisez. Croyez-vous donc que ceux dont la plume indignée vous les a transmis fussent les seuls honnêtes gens de France ?

Je n'osais point contredire la marquise. Je ne sais point lequel de nous deux était compétent pour juger la question. Je la ramenai à son histoire, qu'elle reprit ainsi :

— Pour vous prouver combien peu cela était toléré, je vous dirai que la première fois que je le vis, et que j'exprimai mon admiration à la comtesse de Ferrières qui se trouvait auprès de moi, elle me répondit : — Ma toute belle, vous ferez bien de ne pas dire votre avis si chaudement devant une autre que moi ; on vous raillerait cruellement si l'on vous soupçonnait d'oublier qu'aux yeux d'une femme bien née un comédien ne peut pas être un homme.

Cette parole de madame de Ferrières me resta dans l'esprit, je ne sais pourquoi. Dans la situation où j'étais, ce ton de mépris me paraissait absurde ; et cette crainte que je ne vinsse à me compromettre par mon admiration me semblait une hypocrite méchanceté.

Il s'appelait Lélio, était Italien de naissance, mais parlait admirablement le français. Il pouvait bien avoir trente-cinq ans, quoique sur la scène il parût souvent n'en avoir pas vingt. Il jouait mieux Corneille que Racine ; mais dans l'un et dans l'autre il était inimitable.

— Je m'étonne, dis-je en interrompant la marquise, que son nom ne soit pas resté dans les annales du talent dramatique.

— Il n'eut jamais de réputation, répondit-elle ; on ne l'appréciait ni à la ville ni à la cour. A ses débuts, j'ai ouï dire qu'il fut outrageusement sifflé. Par la suite, on lui tint compte de la chaleur de son âme et de ses efforts pour se perfectionner ; on le toléra, on l'applaudit parfois ; mais, en somme, on le considéra toujours comme un comédien de mauvais goût.

C'était un homme qui, en fait d'art, n'était pas plus de son siècle qu'en fait de mœurs je n'étais du mien. Ce fut peut-être là le rapport immatériel, mais tout-puissant, qui des deux extrémités de la chaîne sociale attira nos âmes l'une vers l'autre. Le public n'a pas plus compris Lélio que le monde ne m'a jugée. — Cet homme est exagéré, disait-on de lui ; il se force, il ne sent rien ; et de moi l'on disait ailleurs : — Cette femme est méprisante et froide ; elle n'a pas de cœur. Qui sait si nous n'étions pas les deux êtres qui sentaient le plus vivement de l'époque !

Dans ce temps-là, on jouait la tragédie *décemment;* il fallait avoir bon ton, même en donnant un soufflet; il fallait mourir convenablement et tomber avec grâce. L'art dramatique était façonné aux convenances du beau monde; la diction et le geste des acteurs étaient en rapport avec les paniers et la poudre dont on affublait encore Phèdre et Clytemnestre. Je n'avais pas calculé et senti les défauts de cette école. Je n'allais pas loin dans mes réflexions; seulement la tragédie m'ennuyait à mourir; et comme il était de mauvais ton d'en convenir, j'allais courageusement m'y ennuyer deux fois par semaine; mais l'air froid et contraint dont j'écoutais ces pompeuses tirades faisait dire de moi que j'étais insensible au charme des beaux vers.

J'avais fait une assez longue absence de Paris, quand je retournai un soir à la Comédie-Française pour voir jouer le *Cid.* Pendant mon séjour à la campagne, Lélio avait été admis à ce théâtre, et je le voyais pour la première fois. Il joua Rodrigue. Je n'entendis pas plutôt le son de sa voix que je fus émue. C'était une voix plus pénétrante que sonore, une voix nerveuse et accentuée. Sa voix était une des choses que l'on critiquait en lui. On voulait que le Cid eût une basse-taille, comme on voulait que tous les héros de l'antiquité fussent grands et forts. Un roi qui n'avait pas cinq pieds six pouces ne pouvait pas ceindre le diadème : cela était contraire aux arrêts du bon goût.

Lélio était petit et grêle; sa beauté ne consistait pas dans les traits, mais dans la noblesse du front, dans la grâce irrésistible des attitudes, dans l'abandon de la démarche, dans l'expression fière et mélancolique de la physionomie. Je n'ai jamais vu dans une statue, dans une peinture, dans un homme, une puissance de beauté plus idéale et plus suave. C'est pour lui qu'aurait dû être créé le mot de *charme*, qui s'appliquait à toutes ses paroles, à tous ses regards, à tous ses mouvements.

Que vous dirai-je! Ce fut en effet un *charme* jeté sur moi. Cet homme, qui marchait, qui parlait, qui agissait sans méthode et sans prétention, qui sanglotait avec le cœur autant qu'avec la voix, qui s'oubliait lui-même pour s'identifier avec la passion; cet homme que l'âme semblait user et briser, et dont un regard renfermait tout l'amour que j'avais cherché vainement dans le monde, exerça sur moi une puissance vraiment électrique; cet homme, qui n'était pas né dans son temps de gloire et de sympathies, et qui n'avait que moi pour le comprendre et marcher avec lui, fut, pendant cinq ans, mon roi, mon dieu, ma vie, mon amour.

Je ne pouvais plus vivre sans le voir : il me gouvernait, il me dominait. Ce n'était pas un homme pour moi; mais je l'entendais autrement que madame de Ferrières; c'était bien plus : c'était une puissance morale, un maître intellectuel, dont l'âme pétrissait la mienne à son gré. Bientôt il me fut impossible de renfermer les impressions que je recevais de lui. J'abandonnai ma loge à la Comédie-Française pour ne pas me trahir. Je feignis d'être devenue dévote, et d'aller, le soir, prier dans les églises. Au lieu de cela, je m'habillais en grisette, et j'allais me mêler au peuple pour l'écouter et le contempler à mon aise. Enfin, je gagnai un des employés du théâtre, et j'eus, dans un coin de la salle, une place étroite et secrète où nul regard ne pouvait m'atteindre et où je me rendais par un passage dérobé. Pour plus de sûreté, je m'habillais en écolier. Ces folies que je faisais pour un homme avec lequel je n'avais jamais échangé un mot ni un regard, avaient pour moi tout l'attrait du mystère et toute l'illusion du bonheur. Quand l'heure de la comédie sonnait à l'énorme pendule dorée de mon salon, de violentes palpitations me saisissaient. J'essayais de me recueillir, tandis qu'on apprêtait ma voiture; je marchais avec agitation, et si Larrieux était près de moi, je le brutalisais pour le renvoyer; j'éloignais avec un art infini les autres importuns. Tout l'esprit que me donna cette passion de théâtre n'est pas croyable. Il faut que j'aie eu bien de la dissimulation et bien de la finesse pour le cacher pendant cinq ans à Larrieux, qui était le plus jaloux des hommes, et à tous les méchants qui m'entouraient.

Il faut vous dire qu'au lieu de la combattre je m'y livrais avec avidité, avec délices. Elle était si pure! Pourquoi donc en aurais-je rougi? Elle me créait une vie nouvelle; elle m'initiait enfin à tout ce que j'avais désiré connaître et sentir; jusqu'à un certain point elle me faisait femme.

J'étais heureuse, j'étais fière de me sentir trembler, étouffer, défaillir. La première fois qu'une violente palpitation vint éveiller mon cœur inerte, j'eus autant d'orgueil qu'une jeune mère au premier mouvement de l'enfant renfermé dans son sein. Je devins boudeuse, rieuse, maligne, inégale. Le bon Larrieux observa que la dévotion me donnait de singuliers caprices. Dans le monde, on trouva que j'embellissais chaque jour davantage, que mon œil noir se veloutait, que mon sourire avait de la pensée, que mes remarques sur toutes choses portaient plus juste et allaient plus loin qu'on ne m'en aurait crue capable. On en fit tout l'honneur à Larrieux, qui en était pourtant bien innocent.

Je suis décousue dans mes souvenirs, parce que

voici une époque de ma vie où ils m'inondent. En vous les disant, il me semble que je rajeunis et que mon cœur bat encore au nom de Lélio. Je vous disais tout à l'heure qu'en entendant sonner la pendule je frémissais de joie et d'impatience. Maintenant encore il me semble ressentir l'espèce de suffocation délicieuse qui s'emparait de moi au timbre de cette sonnerie. Depuis ce temps-là des vicissitudes de fortune m'ont amenée à me trouver fort heureuse dans un petit appartement du Marais. Eh bien! je ne regrette rien de mon riche hôtel, de mon noble faubourg et de ma splendeur passée, que les objets qui m'eussent rappelé ce temps d'amour et de rêves. J'ai sauvé du désastre quelques meubles qui datent de cette époque, et que je regarde avec la même émotion que si l'heure allait sonner, et que si le pied de mes chevaux battait le pavé. Oh! mon enfant, n'aimez jamais ainsi; car c'est un orage qui ne s'apaise qu'à la mort!

Alors je partais, vive, et légère, et jeune, et heureuse! Je commençais à apprécier tout ce dont se composait ma vie, le luxe, la jeunesse, la beauté. Le bonheur se révélait à moi par tous les sens, par tous les pores. Doucement pliée au fond de mon carrosse, les pieds enfoncés dans la fourrure, je voyais ma figure brillante et parée se répéter dans la glace encadrée d'or placée vis-à-vis de moi. Le costume des femmes, dont on s'est tant moqué depuis, était alors d'une richesse et d'un éclat extraordinaires; porté avec goût et châtié dans ses exagérations, il prêtait à la beauté une noblesse et une grâce moelleuse dont les peintures ne sauraient vous donner l'idée. Avec tout cet attirail de plumes, d'étoffes et de fleurs, une femme était forcée de mettre une sorte de lenteur à tous ses mouvements.

J'en ai vu de fort blanches qui, lorsqu'elles étaient poudrées et habillées de blanc, traînant leur longue queue de moire et balançant avec souplesse les plumes de leur front, pouvaient, sans hyperbole, être comparées à des cygnes. C'était, en effet, quoi qu'en ait dit Rousseau, bien plus à des oiseaux qu'à des guêpes que nous ressemblions avec ces énormes plis de satin, cette profusion de mousselines et de bouffantes qui cachaient un petit corps tout frêle, comme le duvet cache la tourterelle ; avec ces longs ailerons de dentelle qui tombaient du bras, avec ces vives couleurs qui bigarraient nos jupes, nos rubans et nos pierreries ; et quand nous tenions nos petits pieds en équilibre dans de jolies mules à talons, c'est alors vraiment que nous semblions craindre de toucher la terre, et que nous marchions avec la précaution dédaigneuse d'une bergeronnette au bord d'un ruisseau.

A l'époque dont je vous parle, on commençait à porter de la poudre blonde, qui donnait aux cheveux une teinte douce et cendrée. Cette manière d'atténuer la crudité des tons de la chevelure donnait au visage beaucoup de douceur et aux yeux un éclat extraordinaire. Le front, entièrement découvert, se perdait dans les pâles nuances de ces cheveux de convention ; il en paraissait plus large, plus pur, et toutes les femmes avaient l'air noble. Aux crêpés, qui n'ont jamais été gracieux, à mon sens, avaient succédé les coiffures basses, les grosses boucles rejetées en arrière et tombant sur le cou et sur les épaules. Cette coiffure m'allait fort bien, et j'étais renommée pour la richesse et l'invention de mes parures. Je sortais tantôt avec une robe de velours nacarat, garnie de grèbe ; tantôt avec une tunique de satin blanc, bordée de peau de tigre ; quelquefois avec un habit complet de damas lilas lamé d'argent, et des plumes blanches montées en perles. C'est ainsi que j'allais faire quelques visites en attendant l'heure de la seconde pièce; car Lélio ne jouait jamais dans la première.

Je faisais sensation dans les salons, et lorsque je remontais dans mon carrosse je regardais avec complaisance la femme qui aimait Lélio, et qui pouvait s'en faire aimer. Jusque-là le seul plaisir que j'eusse trouvé à être belle consistait dans la jalousie que j'inspirais. Le soin que je prenais à m'embellir était une bien bénigne vengeance envers ces femmes qui avaient ourdi de si horribles complots contre moi. Mais du moment que j'aimai, je me mis à jouir de ma beauté pour moi-même. Je n'avais que cela à offrir à Lélio en compensation de tous les triomphes qu'on lui déniait à Paris, et je m'amusais à me représenter l'orgueil et la joie de ce pauvre comédien si moqué, si méconnu, si rebuté, le jour où il apprendrait que la marquise de R.... lui avait voué son culte.

Au reste, ce n'étaient là que des rêves riants et fugitifs; c'étaient tous les résultats, tous les profits que je tirais de ma position. Dès que mes pensées prenaient un corps et que je m'apercevais de la consistance d'un projet quelconque dans mon amour, je l'étouffais courageusement, et tout l'orgueil du rang reprenait ses droits sur mon âme. Vous me regardez d'un air étonné? Je vous expliquerai cela tout à l'heure. Laissez-moi parcourir le monde enchanté de mes souvenirs.

Vers huit heures, je me faisais descendre à la petite église des Carmélites, près le Luxembourg; je renvoyais ma voiture, et j'étais censée assister à des conférences religieuses qui s'y tenaient à cette heure-là;

mais je ne faisais que traverser l'église et le jardin; je sortais par une autre rue; j'allais trouver dans sa mansarde une jeune ouvrière nommée Florence, qui m'était toute dévouée. Je m'enfermais dans sa chambre, et je déposais avec joie sur son grabat tous mes atours pour endosser l'habit noir carré, l'épée à gaîne de chagrin et la perruque symétrique d'un jeune proviseur de collége aspirant à la prêtrise. Grande comme j'étais, brune et le regard inoffensif, j'avais bien l'air gauche et hypocrite d'un petit prestolet qui se cache pour aller au spectacle. Florence, qui me supposait une intrigue véritable au dehors, riait avec moi de mes métamorphoses, et j'avoue que je ne les eusse pas prises plus gaiement pour aller m'enivrer de plaisir et d'amour, comme toutes ces jeunes folles qui avaient des soupers clandestins dans les petites maisons.

Je montais dans un fiacre, et j'allais me blottir dans ma logette du théâtre. Ah! alors mes palpitations, mes terreurs, mes joies, mes impatiences cessaient. Un recueillement profond s'emparait de toutes mes facultés, et je restais comme absorbée jusqu'au lever du rideau, dans l'attente d'une grande solennité.

Comme le vautour prend une perdrix dans son vol magnétique, comme il la tient haletante et immobile dans le cercle magique qu'il trace au-dessus d'elle, l'âme de Lélio, sa grande âme de tragédien et de poète, enveloppait toutes mes facultés et me plongeait dans la torpeur de l'admiration. J'écoutais, les mains contractées sur mon genou, le menton appuyé sur le velours d'Utrecht de la loge, le front baigné de sueur. Je retenais ma respiration, je maudissais la clarté fatigante des lumières, qui lassait mes yeux secs et brûlants, attachés à tous ses gestes, à tous ses pas. J'aurais voulu saisir la moindre palpitation de son sein, le moindre pli de son front. Ses émotions feintes, ses malheurs de théâtre, me pénétraient comme des choses réelles. Je ne savais bientôt plus distinguer l'erreur de la vérité. Lélio n'existait plus pour moi : c'était Rodrigue, c'était Bajazet, c'était Hippolyte. Je haïssais ses ennemis, je tremblais pour ses dangers; ses douleurs me faisaient répandre avec lui des flots de larmes; sa mort m'arrachait des cris que j'étais forcée d'étouffer en mâchant mon mouchoir. Dans les entr'actes, je tombais épuisée au fond de ma loge ; j'y restais comme morte, jusqu'à ce que l'aigre ritournelle m'eût annoncé le lever du rideau. Alors je ressuscitais, je redevenais forte et ardente, pour admirer, pour sentir, pour pleurer. Que de fraîcheur, que de poésie, que de jeunesse il y avait dans le talent de cet homme! Il fallait que toute cette génération fût de glace pour ne pas tomber à ses pieds.

Et pourtant, quoiqu'il choquât toutes les idées reçues, quoiqu'il lui fût impossible de se faire au goût de ce sot public, quoiqu'il scandalisât les femmes par le désordre de sa tenue, quoiqu'il offensât les hommes par ses mépris pour leurs sottes exigences, il avait des moments de puissance sublime et de fascination irrésistible, où il prenait tout ce public rétif et ingrat dans son regard et dans sa parole, comme dans le creux de sa main, et il le forçait d'applaudir et de frissonner. Cela était rare, parce que l'on ne change pas subitement tout l'esprit d'un siècle; mais quand cela arrivait, les applaudissements étaient frénétiques; il semblait que, subjugués alors par son génie, les Parisiens voulussent expier toutes leurs injustices. Moi, je croyais plutôt que cet homme avait par instants une puissance surnaturelle, et que ses plus amers contempteurs se sentaient entraînés à le faire triompher malgré eux. En vérité, dans ces moments-là la salle de la Comédie-Française semblait frappée de délire, et en sortant on se regardait tout étonné d'avoir applaudi Lélio. Pour moi, je me livrais alors à mon émotion ; je criais, je pleurais, je le nommais avec passion, je l'appelais avec folie ; ma faible voix se perdait heureusement dans le grand orage qui éclatait autour de moi.

D'autres fois on le sifflait dans des situations où il me semblait sublime, et je quittais le spectacle avec rage. Ces jours-là étaient les plus dangereux pour moi. J'étais violemment tentée d'aller le trouver, de pleurer avec lui, de maudire le siècle et de le consoler en lui offrant mon enthousiasme et mon amour.

Un soir que je sortais par le passage dérobé où j'étais admise, je vis passer rapidement devant moi un homme petit et maigre qui se dirigeait vers la rue. Un machiniste lui ôta son chapeau en lui disant : — Bonsoir, monsieur Lélio. Aussitôt, avide de regarder de près cet homme extraordinaire, je m'élance sur ses traces, je traverse la rue, et, sans me soucier du danger auquel je m'expose, j'entre avec lui dans un café. Heureusement c'était un café borgne, où je ne devais rencontrer aucune personne de mon rang.

Quand, à la clarté d'un mauvais lustre enfumé, j'eus jeté les yeux sur Lélio, je crus m'être trompée et avoir suivi un autre que lui. Il avait au moins trente-cinq ans ; il était jaune, flétri, usé ; il était mal mis ; il avait l'air commun ; il parlait d'une voix rauque et éteinte, donnait la main à des pleutres, avalait de l'eau-de-vie et jurait horriblement. Il me fallut entendre prononcer plusieurs fois son nom pour m'assurer que c'était bien là le dieu du théâtre et l'interprète du grand Corneille.

Je ne retrouvais plus rien en lui des charmes qui m'avaient fascinée, pas même son regard si noble, si ardent et si triste. Son œil était morne, éteint, presque stupide; sa prononciation accentuée devenait ignoble en s'adressant au garçon de café, en parlant de jeu, de cabaret et de filles. Sa démarche était lâche, sa tournure sale, ses joues mal essuyées de fard. Ce n'était plus Hippolyte, c'était Lélio. Le temple était vide et pauvre; l'oracle était muet; le dieu s'était fait homme, pas même homme, comédien.

Il sortit, et je restai long-temps stupéfaite à ma place, ne songeant point à avaler le vin chaud épicé que j'avais demandé pour me donner un air cavalier. Quand je m'aperçus du lieu où j'étais et des regards qui s'attachaient sur moi, la peur me prit; c'était la première fois de ma vie que je me trouvais dans une situation si équivoque et dans un contact si direct avec des gens de cette classe; depuis, l'émigration m'a bien aguerrie à ces inconvenances de position.

Je me levai et j'essayai de fuir, mais j'oubliai de payer. Le garçon courut après moi. J'eus une honte effroyable; il fallut rentrer, m'expliquer au comptoir, soutenir tous les regards méfiants et moqueurs dirigés sur moi. Quand je fus sortie, il me sembla qu'on me suivait. Je cherchai vainement un fiacre pour m'y jeter, il n'y en avait plus devant la Comédie. Des pas lourds se faisaient entendre toujours sur les miens. Je me retournai en tremblant; je vis un grand escogriffe que j'avais remarqué dans un coin du café, et qui avait bien l'air d'un mouchard ou de quelque chose de pis. Il me parla; je ne sais pas ce qu'il me dit, la frayeur m'ôtait l'intelligence; cependant j'eus assez de présence d'esprit pour m'en débarrasser. Transformée tout d'un coup en héroïne par ce courage que donne la peur, je lui allongeai rapidement un coup de canne dans la figure, et, jetant aussitôt la canne pour mieux courir, tandis qu'il restait étourdi de mon audace, je pris ma course, légère comme un trait, et ne m'arrêtai que chez Florence. Quand je m'éveillai le lendemain à midi dans mon lit à rideaux ouatés et à chapiteaux de plumes roses, je crus avoir fait un rêve, et j'éprouvai de ma déception et de mon aventure de la veille une grande mortification. Je me crus sérieusement guérie de mon amour, et j'essayai de m'en féliciter; mais ce fut en vain. J'en éprouvais un regret mortel; l'ennui retombait sur ma vie, tout se désenchantait. Ce jour-là je mis Larrieux à la porte.

Le soir arriva et ne m'apporta plus ces agitations bienfaisantes des autres soirs. Le monde me sembla insipide. J'allai à l'église; j'écoutai la conférence, résolue à me faire dévote : je m'y enrhumai; j'en revins malade.

Je gardai le lit plusieurs jours. La comtesse de Ferrières vint me voir, m'assura que je n'avais point de fièvre, que le lit me rendait malade, qu'il fallait me distraire, sortir, aller à la comédie. Je crois qu'elle avait des vues sur Larrieux, et qu'elle voulait ma mort.

Il en arriva autrement; elle me força d'aller avec elle voir jouer *Cinna*. — Vous ne venez plus au spectacle, me disait-elle; c'est la dévotion et l'ennui qui vous minent. Il y a long-temps que vous n'avez vu Lélio; il a fait des progrès; on l'applaudit quelquefois maintenant; j'ai dans l'idée qu'il deviendra supportable.

Je ne sais comment je me laissai entraîner. Au reste,

désenchantée de Lélio comme je l'étais, je ne risquais plus de me perdre en affrontant ses séductions en public. Je me parai excessivement, et j'allai en grande loge d'avant-scène braver un danger auquel je ne croyais plus.

Mais le danger ne fut jamais plus imminent. Lélio fut sublime, et je m'aperçus que jamais je n'en avais été plus éprise. L'aventure de la veille ne me paraissait plus qu'un rêve; il ne se pouvait pas que Lélio fût autre qu'il ne me paraissait sur la scène. Malgré moi, je retombai dans toutes les agitations terribles qu'il savait me communiquer. Je fus forcée de couvrir mon visage en pleurs de mon mouchoir; dans mon désordre, j'effaçai mon rouge, j'enlevai mes mouches, et la comtesse de Ferrières m'engagea à me retirer au fond de ma loge, parce que mon émotion faisait événement dans la salle. Heureusement j'eus l'adresse de faire croire que tout cet attendrissement était produit par le jeu de mademoiselle Hippolyte Clairon. C'était, à mon avis, une tragédienne bien froide et bien compassée, trop supérieure peut-être, par son éducation et son caractère, à la profession du théâtre comme on l'entendait alors; mais la manière dont elle disait : *tout beau*, dans *Cinna*, lui avait fait une réputation de haut lieu.

Il est vrai de dire que, lorsqu'elle jouait avec Lélio, elle devenait très-supérieure à elle-même. Quoiqu'elle affichât aussi un mépris de bon ton pour sa méthode, elle subissait l'influence de son génie sans s'en apercevoir, et s'inspirait de lui lorsque la passion les mettait en rapport sur la scène.

Ce soir-là Lélio me remarqua, soit pour ma parure, soit pour mon émotion; car je le vis se pencher, dans un instant où il était hors de scène, vers un des hommes qui étaient assis à cette époque sur le théâtre, et lui demander mon nom. Je compris cela à la manière dont leurs regards me désignèrent. J'en eus un battement de cœur qui faillit m'étouffer, et je remarquai que dans le cours de la pièce les yeux de Lélio se dirigèrent plusieurs fois de mon côté. Que n'aurais-je pas donné pour savoir ce que lui avait dit de moi le chevalier de Brétillac, celui qu'il avait interrogé, et qui, en me regardant, lui avait parlé à plusieurs reprises ! La figure de Lélio, forcée de rester grave pour ne pas déroger à la dignité de son rôle, n'avait rien exprimé qui pût me faire deviner le genre de renseignements qu'on lui donnait sur mon compte. Je connaissais du reste fort peu ce Brétillac, je n'imaginais pas ce qu'il avait pu dire de moi en bien ou en mal.

De ce soir seulement je compris l'espèce d'amour qui m'enchaînait à Lélio ; c'était une passion tout intellectuelle, toute romanesque. Ce n'était pas lui que j'aimais, mais le héros des anciens jours qu'il savait représenter ; ces types de franchise, de loyauté et de tendresse à jamais perdus revivaient en lui, et je me trouvais avec lui et par lui reportée à une époque de vertus désormais oubliées. J'avais l'orgueil de penser qu'en ces jours-là je n'eusse pas été méconnue et diffamée, que mon cœur eût pu se donner, que je n'eusse pas été réduite à aimer un fantôme de comédie. Lélio n'était pour moi que l'ombre du Cid, que le représentant de l'amour antique et chevaleresque dont on se moquait maintenant en France. Lui, l'homme, l'histrion, je ne le craignais guère, je l'avais vu ; je ne pouvais l'aimer qu'en public. Mon Lélio à moi, c'était un être factice que je ne pouvais plus saisir dès qu'on éteignait le lustre de la Comédie. Il lui fallait l'illusion de la scène, le reflet des quinquets, le fard du costume pour être celui que j'aimais. En dépouillant tout cela il rentrait pour moi dans le néant; comme une étoile il s'effaçait à l'éclat du jour. Hors les planches il ne me prenait plus la moindre envie de le voir, et même j'en eusse été désespérée. C'eût été pour moi comme de contempler un grand homme réduit à un peu de cendre dans un vase d'argile.

Mes fréquentes absences aux heures où j'avais l'habitude de recevoir Larrieux, et surtout mon refus formel d'être désormais sur un autre pied avec lui que sur celui de l'amitié, lui inspirèrent un accès de jalousie mieux fondé, je l'avoue, qu'aucun de ceux qu'il eût ressentis. Un soir que j'allais aux Carmélites dans l'intention de m'en échapper par l'autre issue, je m'aperçus qu'il me suivait, et je compris qu'il serait désormais presque impossible de lui cacher mes courses nocturnes. Je pris donc le parti d'aller publiquement au théâtre. J'acquis peu à peu l'hypocrisie nécessaire pour renfermer mes impressions, et d'ailleurs je me mis à professer hautement pour Hippolyte Clairon une admiration qui pouvait donner le change sur mes véritables sentiments. J'étais désormais plus gênée; forcée comme je l'étais de m'observer attentivement, mon plaisir était moins vif et moins profond. Mais de cette situation il en naquit une autre qui établit une compensation rapide. Lélio me voyait, il m'observait; ma beauté l'avait frappé, ma sensibilité le flattait. Ses regards avaient peine à se détacher de moi. Quelquefois il en eut des distractions qui mécontentèrent le public. Bientôt il me fut impossible de m'y tromper, il m'aimait à en perdre la tête.

Ma loge ayant semblé faire envie à la princesse de

Vaudémont, je la lui avais cédée pour en prendre une plus petite, plus enfoncée et mieux située. J'étais tout à fait sur la rampe, je ne perdais pas un regard de Lélio, et les siens pouvaient m'y chercher sans me compromettre. D'ailleurs je n'avais même plus besoin de ce moyen pour correspondre avec toutes ses sensations : dans le son de sa voix, dans les soupirs de son sein, dans l'accent qu'il donnait à certains vers, à certains mots, je comprenais qu'il s'adressait à moi. J'étais la plus fière et la plus heureuse des femmes ; car à ces heures-là ce n'était pas du comédien, c'était du héros que j'étais aimée.

Eh bien ! après deux années d'un amour que j'avais nourri inconnu et solitaire au fond de mon âme, trois hivers s'écoulèrent encore sur cet amour désormais partagé sans que jamais mon regard donnât à Lélio le droit d'espérer autre chose que ces rapports intimes et mystérieux. J'ai su depuis que Lélio m'avait souvent suivie dans les promenades ; je ne daignai pas l'apercevoir ni le distinguer dans la foule, tant j'étais peu avertie par le désir de le distinguer hors du théâtre. Ces cinq années sont les seules que j'aie vécu sur quatre-vingts.

Un jour enfin je lus dans le *Mercure de France* le nom d'un nouvel acteur engagé à la Comédie-Française, à la place de Lélio qui partait pour l'étranger. Cette nouvelle fut un coup mortel pour moi ; je ne concevais point comment je pourrais vivre désormais sans cette émotion, sans cette existence de passion et d'orage. Cela fit faire à mon amour un progrès immense et faillit me perdre.

Désormais je ne me combattis plus pour étouffer dès sa naissance toute pensée contraire à la dignité de mon rang. Je ne m'applaudis plus de ce qu'était réellement

Lélio. Je souffris, je murmurai en secret de ce qu'il n'était point ce qu'il paraissait être sur les planches, et j'allai jusqu'à le souhaiter beau et jeune comme l'art le faisait chaque soir, afin de pouvoir lui sacrifier tout l'orgueil de mes préjugés et toutes les répugnances de mon organisation. Maintenant que j'allais perdre cet être moral qui remplissait depuis si long-temps mon âme, il me prenait envie de réaliser tous mes rêves et d'essayer de la vie positive, sauf à détester ensuite et la vie, et Lélio, et moi-même.

J'en étais à ces irrésolutions, lorsque je reçus une lettre d'une écriture inconnue; c'est la seule lettre d'amour que j'aie conservée parmi les mille protestations écrites de Larrieux et les mille déclarations parfumées de cent autres. C'est qu'en effet c'est la seule lettre d'amour que j'aie reçue.

La marquise s'interrompit, se leva, alla ouvrir d'une main assurée un coffre de marqueterie, et en tira une lettre bien froissée, bien amincie, que je lus avec peine.

« Madame,

» Je suis moralement sûr que cette lettre ne vous
» inspirera que du mépris; vous ne la trouverez même
» pas digne de votre colère. Mais qu'importe à l'homme
» qui tombe dans un abîme une pierre de plus ou de
» moins dans le fond? Vous me considérerez comme
» un fou, et vous ne vous tromperez pas. Eh bien! vous
» me plaindrez peut-être en secret, car vous ne pourrez
» pas douter de ma sincérité. Quelque humble que la
» piété vous ait faite, vous comprendrez peut-être l'é-
» tendue de mon désespoir; vous devez savoir déjà,
» madame, ce que vos yeux peuvent faire de mal et de
» bien.

» Eh bien! dis-je, si j'obtiens de vous une seule pen-
» sée de compassion, si ce soir, à l'heure avidement
» appelée où chaque jour je recommence à vivre, j'a-
» perçois sur vos traits une légère expression de pitié,
» je partirai moins malheureux; j'emporterai de France
» un souvenir qui me donnera peut-être la force de
» vivre ailleurs et d'y poursuivre mon ingrate et pénible
» carrière.

» Mais vous devez le savoir déjà, madame : il est
» impossible que mon trouble, mon emportement, mes
» cris de colère et de désespoir ne m'aient pas trahi
» vingt fois sur la scène. Vous n'avez pas pu allumer
» tous ces feux sans avoir un peu la conscience de ce
» que vous faisiez. Ah! vous avez peut-être joué comme
» le tigre avec sa proie, vous vous êtes fait un amuse-
» ment peut-être de mes tourments et de mes folies.

» Oh! non : c'est trop de présomption. Non, ma-
» dame, je ne le crois pas; vous n'y avez jamais songé.
» Vous êtes sensible aux vers du grand Corneille, vous
» vous identifiez avec les nobles passions de la tragédie :
» voilà tout. Et moi, insensé, j'ai osé croire que ma voix
» seule éveillait quelquefois vos sympathies, que mon
» cœur avait un écho dans le vôtre, qu'il y avait entre
» vous et moi quelque chose de plus qu'entre moi et le
» public. Oh! c'était une insigne, mais bien douce fo-
» lie! Laissez-la-moi, madame; que vous importe?
» Craindriez-vous que j'allasse m'en vanter? De quel
» droit pourrais-je le faire, et quel titre aurais-je pour
» être cru sur ma parole? Je ne ferais que me livrer à
» la risée des gens sensés. Laissez-la-moi, vous dis-je,
» cette conviction que j'accueille en tremblant et qui
» m'a donné plus de bonheur à elle seule que la sévé-
» rité du public envers moi ne m'a donné de chagrin.

» Laissez-moi vous bénir, vous remercier à genoux de
» cette sensibilité que j'ai découverte dans votre âme et
» que nulle autre âme ne m'a accordée, de ces larmes
» que je vous ai vue verser sur mes malheurs de théâ-
» tre, et qui ont souvent porté mes inspirations jusqu'au
» délire ; de ces regards timides qui, je l'ai cru du
» moins, cherchaient à me consoler des froideurs de
» mon auditoire.

» Oh! pourquoi êtes-vous née dans l'éclat et dans
» le faste! pourquoi ne suis-je qu'un pauvre artiste sans
» gloire et sans nom! Que n'ai-je la faveur du public
» et la richesse d'un financier à troquer contre un nom,
» contre un de ces titres que jusqu'ici j'ai dédaignés,
» et qui me permettraient peut-être d'aspirer à vous !
» Autrefois je préférais la distinction du talent à toute
» autre ; je me demandais à quoi bon être chevalier ou
» marquis, si ce n'est pour être sot, fat et impertinent ;
» je haïssais l'orgueil des grands, et je me croyais assez
» vengé de leurs dédains si je m'élevais au-dessus d'eux
» par mon génie.

» Chimères et déceptions ! mes forces ont trahi mon
» ambition insensée. Je suis resté obscur ; j'ai fait pis,
» j'ai frisé le succès et je l'ai laissé échapper. Je croyais
» me sentir grand, et on m'a jeté dans la poussière ; je
» m'imaginais toucher au sublime, on m'a condamné
» au ridicule. La destinée m'a pris avec mes rêves dé-
» mesurés et mon âme audacieuse, et elle m'a brisé
» comme un roseau ! Je suis un homme bien mal-
» heureux !

» Mais la plus grande de mes folies, c'est d'avoir jeté
» mes regards au delà de cette rampe de quinquets qui
» trace une ligne invincible entre moi et le reste de la
» société ; c'est pour moi le cercle de Popilius. J'ai

» voulu le franchir ! J'ai osé avoir des yeux, moi co-
» médien, et les arrêter sur une belle femme ! sur une
» femme si jeune, si noble, si aimante et placée si haut !
» car vous êtes tout cela, madame, je le sais. Le monde
» vous accuse de froideur et de dévotion outrée, moi
» seul je vous juge et je vous connais. Un seul de vos
» sourires, une seule de vos larmes, ont suffi pour dé-
» mentir les fables stupides qu'un chevalier de Brétillac
» m'a débitées contre vous.

» Mais quelle destinée est donc aussi la vôtre ! Quelle
» étrange fatalité pèse donc sur vous comme sur moi
» pour qu'au sein d'un monde si brillant et qui se dit
» si éclairé, vous n'ayez trouvé pour vous rendre jus-
» tice que le cœur d'un pauvre comédien ? Eh bien !
» rien ne m'ôtera cette pensée triste et consolante :
» c'est que, si nous étions nés sur le même échelon de
» la société, vous n'auriez pas pu m'échapper, quels
» qu'eussent été mes rivaux, quelle que soit ma médio-
» crité. Il aurait fallu vous rendre à une vérité, c'est
» qu'il y a en moi quelque chose de plus grand que leurs
» fortunes et leurs titres, la puissance de vous aimer.

» LÉLIO. »

Cette lettre, continua la marquise, étrange pour le temps où elle fut écrite, me sembla, malgré quelques souvenirs de déclamation racinienne qui percent dans le commencement, tellement forte et vraie, j'y trouvai un sentiment de passion si neuf et si hardi, que j'en fus bouleversée. Le reste de fierté qui combattait en moi s'évanouit. J'eusse donné tous mes jours pour une heure d'un pareil amour.

Je ne vous raconterai pas mes anxiétés, mes fantaisies, mes terreurs; moi-même je ne pourrais en retrouver le fil et la liaison. Je répondis quelques mots que voici, autant que je me les rappelle :

« Je ne vous accuse pas, Lélio, j'accuse la destinée ;
» je ne vous plains pas seul, je me plains aussi. Pour
» aucune raison d'orgueil, de prudence ou de pruderie,
» je ne voudrais vous retirer la consolation de vous
» croire distingué de moi. Gardez-la, parce que c'est
» la seule que j'aie à vous offrir. Je ne puis jamais con-
» sentir à vous voir. »

Le lendemain je reçus un billet que je lus à la hâte, et que j'eus à peine le temps de jeter au feu pour le dérober à Larrieux, qui me surprit occupée à le lire. Il était à peu près conçu en ces termes :

« Madame, il faut que je vous parle ou que je meure.
» Une fois, une seule fois, une heure seulement, si
» vous voulez. Que craignez-vous donc d'une entrevue,
» puisque vous vous fiez à mon honneur et à ma discré-
» tion ? Madame, je sais qui vous êtes ; je connais l'aus-
» térité de vos mœurs, je connais votre piété, je con-
» nais même vos sentiments pour le vicomte de Larrieux.
» Je n'ai pas la sottise d'espérer de vous autre chose
» qu'une parole de pitié ; mais il faut qu'elle tombe de
» vos lèvres sur moi. Il faut que mon cœur la recueille
» et l'emporte, ou il faut que mon cœur se brise.

» LÉLIO. »

Je dirai pour ma gloire, car toute noble et courageuse confiance est glorieuse dans le danger, que je n'eus pas un instant la crainte d'être raillée par un impudent libertin. Je crus religieusement à l'humble sincérité de Lélio. D'ailleurs j'étais payée pour avoir confiance en ma force; je résolus de le voir. J'avais complétement oublié sa figure flétrie, son mauvais ton, son air commun; je ne connaissais plus de lui que le prestige de son génie, son style et son amour. Je lui répondis :

« Je vous verrai; trouvez un lieu sûr; mais n'espérez
» de moi que ce que vous demandez. J'ai foi en vous
» comme en Dieu. Si vous cherchiez à en abuser, vous
» seriez un misérable, et je ne vous craindrais pas. »

RÉPONSE. « Votre confiance vous sauverait du der-
» nier des scélérats. Vous verrez, madame, que Lélio
» n'en est pas indigne. Le duc de *** a eu la bonté de
» me proposer souvent sa maison de la rue de Valois;
» qu'en aurais-je fait? Il y a trois ans qu'il n'existe plus
» pour moi qu'une femme sous le ciel. Daignez être au
» rendez-vous au sortir de la comédie. »

Suivaient les indications de lieu.

Je reçus ce billet à quatre heures. Toute cette négociation s'était passée dans l'espace d'un jour. J'avais employé cette journée à parcourir mes appartements comme une personne privée de raison; j'avais la fièvre. Cette rapidité d'événements et de décisions, contraires à cinq ans de résolutions, m'emportait comme un rêve; et quand j'eus pris le dernier parti, quand je vis que je m'étais engagée et qu'il n'était plus temps de reculer, je tombai accablée sur mon ottomane, ne respirant plus et voyant ma chambre tourner sous mes pieds.

Je fus sérieusement incommodée; il fallut envoyer chercher un chirurgien qui me saigna. Je défendis à mes gens de dire un mot à qui que ce fût de mon indisposition; je craignais les importunités des donneurs de conseils, et je ne voulais pas qu'on m'empêchât de sortir le soir. En attendant l'heure, je me jetai sur mon lit et je défendis ma porte même à M. de Larrieux.

La saignée m'avait physiquement soulagée en m'affaiblissant. Je tombai dans un grand accablement d'esprit ; toutes mes illusions s'envolèrent avec l'excitation de la fièvre. Je retrouvai la raison et la mémoire ; je me rappelai la terrible déception du café, la misérable allure de Lélio ; je m'apprêtai à rougir de ma folie, à tomber du faîte de mes chimères dans une plate et ignoble réalité. Je ne pouvais plus comprendre comment je m'étais décidée à troquer cette héroïque et romanesque tendresse contre le dégoût qui m'attendait et la honte qui empoisonnerait tous mes souvenirs. J'eus alors un mortel regret de ce que j'avais fait ; je pleurai mes enchantements, ma vie d'amour, et l'avenir de satisfaction pure et intime que j'allais renverser. Je pleurai surtout Lélio, qu'en le voyant j'allais perdre à jamais, que j'avais eu tant de bonheur à aimer pendant cinq ans, et que je ne pourrais plus aimer dans quelques heures.

Dans mon chagrin je me tordis les bras avec force ; ma saignée se rouvrit, le sang coula avec abondance ; je n'eus que le temps de sonner ma femme de chambre qui me trouva évanouie dans mon lit. Un profond et lourd sommeil, contre lequel je luttai vainement, s'empara de moi. Je ne rêvai point, je ne souffris point, je fus comme morte pendant quelques heures. Quand j'ouvris les yeux ma chambre était sombre, mon hôtel silencieux ; ma suivante dormait sur une chaise au pied de mon lit. Je restai quelque temps dans un état d'engourdissement et de faiblesse qui ne me permettait pas un souvenir, pas une pensée. Tout d'un coup la mémoire me revient ; je me demande si l'heure et le jour du rendez-vous sont passés, si j'ai dormi une heure ou un siècle, s'il fait jour ou nuit, si mon manque de parole n'a pas tué Lélio, s'il est temps encore. J'essaie de me lever, mes forces s'y refusent; je lutte quelques instants comme dans le cauchemar. Enfin je rassemble toute ma volonté, je l'appelle au secours de mes membres accablés. Je m'élance sur le parquet; j'entr'ouvre les rideaux; je vois briller la lune sur les arbres de mon jardin; je cours à la pendule, elle marque dix heures. Je saute sur ma femme de chambre, je la secoue, je l'éveille en sursaut : — Quinette, quel jour sommes-nous? Elle quitte sa chaise en criant et veut fuir, car elle me croit dans le délire; je la retiens, je la rassure; j'apprends que j'ai dormi trois heures seulement. Je remercie Dieu. Je demande un fiacre; Quinette me regarde avec stupeur. Enfin elle se convainc que j'ai toute ma tête; elle transmet mon ordre et s'apprête à m'habiller.

Je me fis donner le plus simple et le plus chaste de mes habits; je ne plaçai dans mes cheveux aucun ornement; je refusai de mettre du rouge. Je voulais avant tout inspirer à Lélio l'estime et le respect, qui m'étaient plus précieux que son amour. Cependant j'eus un sentiment de plaisir lorsque Quinette, étonnée de tout ce qui me passait par l'esprit, me dit, en me regardant de la tête aux pieds : — En vérité, madame, je ne sais pas comment vous faites; vous n'avez qu'une simple robe blanche sans queue et sans panier; vous êtes malade et pâle comme la mort; vous n'avez pas seulement voulu mettre une mouche; eh bien! je veux mourir si je vous ai jamais vue aussi belle que ce soir. Je plains les hommes qui vous regarderont!

— Tu me crois donc bien sage, ma pauvre Quinette?

— Hélas! madame la marquise, je demande tous les jours au ciel de le devenir comme vous; mais jusqu'ici...

— Allons, ingénue, donne-moi mon mantelet et mon manchon.

A minuit j'étais à la maison de la rue de Valois. J'étais soigneusement voilée. Une espèce de valet de chambre vint me recevoir; c'était le seul hôte visible de cette mystérieuse demeure. Il me conduisit à travers les détours d'un sombre jardin jusqu'à un pavillon enseveli dans l'ombre et le silence. Après avoir déposé dans le vestibule sa lanterne de soie verte, il m'ouvrit la porte d'un appartement obscur et profond, me montra d'un geste respectueux et d'un air impassible le rayon de lumière qui arrivait du fond de l'enfilade; et me dit à voix basse, comme s'il eût craint d'éveiller les échos endormis:

— Madame est seule, personne encore n'est arrivé. Madame trouvera dans le salon d'été une sonnette à laquelle je répondrai si elle a besoin de quelque chose. Et il disparut comme par enchantement, en refermant la porte sur moi.

Il me prit une peur horrible; je craignis d'être tombée dans un guet-apens. Je le rappelai. Il parut aussitôt; son air solennellement bête me rassura. Je lui demandai quelle heure il était; je le savais fort bien : j'avais fait sonner plus de dix fois ma montre dans la voiture.

— Il est minuit, répondit-il sans lever les yeux sur moi. Je vis que c'était un homme parfaitement instruit des devoirs de sa charge. Je me décidai à pénétrer jusqu'au salon d'été; et je me convainquis de l'injustice de mes craintes en voyant toutes les portes qui donnaient sur le jardin fermées seulement par des portières de soie peinte à l'orientale. Rien n'était délicieux comme ce boudoir, qui n'était, à vrai dire, qu'un salon de musique, le plus honnête du monde. Les murs étaient de stuc blanc comme la neige, les cadres des glaces en argent mat; des instruments de musique, d'une richesse extraordinaire, étaient épars sur des meubles de velours blanc à glands de perles. Toute la lumière arrivait du haut, mais cachée par des feuilles d'albâtre, qui formaient comme un plafond à la rotonde. On aurait pu prendre cette clarté mate et douce pour celle de la lune. J'examinai avec curiosité, avec intérêt, cette retraite, à laquelle mes souvenirs ne pouvaient rien comparer. C'était et ce fut la seule fois de ma vie que je mis le pied dans une petite maison; mais soit que ce ne fût pas la pièce destinée à servir de temple aux galants mystères qui s'y célébraient, soit que Lélio en eût fait disparaître tout objet qui eût pu blesser ma vue et me faire souffrir de ma situation, ce lieu ne justifiait aucune des répugnances que j'avais senties en y entrant. Une seule statue de marbre blanc en décorait le milieu; elle était antique, et représentait Isis voilée, avec un doigt sur ses lèvres. Les glaces qui nous reflétaient, elle et moi, pâles et vêtues de blanc, et chastement drapées toutes deux, me faisaient illusion au point qu'il me fallait remuer pour distinguer sa forme de la mienne.

Tout d'un coup ce silence morne, effrayant et délicieux à la fois, fut interrompu; la porte du fond s'ouvrit et se referma; des pas légers firent doucement craquer les parquets. Je tombai sur un fauteuil, plus morte que vive; j'allais voir Lélio de près, hors du théâtre. Je fermai les yeux, et je lui dis intérieurement adieu avant de les rouvrir.

Mais quelle fut ma surprise! Lélio était beau comme les anges; il n'avait pas pris le temps d'ôter son costume de théâtre : c'était le plus élégant que je lui eusse vu.

Sa taille, mince et souple, était serrée dans un pourpoint espagnol de satin blanc. Ses nœuds d'épaule et de jarretière étaient en ruban rouge cerise; un court manteau, de même couleur, était jeté sur son épaule. Il avait une énorme fraise de point d'Angleterre, les cheveux courts et sans poudre; une toque, ombragée de plumes blanches, se balançait sur son front, où brillait une rosace de diamants. C'est dans ce costume qu'il venait de jouer le rôle de don Juan du *Festin de Pierre*. Jamais je ne l'avais vu aussi beau, aussi jeune, aussi poétique, que dans ce moment. Vélasquez se fût prosterné devant un tel modèle.

Il se mit à mes genoux. Je ne pus m'empêcher de lui tendre la main. Il avait l'air si craintif et si soumis! Un homme épris au point d'être timide devant une femme, c'était si rare dans ce temps-là! et un homme de trente-cinq ans, un comédien!

N'importe : il me sembla, il me semble encore qu'il était dans toute la fraîcheur de l'adolescence. Sous ces blancs habits, il ressemblait à un jeune page; son front avait toute la pureté, son cœur agité toute l'ardeur d'un premier amour. Il prit mes mains et les couvrit de baisers dévorants. Alors je devins folle; j'attirai sa tête sur mes genoux; je caressai son front brûlant, ses cheveux rudes et noirs, son cou brun, qui se perdait dans la molle blancheur de sa collerette, et Lélio ne s'enhardit point. Tous ses transports se concentrèrent dans son cœur; il se mit à pleurer comme une femme. Je fus inondée de ses sanglots.

Oh! je vous avoue que j'y mêlai les miens avec délices. Je le forçai de relever sa tête et de me regarder. Qu'il était beau, grand Dieu! Que ses yeux avaient d'éclat et de tendresse! Que son âme vraie et chaleureuse prêtait de charmes aux défauts même de sa figure et aux outrages des veilles et des années ! Oh ! la puissance de l'âme ! qui n'a pas compris ses miracles n'a jamais aimé ! En voyant des rides prématurées à son beau front, de la langueur à son sourire, de la pâleur à ses lèvres, j'étais attendrie ; j'avais besoin de pleurer sur les chagrins, les dégoûts et les travaux de sa vie. Je m'identifiais à toutes ses peines, même à celles de son long amour sans espoir pour moi, et je n'avais plus qu'une volonté, celle de réparer le mal qu'il avait souffert.

— Mon cher Lélio, mon grand Rodrigue, mon beau don Juan ! lui disais-je dans mon égarement. Ses regards me brûlaient. Il me parla, il me raconta toutes les phases, tous les progrès de son amour ; il me dit comment, d'un histrion aux mœurs relâchées, j'avais fait de lui un homme ardent et vivace, comme je l'avais élevé à ses propres yeux, comme je lui avais rendu le courage et les illusions de la jeunesse ; il me dit son respect, sa vénération pour moi, son mépris pour les sottes forfanteries de l'amour à la mode ; il me dit qu'il donnerait tous les jours qui lui restaient à vivre pour une heure passée dans mes bras, mais qu'il sacrifierait cette heure-là et tous les jours à la crainte de m'offenser. Jamais éloquence plus pénétrante n'entraîna le cœur d'une femme ; jamais le tendre Racine ne fit parler l'amour avec cette conviction, cette poésie et cette force. Tout ce que la passion peut inspirer de délicat et de grave, de suave et d'impétueux, ses paroles, sa voix, ses yeux, ses caresses et sa soumission me l'apprirent. Hélas ! s'abusait-il lui-même ? jouait-il la comédie ?

— Je ne le crois certainement pas ! m'écriai-je en regardant la marquise. Elle semblait rajeunir en parlant et dépouiller ses cent ans, comme la fée Urgèle. Je ne sais qui a dit que le cœur d'une femme n'avait point de rides.

— Écoutez la fin, me dit-elle. Brûlée, égarée, perdue par tout ce qu'il me disait, je jetai mes deux bras autour de lui, je frissonnai en touchant le satin de son habit, en respirant le parfum de ses cheveux. Ma tête s'égara. Tout ce que j'ignorais, tout ce que je croyais être incapable de ressentir, se révéla à moi ; mais ce fut trop violent, je m'évanouis.

Il me rappela à moi-même par de prompts secours. Je le trouvai à mes pieds, plus timide, plus ému que jamais. — Ayez pitié de moi, me dit-il ; tuez-moi, chassez-moi.... Il était plus pâle et plus mourant que moi.

Mais toutes ces révolutions nerveuses que j'avais éprouvées dans le cours d'une si orageuse journée me faisaient rapidement passer d'une disposition à une autre. Ce rapide éclair d'une nouvelle existence avait pâli ; mon sang était redevenu calme ; les délicatesses du véritable amour reprirent le dessus.

— Écoutez, Lélio, lui dis-je, ce n'est point le mépris qui m'arrache à vos transports. Il se peut faire que j'aie toutes les susceptibilités qu'on nous inculque dès l'enfance, et qui deviennent pour nous comme une seconde nature ; mais ce n'est pas ici que je pourrais m'en souvenir, puisque ma nature elle-même vient d'être transformée en une autre qui m'était inconnue. Si vous m'aimez, aidez-moi à vous résister. Laissez-moi emporter d'ici la satisfaction délicieuse de ne vous avoir aimé qu'avec le cœur. Peut-être, si je n'avais jamais appartenu à personne, me donnerais-je à vous avec joie ; mais sachez que Larrieux m'a profanée ; sachez qu'entraînée par l'horrible nécessité de faire comme tout le monde, j'ai subi les caresses d'un homme que je n'ai jamais aimé ; sachez que le dégoût que j'en ai ressenti a éteint chez moi l'imagination au point que je vous haïrais peut-être à présent si j'avais succombé tout à l'heure. Ah! ne faisons point ce terrible essai! restez pur dans mon cœur et dans ma mémoire. Séparons-nous pour jamais, et emportons d'ici tout un avenir de pensées riantes et de souvenirs adorés. Je jure, Lélio, que je vous aimerai jusqu'à la mort. Je sens que les glaces de l'âge n'éteindront pas cette flamme ardente. Je jure aussi de n'être jamais à un autre homme après vous avoir résisté. Cet effort ne me sera pas difficile, et vous pouvez me croire.

Lélio se prosterna devant moi ; il ne m'implora point, il ne me fit point de reproches ; il me dit qu'il n'avait pas espéré tout le bonheur que je lui avais donné, et qu'il n'avait pas le droit d'en exiger davantage. Cependant, en recevant ses adieux, son abattement et l'émotion de sa voix m'effrayèrent. Je lui demandai s'il ne penserait pas à moi avec bonheur, si les extases de cette nuit ne répandraient pas leurs charmes sur tous ses jours, si ses peines passées et futures n'en seraient pas adoucies chaque fois qu'il l'invoquerait. Il se ranima pour jurer et promettre tout ce que je voulus. Il tomba de nouveau à mes pieds, et baisa ma robe avec emportement. Je sentis que je chancelais ; je lui fis un signe, et il s'éloigna. La voiture que j'avais fait demander arriva. L'intendant automate de ce séjour clandestin frappa trois coups en dehors pour m'avertir. Lélio se jeta devant la porte avec désespoir ; il avait l'air d'un spectre. Je le repoussai doucement, et il céda. Alors je franchis la porte, et, comme il voulait me suivre, je lui montrai une chaise au milieu du salon, au-dessous de la statue d'Isis. Il s'y assit. Un sourire passionné erra sur ses lèvres, ses yeux firent jaillir un dernier éclair de reconnaissance et d'amour. Il était encore beau, encore jeune, encore grand d'Espagne. Au bout de quelques pas, et au moment de le perdre pour jamais de vue, je me retournai et jetai sur lui un dernier regard. Le désespoir l'avait brisé. Il était redevenu vieux, décomposé, effrayant. Son corps semblait paralysé. Sa lèvre contractée essayait un sourire égaré. Son œil était vitreux et terne : ce n'était plus que Lélio, l'ombre d'un amant et d'un prince.

La marquise fit une pause ; puis, avec un sourire sombre et en se décomposant elle-même comme une ruine qui s'écroule, elle reprit : — Depuis ce moment je n'ai pas entendu parler de lui.

La marquise fit une nouvelle pause plus longue que la première ; mais avec cette terrible force d'âme que donnent l'effet des longues années, l'amour obstiné de la vie ou l'espoir prochain de la mort, elle redevint gaie et me dit en souriant : — Eh bien ! croirez-vous désormais à la vertu du dix-huitième siècle ?

— Madame, lui répondis-je, je n'ai point envie d'en douter ; cependant, si j'étais moins attendri, je vous dirais peut-être que vous fûtes très-bien avisée de vous faire saigner ce jour-là.

— Misérables hommes ! dit la marquise, vous ne comprenez rien à l'histoire du cœur.

FIN DE LA MARQUISE.

LAVINIA.

AN OLD TALE.

BILLET.

« Puisque vous allez vous marier, Lionel, ne serait-il pas convenable de nous rendre mutuellement nos lettres et nos portraits? Cela est facile, puisque le hasard nous rapproche, et qu'après dix ans écoulés sous des cieux différents nous voilà aujourd'hui à quelques lieues l'un de l'autre. Vous venez, m'a-t-on dit, quelquefois à Saint-Sauveur; moi, j'y passe huit jours seulement. J'espère donc que vous y serez dans le courant de la semaine avec le paquet que je réclame. J'occupe la maison Estabanette, au bas de la chute d'eau. Vous pourrez y envoyer la personne destinée à ce message; elle vous reportera un paquet semblable que je tiens tout prêt pour vous être remis en échange. »

RÉPONSE.

« Madame,

» Le paquet que vous m'ordonnez de vous envoyer est ici cacheté, et portant votre suscription. Je dois être reconnaissant sans doute de voir que vous n'avez pas douté qu'il ne fût entre mes mains au jour et au lieu où il vous plairait de le réclamer.

» Mais il faut donc, madame, que j'aille moi-même à Saint-Sauveur le porter, pour le confier ensuite aux mains d'une tierce personne qui vous le remettrait? Puisque vous ne jugez point à propos de m'accorder le bonheur de vous voir, n'est-il pas plus simple que je n'aille pas au lieu que vous habitez m'exposer à l'émotion d'être si près de vous? Ne vaut-il pas mieux que je confie le paquet à un messager dont je suis sûr, pour qu'il le porte de Bagnères à Saint-Sauveur? J'attends vos ordres à cet égard ; quels qu'ils soient, madame, je m'y soumettrai aveuglément. »

BILLET.

« Je savais, Lionel, que mes lettres étaient par hasard entre vos mains dans ce moment, parce que Henry, mon cousin, m'a dit vous avoir vu à Bagnères et tenir de vous cette circonstance. Je suis bien aise que Henry, qui est un peu menteur, comme tous les bavards, ne m'ait pas trompée. Je vous ai prié d'apporter vous-même le paquet à Saint-Sauveur, parce que de tels messages ne doivent pas être légèrement exposés dans des montagnes infestées de contrebandiers qui pillent tout ce qui leur tombe sous la main. Comme je vous sais homme à défendre vaillamment un dépôt, je ne puis pas être plus tranquille qu'en vous rendant vous-même garant de celui qui m'intéresse. Je ne vous ai point offert d'entrevue, parce que j'ai craint de vous rendre encore plus désagréable la démarche déjà pénible que je vous imposais. Mais puisque vous semblez attacher à cette entrevue une idée de regret, je vous dois et je vous accorde de tout mon cœur ce faible dédommagement. En ce cas, comme je ne veux pas vous faire sacrifier un temps précieux à m'attendre, je vais vous fixer le jour, afin que vous ne me trouviez point absente. Soyez donc à Saint-Sauveur le 15, à neuf heures du soir. Vous irez m'attendre chez moi, et vous me ferez avertir par ma négresse. Je rentrerai aussitôt. Le paquet sera prêt.... Adieu. »

Sir Lionel fut désagréablement frappé de l'arrivée du second billet. Elle le surprit au milieu d'un projet de voyage à Luchon, pendant lequel la belle miss Ellis, sa prétendue, comptait bien sur son escorte. Le voyage devait être charmant. Aux eaux, les parties de plaisir réussissent presque toujours, parce qu'elles se succèdent si rapidement qu'on n'a pas le temps de les préparer; parce que la vie marche brusque, vive et inattendue; parce que l'arrivée continuelle de nouveaux compagnons donne un caractère d'improvisation aux plus menus détails d'une fête.

Sir Lionel s'amusait donc aux eaux des Pyrénées, autant qu'il est séant à un bon Anglais de s'amuser. Il était en outre passablement amoureux de la riche stature et de la confortable dot de miss Ellis; et sa désertion, au moment d'une *cavalcade* si importante (mademoiselle Ellis avait fait venir de Tarbes un fort beau navarrin gris pommelé, qu'elle se promettait de faire briller en tête de la caravane), pouvait devenir funeste à ses projets de mariage. Cependant la position de sir Lionel était embarrassante; il était homme d'honneur et des plus délicats. Il fut trouver son ami sir Henry pour lui faire part de ce cas de conscience.

Mais, pour forcer le jovial Henry à lui accorder une attention sérieuse, il commença par le quereller.

— Étourdi et bavard que vous êtes! s'écria-t-il en entrant; c'était bien la peine d'aller dire à votre cousine que ses lettres étaient entre mes mains! Vous n'avez jamais été capable de retenir sur vos lèvres une parole dangereuse. Vous êtes un ruisseau qui répand à mesure qu'il reçoit; un de ces vases ouverts qui ornent les statues des naïades et des fleuves; le flot qui les traverse ne prend pas même le temps de s'y arrêter...

— Fort bien, Lionel! s'écria le jeune homme; j'aime à vous voir dans un accès de colère : cela vous rend poétique. Dans ces moments-là vous êtes vous-même un ruisseau, un fleuve de métaphores, un torrent d'éloquence, un réservoir d'allégories...

— Ah! il s'agit bien de rire! s'écria Lionel en colère; nous n'allons plus à Luchon.

— Nous n'y allons plus! Qui a dit cela?

— Nous n'y allons plus, vous et moi; c'est moi qui vous le dis.

— Parlez pour vous tant qu'il vous plaira; pour moi, je suis bien votre serviteur.

— Moi, je n'y vais pas, et par conséquent vous non plus. Henry, vous avez fait une faute, il faut que vous la répariez. Vous m'avez suscité une horrible contrariété; votre conscience vous ordonne de m'aider à la supporter. Vous dînez avec moi à Saint-Sauveur.

— Que le diable m'emporte si je le fais! s'écria Henry; je suis amoureux-fou depuis hier soir de la petite Bordelaise dont je me suis tant moqué hier matin. Je veux aller à Luchon, car elle y va : elle montera mon yorkshire, et elle fera crever de jalousie votre grande aquilaine Margaret Ellis.

— Écoutez, Henry, dit Lionel d'un air grave; vous êtes mon ami?

— Sans doute; c'est connu. Il est inutile de nous attendrir sur l'amitié dans ce moment-ci. Je prévois que ce début solennel tend à m'imposer...

— Écoutez-moi, vous dis-je, Henry; vous êtes mon ami; vous vous applaudissez des événements heureux de ma vie, et vous ne vous pardonneriez pas légèrement, je suppose, de m'avoir causé un préjudice, un malheur véritable?

— Non, sur mon honneur! Mais de quoi est-il question?

— Eh bien! Henry, vous faites manquer peut-être mon mariage.

— Allons donc! quelle folie! parce que j'ai dit à ma cousine que vous aviez ses lettres et qu'elle vous les réclame? Quelle influence lady Lavinia peut-elle exercer sur votre vie après dix ans d'oubli réciproque? Avez-vous la fatuité de croire qu'elle ne soit pas consolée de votre infidélité? Allons donc, Lionel! c'est par trop de remords! le mal n'est pas si grand! il n'a pas été sans remède; croyez-moi bien...

En parlant ainsi, Henry portait nonchalamment la main à sa cravate et jetait un coup d'œil au miroir; deux actes qui, dans le langage consacré de la pantomime, sont faciles à interpréter.

Cette leçon de modestie, dans la bouche d'un homme plus fat que lui, irrita sir Lionel.

— Je ne me permettrai aucune réflexion sur le compte de lady Lavinia, répondit-il en tâchant de concentrer son amertume. Jamais un sentiment de vanité blessée ne me fera essayer de noircir la réputation d'une femme, n'eussé-je jamais eu d'amour pour elle.

— C'est absolument le cas où je suis, reprit étourdiment sir Henry ; je ne l'ai jamais aimée, et je n'ai jamais été jaloux de ceux qu'elle a pu mieux traiter que moi ; je n'ai d'ailleurs rien à dire de la vertu de ma glorieuse cousine Lavinia ; je n'ai jamais essayé sérieusement de l'ébranler...

— Vous lui avez fait cette grâce, Henry? Elle doit vous en être bien reconnaissante!

— Ah çà, Lionel! de quoi parlons-nous, et qu'êtes-vous venu me dire? Vous sembliez hier fort peu religieux envers le souvenir de vos premières amours; vous étiez absolument prosterné devant la radieuse Ellis. Aujourd'hui, où en êtes-vous, s'il vous plaît? Vous semblez n'entendre pas raison sur le chapitre du passé, et puis vous parlez d'aller à Saint-Sauveur au lieu d'aller à Luchon! Voyons! qui aimez-vous ici? qui épousez-vous?

— J'épouse miss Margaret, s'il plaît à Dieu et à vous.

— A moi?

— Oui, vous pouvez me sauver. D'abord, lisez le nouveau billet que m'écrit votre cousine. Est-ce fait? Fort bien. A présent, vous voyez, il faut que je me décide entre Luchon et Saint-Sauveur, entre une femme à conquérir et une femme à consoler.

— Halte-là, impertinent! s'écria Henry ; je vous ai dit cent fois que ma cousine était fraîche comme les fleurs, belle comme les anges, vive comme un oiseau, gaie, vermeille, élégante, coquette : si cette femme-là est désolée, je veux bien consentir à gémir toute ma vie sous le poids d'une semblable douleur.

— N'espérez pas me piquer, Henry ; je suis heureux d'entendre ce que vous me dites. Mais, en ce cas, pourrez-vous m'expliquer l'étrange fantaisie qui porte lady Lavinia à m'imposer un rendez-vous?

— O stupide compagnon ! s'écria Henry ; ne voyez-vous pas que c'est votre faute ? Lavinia ne désirait pas le moins du monde cette entrevue : j'en suis bien sûr, moi ; car lorsque je lui parlai de vous, lorsque je lui demandai si le cœur ne lui battait pas quelquefois, sur le chemin de Saint-Sauveur à Bagnères, à l'approche d'un groupe de cavaliers au nombre desquels vous pouviez être, elle me répondit d'un air nonchalant : — Vraiment ! peut-être que mon cœur battrait si je venais à le rencontrer. Et le dernier mot de sa phrase fut délicieusement modulé par un bâillement. Oui, ne mordez pas votre lèvre, Lionel, un de ces jolis bâillements de femme tout petits, tout frais, si harmonieux qu'ils semblent polis et caressants, si longs et si traînants qu'ils expriment la plus profonde apathie et la plus cordiale indifférence. Mais vous, au lieu de profiter de cette bonne disposition, vous ne pouvez pas résister à l'envie de faire des phrases. Fidèle à l'éternel pathos des amants disgraciés, quoique enchanté de l'être, vous affectez le ton élégiaque, le genre lamentable ; vous semblez pleurer l'impossibilité de la voir, au lieu de lui dire naïvement que vous en étiez le plus reconnaissant du monde...

— De telles impertinences ne peuvent se commettre. Comment aurais-je prévu qu'elle allait prendre au sérieux quelques paroles oiseuses arrachées par la convenance de la situation ?

— Oh ! je connais Lavinia ; c'est une malice de sa façon !

— Éternelle malice de femme ! Mais, non ; Lavinia était la plus douce et la moins railleuse de toutes ; je suis sûr qu'elle n'a pas plus envie que moi de cette entrevue. Tenez, mon cher Henry, sauvez-nous tous deux de ce supplice ; prenez le paquet, allez à Saint-

Sauveur ; chargez-vous de tout arranger ; faites-lui comprendre que je ne dois pas...

— Quitter miss Ellis à la veille de votre mariage, n'est-ce pas ? Voilà une belle raison à donner à une rivale ! Impossible, mon cher ; vous avez fait la folie, il faut la boire. Quand on a la sottise de garder dix ans le portrait et les lettres d'une femme, quand on a l'étourderie de s'en vanter à un bavard comme moi, quand on a la rage de faire de l'esprit et du sentiment à froid dans une lettre de rupture, il faut en subir toutes les conséquences. Vous n'avez rien à refuser à lady Lavinia tant que ses lettres seront entre vos mains ; et, quel que soit le mode de communication qu'elle vous impose, vous lui êtes soumis tant que vous n'aurez point accompli cette solennelle démarche. Allons, Lionel, faites seller votre poney, et partons ; car je vous accompagne. J'ai quelques torts dans tout ceci, et vous voyez que je ne ris plus quand il s'agit de les réparer. Partons !

Lionel avait espéré que Henry trouverait un autre moyen de le tirer d'embarras. Il restait consterné, immobile, enchaîné à sa place par un sentiment secret de résistance involontaire aux arrêts de la nécessité. Cependant il finit par se lever, triste, résigné, et les bras croisés sur sa poitrine. Sir Lionel était, en fait d'amour, un héros accompli. Si son cœur avait été parjure à plus d'une passion, jamais sa conduite extérieure ne s'était écartée du code des *procédés*; jamais aucune femme n'avait eu à lui reprocher une démarche contraire à cette condescendance délicate et généreuse qui est le meilleur signe d'abandon que puisse donner un homme bien élevé à une femme irritée. C'est avec la conscience d'une exacte fidélité à ces règles que le beau sir Lionel se pardonnait les douleurs attachées à ses triomphes.

— Voici un moyen ! s'écria enfin Henry en se levant à son tour. C'est la coterie de nos belles compatriotes qui décide tout ici. Miss Ellis et sa sœur Anna sont les pouvoirs les plus éminents du conseil d'amazones. Il faut obtenir de Margaret que ce voyage, fixé à demain, soit retardé d'un jour. Un jour ici, c'est beaucoup, je le sais ; mais enfin il faut l'obtenir, prétexter un empêchement sérieux, et partir dès cette nuit pour Saint-Sauveur. Nous y arriverons dans l'après-midi ; nous nous reposerons jusqu'au soir ; à neuf heures, pendant le rendez-vous, je ferai seller nos chevaux, et à dix heures (j'imagine qu'il ne faut pas plus d'une heure pour échanger deux paquets de lettres) nous remontons à cheval, nous courons toute la nuit, nous arrivons ici avec le soleil levant, nous trouvons la belle Margaret piaffant sur sa noble monture, ma jolie petite madame Bernos caracolant sur mon yorkshire ; nous changeons de bottes et de chevaux ; et, couverts de poussière, exténués de fatigue, dévorés d'amour, pâles, intéressants, nous suivons nos Dulcinées par monts et par vaux. Si l'on ne récompense pas tant de zèle, il faut pendre toutes les femmes pour l'exemple. Allons, es-tu prêt ?

Pénétré de reconnaissance, Lionel se jeta dans les bras de Henry. Au bout d'une heure celui-ci revint.

— Partons, lui dit-il, tout est arrangé ; on retarde le départ pour Luchon jusqu'au 16 ; mais ce n'a pas été sans peine. Miss Ellis avait des soupçons. Elle sait que ma cousine est à Saint-Sauveur, et elle a une aversion effroyable pour ma cousine, car elle connaît les folies que tu as faites jadis pour elle. Mais moi, j'ai habilement détourné les soupçons ; j'ai dit que tu étais horriblement malade, et que je venais de te forcer à te mettre au lit....

— Allons, juste ciel! une nouvelle folie pour me perdre!

— Non, non, du tout! Dick va mettre un bonnet de nuit à ton traversin; il va le coucher en long dans ton lit, et commander trois pintes de tisane à la servante de la maison. Surtout il va prendre la clef de cette chambre dans sa poche, et s'installer devant la porte avec une figure allongée et des yeux hagards; et puis il lui est enjoint de ne laisser entrer personne et d'assommer quiconque essaierait de forcer la consigne, fût-ce miss Margaret elle-même. Heim! le voici déjà qui bassine ton lit. Fort bien! il a une excellente figure; il veut se donner l'air triste, il a l'air imbécile. Sortons par la porte qui donne dans le ravin. Jack mènera nos chevaux au bout du vallon, comme s'il allait les promener, et nous le rejoindrons au pont de Lonnio. Allons, en route, et que le dieu d'amour nous protège!

Ils parcoururent rapidement la distance qui sépare les deux chaînes de montagnes, et ne ralentirent leur course que dans la gorge étroite et sombre qui s'étend de Pierrefitte à Luz. C'est sans contredit une des parties les plus austères et les plus caractérisées des Pyrénées. Tout y prend un aspect formidable. Les monts se resserrent; le Gave s'encaisse et gronde sourdement en passant sous les arcades de rochers et de vigne sauvage; les flancs noirs du rocher se couvrent de plantes grimpantes dont le vert vigoureux passe à des teintes bleues sur les plans éloignés, et à des tons grisâtres vers les sommets. L'eau du torrent en reçoit des reflets tantôt d'un vert limpide, tantôt d'un bleu mat et ardoisé, comme on en voit sur les eaux de la mer.

De grands ponts de marbre d'une seule arche s'élancent d'un flanc à l'autre de la montagne, au-dessus des précipices. Rien n'est si imposant que la structure et la situation de ces ponts jetés dans l'espace, et nageant dans l'air blanc et humide qui semble tomber à regret dans le ravin. La route passe d'un flanc à l'autre de la gorge sept fois dans l'espace de quatre lieues. Lorsque nos deux voyageurs franchirent le septième pont, ils aperçurent au fond de la gorge, qui insensiblement s'élargissait devant eux, la délicieuse vallée de Luz, inondée des feux du soleil levant. La hauteur des montagnes qui bordent la route ne permettait pas encore au rayon matinal d'arriver jusqu'à eux. Le merle d'eau faisait entendre son petit cri plaintif dans les herbes du torrent. L'eau écumante et froide soulevait avec effort les voiles de brouillard étendus sur elle. A peine, vers les hauteurs, quelques lignes de lumière doraient les anfractuosités des rochers et la chevelure pendante des clématites. Mais au fond de ce sévère paysage, derrière ces grandes masses noires, âpres et revêches comme les sites aimés de Salvator, la belle vallée, baignée d'une rosée étincelante, nageait dans la lumière et formait une nappe d'or dans un cadre de marbre noir.

— Que cela est beau, s'écria Henry, et que je vous plains d'être amoureux, Lionel ! Vous êtes insensible à toutes ces choses sublimes ; vous pensez que le plus beau rayon du soleil ne vaut pas un sourire de miss Margaret Ellis.

— Avouez, Henry, que Margaret est la plus belle personne des trois royaumes.

— Oui, la théorie à la main, c'est une beauté sans défaut. Eh bien ! c'est celui que je lui reproche, moi. Je la voudrais moins parfaite, moins majestueuse, moins classique. J'aimerais cent fois mieux ma cousine, si Dieu me donnait à choisir entre elles deux.

— Allons donc, Henry, vous n'y songez pas, dit Lionel en souriant; l'orgueil de la famille vous aveugle. De l'aveu de tout ce qui a deux yeux dans la tête, lady Lavinia est d'une beauté plus que problématique; et moi, qui l'ai connue dans toute la fraîcheur de ses belles années, je puis vous assurer qu'il n'y a jamais eu de parallèle possible....

— D'accord; mais que de grâce et de gentillesse chez Lavinia! des yeux si vifs, une chevelure si belle, des pieds si petits!

Lionel s'amusa pendant quelque temps à combattre l'admiration de Henry pour sa cousine. Mais, tout en mettant du plaisir à vanter la beauté qu'il aimait, un secret sentiment d'amour-propre lui faisait trouver du plaisir encore à entendre réhabiliter celle qu'il avait aimée. Ce fut, au reste, un moment de vanité, rien de plus; car jamais la pauvre Lavinia n'avait régné bien réellement sur ce cœur que les succès avaient gâté de bonne heure. C'est peut-être un grand malheur pour un homme que de se trouver jeté trop tôt dans une position brillante. L'aveugle prédilection des femmes, la sotte jalousie des vulgaires rivaux, c'en est assez pour fausser un jugement novice et corrompre un esprit sans expérience.

Lionel, pour avoir trop connu le bonheur d'être aimé, avait épuisé en détail la force de son âme; pour avoir essayé trop tôt des passions, il s'était rendu incapable de ressentir jamais une passion profonde. Sous des traits mâles et beaux, sous l'expression d'une physionomie jeune et forte, il cachait un cœur froid et usé comme celui d'un vieillard.

— Voyons, Lionel, dites-moi pourquoi vous n'avez pas épousé Lavinia Buenafè, aujourd'hui lady Blake;

par votre faute? car enfin, sans être rigoriste, quoique je sois assez disposé à respecter, parmi les priviléges de notre sexe, le sublime droit du bon plaisir, je ne saurais, quand j'y songe, approuver beaucoup votre conduite. Après lui avoir fait la cour deux ans, après l'avoir compromise autant qu'il est possible de compromettre une jeune miss (ce qui n'est pas chose absolument facile dans la bienheureuse Albion), après lui avoir fait rejeter les plus beaux partis, vous la laissez là pour courir après une cantatrice italienne, qui certes ne méritait pas d'inspirer un pareil forfait. Voyons, Lavinia n'était-elle pas spirituelle et jolie? n'était-elle pas la fille d'un banquier portugais, juif à la vérité, mais riche? n'était-ce pas un bon parti? ne vous aimait-elle pas jusqu'à la folie?

— Eh! mon ami, voici ce dont je me plains : elle m'aimait beaucoup trop pour qu'il me fût possible d'en faire ma femme. De l'avis de tout homme de bon sens, une femme légitime doit être une compagne douce et paisible, anglaise jusqu'au fond de l'âme, peu susceptible d'amour, incapable de jalousie, aimant le sommeil, et faisant un assez copieux abus de thé noir pour entretenir ses facultés dans une assiette conjugale. Avec cette Portugaise au cœur ardent, à l'humeur active, habituée de bonne heure aux déplacements, aux mœurs libres, aux idées libérales, à toutes les pensées dangereuses qu'une femme ramasse en courant le monde, j'aurais été le plus malheureux des maris, sinon le plus ridicule. Pendant quinze mois, je m'abusai sur le malheur inévitable que cet amour me préparait. J'étais si jeune alors! j'avais vingt-deux ans; souvenez-vous de cela, Henry, et ne me condamnez pas. Enfin j'ouvris les yeux au moment où j'allais commettre l'insigne folie d'épouser une femme amoureuse folle de moi... Je m'arrêtai au bord du précipice, et je pris la fuite pour ne pas succomber à ma faiblesse.

— Hypocrite! dit Henry. Lavinia m'a raconté bien autrement cette histoire : il paraît que, long-temps avant la cruelle détermination qui vous fit partir pour l'Italie avec la Rosmonda, vous étiez déjà dégoûté de la pauvre juive, et vous lui faisiez cruellement sentir l'ennui qui vous gagnait auprès d'elle. Oh! quand Lavinia raconte cela, je vous assure qu'elle n'y met point de fatuité; elle avoue son malheur et vos cruautés avec une modestie ingénue que je n'ai jamais vu pratiquer aux autres femmes. Elle a une façon à elle de dire : « Enfin, je l'ennuyais. » Tenez, Lionel, si vous lui aviez entendu prononcer ces mots, avec l'expression de naïve tristesse qu'elle sait y mettre, vous auriez des remords, je le parierais.

— Eh! n'en ai-je pas eu! s'écria Lionel. Voilà ce qui nous dégoûte encore d'une femme : c'est tout ce que nous souffrons pour elle après l'avoir quittée ; ce sont ces mille vexations dont son souvenir nous poursuit; c'est la voix du monde bourgeois qui crie vengeance et anathème; c'est la conscience qui se trouble et s'effraie; ce sont de légers reproches bien doux et bien cruels que la pauvre délaissée nous adresse par les cent voix de la renommée. Tenez, Henry, je ne connais rien de plus ennuyeux et de plus triste que le métier d'homme à bonnes fortunes.

— A qui le dites-vous! répondit Henry d'un ton vaillant, en faisant ce geste de fatuité ironique qui lui allait si bien. Mais son compagnon ne daigna pas sourire, et il continua à marcher lentement, en laissant flotter les rênes sur le cou de son cheval, et en promenant son regard fatigué sur les délicieux tableaux que la vallée déroulait à ses pieds.

Luz est une petite ville située à environ un mille de Saint-Sauveur. Nos dandies s'y arrêtèrent ; rien ne put déterminer Lionel à pousser jusqu'au lieu qu'habitait lady Lavinia : il s'installa dans une auberge et se jeta sur son lit en attendant l'heure fixée pour le rendez-vous.

Quoique le climat soit infiniment moins chaud dans cette vallée que dans celle de Bigorre, la journée fut lourde et brûlante. Sir Lionel, étendu sur un mauvais lit d'auberge, ressentit quelques mouvements fébriles, et s'endormit péniblement au bourdonnement des insectes qui tournoyaient sur sa tête dans l'air embrasé. Son compagnon, plus actif et plus insouciant, traversa la vallée, rendit des visites à tout le voisinage, guetta le passage des cavalcades sur la route de Gavarni, salua les belles ladies qu'il aperçut à leurs fenêtres ou sur les chemins, jeta de brûlantes œillades aux jeunes Françaises, pour lesquelles il avait une préférence décidée, et vint enfin rejoindre Lionel à l'entrée de la nuit.

— Allons, debout, debout ! s'écria-t-il en pénétrant sous ses rideaux de serge ; voici l'heure du rendez-vous.

— Déjà ? dit Lionel, qui, grâce à la fraîcheur du soir, commençait à dormir d'un sommeil paisible ; quelle heure est-il donc, Henry ?

Henry répondit d'un ton emphatique :

> At the close of the day when the Hamlet is still
> And nought but the torrent is heard upon the hill....

— Ah ! pour Dieu, faites-moi grâce de vos citations, Henry ! Je vois bien que la nuit descend, que le silence gagne, que la voix du torrent nous arrive plus sonore et plus pure ; mais lady Lavinia ne m'attend qu'à neuf heures ; je puis peut-être dormir encore un peu.

— Non, pas une minute de plus, Lionel. Il faut nous rendre à pied à Saint-Sauveur ; car j'y ai fait conduire nos chevaux dès ce matin, et les pauvres animaux sont assez fatigués, sans compter ce qui leur reste à faire. Allons, habillez-vous. C'est bien. A dix heures je serai à cheval, à la porte de lady Lavinia, tenant en main votre palefroi et prêt à vous offrir la bride, ni plus ni moins que notre grand William à la porte des théâtres, lorsqu'il était réduit à l'office de jockei, le grand homme ! Allons, Lionel, voici votre porte-manteau, une cravate blanche, de la cire à moustache. Patience donc ! Oh ! quelle négligence ! quelle apathie ! Y songez-vous, mon cher ? se présenter avec une mauvaise toilette devant une femme que l'on n'aime plus, c'est une faute énorme ! Sachez donc bien qu'il faut, au contraire, lui apparaître avec tous vos avantages, afin de lui faire sentir le prix de ce qu'elle perd. Allons, allons ! relevez-moi votre chevelure encore mieux que s'il s'agissait d'ouvrir le bal avec miss Margaret. Bien ! Laissez-moi donner un dernier coup de brosse à votre habit. Eh quoi ! auriez-vous oublié un flacon d'essence de tubéreuse pour inonder votre foulard des Indes ? Ce serait impardonnable ; non, Dieu soit loué ! le voici. Allons, Lionel, vous embaumez, vous resplendissez ; partez. Songez qu'il y va de votre honneur de faire verser quelques larmes en apparaissant ce soir pour la dernière fois sur l'horizon de lady Lavinia.

Lorsqu'ils traversèrent la bourgade Saint-Sauveur, qui se compose de cinquante maisons au plus, ils s'étonnèrent de ne voir aucune personne élégante dans la rue ni aux fenêtres. Mais ils s'expliquèrent cette singularité en passant devant les fenêtres d'un rez-de-chaussée d'où partaient les sons faux d'un violon, d'un flageolet et d'un tympanon, instrument indigène qui tient du tambourin français et de la guitare espagnole. Le bruit et la poussière apprirent à nos voyageurs que le bal était commencé, et que tout ce qu'il y a de plus élégant parmi l'aristocratie de France, d'Espagne et d'Angleterre, réuni dans une salle modeste, aux murailles blanches décorées de guirlandes de buis et de serpolet, dansait au bruit du plus détestable charivari qui ait jamais déchiré des oreilles et marqué la mesure à faux.

Plusieurs groupes de *baigneurs*, de ceux qu'une condition moins brillante ou une santé plus réellement détruite privaient du plaisir de prendre une part active à la soirée, se pressaient devant ces fenêtres pour jeter, par-dessus l'épaule les uns des autres, un coup d'œil de curiosité envieuse ou ironique sur le bal, et pour échanger quelque remarque laudative ou maligne, en attendant que l'horloge du village eût sonné l'heure où tout convalescent doit aller se coucher, sous peine de perdre tout le *benefit* des eaux minérales.

Au moment où nos deux voyageurs passèrent devant ce groupe, il y eut dans cette petite foule un mouvement oscillatoire vers l'embrasure des fenêtres; et Henry, en essayant de se mêler aux curieux, recueillit ces paroles :

— C'est la belle juive Lavinia Blake qui va danser. On dit que c'est la femme de toute l'Europe qui danse le mieux.

— Ah! venez, Lionel! s'écria le jeune baronnet;

venez voir comme ma cousine est bien mise et charmante !

Mais Lionel le tira par le bras; et, rempli d'humeur et d'impatience, il l'arracha de la fenêtre sans daigner jeter un regard de ce côté.

— Allons, allons ! lui dit-il, nous ne sommes pas venus ici pour voir danser.

Cependant il ne put s'éloigner assez vite pour qu'un autre propos, jeté au hasard autour de lui, ne vînt pas frapper son oreille.

— Ah ! disait-on, c'est le beau comte de Morangy qui la fait danser.

— Faites-moi le plaisir de me dire quel autre ce pourrait être ? répondit une autre voix.

— On dit qu'il en perd la tête, reprit un troisième interlocuteur. Il a déjà crevé pour elle trois chevaux et je ne sais combien de jockeis.

L'amour-propre est un si étrange conseiller qu'il nous arrive cent fois par jour d'être, grâce à lui, en pleine contradiction avec nous-mêmes. Par le fait, sir Lionel était charmé de savoir lady Lavinia placée, par de nouvelles affections, dans une situation qui assurait leur indépendance mutuelle. Et pourtant la publicité des triomphes qui pouvaient faire oublier le passé à cette femme délaissée fut pour Lionel une espèce d'affront qu'il dévora avec peine.

Henry, qui connaissait les lieux, le conduisit au bout du village, à la maison qu'habitait sa cousine. Là il le laissa.

Cette maison était un peu isolée des autres; elle s'adossait d'un côté à la montagne, et de l'autre elle dominait le ravin. A trois pas un torrent tombait à grand bruit dans la cannelure du rocher; et la maison, inondée pour ainsi dire de ce bruit frais et sauvage, semblait ébranlée par la chute d'eau et prête à s'élancer avec elle dans l'abîme. C'était une des situations les plus pittoresques que l'on pût choisir, et Lionel reconnut dans cette circonstance l'esprit romanesque et un peu bizarre de lady Lavinia.

Une vieille négresse vint ouvrir la porte d'un petit salon au rez-de-chaussée. A peine la lumière vint à frapper son visage luisant et calleux que Lionel laissa échapper une exclamation de surprise. C'était Pepa, la vieille nourrice de Lavinia, celle que pendant deux ans Lionel avait vue auprès de sa bien-aimée. Comme il n'était en garde contre aucune espèce d'émotion, la vue inattendue de cette vieille, en réveillant en lui la mémoire du passé, bouleversa un instant toutes ses idées. Il faillit lui sauter au cou, l'appeler *nourrice*, comme au temps de sa jeunesse et de sa gaieté, l'embrasser comme une digne servante, comme une vieille amie; mais Pepa recula de trois pas en contemplant d'un air stupéfait l'air empressé de sir Lionel. Elle ne le reconnaissait pas.

— Hélas! je suis donc bien changé? pensa-t-il.

Je suis, dit-il avec une voix troublée, la personne que lady Lavinia a fait demander. Ne vous a-t-elle pas prévenue?...

— Oui, oui, milord, répondit la négresse; milady est au bal : elle m'a dit de lui porter son éventail aussitôt qu'un gentleman frapperait à cette porte. Restez ici, je cours l'avertir...

La vieille se mit à chercher l'éventail. Il était sur le coin d'une tablette de marbre, sous la main de sir Lionel. Il le prit pour le remettre à la négresse, et ses doigts en conservèrent le parfum après qu'elle fut sortie.

Ce parfum opéra sur lui comme un charme ; ses organes nerveux en reçurent une commotion qui pénétra jusqu'à son cœur et le fit tressaillir. C'était le parfum que Lavinia préférait : c'était une espèce d'herbe aromatique qui croît dans l'Inde, et dont elle avait coutume jadis d'imprégner ses vêtements et ses meubles. Ce parfum de patchouly, c'était tout un monde de souvenirs, toute une vie d'amour ; c'était une émanation de la première femme que Lionel avait aimée. Sa vue se troubla, ses artères battirent violemment ; il lui sembla qu'un nuage flottait devant lui, et dans ce nuage une fille de seize ans, brune, mince, vive et douce à la fois : la juive Lavinia, son premier amour. Il la voyait passer rapide comme un daim, effleurant les bruyères, foulant les plaines giboyeuses de son parc, lançant sa haquenée noire à travers les marais ; rieuse, ardente et fantasque comme Diana Vernon ou comme les fées joyeuses de la verte Irlande.

Bientôt il eut honte de sa faiblesse en songeant à l'ennui qui avait flétri cet amour et tous les autres. Il jeta un regard tristement philosophique sur les dix années de raison positive qui le séparaient de ces jours d'églogue et de poésie ; puis il invoqua l'avenir, la gloire parlementaire et l'éclat de la vie politique sous la forme de miss Margaret Ellis, qu'il invoqua elle-même sous la forme de sa dot ; et enfin il se mit à parcourir la pièce où il se trouvait, en jetant autour de lui le sceptique regard d'un amant désabusé et d'un homme de trente ans aux prises avec la vie sociale.

On est simplement logé aux eaux des Pyrénées ; mais, grâce aux avalanches et aux torrents qui chaque hiver devastent les habitations, à chaque printemps on voit renouveler ou rajeunir les ornements et le mobilier. La maisonnette que Lavinia avait louée était bâtie en marbre brut et toute lambrissée en bois résineux à l'intérieur. Ce bois, peint en blanc, avait l'éclat et la fraîcheur du stuc. Une natte de joncs, tissue en Espagne et nuancée de plusieurs couleurs, servait de tapis. Des rideaux de basin bien blancs recevaient l'ombre mouvante des sapins qui secouaient leurs chevelures noires au vent de la nuit, sous l'humide regard de la lune. De petits seaux de bois d'olivier verni étaient remplis des plus belles fleurs de la montagne. Lavinia avait cueilli elle-même, dans les plus désertes vallées et sur les plus hautes cimes, ces belladones au sein vermeil, ces aconits au cimier d'azur, au calice vénéneux; ces sylènes blanc et rose, dont les pétales sont si délicatement découpés; ces pâles saponaires; ces clochettes transparentes et plissées comme de la mousseline; ces valérianes de pourpre; toutes ces sauvages filles de la solitude, si embaumées et si fraîches, que le chamois craint de les flétrir en les effleurant dans sa course, et que l'eau des sources inconnues au chasseur les couche à peine sous son flux nonchalant et silencieux.

Cette chambrette blanche et parfumée avait en vérité, et comme à son insu, un air de rendez-vous; mais elle semblait aussi le sanctuaire d'un amour virginal et pur. Les bougies jetaient une clarté timide; les fleurs semblaient fermer modestement leur sein à la lumière; aucun vêtement de femme, aucun vestige de coquetterie ne s'était oublié à traîner sur les meubles : seulement un bouquet de pensées flétries et un gant blanc décousu gisaient côte à côte sur la cheminée. Lionel, poussé par un mouvement irrésistible, prit le gant et le froissa dans ses mains. C'était comme l'étreinte convulsive et froide d'un dernier adieu. Il prit le bouquet sans parfum, le contempla un instant, fit une allusion amère aux fleurs qui le composaient, et le rejeta brusquement loin de lui. Lavinia avait-elle posé là ce bouquet avec le dessein qu'il fût commenté par son ancien amant?

Lionel s'approcha de la fenêtre et écarta les rideaux pour faire diversion, par le spectacle de la nature, à l'humeur qui le gagnait de plus en plus. Ce spectacle était magique. La maison, plantée dans le roc, servait de bastion à une gigantesque muraille de rochers taillés à pic, dont le Gave battait le pied. A droite tombait la cataracte avec un bruit furieux; à gauche un massif d'épicéas se penchait sur l'abîme; au loin se déployait la vallée incertaine et blanchie par la lune. Un grand laurier sauvage qui croissait dans une crevasse du rocher apportait ses longues feuilles luisantes au bord de la fenêtre, et la brise, en les froissant l'une contre l'autre, semblait prononcer de mystérieuses paroles.

Lavinia entra tandis que Lionel était plongé dans cette contemplation; le bruit du torrent et de la brise empêcha qu'il ne l'entendît. Elle resta plusieurs minutes debout derrière lui, occupée sans doute à se recueillir, et se demandant peut-être si c'était là l'homme qu'elle avait tant aimé; car, à cette heure d'émotion obligée et de situation prévue, Lavinia croyait pourtant faire un rêve. Elle se rappelait le temps où il lui aurait semblé impossible de revoir sir Lionel sans tomber morte de colère et de douleur. Et maintenant elle était là, douce, calme, indifférente peut-être....

Lionel se retourna machinalement et la vit. Il ne s'y attendait pas, un cri lui échappa; puis, honteux d'une telle inconvenance, confondu de ce qu'il éprouvait, il fit un violent effort pour adresser à lady Lavinia un salut correct et irréprochable.

Mais, malgré lui, un trouble imprévu, une agitation invincible paralysaient son esprit ingénieux et frivole ; cet esprit si docile, si complaisant, qui se tenait toujours prêt, suivant les lois de l'amabilité, à se jeter tout entier dans la circulation, et à passer comme l'or de main en main pour l'usage du premier venu. Cette fois, l'esprit rebelle se taisait et restait éperdu à contempler lady Lavinia.

C'est qu'il ne s'attendait pas à la revoir si belle.... Il l'avait laissée bien souffrante et bien altérée. Dans ce temps-là les larmes avaient flétri ses joues, le chagrin avait amaigri sa taille ; elle avait l'œil éteint, la main sèche, une parure négligée. Elle s'enlaidissait imprudemment alors, la pauvre Lavinia! sans songer que la douleur n'embellit que le cœur de la femme, et que la plupart des hommes nieraient volontiers l'existence de l'âme chez la femme, comme il fut fait en un certain concile de prélats italiens.

Maintenant Lavinia était dans tout l'éclat de cette seconde beauté qui revient aux femmes quand elles n'ont pas reçu au cœur d'atteintes irréparables dans leur première jeunesse. C'était toujours une mince et pâle Portugaise, d'un reflet un peu bronzé, d'un profil un peu sévère ; mais son regard et ses manières avaient pris toute l'aménité, toute la grâce caressante des Françaises. Sa peau brune était veloutée par l'effet d'une santé calme et raffermie ; son frêle corsage avait retrouvé la souplesse et la vivacité florissante de la jeunesse ; ses cheveux, qu'elle avait coupés jadis pour en faire un sacrifice à l'amour, se déployaient maintenant dans tout leur luxe en épaisses torsades sur son front lisse et uni ; sa toilette se composait d'une robe de mousseline de l'Inde et d'une touffe de bruyère blanche cueillie dans le ravin et mêlée à ses cheveux. Il n'est pas de plus gracieuse plante que la bruyère blanche ; on eût dit, à la voir balancer ses délicates girandoles sur les cheveux noirs de Lavinia, des grappes de perles vivantes. Un goût exquis avait présidé à cette coiffure et à cette simple toilette, où l'ingénieuse coquetterie de la femme se révélait à force de se cacher.

Jamais Lionel n'avait vu Lavinia si séduisante. Il faillit un instant se prosterner et lui demander pardon ; mais le sourire calme qu'il vit sur son visage lui rendit le degré d'amertume nécessaire pour supporter l'entrevue avec toutes les apparences de la dignité.

A défaut de phrase convenable, il tira de son sein un paquet soigneusement cacheté, et le déposant sur la table :

— Madame, lui dit-il d'une voix assurée, vous voyez que j'ai obéi en esclave ; puis-je croire qu'à compter de ce jour ma liberté me sera rendue?

— Il me semble, lui répondit Lavinia avec une expression de gaieté mélancolique, que jusqu'ici votre liberté n'a pas été trop enchaînée, sir Lionel! En vérité, seriez-vous resté tout ce temps dans mes fers? J'avoue que je ne m'en étais pas flattée.

— Oh! madame, au nom du ciel, ne raillons pas ! N'est-ce pas un triste moment que celui-ci?

— C'est une vieille tradition, répondit-elle, un dénouement convenu, une situation inévitable dans toutes les histoires d'amour. Et si, lorsqu'on s'écrit, on était pénétré de la nécessité future de s'arracher mutuellement ses lettres avec méfiance..... Mais on n'y songe point. A vingt ans, on écrit avec la profonde sécurité d'avoir échangé des serments éternels ; on sourit de pitié en songeant à ces vulgaires résultats de toutes les passions qui s'éteignent ; on a l'orgueil de croire que, seul entre tous, on servira d'exception à cette grande loi de la fragilité humaine ! Noble erreur, heureuse fatuité, d'où naissent la grandeur et les illusions de la jeunesse ! n'est-ce pas, Lionel ?

Lionel restait muet et stupéfait. Ce langage tristement philosophique, quoique bien naturel dans la bouche de Lavinia, lui semblait un monstrueux contre-sens, car il ne l'avait jamais vue ainsi : il l'avait vue, faible enfant, se livrer aveuglément à toutes les erreurs de la vie, s'abandonner confiante à tous les orages de la passion ; et lorsqu'il l'avait laissée brisée de douleur, il l'avait entendue encore protester d'une fidélité éternelle à l'auteur de son désespoir.

Mais la voir ainsi prononcer l'arrêt de mort sur toutes les illusions du passé, c'était une chose pénible et effrayante. Cette femme qui se survivait à elle-même, et qui ne craignait pas de faire l'oraison funèbre de sa vie, c'était un spectacle profondément triste, et que Lionel ne put contempler sans douleur. Il ne trouva rien à répondre. Il savait bien mieux que personne tout ce qui pouvait être dit en pareil cas, mais il n'avait pas le courage d'aider Lavinia à se suicider.

Comme dans son trouble il froissait le paquet de lettres dans ses mains :

— Vous me connaissez assez, lui dit-elle ; je devrais dire que vous vous souvenez encore assez de moi, pour être bien sûr que je ne réclame ces gages d'une ancienne affection par aucun de ces motifs de prudence dont les femmes s'avisent quand elles n'aiment plus. Si vous aviez un tel soupçon, il suffirait, pour me justifier, de rappeler que depuis dix ans ces gages sont restés entre vos mains sans que j'aie songé à vous les retirer. Je ne m'y serais jamais déterminée si le repos d'une autre femme n'était compromis par l'existence de ces papiers...

Lionel regarda fixement Lavinia, attentif au moindre signe d'amertume ou de chagrin que la pensée de Margaret Ellis ferait naître en elle ; mais il lui fut impossible de trouver la plus légère altération dans son regard ou dans sa voix. Lavinia semblait être invulnérable désormais.

— Cette femme s'est-elle changée en diamant ou en glace ? se demanda-t-il.

— Vous êtes généreuse, lui dit-il avec un mélange de reconnaissance et d'ironie, si c'est là votre unique motif.

— Quel autre pourrais-je avoir, sir Lionel ? Vous plairait-il de me le dire ?

— Je pourrais présumer, madame, si j'avais envie de nier votre générosité (ce qu'à Dieu ne plaise !), que des motifs personnels vous font désirer de rentrer dans la possession de ces lettres et de ce portrait.

— Ce serait m'y prendre un peu tard, dit Lavinia en riant ; à coup sûr, si je vous disais que j'ai attendu jusqu'à ce jour pour avoir des *motifs personnels* (c'est votre expression), vous auriez de grands remords, n'est-ce pas ?

— Madame, vous m'embarrassez beaucoup, dit Lionel ; et il prononça ces mots avec aisance, car là il se retrouvait sur son terrain. Il avait prévu des reproches, et il était préparé à l'attaque ; mais il n'eut pas cet avantage ; l'ennemi changea de position sur-le-champ.

— Allons, mon cher Lionel, dit-elle en souriant avec un regard plein de bonté qu'il ne lui connaissait pas encore, lui qui n'avait connu d'elle que la femme passionnée, ne craignez pas que j'abuse de l'occasion. Avec l'âge, la raison m'est venue, et j'ai fort bien compris depuis long-temps que vous n'étiez point coupable envers moi. C'est moi qui le fus envers moi-même, envers la société, envers vous peut-être ; car entre deux amants aussi jeunes que nous l'étions, la femme devrait être le guide de l'homme. Au lieu de l'égarer dans les voies d'une destinée fausse et impossible, elle devrait le conserver au monde en l'attirant à elle. Moi, je n'ai rien su faire à propos ; j'ai élevé mille obstacles dans votre vie ; j'ai été la cause involontaire, mais imprudente, des longs cris de réprobation qui vous ont poursuivi ; j'ai eu l'affreuse douleur de voir vos jours menacés par des vengeurs que je reniais, mais qui s'élevaient malgré moi contre vous ; j'ai été le tourment de votre jeunesse et la malédiction de votre virilité. Pardonnez-le-moi, j'ai bien expié le mal que je vous ai fait.

Lionel marchait de surprise en surprise. Il était venu là comme un accusé qui va s'asseoir à contre-cœur sur la sellette, et on le traitait comme un juge dont la miséricorde est implorée humblement. Lionel était né avec un noble cœur ; c'était le souffle des vanités du monde qui l'avait flétri dans sa fleur. La générosité de lady Lavinia excita en lui un attendrissement d'autant plus vif qu'il n'y était pas préparé. Dominé par la beauté du caractère qui se révélait à lui, il courba la tête et plia le genou.

— Je ne vous avais jamais comprise, madame, lui dit-il d'une voix altérée ; je ne savais point ce que vous valez : j'étais indigne de vous, et j'en rougis.

— Ne dites pas cela, Lionel, répondit-elle en lui tendant la main pour le relever. Quand vous m'avez connue, je n'étais pas ce que je suis aujourd'hui. Si le passé pouvait se transposer, si aujourd'hui je recevais l'hommage d'un homme placé comme vous l'êtes dans le monde...

— Hypocrite ! pensa Lionel ; elle est adorée du comte de Morangy, le plus fashionable des grands seigneurs !

— Si j'avais, continua-t-elle avec modestie, à décider de la vie extérieure et publique d'un homme aimé, je saurais peut-être ajouter à son bonheur au lieu de chercher à le détruire....

— Est-ce une avance ? se demanda Lionel éperdu.

Et dans son trouble il porta avec ardeur la main de Lavinia à ses lèvres. En même temps, il jeta un regard sur cette main qui était remarquablement blanche et mignonne. Dans la première jeunesse des femmes, leurs mains sont souvent rouges et gonflées ; plus tard, elles pâlissent, s'allongent, et prennent des proportions plus élégantes.

Plus il la regardait, plus il l'écoutait, et plus il s'étonnait de lui découvrir des perfections nouvellement acquises. Entre autres choses, elle parlait maintenant l'anglais avec une pureté extrême ; elle n'avait conservé de l'accent étranger, et des mauvaises locutions dont jadis Lionel l'avait impitoyablement raillée, que ce qu'il fallait pour donner à sa phrase et à sa prononciation une originalité élégante et gracieuse. Ce qu'il y avait de fier et d'un peu sauvage dans son caractère s'était concentré peut-être au fond de son âme ; mais son extérieur n'en trahissait plus rien. Moins tranchée, moins saillante, moins poétique peut-être qu'elle ne l'avait été, elle était désormais bien plus séduisante aux yeux de Lionel ; elle était mieux selon ses idées, selon le monde.

Que vous dirai-je ! Au bout d'une heure d'entretien, Lionel avait oublié les dix années qui le séparaient de Lavinia, ou plutôt il avait oublié toute sa vie ; il se croyait auprès d'une femme nouvelle, qu'il aimait pour la première fois ; car le passé lui rappelait Lavinia chagrine, jalouse, exigeante ; il montrait surtout Lionel coupable à ses propres yeux ; et comme Lavinia comprenait ce que les souvenirs auraient eu pour lui de pénible, elle eut la délicatesse de n'y toucher qu'avec précaution.

Ils se racontèrent mutuellement la vie qui s'était écoulée depuis leur séparation. Lavinia questionnait Lionel sur ses amours nouvelles avec l'impartialité d'une sœur ; elle vantait la beauté de miss Ellis, et s'informait avec intérêt et bienveillance de son caractère et des avantages qu'un tel hymen devait apporter à son ancien ami. De son côté, elle raconta d'une manière brisée, mais piquante et fine, ses voyages, ses amitiés, son mariage avec un vieux lord, son veuvage, et l'emploi qu'elle faisait désormais de sa fortune et de sa liberté. Dans tout ce qu'elle disait, il y avait bien un peu d'ironie ; tout en rendant hommage au pouvoir de la raison, un peu d'amertume secrète se montrait contre cette impérieuse puissance, se trahissait sous la forme du badinage. Mais la miséricorde et l'indulgence dominaient dans cette âme dévastée de bonne heure, et lui imprimaient quelque chose de grand qui l'élevait au-dessus de toutes les autres.

Plus d'une heure s'était écoulée. Lionel ne comptait pas les instants ; il s'abandonnait à ses nouvelles impressions avec cette ardeur subite et passagère qui est la dernière faculté des cœurs usés. Il essayait, par toutes les insinuations possibles, d'animer l'entretien, en amenant Lavinia à lui parler de la situation réelle de son cœur ; mais ses efforts étaient vains : la femme était plus mobile et plus adroite que lui. Dès qu'il croyait avoir touché une corde de son âme, il ne lui restait plus dans la main qu'un cheveu. Dès qu'il espérait saisir l'être moral et l'étreindre pour l'analyser, le fantôme glissait comme un souffle et s'enfuyait insaisissable comme l'air.

Tout à coup on frappa avec force; car le bruit du torrent, qui couvrait tout, avait empêché d'entendre les premiers coups; et maintenant on les réitérait avec impatience. Lady Lavinia tressaillit.

— C'est Henry qui vient m'avertir, lui dit sir Lionel; mais si vous daignez m'accorder encore quelques instants, je vais lui dire d'attendre. Obtiendrai-je cette grâce, madame?

Lionel se préparait à l'implorer obstinément lorsque Pepa entra d'un air empressé.

— Monsieur le comte de Morangy veut entrer à toute force, dit-elle en portugais à sa maîtresse. Il est là... il n'écoute rien...

— Ah! mon Dieu! s'écria ingénument Lavinia en anglais; il est si jaloux! Que vais-je faire de vous, Lionel?

Lionel resta comme frappé de la foudre.

— Faites-le entrer, dit vivement Lavinia à la négresse. Et vous, dit-elle à sir Lionel, passez sur ce balcon. Il fait un temps magnifique; vous pouvez bien attendre là cinq minutes pour me rendre service.

Et elle le poussa vivement sur le balcon. Puis elle fit retomber le rideau de basin, et s'adressant au comte qui entrait:

— Que signifie le bruit que vous faites? lui dit-elle avec aisance. C'est une véritable invasion.

— Ah! pardonnez-moi, madame! s'écria le comte de Morangy; j'implore ma grâce à deux genoux. Vous voyant sortir brusquement du bal avec Pepa, j'ai cru que vous étiez malade. Ces jours derniers vous avez été indisposée ; j'ai été si effrayé !... Mon Dieu ! pardonnez-moi, Lavinia, je suis un étourdi, un fou... mais je vous aime tant que je ne sais plus ce que je fais...

Pendant que le comte parlait, Lionel, à peine revenu de sa surprise, s'abandonnait à un violent accès de colère.

— Impertinente femme ! pensait-il, qui ose bien me prier d'assister à un tête-à-tête avec son amant ! Ah ! si c'est une vengeance préméditée, si c'est une insulte volontaire, qu'on prenne garde à moi ! Mais quelle folie ! si je montrais du dépit, ce serait la faire triompher... Voyons ! assistons à la scène d'amour avec le sang-froid d'un vrai philosophe...

Il se pencha vers l'embrasure de la fenêtre, et se hasarda à élargir avec le bout de sa cravache la fente que laissaient les deux rideaux en se joignant. Il put ainsi voir et entendre.

Le comte de Morangy était un des plus beaux hommes de France, blond, grand, d'une figure plus imposante qu'expressive, parfaitement frisé, dandy des pieds jusqu'à la tête. Le son de sa voix était doux et velouté. Il grasseyait un peu en parlant ; il avait l'œil grand, mais sans éclat ; la bouche fine et moqueuse, la main blanche comme une femme, et le pied chaussé dans une perfection indicible. Aux yeux de sir Lionel, c'était le rival le plus redoutable qu'il fût possible d'avoir à combattre ; c'était un adversaire digne de lui, depuis le favori jusqu'à l'orteil.

Le comte parlait français, et Lavinia répondait dans cette langue, qu'elle possédait aussi bien que l'anglais. Encore un talent nouveau de Lavinia ! Elle écoutait les fadeurs du beau *talon rouge* avec une complaisance singulière. Le comte hasarda deux ou trois phrases passionnées qui parurent à Lionel s'écarter un peu des règles du bon goût et de la convenance dramatique. Lavinia ne se fâcha point; il n'y eut même presque pas de raillerie dans ses sourires. Elle pressait le comte de retourner au bal le premier, lui disant qu'il n'était pas convenable qu'elle y rentrât avec lui. Mais il s'obstinait à la conduire jusqu'à la porte, en jurant qu'il n'entrerait qu'un quart d'heure après. Tout en parlant, il s'emparait des mains de lady Blake, qui les lui abandonnait avec une insouciance paresseuse et agaçante.

La patience échappait à sir Lionel.

— Je suis bien sot, se dit-il enfin, d'assister patiemment à cette mystification, quand je puis sortir...

Il marcha jusqu'au bout du balcon. Mais le balcon était fermé; et au-dessous s'étendait une corniche de rochers qui ne ressemblait pas trop à un sentier. Néanmoins Lionel se hasarda courageusement à enjamber la balustrade et à faire quelques pas sur cette corniche; mais il fut bientôt forcé de s'arrêter. La corniche s'interrompait brusquement à l'endroit de la cataracte, et un chamois eût hésité à faire un pas de plus. La lune, montant sur le ciel, montra en cet instant à Lionel la profondeur de l'abîme, dont quelques pouces de roc le séparaient. Il fut obligé de fermer les yeux pour résister au vertige qui s'emparait de lui et de regagner avec peine le balcon. Quand il eut réussi à repasser la balustrade, et qu'il vit enfin ce frêle rempart entre lui et le précipice, il se crut le plus heureux des hommes, dût-il payer l'asile qu'il atteignait au prix du triomphe de son rival. Il fallut donc se résigner à entendre les tirades sentimentales du comte de Morangy.

— Madame, disait-il, c'est trop long-temps feindre avec moi. Il est impossible que vous ne sachiez pas combien je vous aime, et je vous trouve cruelle de me traiter comme s'il s'agissait d'une de ces fantaisies qui naissent et meurent dans un jour. L'amour que j'ai pour vous est un sentiment de toute la vie ; et si vous n'acceptez le vœu que je fais de vous consacrer la mienne, vous verrez, madame, qu'un homme du monde peut perdre tout respect des convenances et se soustraire à l'empire de la froide raison. Oh ! ne me réduisez pas au désespoir, ou craignez-en les effets.

— Vous voulez donc que je m'explique décidément ? répondit Lavinia. Eh bien ! je vais le faire. Savez-vous mon histoire, monsieur ?

— Oui, madame, je sais tout ; je sais qu'un misérable, que je regarde comme le dernier des hommes, vous a indignement trompée et délaissée. La compassion que votre infortune m'inspire ajoute à mon enthousiasme. Il n'y a que les grandes âmes qui soient condamnées à être victimes des hommes et de l'opinion.

— Eh bien ! monsieur, reprit Lavinia, sachez que j'ai su profiter des rudes leçons de ma destinée ; sachez qu'aujourd'hui je suis en garde contre mon propre cœur et contre celui d'autrui. Je sais qu'il n'est pas toujours au pouvoir de l'homme de tenir ses serments, et qu'il abuse aussitôt qu'il obtient. D'après cela, monsieur, n'espérez pas me fléchir. Si vous parlez sérieusement, voici ma réponse : — Je suis invulnérable. Cette femme tant décriée par l'erreur de sa jeunesse est entourée désormais d'un rempart plus solide que la vertu, la méfiance.

— Ah ! c'est que vous ne m'entendez pas, madame, s'écria le comte en se jetant à ses genoux. Que je sois maudit si j'ai jamais eu la pensée de m'autoriser de vos malheurs pour espérer des sacrifices que votre fierté condamne...

— Êtes-vous bien sûr, en effet, de ne l'avoir eue jamais? dit Lavinia avec son triste sourire.

— Eh bien! je serai franc, dit M. de Morangy avec un accent de vérité où la *manière* du grand seigneur disparut entièrement. Peut-être l'ai-je eue avant de vous connaître, cette pensée que je repousse maintenant avec remords. Devant vous la feinte est impossible, Lavinia; vous subjuguez la volonté, vous anéantiriez la ruse, vous commandez la vénération. Oh! depuis que je sais ce que vous êtes, je jure que mon adoration a été digne de vous. Écoutez-moi, madame, et laissez-moi à vos pieds attendre l'arrêt de ma vie. C'est par d'indissolubles serments que je veux vous dévouer tout mon avenir. C'est un nom honorable, j'ose le croire, et une brillante fortune, dont je ne suis pas vain, vous le savez, que je viens mettre à vos pieds, en même temps qu'une âme qui vous adore, un cœur qui ne bat que pour vous.

— C'est donc réellement un mariage que vous me proposez? dit lady Lavinia sans témoigner au comte une surprise injurieuse. Eh bien! monsieur, je vous remercie de cette marque d'estime et d'attachement.

Et elle lui tendit la main avec cordialité.

— Dieu de bonté! elle accepte! s'écria le comte en couvrant cette main de baisers.

— Non pas, monsieur, dit Lavinia; je vous demande le temps de la réflexion.

— Hélas! mais puis-je espérer?

— Je ne sais pas; mais comptez sur ma reconnaissance. Adieu. Retournez au bal; je l'exige. J'y serai dans un instant.

Le comte baisa le bord de son écharpe avec passion et sortit. Aussitôt qu'il eut refermé la porte, Lionel écarta tout à fait le rideau, s'apprêtant à recevoir de lady Blake l'autorisation de rentrer. Mais lady Blake était assise sur le sofa, le dos tourné à la fenêtre. Lionel vit sa figure se refléter dans la glace placée vis-à-vis d'eux. Ses yeux étaient fixés sur le parquet, son attitude morne et pensive. Plongée dans une profonde méditation, elle avait complétement oublié Lionel, et l'exclamation de surprise qui lui échappa lorsque celui-ci sauta au milieu de la chambre fut l'aveu ingénu de cette cruelle distraction.

Il était pâle de dépit; mais il se contint.

— Vous conviendrez, lui dit-il, que j'ai respecté vos nouvelles affections, madame. Il m'a fallu un profond désintéressement pour m'entendre insulter à dessein peut-être... et pour rester impassible dans ma cachette.

— A dessein? répéta Lavinia en le fixant d'un air sévère. Qu'osez-vous penser de moi, monsieur? Si ce sont là vos idées, sortez!

— Non, non, ce ne sont pas là mes idées, dit Lionel en marchant vers elle et en lui prenant le bras avec agitation. Ne faites pas attention à ce que je dis. Je suis fort troublé... C'est qu'aussi vous avez bien compté sur ma raison en me faisant assister à une semblable scène.

— Sur votre raison, Lionel! Je ne comprends pas ce mot. Vous voulez dire que j'ai compté sur votre indifférence?

— Raillez-moi tant que vous voudrez, soyez cruelle, foulez-moi aux pieds! vous en avez le droit... Mais je suis bien malheureux!...

Il était fortement ému. Lavinia crut ou feignit de croire qu'il jouait la comédie.

— Finissons-en, lui dit-elle en se levant. Vous auriez dû faire votre profit de ce que vous m'avez entendue répondre au comte de Morangy; et pourtant l'amour de cet homme ne m'offense pas... Adieu, Lionel. Quittons-nous pour toujours, mais quittons-nous sans amertume. Voici votre portrait et vos lettres... Allons, laissez ma main, il faut que je retourne au bal.

— Il faut que vous retourniez danser avec M. de Morangy, n'est-ce pas? dit Lionel en jetant son portrait avec colère et en le broyant de son talon.

— Écoutez donc, dit Lavinia un peu pâle, mais calme : le comte de Morangy m'offre un rang et une haute réhabilitation dans le monde. L'alliance d'un vieux lord ne m'a jamais bien lavée de la tache cruelle qui couvre une femme délaissée. On sait qu'un vieillard reçoit toujours plus qu'il ne donne. Mais un homme jeune, riche, noble, envié, aimé des femmes..., c'est différent! Cela mérite qu'on y pense, Lionel; et je suis bien aise d'avoir jusqu'ici ménagé le comte. Je devinais depuis long-temps la loyauté de ses intentions.

— O femmes! la vanité ne meurt point en vous! s'écria Lionel avec dépit lorsqu'elle fut partie.

Il alla rejoindre Henry à l'hôtellerie. Celui-ci l'attendait avec impatience.

— Damnation sur vous, Lionel! s'écria-t-il. Il y a une grande heure que je vous attends sur mes étriers. Comment! deux heures pour une semblable entrevue! Allons, en route! vous me raconterez cela chemin faisant.

— Bonsoir, Henry. Allez-vous-en dire à miss Margaret que le traversin qui est couché à ma place dans mon lit est au plus mal. Moi, je reste.

— Cieux et terre! qu'entends-je! s'écria Henry; vous ne voulez point aller à Luchon?

— J'irai une autre fois; je reste ici maintenant.

— Mais c'est impossible ! Vous rêvez. Vous n'êtes point réconcilié avec lady Blake ?

— Non pas, que je sache ; tant s'en faut ! Mais je suis fatigué, j'ai le spleen, j'ai une courbature. Je reste.

Henry tombait des nues. Il épuisa toute son éloquence pour entraîner Lionel ; mais, ne pouvant y réussir, il descendit de cheval, et jetant la bride au palefrenier :

— Eh bien ! s'il en est ainsi, je reste aussi, s'écria-t-il. La chose me paraît si plaisante que j'en veux être témoin jusqu'au bout. Au diable les amours de Bagnères et les projets de grande route ! Mon digne ami sir Lionel Bridgemont me donne la comédie : je serai le spectateur assidu et palpitant de son drame.

Lionel eût donné tout un monde pour se débarrasser de ce surveillant étourdi et goguenard ; mais cela fut impossible.

— Puisque vous êtes déterminé à me suivre, lui dit-il, je vous préviens que je vais au bal.

— Au bal ? soit. La danse est un excellent remède pour le spleen et les courbatures.

Lavinia dansait avec M. de Morangy. Lionel ne l'avait jamais vue danser. Lorsqu'elle était venue en Angleterre, elle ne connaissait que le boléro, et elle ne s'était jamais permis de le danser sous le ciel austère de la Grande-Bretagne. Depuis elle avait appris nos contredanses, et elle y portait la grâce voluptueuse des Espagnoles jointe à je ne sais quel reflet de pruderie anglaise qui en modérait l'essor. On montait sur les banquettes pour la voir danser. Le comte de Morangy était triomphant. Lionel était perdu dans la foule.

Il y a tant de vanité dans le cœur de l'homme ! Lionel souffrait amèrement de voir celle qui fut long-temps dominée et emprisonnée dans son amour, celle qui jadis n'était qu'à lui, et que le monde n'eût osé venir réclamer dans ses bras, libre et fière maintenant, environnée d'hommages et trouvant dans chaque regard une vengeance ou une réparation du passé. Lorsqu'elle retourna à sa place, au moment où le comte avait une distraction, Lionel se glissa adroitement auprès d'elle et ramassa son éventail, qu'elle venait de laisser tomber. Lavinia ne s'attendait point à le trouver là. Un faible cri lui échappa, et son teint pâlit sensiblement.

— Ah! mon Dieu! lui dit-elle, je vous croyais sur la route de Bagnères.

— Ne craignez rien, madame, lui dit-il à voix basse; je ne vous compromettrai point auprès du comte de Morangy.

Cependant il n'y put tenir long-temps, et bientôt il revint l'inviter à danser.

Elle accepta.

— Ne faudra-t-il pas aussi que j'en demande la permission à M. le comte de Morangy? lui dit-il.

Le bal dura jusqu'au jour. Lady Lavinia était sûre de faire durer un bal tant qu'elle y restait. A la faveur du désordre qui se glisse peu à peu dans une fête à mesure que la nuit s'avance, Lionel put lui parler souvent. Cette nuit acheva de lui faire tourner la tête. Enivré par les charmes de lady Blake, excité par la rivalité du comte, irrité par les hommages de la foule qui à chaque instant se jetait entre elle et lui, il s'acharna de tout son pouvoir à réveiller cette passion éteinte, et l'amour-propre lui fit sentir si vivement son aiguillon qu'il sortit du bal dans un état de délire inconcevable.

Il essaya en vain de dormir. Henry, qui avait fait la

cour à toutes les femmes et dansé toutes les contredanses, ronfla de toute sa tête. Dès qu'il fut éveillé :

— Eh bien ! Lionel, dit-il en se frottant les yeux, vive Dieu ! mon ami, c'est une histoire piquante que votre réconciliation avec ma cousine ; car, n'espérez pas me tromper, je sais à présent le secret. Quand nous sommes entrés au bal, Lavinia était triste et dansait d'un air distrait ; dès qu'elle vous a vu, son œil s'est animé, son front s'est éclairci. Elle était rayonnante à la walse, quand vous l'enleviez comme une plume à travers la foule. Heureux Lionel ! à Luchon une belle fiancée et une belle dot, à Saint-Sauveur une belle maîtresse et un grand triomphe !

— Laissez-moi tranquille avec vos balivernes, dit Lionel avec humeur.

Henry était habillé le premier. Il sortit pour voir ce qui se passait, et revint bientôt en faisant son vacarme accoutumé sur l'escalier.

— Hélas ! Henry, lui dit son ami, ne perdrez-vous point cette voix haletante et ce geste effaré ? On dirait toujours que vous venez de lancer le lièvre et que vous prenez les gens à qui vous parlez pour des limiers découplés.

— A cheval, à cheval ! cria Henry. Lady Lavinia Blake est à cheval : elle part pour Gèdres avec dix autres jeunes folles et je ne sais combien de godelureaux, le comte de Morangy en tête..., ce qui ne veut pas dire qu'elle n'ait que le comte de Morangy en tête : entendons-nous !

— Silence ! *clown*, s'écria Lionel. A cheval en effet, et partons !

La cavalcade avait pris de l'avance sur eux. La route de Gèdres est un sentier escarpé, une sorte d'escalier taillé dans le roc, côtoyant le précipice, offrant mille difficultés aux chevaux, mille dangers très-réels aux voyageurs. Lionel lança son cheval au grand galop. Henry crut qu'il était fou ; mais, pensant qu'il y allait de son honneur de ne pas rester en arrière, il s'élança sur ses traces. Leur arrivée fut un incident fantastique pour la caravane. Lavinia frémissait à la vue de ces deux écervelés courant ainsi sur le revers d'un abîme effroyable. Quand elle reconnut Lionel et son cousin, elle devint pâle et faillit tomber de cheval. Le comte de Morangy s'en aperçut et ne la quitta plus du regard. Il était jaloux.

C'était un aiguillon de plus pour Lionel. Tout le long de la journée il disputa le moindre regard de Lavinia avec obstination. La difficulté de lui parler, l'agitation de la course, les émotions que faisait naître le sublime spectacle des lieux qu'ils parcouraient, la résistance adroite et toujours aimable de lady Blake, son habileté à guider son cheval, son courage, sa grâce, l'expression toujours poétique et toujours naturelle de ses sensations, tout acheva d'exalter sir Lionel. Ce fut une journée bien fatigante pour cette pauvre femme obsédée de deux amants entre lesquels elle voulait tenir la balance égale : aussi accueillait-elle avec reconnaissance son joyeux cousin et ses grosses folies lorsqu'il venait caracoler entre elle et ses adorateurs.

A l'entrée de la nuit le ciel se couvrit de nuages. Un orage sérieux s'annonçait. La cavalcade doubla le pas ; mais elle était encore à plus d'une lieue de Saint-Sauveur lorsque la tempête éclata. L'obscurité devint complète : les chevaux s'effrayèrent, celui du comte de Morangy l'emporta au loin. La petite troupe se débanda, et il fallut tous les efforts des guides qui l'escortaient à pied pour empêcher que des accidents sérieux ne vinssent terminer tristement un jour si gaiement commencé.

Lionel, perdu dans d'affreuses ténèbres, forcé de marcher le long du rocher en tirant son cheval par la bride, de peur de se jeter avec lui dans le précipice, était dominé par une inquiétude bien plus vive. Il avait perdu Lavinia malgré tous ses efforts, et il la cherchait avec anxiété depuis un quart d'heure, lorsqu'un éclair lui montra une femme assise sur un rocher un peu au-dessus du chemin. Il s'arrêta, prêta l'oreille et reconnut la voix de lady Blake; mais un homme était avec elle: ce ne pouvait être que M. de Morangy. Lionel le maudit dans son âme; et, résolu au moins à troubler le bonheur de ce rival, il se dirigea comme il put vers le couple. Quelle fut sa joie en reconnaissant Henry auprès de sa cousine! Celui-ci, en bon et insouciant compagnon, lui céda la place, et s'éloigna même pour garder les chevaux.

Rien n'est si solennel et si beau que le bruit de l'orage dans les montagnes. La grande voix du tonnerre, en roulant sur des abîmes, se répète et retentit dans leur profondeur; le vent, qui fouette les longues forêts de sapins et les colle sur le roc perpendiculaire comme un vêtement sur des flancs humains, s'engouffre aussi dans les gorges et y jette de grandes plaintes aiguës et traînantes comme des sanglots. Lavinia, recueillie dans la contemplation de cet imposant spectacle, écoutait les mille bruits de la montagne ébranlée, en attendant qu'un nouvel éclair jetât sa lumière bleue sur le paysage. Elle tressaillit lorsqu'il vint lui montrer sir Lionel assis près d'elle à la place qu'occupait son cousin un instant auparavant. Lionel pensa qu'elle était effrayée par l'orage, et il prit sa main pour la rassurer. Un autre éclair lui montra Lavinia un coude appuyé sur un genou et le menton enfoncé dans sa main, regardant d'un air d'enthousiasme la grande scène des éléments bouleversés. — Oh! mon Dieu! que cela est beau! lui dit-elle, que cette clarté bleue est vive et douce à la fois! Avez-vous vu ces déchiquetures du rocher rayonner comme des saphirs, et ce lointain livide où les cimes des glaciers se levaient comme de grands spectres dans leurs linceuls? Avez-vous remarqué aussi que, dans le brusque passage des ténèbres à la lumière et de la lumière aux ténèbres, tout semblait se mouvoir, s'agiter comme si ces monts s'ébranlaient pour s'écrouler?

— Je ne vois rien ici que vous, Lavinia, lui dit-il avec force; je n'entends de voix que la vôtre, je ne respire d'air que votre souffle, je n'ai d'émotion qu'à vous sentir près de moi. Savez-vous bien que je vous aime éperdument? Oui, vous le savez; vous l'avez bien vu aujourd'hui, et peut-être vous l'avez voulu. Eh bien! triomphez s'il en est ainsi. Je suis à vos pieds, je vous demande le pardon et l'oubli du passé, le front dans la poussière; je vous demande l'avenir, oh! je vous le demande avec passion, et il faudra bien me l'accorder, Lavinia; car je vous veux fortement, et j'ai des droits sur vous...

— Des droits? répondit-elle en lui retirant sa main.

— N'est-ce donc pas un droit, un affreux droit, que le mal que je t'ai fait, Lavinia? Et si tu me l'as laissé prendre pour briser ta vie, peux-tu me l'ôter aujourd'hui que je veux la relever et réparer mes crimes?

On sait tout ce qu'un homme peut dire en pareil cas. Lionel fut plus éloquent que je ne saurais l'être à sa place. Il se monta singulièrement la tête; et, désespérant de vaincre autrement la résistance de lady Blake, voyant bien d'ailleurs qu'en restant au-dessous des soumissions de son rival il lui faisait un avantage trop réel, il s'éleva au même dévouement : il offrit son nom et sa fortune à lady Lavinia.

— Y songez-vous? lui dit-elle avec émotion. Vous renonceriez à miss Ellis lorsqu'elle vous est promise, lorsque votre mariage est arrêté !

— Je le ferai, répondit-il. Je ferai une action que le monde trouvera insolente et coupable. Il faudra peut-être la laver dans mon sang; mais je suis prêt à tout pour vous obtenir ; car le plus grand crime de ma vie, c'est de vous avoir méconnue ; et mon premier devoir, c'est de revenir à vous. Oh! parlez, Lavinia, rendez-moi le bonheur que j'ai perdu en vous perdant. Aujourd'hui je saurai l'apprécier et le conserver, car moi aussi j'ai changé : je ne suis plus cet homme ambitieux et inquiet qu'un avenir inconnu torturait de ses menteuses promesses. Je sais la vie aujourd'hui, je sais ce que vaut le monde et son faux éclat. Je sais que pas un de mes triomphes n'a valu un seul de vos regards, et la chimère du bonheur que j'ai poursuivie m'a toujours fui jusqu'au jour où elle me ramène à vous. Oh! Lavinia, reviens à moi aussi ! Qui t'aimera comme moi ? qui verra comme moi ce qu'il y a de grandeur, de patience et de miséricorde dans ton âme ?

Lavinia gardait le silence, mais son cœur battait avec une violence dont s'apercevait Lionel. Sa main tremblait dans la sienne, et elle ne cherchait pas à la retirer, non plus qu'une tresse de ses cheveux que le vent avait détachée et que Lionel couvrait de baisers. Ils ne sentaient pas la pluie qui tombait en gouttes larges et rares. Le vent avait diminué, le ciel s'éclaircissait un peu, et le comte de Morangy venait à eux aussi vite que pouvait le lui permettre son cheval déferré et boiteux, qui avait failli le tuer en tombant contre un rocher.

Lavinia l'aperçut enfin et s'arracha brusquement aux transports de Lionel. Celui-ci, furieux de ce contre-temps, mais plein d'espérance et d'amour, l'aida à se remettre à cheval, et l'accompagna jusqu'à la porte de sa maison. Là elle lui dit en baissant la voix : — Lionel, vous m'avez fait des offres dont je sens tout le prix. Je n'y peux répondre sans y avoir mûrement réfléchi...

— O Dieu! c'est la même réponse qu'à M. de Morangy.

— Non, non, ce n'est pas la même chose, répondit-elle d'une voix altérée. Mais votre présence ici peut faire naître bien des bruits ridicules. Si vous m'aimez vraiment, Lionel, vous allez me jurer de m'obéir.

— Je le jure par Dieu et par vous.

— Eh bien! partez sur-le-champ, et retournez à Bagnères, je vous jure à mon tour que dans quarante heures vous aurez ma réponse.

— Mais que deviendrai-je, grand Dieu! pendant ce siècle d'attente?

— Vous espérerez, lui dit Lavinia en refermant précipitamment la porte sur elle, comme si elle eût craint d'en dire trop.

Lionel espéra en effet. Il avait pour motifs une parole de Lavinia et tous les arguments de son amour-propre.

— Vous avez tort d'abandonner la partie, lui disait Henry en chemin; Lavinia commençait à s'attendrir. Sur ma parole, je ne vous reconnais pas là, Lionel. Quand ce n'eût été que pour ne pas laisser Morangy maître du champ de bataille..... Allons! vous êtes plus amoureux de miss Ellis que je ne pensais.

Lionel était trop préoccupé pour l'écouter. Il passa le temps que Lavinia lui avait fixé enfermé dans sa chambre, où il se fit passer pour malade, et ne daigna pas désabuser sir Henry qui se perdait en commentaires sur sa conduite. Enfin, la lettre arriva; la voici:

« *Ni l'un ni l'autre.* Quand vous recevrez cette lettre, quand M. de Morangy, que j'ai envoyé à Tarbes, recevra ma réponse, je serai loin de vous deux; je serai partie, partie à tout jamais, perdue sans retour pour vous et pour lui.

» Vous m'offrez un nom, un rang, une fortune; vous croyez qu'un grand éclat dans le monde est une grande séduction pour une femme. Oh! non, pas pour celle qui le connaît et le méprise comme je le fais. Mais pourtant ne croyez pas, Lionel, que je dédaigne l'offre que vous m'avez faite de sacrifier un mariage brillant et de vous enchaîner à moi pour toujours.

» Vous avez compris ce qu'il y a de cruel pour l'amour-propre d'une femme à être abandonnée, ce qu'il y a de glorieux à ramener à ses pieds un infidèle, et vous avez voulu me dédommager par ce triomphe de tout ce que j'ai souffert; aussi je vous rends toute mon estime, et je vous pardonnerais le passé si cela n'était pas fait depuis long-temps.

» Mais sachez, Lionel, qu'il n'est pas en votre pouvoir de réparer ce mal. Non, cela n'est au pouvoir d'aucun homme. Le coup que j'ai reçu est mortel: il a tué pour jamais en moi la puissance d'aimer; il a éteint le flambeau des illusions, et la vie m'apparaît sous son jour terne et misérable.

» Eh bien! je ne me plains pas de ma destinée; cela

devait arriver tôt ou tard. Nous vivons tous pour vieillir et pour voir les déceptions envahir chacune de nos jo es. J'ai été désabusée un peu jeune, il est vrai, et le besoin d'aimer a long-temps survécu à la faculté de croire. J'ai long-temps, j'ai souvent lutté contre ma jeunesse comme contre un ennemi acharné ; j'ai toujours réussi à la vaincre.

» Et croyez-vous que cette dernière lutte contre vous, cette résistance aux promesses que vous me faites ne soit pas bien cruelle et bien difficile ? Je peux le dire à présent que la fuite me met à l'abri du danger de succomber : je vous aime encore, je le sens ; l'empreinte du premier objet qu'on a aimé ne s'efface jamais entièrement ; elle semble évanouie ; on s'endort dans l'oubli des maux qu'on a soufferts ; mais que l'image du passé se lève, que l'ancienne idole reparaisse, et nous sommes encore prêts à plier le genou devant elle. O fuyez ! fuyez, fantôme et mensonge ! vous n'êtes qu'une ombre, et si je me hasardais à vous suivre, vous me conduiriez encore parmi les écueils pour m'y laisser mourante et brisée. Fuyez ! je ne crois plus en vous. Je sais que vous ne disposez pas de l'avenir, et que si votre bouche est sincère aujourd'hui, la fragilité de votre cœur vous forcera de mentir demain.

» Et pourquoi vous accuserais-je d'être ainsi ? ne sommes-nous pas tous faibles et mobiles ? Moi-même n'étais-je pas calme et froide quand je vous ai abordé hier ? N'étais-je pas convaincue que je ne pouvais pas vous aimer ? N'avais-je pas encouragé les prétentions du comte de Morangy ? Et pourtant le soir, quand vous étiez assis près de moi sur ce rocher, quand vous me parliez d'une voix si passionnée au milieu du vent et de l'orage, n'ai-je pas senti mon âme se fondre et s'amollir? Oh! quand j'y songe, c'était votre voix des temps passés, c'était votre passion des anciens jours, c'était vous, c'était mon premier amour, c'était ma jeunesse que je retrouvais tout à la fois!

» Et puis à présent que je suis de sang-froid, je me sens triste jusqu'à la mort; car je m'éveille et me souviens d'avoir fait un beau rêve au milieu d'une triste vie.

» Adieu, Lionel. En supposant que votre désir de m'épouser se fût soutenu jusqu'au moment de se réaliser (et à l'heure qu'il est, peut-être, vous sentez déjà que je puis avoir raison de vous refuser), vous eussiez été malheureux sous l'étreinte d'un lien pareil; vous auriez vu le monde, toujours ingrat et avare de louanges devant nos bonnes actions, considérer la vôtre comme l'accomplissement d'un devoir, et vous refuser le triomphe que vous en attendiez peut-être. Puis vous auriez perdu le contentement de vous-même en n'obtenant pas l'admiration sur laquelle vous comptiez. Qui sait! j'aurais peut-être moi-même oublié trop vite ce qu'il y avait de beau dans votre retour, et accepté votre amour nouveau comme une réparation due à votre honneur. Oh! ne gâtons pas cette heure d'élan et de confiance que nous avons goûtée ce soir; gardons-en le souvenir, mais ne cherchons pas à la retrouver.

» N'ayez aucune crainte d'amour-propre en ce qui concerne le comte de Morangy; je ne l'ai jamais aimé. Il est un des mille impuissants qui n'ont pu (moi aidant, hélas!) faire palpiter mon cœur éteint. Je ne voudrais pas même de lui pour époux. Un homme de son rang vend toujours trop cher la protection qu'il accorde en la faisant sentir. Et puis je hais le mariage, je hais tous les hommes, je hais les engagements éternels, les promesses, les projets, l'avenir arrangé à l'avance par des contrats et des marchés dont le destin se rit toujours. Je n'aime plus que les voyages, la rêverie, la solitude, le bruit du monde, pour le traverser et en rire, puis la poésie pour supporter le passé, et Dieu pour espérer l'avenir. »

Sir Lionel Bridgemont éprouva d'abord une grande mortification d'amour-propre; car il faut le dire pour consoler le lecteur qui s'intéresserait trop à lui, depuis quarante heures il avait fait bien des réflexions. D'abord il songea à monter à cheval, à suivre lady Blake, à vaincre sa résistance, à triompher de sa froide raison. Et puis il songea qu'elle pourrait bien persister dans son refus, et que pendant ce temps miss Ellis pourrait bien s'offenser de sa conduite et repousser son alliance... Il resta.

— Allons, lui dit Henry le lendemain en le voyant baiser la main de Miss Margaret qui lui accordait cette marque de pardon après une querelle assez vive sur son absence, l'année prochaine nous siégerons au parlement.

FIN DE LAVINIA.

METELLA.

I.

Le comte de Buondelmonte, revenant d'un voyage de quelques journées aux environs de Florence, fut versé par la maladresse de son postillon, et tomba, sans se faire aucun mal, dans un fossé de plusieurs pieds de profondeur. La chaise de poste fut brisée, et le comte allait être forcé de gagner à pied le plus prochain relai, lorsqu'une calèche de voyage, qui avait changé de chevaux peu après lui à la poste précédente, vint à passer. Les postillons des deux voitures entamèrent un dialogue d'exclamations qui aurait pu durer long-temps encore sans remédier à rien, si le voyageur de la calèche, ayant jeté un regard sur le comte, n'eût proposé le dénouement naturel à ces sortes d'accidents : il pria poliment Buondelmonte de monter dans sa voiture et de continuer avec lui son voyage. Le comte accepta sans répugnance, car les manières distinguées du voyageur rendaient au moins tolérable la perspective de passer plusieurs heures en tête-à-tête avec un inconnu.

Le voyageur se nommait Olivier ; il était Genevois, fils unique, héritier d'une grande fortune. Il avait vingt ans et voyageait pour son instruction ou son plaisir. C'était un jeune homme blanc, frais et mince. Sa figure était charmante, et sa conversation, sans avoir un grand éclat, était fort au-dessus des banalités que le comte, encore un peu aigri intérieurement de sa mésaventure, s'attendait à échanger avec lui. La politesse, néanmoins, empêcha les deux voyageurs de se demander mutuellement leur nom.

Le comte, forcé de s'arrêter au premier relais pour y attendre ses gens, leur donner ses ordres et faire raccommoder sa chaise brisée, voulut prendre congé d'Olivier; mais celui-ci n'y consentit point. Il déclara qu'il attendrait à l'auberge que son compagnon improvisé eût réglé ses affaires, et qu'il ne repartirait qu'avec lui pour Florence. — Il m'est absolument indifférent, lui dit-il, d'arriver dans cette ville quelques heures plus tard; aucune obligation ne m'appelle impérieusement dans un lieu ou dans un autre. Je vais, si vous me le permettez, faire préparer le dîner pour nous deux. Vos gens viendront vous parler ici, et nous pourrons repartir dans deux ou trois heures, afin d'être à Florence demain matin.

Olivier insista si bien que le Florentin fut contraint de se rendre à sa politesse. La table fut servie aussitôt par les ordres du jeune Suisse; et le vin de l'auberge n'étant pas fort bon, le valet de chambre d'Olivier alla chercher dans la calèche quelques bouteilles d'un excellent vin du Rhin que le vieux serviteur réservait à son maître pour les mauvais gîtes.

Le comte, qui, même sur les meilleures apparences, se livrait rarement avec des étrangers, but très-modérément et s'en tint à une politesse franche et de bonne humeur. Le Genevois, plus expansif, plus jeune, et sachant bien, sans doute, qu'il n'était forcé de veiller à la garde d'aucun secret, se livra au plaisir de boire plusieurs larges verres d'un vin généreux, après une journée de soleil et de poussière. Peut-être aussi commençait-il à s'ennuyer de son voyage solitaire, et la société d'un homme d'esprit l'avait-elle disposé à la joie : il devint communicatif.

Il est fort rare qu'un homme parle de lui-même sans dire bientôt quelque impertinence : aussi le comte, qu'une certaine malice contractée dans le commerce du monde abandonnait rarement, s'attendait-il à chaque instant à découvrir dans son compagnon ce levain d'égoïsme et de fatuité que nous avons tous au-dessous de l'épiderme. Il fut surpris d'avoir long-temps attendu inutilement; il essaya de flatter toutes les idées du jeune homme pour lui trouver enfin un ridicule, et il n'y parvint pas; ce qui le piqua un peu; car il n'était pas habitué à déployer en vain les finesses gracieuses de sa pénétration.

— Monsieur, dit le Genevois dans le cours de la conversation, pouvez-vous me dire si lady Mowbray est en ce moment à Florence?

— Lady Mowbray? dit Buondelmonte avec un léger tressaillement : oui, monsieur, elle doit être de retour de Naples.

— Elle passe tous les hivers à Florence?

— Oui, monsieur, depuis bien des années. Vous connaissez lady Mowbray?

— Non, mais j'ai un vif désir de la connaître.

— Ah!

— Est-ce que cela vous surprend, monsieur? On dit que c'est la femme la plus aimable de l'Europe.

— Oui, monsieur, et la meilleure. Vous en avez beaucoup entendu parler, à ce que je vois?

— J'ai passé une partie de la saison dernière aux

eaux d'Aix; lady Mowbray venait d'en partir, et il n'était question que d'elle. Combien j'ai regretté d'être arrivé si tard! J'aurais adoré cette femme-là.

— Vous en parlez vivement! dit le comte.

— Je ne risque pas d'être impertinent envers elle, reprit le jeune homme; je ne l'ai jamais vue et ne la verrai peut-être jamais.

— Pourquoi non?

— Sans doute, pourquoi non? mais l'on peut aussi demander pourquoi oui? Je sais qu'elle est affable et bonne, que sa maison est ouverte aux étrangers, et que sa bienveillance leur est une protection précieuse; je sais aussi que je pourrais me recommander de quelques personnes qu'elle honore de son amitié; mais vous devez comprendre et connaître, monsieur, cette espèce de répugnance craintive que nous éprouvons tous à nous approcher des personnes qui ont le plus excité de loin nos sympathies et notre admiration.

— Parce que nous craignons de les trouver au-dessous de ce que nous en avons attendu, dit le comte.

— Oh! mon Dieu, non, reprit vivement Olivier, ce n'est pas cela. Quant à moi, c'est parce que je me sens peu digne d'inspirer tout ce que j'éprouve, et en outre malhabile à l'exprimer.

— Vous avez tort, dit le comte en le regardant en face avec une expression singulière; je suis sûr que vous plairiez beaucoup à lady Mowbray.

— Comment! vous croyez? et pourquoi? d'où me viendrait ce bonheur?

— Elle aime la franchise, la bonté. Je crois que vous êtes franc et bon.

— Je le crois aussi, dit Olivier; mais cela peut-il suffire pour être remarqué d'elle au milieu de tant de gens distingués qui lui forment, dit-on, une petite cour?

— Mais..., dit le comte reprenant son sourire ironique, remarqué... remarqué... comment l'entendez-vous?

— Oh! monsieur, ne me faites pas plus d'honneur que je ne mérite, répondit Olivier en riant; je l'entends comme un écolier modeste qui désire une mention honorable au concours, mais qui n'ambitionne pas le grand prix. D'ailleurs... mais je vais peut-être dire une sottise. Si vous ne buvez plus, permettez-moi de faire emporter cette dernière bouteille. Depuis un quart d'heure je bois par distraction...

— Buvez, dit le comte en remplissant le verre d'Olivier, et ne me laissez pas croire que vous craignez de vous faire connaître à moi.

— Soit, dit le Genevois en avalant gaiement son sixième verre de vin du Rhin. Ah! vous voulez savoir mes secrets, monsieur l'Italien? Eh bien! de tout mon cœur. Je suis amoureux de lady Mowbray.

— Bien! dit le comte en lui tendant la main dans un accès de gaieté sympathique; très-bien!

— Est-ce la première fois qu'un homme serait devenu amoureux d'une femme sans l'avoir vue?

— Non, parbleu! dit Buondelmonte. J'ai lu plus de trente romans, j'ai vu plus de vingt pièces de théâtre qui commençaient ainsi; et, croyez-moi, la vie ressemble plus souvent à un roman qu'un roman ne ressemble à la vie. Mais, dites-moi, je vous en prie, de tous les éloges que vous avez entendu faire de lady Mowbray, quel est celui qui vous a le plus enthousiasmé?

— Attendez.... dit Olivier, dont les idées commençaient à s'embrouiller un peu. On raconte d'elle beaucoup de traits presque merveilleux : on dit pourtant que, dans sa première jeunesse, elle avait montré le caractère d'une personne assez frivole.

— Comment dites-vous ? demanda Buondelmonte avec sécheresse ; mais Olivier n'y fit pas attention.

— Oui, continua-t-il ; je dis un peu coquette.

— C'est beaucoup plus flatteur ! dit le comte. De sorte que ?...

— De sorte que, soit imprudence de sa part, soit jalousie de la part des autres femmes, sa réputation avait reçu en Angleterre quelques atteintes assez sérieuses pour lui faire désirer de quitter ce pays d'hommes flegmatiques et de femmes collet monté. Elle vint donc en Italie chercher une vie plus libre, des mœurs plus élégantes. Même on dit...

— Que dit-on, monsieur ? dit le comte d'un air sévère.

— On dit... continua Olivier, dont la vue était un peu troublée, bah ! elle l'a dit elle-même en confidence, à Aix, à une de ses amies intimes, qui l'a répété à tous les buveurs d'eau...

— Mais qu'est-ce donc qu'elle a dit ? s'écria le comte en coupant avec impatience un fruit et un peu de son doigt.

— Elle a dit qu'à son arrivée en Italie elle était si aigrie contre l'injustice des hommes et si offensée d'avoir été victime de leurs calomnies, qu'elle se sentait disposée à fouler aux pieds les lois du préjugé, et à mener une aussi joyeuse vie que la plupart des grands personnages de ce pays-ci.

Le comte ôta son bonnet de voyage et le remit gravement sur sa tête sans dire une seule parole. Olivier continua.

— Mais ce fut en vain. La noble lady fit ce vœu sans connaître son propre cœur. N'ayant point encore aimé, et s'en croyant incapable, elle allait y renoncer, lorsqu'un jeune homme tomba éperdument amoureux d'elle et lui écrivit sans façon pour lui demander un rendez-vous.

— Vous a-t-on dit le nom de ce jeune homme? demanda Buondelmonte.

— Ma foi! je ne m'en souviens plus. C'était un Florentin; et vous devez le connaître, car il est encore...

Le comte l'interrompit afin d'éluder la question : — Et que répondit lady Mowbray?

— Elle accorda le rendez-vous, résolue à punir le jeune homme de sa fatuité et à le couvrir de ridicule. Elle avait préparé, à cet effet, je ne sais quel guet-apens de bonne compagnie, dont je ne sais pas bien les détails.

— N'importe, dit le comte.

— Le Florentin arriva donc; mais il était si beau, si aimable, si spirituel, que lady Mowbray chancela dans sa résolution. Elle l'écouta parler, hésita et l'écouta encore. Elle s'attendait à voir un impertinent qu'il faudrait châtier; elle trouva un jeune homme sincère, ardent et romanesque.... Que vous dirai-je? Elle se sentit émue, et essaya pourtant de lui faire peur en lui parlant de prétendus dangers qui l'environnaient. Le Florentin était brave; il se mit à rire. Elle tenta alors de l'effrayer en le menaçant de sa froideur et de sa coquetterie; il se mit à pleurer, et elle l'aima... Si bien que le comte de... ma foi! je crois que son nom va me revenir... Buonacorsi.... Belmonte.... Buondelmonte, ah! m'y voici! le comte de Buondelmonte eut le pouvoir d'attendrir ce cœur rebelle. Lady Mowbray fixa à Florence ses affections et sa vie. Le comte de Buondelmonte fut son premier et son seul amant sur la joyeuse terre d'Italie. Maintenant que je vous ai raconté cette histoire telle qu'on me l'a donnée, dites-moi, vous qui êtes de Florence, si elle est vraie de tout point... Et cependant, si elle ne l'est pas, ne me dites pas que c'est un conte fait à plaisir; il est trop beau pour que je sois désabusé sans regret!

— Monsieur, dit le comte, dont la figure avait pris une expression grave et pensive, cette histoire est belle et vraie. Le comte de Buondelmonte a vécu dix ans le plus heureux et le plus envié des hommes aux pieds de lady Mowbray.

— Dix ans! s'écria Olivier.

— Dix ans, monsieur, reprit Buondelmonte. Il y a dix ans que ces choses se sont passées.

— Dix ans! répéta le jeune homme; lady Mowbray ne doit plus être très-jeune.

Le comte ne répondit rien.

— On m'a pourtant assuré à Aix, poursuivit Olivier, qu'elle était toujours belle comme un ange, qu'elle était grande, légère, agile, qu'elle galopait au bord des précipices sur un vigoureux cheval, qu'elle dansait à merveille. Elle doit avoir trente ans environ, n'est-ce pas, monsieur?

— Qu'importe son âge! dit le comte avec impatience. Une femme n'a jamais que l'âge qu'elle paraît avoir, et tout le monde vous l'a dit : lady Mowbray est toujours belle. On vous l'a dit, n'est-ce pas?

— On me l'a dit partout, à Aix, à Berne, à Gênes, dans tous les lieux où elle a passé.

— Elle est admirée et respectée, dit le comte.

— Oh! monsieur, vous la connaissez, vous êtes son ami peut-être? Je vous en félicite; quelle réputation plus glorieuse que celle de savoir aimer? Que ce Buondelmonte a dû être fier de retremper cette belle âme et de voir refleurir cette plante courbée par l'orage!

Le comte fit une légère grimace de dédain. Il n'aimait pas les phrases de roman, peut-être parce qu'il les avait aimées jadis. Il regarda fixement le Genevois; mais voyant que celui-ci se grisait décidément, il voulut en profiter pour échanger avec un homme sincère et confiant des idées qui le gênaient depuis long-temps.

Sans se donner la peine de feindre beaucoup de désintéressement, car Olivier n'était plus en état de faire de très-clairvoyantes observations, le comte posa sa main sur la sienne, afin d'appeler son attention sur le sens de ses paroles.

— Pensez-vous, lui demanda-t-il, qu'il ne soit pas plus glorieux pour un homme d'ébranler la réputation d'une femme que de la rétablir quand elle a reçu à tort ou à raison de notables échecs?

— Ma foi! ce n'est pas mon opinion, dit Olivier. J'aimerais mieux relever un temple que de l'abattre.

— Vous êtes un peu romanesque, dit le comte.

— Je ne m'en défends pas, cela est de mon âge; et ce qui prouve que les exaltés n'ont pas toujours tort, c'est que Buondelmonte fut récompensé d'une heure d'enthousiasme par dix ans d'amour.

— Lui seul pourrait être juge dans cette question, reprit le comte; et il se promena dans la chambre, les mains derrière le dos et le sourcil froncé. Puis, craignant de se laisser deviner, il jeta un regard de côté sur son compagnon. Olivier avait la tête penchée en avant, le coude dans son assiette, et l'ombre de ses cils, abaissés par un doux assoupissement, se dessinait sur ses joues, que la chaleur généreuse du vin colorait d'un rose plus vif qu'à l'ordinaire. Le comte continua de marcher silencieusement dans la chambre jusqu'à ce que le claquement des fouets et les pieds des chevaux eussent annoncé que la calèche était prête. Le vieux domestique d'Olivier vint lui offrir une pelisse fourrée que le jeune homme passa en bâillant et en se frottant les yeux. Il ne s'éveilla tout à fait que pour prendre le bras de Buondelmonte et le forcer de monter le premier dans sa voiture, qui prit aussitôt la route de Florence. — Parbleu! dit-il en regardant la nuit qui était sombre, ce temps de voleurs me rappelle une histoire que j'ai entendu raconter sur lady Mowbray.

— Encore? dit le comte; lady Mowbray vous occupe beaucoup.

— Ne me demandiez-vous pas quel trait de son caractère m'avait le plus enthousiasmé? Je ne saurais dire lequel; mais voici une aventure qui m'a rendu plus envieux de voir lady Mowbray que Rome, Venise et Naples. Vous allez me dire si celle-là est aussi vraie que la première. Un jour qu'elle traversait les Apennins avec son heureux amant Buondelmonte, ils furent attaqués par des voleurs; le comte se défendit bravement contre trois hommes; il en tua un, et luttait contre les deux autres lorsque lady Mowbray, qui s'était presque évanouie dans le premier accès de surprise, s'élança hors de la calèche et tomba sur le cadavre du brigand que Buondelmonte avait tué. Dans ce moment d'horreur, ranimée par une présence d'esprit au-dessus de son sexe, elle vit à la ceinture du brigand un grand pistolet dont il n'avait pas eu le temps de faire usage, et que sa main semblait encore presser. Elle écarta cette main encore chaude, arracha le pistolet de la ceinture, et, se jetant au milieu des combattants, qui ne s'attendaient à rien de semblable, elle déchargea le pistolet à bout portant dans la figure d'un bandit qui tenait Buondelmonte à la gorge. Il tomba roide mort, et Buondelmonte eut bientôt fait justice du dernier. N'est-ce pas là encore une belle histoire, monsieur ?

— Aussi belle que vraie, répéta Buondelmonte. Le courage de lady Mowbray la soutint encore quelque temps après cette terrible scène. Le postillon, à demi mort de peur, s'était tapi dans un fossé, les chevaux effrayés avaient rompu leurs traits; le seul domestique qui accompagnât les voyageurs était blessé et évanoui. Buondelmonte et sa compagne furent obligés de réparer ce désordre en toute hâte; car à tout instant d'autres bandits, attirés par le bruit du combat, pouvaient fondre sur eux, comme cela arrive souvent. Il fallut battre le postillon pour le ranimer, bander la plaie du domestique qui perdait tout son sang, le porter dans la voiture, et ratteler les chevaux. Lady Mowbray s'employa à toutes les choses avec une force de corps et d'esprit vraiment extraordinaire. Elle avisait à tous les expédients, et trouvait toujours le plus sûr et le plus prompt moyen de sortir d'embarras. Ses belles mains, souillées de sang, rattachaient des courroies, déchiraient des vêtements, soulevaient des pierres. Enfin tout fut réparé, et la voiture se remit en route. Lady Mowbray s'assit auprès de son amant, le regarda fixement, fit un grand cri et s'évanouit. A quoi pensez-vous? ajouta le comte en voyant Olivier tomber dans le silence et la méditation.

— Je suis amoureux, dit Olivier.

— De lady Mowbray ?

— Oui, de lady Mowbray.

— Et vous allez sans doute à Florence pour le lui déclarer? dit le comte.

— Je vous répéterai le mot que vous me disiez tantôt : « Pourquoi non ? »

— En effet, dit le comte d'un ton sec, pourquoi non? Puis il ajouta d'un autre ton, et comme s'il se parlait à lui-même : « Pourquoi non ? »

— Monsieur, reprit Olivier après un instant de silence, soyez assez bon pour confirmer ou démentir une troisième histoire qui m'a été racontée à propos de lady Mowbray, et qui me semble moins belle que les deux premières.

— Voyons, monsieur.

— On dit que le comte de Buondelmonte quitte lady Mowbray.

— Pour cela, monsieur, répondit le comte très-brusquement, je n'en sais rien, et n'ai rien à vous dire.

— Mais, moi, on me l'a assuré, reprit Olivier ; et, quelque triste que soit ce dernier dénoûment, il ne me paraît pas impossible.

— Mais que vous importe? dit le comte.

— Vous êtes le comte de Buondelmonte, dit Olivier, vivement frappé de l'accent de son compagnon ; et lui saisissant le bras, il ajouta : — Et vous ne quittez pas lady Mowbray ?

— Je suis le comte de Buondelmonte, répondit celui-ci ; le saviez-vous, monsieur ?

— Sur mon honneur ! non.

— En ce cas vous n'avez pu m'offenser. Mais parlons d'autre chose.

Ils essayèrent, mais la conversation languit bientôt. Tous deux étaient contraints. Ils prirent d'un commun accord le parti de feindre le sommeil. Aux premiers rayons du jour, Olivier, qui avait fini par s'endormir tout de bon, s'éveilla au milieu de Florence. Le comte prit congé de lui avec une cordialité à laquelle il avait eu le temps de se préparer.

— Voici ma demeure, lui dit-il en lui montrant un des plus beaux palais de la ville, devant lequel le postillon s'était arrêté; et au cas où vous oublieriez le chemin, vous me permettrez d'aller vous chercher pour vous servir de guide moi-même. Puis-je savoir où vous descendrez, et à quelle heure je pourrai, sans vous déranger, aller vous offrir mes remercîments et mes services?

— Je n'en sais rien encore, répondit Olivier un peu embarrassé; mais il est inutile que vous preniez cette peine. Aussitôt que je serai reposé, j'irai vous demander vos bons offices dans cette ville, où je ne connais personne.

— J'y compte, répondit Buondelmonte en lui tendant la main.

— Je m'en garderai bien, pensa le Genevois en lui rendant sa politesse. Ils se séparèrent.

— J'ai fait une belle école! se disait Olivier le lendemain matin en s'éveillant dans la meilleure hôtellerie de Florence; je commence bien! Aussi cet homme est fou d'avoir pris au sérieux les divagations d'un étourdi à moitié ivre. J'ai réussi toutefois à me fermer la porte de lady Mowbray, moi qui désirais tant la connaître! c'est horriblement désagréable, après tout.... Il appela son valet de chambre pour qu'il lui fît la barbe, et s'impatientait sérieusement de ne pouvoir retrouver dans son nécessaire une certaine savonnette au garafoli qu'il avait achetée à Parme, lorsque le comte de Buondelmonte entra dans sa chambre.

— Pardonnez-moi si j'entre en ami sans me faire annoncer, lui dit-il d'un air riant et ouvert; j'ai su en bas que vous étiez éveillé, et je viens vous chercher pour déjeuner avec moi chez lady Mowbray.

Olivier s'aperçut que le comte cherchait dans ses yeux à deviner l'effet de cette nouvelle. Malgré sa candeur, il ne manquait pas d'une certaine défiance des autres; il avait en même temps une honnête confiance en son propre jugement. On pouvait l'affliger, mais non le jouer ou l'intimider.

— De tout mon cœur, répondit-il avec assurance, et je vous remercie, mon cher compagnon de voyage, de m'avoir procuré cette faveur. Maintenant nous sommes quittes.

Les manières cordiales et franches de Buondelmonte ne se démentirent point. Seulement, comme le jeune étranger, tout en se hâtant, donnait des soins minutieux à sa toilette, le comte ne put réprimer un sourire qu'Olivier saisit au fond de la glace devant laquelle il nouait sa cravate. — Si nous faisons une guerre d'embûches, pensa-t-il, c'est fort bien ; avançons. Il ôta sa cravate, et gronda son domestique de lui en avoir donné une mal pliée. Le vieux Hantz en apporta une autre. — J'en aimerais mieux une bleu-de-ciel, dit Olivier ; et quand Hantz eut apporté la cravate bleu-de-ciel, Olivier les examina l'une après l'autre d'un air d'incertitude et de perplexité.

— S'il m'était permis de donner mon avis, dit le valet de chambre timidement....

— Vous n'y entendez rien, dit gravement Olivier ; monsieur le comte, je m'en rapporte à vous, qui êtes un homme de goût : laquelle de ces deux couleurs convient le mieux au ton de ma figure ?

— Lady Mowbray, répondit le comte en souriant, ne peut souffrir ni le bleu ni le rose.

— Donnez-moi une cravate noire, dit Olivier à son domestique.

La voiture du comte les attendait à la porte. Olivier y monta avec lui. Ils étaient contraints tous deux, et cependant il n'y parut point. Buondelmonte avait trop d'habitude du monde pour ne pas sembler ce qu'il voulait être; Olivier avait trop de résolution pour laisser voir son inquiétude. Il pensait que si lady Mowbray était d'accord avec Buondelmonte pour se moquer de lui, sa situation pouvait devenir difficile; mais si Buondelmonte était seul de son parti, il pouvait être agréable de le tourmenter un peu. En secret, leur première sympathie avait fait place à une sorte d'aversion. Olivier ne pouvait pardonner au comte de l'avoir laissé parler à tort et à travers sans se nommer; le comte avait sur le cœur, non les étourderies qu'Olivier avait débitées la veille, mais le peu de repentir ou de confusion qu'il en montrait.

Lady Mowbray habitait un palais magnifique; le comte mit quelque affectation à y entrer comme chez lui, et à parler aux domestiques comme s'ils eussent été les siens. Olivier se tenait sur ses gardes et observait les moindres mouvements de son guide. La pièce où ils attendirent était décorée avec un art et une richesse dont le comte semblait orgueilleux, bien qu'il n'y eût coopéré ni par son argent ni par son goût. Cependant il fit les honneurs des tableaux de lady Mowbray comme s'il avait été son maître de peinture, et semblait jouir de l'émotion insurmontable avec laquelle Olivier attendait l'apparition de lady Mowbray.

Metella Mowbray était fille d'une Italienne et d'un Anglais; elle avait les yeux noirs d'une Romaine et la blancheur rosée d'une Anglaise. Ce que les lignes de sa beauté avaient d'antique et de sévère était adouci par une expression sereine et tendre qui est particulière aux visages britanniques. C'était l'assemblage des deux plus beaux types. Sa figure avait été reproduite par tous les peintres et sculpteurs de l'Italie ; mais malgré cette perfection, malgré ces triomphes, malgré la parure exquise qui faisait ressortir tous ses avantages, le premier regard qu'Olivier jeta sur elle lui dévoila le secret tourment du comte de Buondelmonte : Metella n'était plus jeune....

Aucun des prestiges du luxe qui l'entourait, aucune des gloires dont l'admiration universelle l'avait couronnée, aucune des séductions qu'elle pouvait encore exercer, ne la défendirent de ce premier arrêt de condamnation que le regard d'un homme jeune lance à une femme qui ne l'est plus. En un clin d'œil, en une pensée, Olivier rapprocha de cette beauté si parfaite et si rare le souvenir d'une fraîche et brutale beauté de Suissesse. Les sculpteurs et les peintres en eussent pensé ce qu'ils auraient voulu ; Olivier se dit qu'il valait toujours mieux avoir seize ans que cet âge problématique dont les femmes cachent le chiffre comme un affreux secret.

Ce regard fut prompt ; mais il n'échappa point au comte, et lui fit involontairement mordre sa lèvre inférieure.

Quant à Olivier, ce fut l'affaire d'un instant ; il se remit et veilla mieux sur lui-même : il se dit qu'il ne serait point amoureux, mais qu'il pouvait fort bien, sans se compromettre, agir comme s'il l'était ; car si lady Mowbray n'avait plus le pouvoir de lui faire faire des folies, elle valait encore la peine qu'il en fît pour elle. Il se trompait peut-être ; peut-être une femme en a-t-elle le pouvoir tant qu'elle en a le droit.

Le comte, dissimulant aussi sa mortification, présenta Olivier à lady Mowbray avec toutes sortes de cajoleries hypocrites pour l'un et pour l'autre ; et au moment où Metella tendait sa main au Genevois en le remerciant du service qu'il avait rendu à *son ami*, le comte ajouta : — Et vous devez aussi le remercier de l'enthousiasme passionné qu'il professe pour vous, madame. Celui-ci mérite plus que les autres ; il vous a adorée avant de vous voir.

Olivier rougit jusqu'aux yeux, mais lady Mowbray lui adressa un sourire plein de douceur et de bonté ; et, lui tendant la main : — Soyons donc amis, lui dit-elle, car je vous dois un dédommagement pour cette mauvaise plaisanterie de monsieur.

— Soyez ou non sa complice, répondit Olivier, il vous a dit ce que je n'aurais jamais osé vous dire. Je suis trop payé de ce que j'ai fait pour lui. Et il baisa résolument la main de lady Mowbray.

— L'insolent ! pensa le comte.

Pendant le déjeuner, le comte accabla sa maîtresse de petits soins et d'attentions. Sa politesse envers Olivier ne put dissimuler entièrement son dépit ; Olivier cessa bientôt de s'en apercevoir. Lady Mowbray, de pâle, nonchalante et un peu triste qu'elle était d'abord, devint vermeille, enjouée et brillante. On n'avait exagéré ni son esprit ni sa grâce. Lorsqu'elle eut parlé, Olivier la trouva rajeunie de dix ans ; cependant son bon sens naturel l'empêcha de se tromper sur un point important. Il vit que Metella, sincère dans sa bienveillance envers lui, ne tirait sa gaieté, son plaisir et son *rajeunissement* que des attentions affectueuses du comte. — Elle l'aime encore, pensa-t-il, et lui l'aimera tant qu'elle sera aimée des autres.

Dès ce moment il fut tout à fait à son aise, car il comprit ce qui se passait entre eux, et il s'inquiéta peu de ce qui pouvait se passer en lui-même; il était encore trop tôt.

Le comte vit que Metella avait charmé son adversaire; il crut tenir la victoire. Il redoubla d'affection pour elle, afin qu'Olivier se convainquît bien de sa défaite.

A trois heures il offrit à Olivier, qui se retirait, de le reconduire chez lui, et, au moment de quitter Metella, il lui baisa deux fois la main si tendrement qu'une rougeur de plaisir et de reconnaissance se répandit sur le visage de lady Mowbray. L'expression du bonheur dans l'amour semble être exclusivement accordée à la jeunesse, et quand on la rencontre sur un front flétri par les années, elle y jette de magiques éclairs. Metella parut si belle en cet instant que Buondelmonte en eut de l'orgueil, et, passant son bras sous celui d'Olivier, il lui dit en descendant l'escalier : — Eh bien ! mon cher ami, êtes-vous toujours amoureux de ma maîtresse ?

— Toujours, répondit hardiment Olivier, quoiqu'il n'en pensât pas un mot.

— Vous y mettez de l'obstination.

— Ce n'est pas ma faute, mais bien la vôtre. Pourquoi vous êtes-vous emparé de mon secret et pourquoi l'avez-vous révélé ? A présent nous jouons jeu sur table.

— Vous avez la conscience de votre habileté !

— Pas du tout, l'amour est un jeu de hasard.

— Vous êtes très-facétieux !

— Et vous donc, monsieur le comte !

Olivier consacra plusieurs jours à parcourir Florence,

Il pensa peu à lady Mowbray ; il aurait fort bien pu l'oublier s'il ne l'eût pas revue. Mais un soir il la vit au spectacle, et il crut devoir aller la saluer dans sa loge. Elle était magnifique aux lumières et en grande toilette ; il en devint amoureux et résolut de ne plus la voir.

Lady Mowbray s'était maintenue miraculeusement belle au delà de l'âge marqué pour le déclin du règne des femmes ; mais, depuis un an, le temps inexorable semblait vouloir reprendre ses droits sur elle et lui faire sentir le réveil de sa main endormie. Souvent, le matin, Metella, en se regardant sans parure devant sa glace, jetait un cri d'effroi à l'aspect d'une ride légère creusée durant la nuit sur les plans lisses et nobles de son visage et de son cou. Elle se défendait encore avec orgueil de la tentation de se mettre du rouge, comme faisaient autour d'elle les femmes de son âge. Jusque-là elle avait pu braver le regard d'un homme en plein midi ; mais des nuances ternes s'étendaient au contour de ses joues, et un reflet bleuâtre encadrait ses grands yeux noirs. Elle voyait déjà ses rivales se réjouir autour d'elle et lui faire un meilleur accueil à mesure qu'elles la trouvaient moins redoutable.

Dans le monde on disait qu'elle était si affectée de vieillir qu'elle en était malade. Les femmes assuraient déjà qu'elle se teignait les cheveux et qu'elle avait plusieurs fausses dents. Le comte de Buondelmonte savait bien que c'étaient autant de calomnies ; mais il s'en affectait peut-être plus sincèrement que d'une vérité qui serait restée secrète. Il avait été trop heureux, trop envié depuis dix ans, pour que les jouissances de la vanité, qui sont les plus durables de toutes, n'eussent pas fait pâlir celles de l'amour. L'attachement et la fidélité de la plus belle et de la plus aimable des femmes avaient-ils développé en lui un immense orgueil, ou l'avaient-ils seulement nourri?

Je n'en sais rien. Toutes les personnes que je connais ont eu vingt ans, et mes études psychologiques me portent à croire que presque tout le monde est capable d'avoir vingt ans, ne fût-ce qu'une fois en sa vie. Mais le comte en eut trente et demi le jour où lady Mowbray en eut.... (je suis trop bien élevé pour tracer un chiffre qui désignerait au juste ce que j'appellerai, sans offenser ni compromettre personne, l'âge *indéfinissable* d'une femme); et le comte, qui avait tiré une grande gloire de la préférence de lady Mowbray, commença à jouer dans le monde un rôle moitié honorable, moitié ridicule, qui fit beaucoup souffrir sa vanité. Dix ans apportent dans toutes les passions possibles beaucoup de calme et de raisonnement. L'amitié, lorsqu'elle n'est qu'une survivance de l'amour, est plus susceptible de calcul et plus froide dans ses jugements. Une telle amitié (que deux ou trois exceptions qui sont dans le monde me le pardonnent!) n'est point héroïque de sa nature. L'amitié de Buondelmonte pour Metella vit d'un œil très-clairvoyant les chances d'ennui et de dépendance qui allaient s'augmentant d'un côté, de l'autre les chances d'avenir et de triomphe qui étaient encore vertes et séduisantes. Une certaine princesse allemande, grande liseuse de romans et renommée pour le luxe de ses équipages, débitait des œillades sentimentales qui, au spectacle, attiraient dans leur direction magnétique tous les yeux vers la loge du comte. Une prima donna, pour laquelle quantité de colonels s'étaient battus en duel, invitait souvent le comte à ses soupers et le raillait de sa vie bourgeoise et retirée. Des jeunes gens, dont il faisait du reste l'admiration par ses gilets et les pierres gravées de ses bagues, lui reprochaient sérieusement la perte de sa liberté. Enfin il ne voyait plus personne se lever et se dresser sur la pointe des pieds quand lady Mowbray, appuyée sur son bras, paraissait en public. Elle était encore belle, mais tout le monde le savait; on l'avait tant vue, tant admirée! il y avait si long-temps qu'on l'avait proclamée la reine de Florence, qu'il n'était plus question d'elle et que la moindre pensionnaire excitait plus d'intérêt. Les femmes osaient aborder les modes que la seule lady Mowbray avait eu le droit de porter; on ne disait plus le moindre mal d'elle, et le comte entendait avec un plaisir diabolique répéter autour de lui que sa conduite était exemplaire, et que c'était une bien belle chose que de s'abuser aussi long-temps sur les attraits de sa maîtresse.

La douleur de Metella, en se voyant négligée de celui qu'elle aimait exclusivement, fut si grande que sa santé s'altéra, et que les ravages du temps firent d'effrayants progrès. Le refroidissement de Buondelmonte en fit à proportions égales; et lorsque le jeune Olivier les vit ensemble, lady Mowbray n'en était plus à compter son bonheur par années, mais par heures.

— Savez-vous, ma chère Metella, lui dit le comte le lendemain du jour où elle avait rencontré Olivier au spectacle, que ce jeune Suisse est éperdument amoureux de vous?

— Est-ce que vous auriez envie de me le faire croire? dit lady Mowbray en s'efforçant de prendre un ton enjoué. Voilà au moins la dixième fois depuis quinze jours que vous me le répétez!

— Et quand vous le croiriez, dit assez sèchement le comte, qu'est-ce que cela me ferait?

Metella eut envie de lui dire qu'il n'avait pas toujours été aussi insouciant; mais elle craignit de tomber dans les phrases du vocabulaire des femmes abandonnées, elle garda le silence.

Le comte se promena quelque temps dans l'appartement d'un air sombre.

— Vous vous ennuyez, mon ami? lui dit-elle avec douceur.

— Moi! pas du tout! Je suis un peu souffrant. Lady Mowbray se tut de nouveau, et le comte continua à se promener en long et en large. Quand il la regarda, il s'aperçut qu'elle pleurait. — Eh bien! qu'est-ce que vous avez? lui dit-il en feignant la plus grande surprise. Vous pleurez parce que j'ai un peu mal à la gorge?

— Si j'étais sûre que vous souffrez, je ne pleurerais pas.

— Grand merci, milady!

— J'essaierais de vous soulager; mais je crois que votre mal est sans remède.

— Quel est donc mon mal, s'il vous plaît?

— Regardez-moi, monsieur, répondit-elle en se levant et en lui montrant son visage flétri : votre mal est écrit sur mon front...

— Vous êtes folle, répondit-il en levant les épaules, ou plutôt vous êtes furieuse de vieillir! Est-ce ma faute, à moi? puis-je l'empêcher?

— Oh! certainement, Luigi, répondit Metella, vous auriez pu l'empêcher encore! Elle retomba sur son fauteuil, pâle, tremblante, et fondit en larmes.

Le comte fut attendri, puis contrarié; et, cédant au dernier mouvement, il lui dit brutalement : — Parbleu!

madame, vous ne devriez pas pleurer; cela ne vous embellira pas. Et il sortit avec colère.

— Il faut absolument que cela finisse, pensa-t-il quand il fut dans la rue. Il n'est pas en mon pouvoir de feindre plus long-temps un amour que je ne ressens plus. Tous ces ménagements ressemblent à l'hypocrisie. Ma faiblesse d'ailleurs prolonge l'incertitude et les souffrances de cette malheureuse femme. C'est une sorte d'agonie que nous endurons tous deux. Il faut couper ce lien, puisqu'elle ne veut pas le dénouer.

Il retourna sur ses pas et la trouva évanouie dans les bras de ses femmes : il en fut touché et lui demanda pardon. Quand il la vit plus calme, il se retira plus mécontent lui-même que s'il l'eût laissée furieuse. — Il est donc décidé, se dit-il en serrant les poings sous son manteau, que je n'aurai pas l'énergie de me débarrasser d'une femme! Il s'excita tant qu'il put à prendre un parti décisif, et toujours, au moment d'en adopter un, il sentit qu'il n'aurait pas le courage de braver le désespoir de Metella. Après tout, que ce fût par vanité ou par tendresse, il l'avait aimée, il avait vécu dix ans heureux auprès d'elle, il lui devait en partie l'éclat de sa position dans le monde, et il y avait des jours où elle était encore si belle qu'on le proclamait heureux : il était heureux ces jours-là. — Cependant il le faut, pensa-t-il; car dans peu de temps elle sera décidément laide : je ne pourrai plus la souffrir, et je ne serai pas assez fort pour lui cacher mon dégoût. Alors notre rupture sera éclatante et rude. Il vaudrait mieux qu'elle se fît à l'amiable dès à présent...

Il se promena seul pendant une heure au clair de la lune. Il était tellement malheureux que lady Mowbray serait venue au-devant de ses desseins si elle avait su combien il était rongé d'ennui. Enfin il s'arrêta au milieu de la rue ; et, regardant autour de lui dans une sorte de détresse, il vit qu'il était devant l'hôtel où logeait Olivier. Il y entra précipitamment, je ne sais pas bien pourquoi, et peut-être ne le savait-il pas non plus lui-même. Quoi qu'il en soit, il demanda le Genevois, et apprit avec plaisir qu'il était chez lui. Il le trouva se disposant à aller au bal chez un banquier auquel il était recommandé. Olivier fut surpris de l'agitation du comte. Il ne l'avait pas encore vu ainsi, et ne savait que penser de son air inquiet et de ses fréquentes contradictions. Rien de ce qu'il disait ne semblait être dans ses habitudes ni dans son caractère. Enfin, après un quart d'heure de cette étrange manière d'être, Buondelmonte lui pressa la main avec effusion, le conjura de venir souvent chez lady Mowbray. Après lui avoir fait mille politesses exagérées, il se retira précipitamment, comme un homme qui vient de commettre un crime.

Il retourna chez lady Mowbray : il la trouva souffrante et prête à se mettre au lit. Il l'engagea à se distraire et à venir avec lui au bal chez le banquier A..... Metella n'en avait pas la moindre envie ; mais, voyant que le comte le désirait vivement, elle céda pour lui faire plaisir, et ordonna à ses femmes de préparer sa toilette.

— Vraiment, Luigi, lui dit-elle en s'habillant, je ne vous comprends plus. Vous avez mille caprices : avant-hier je désirais aller au bal de la princesse Wilhelmine, et vous m'en avez empêchée ; aujourd'hui....

— Ah ! c'était bien différent ; j'avais un rhume effroyable ce jour-là... Je tousse encore un peu...

— On m'a dit cependant...

— Qu'est-ce qu'on vous a dit ? et qui est-ce qui vous l'a dit ?

— Oh ! c'est le jeune Suisse avec lequel vous avez voyagé, et que j'ai vu au spectacle hier soir ; il m'a dit qu'il vous avait rencontré la veille au bal chez la princesse Wilhelmine.

— Ah ! madame, dit le comte, je comprends très-bien les raisons de M. Olivier de Genève pour me calomnier auprès de vous !

— Vous calomnier ! dit Metella en levant les épaules. Est-ce qu'il sait que vous m'avez fait un mensonge ?

— Est-ce que vous allez mettre cette robe-là, milady ? interrompit le comte. Oh ! mais vous négligez votre toilette déplorablement !

— Cette robe arrive de France, mon ami ; elle est de Victorine, et vous ne l'avez pas encore vue.

— Mais une robe de velours violet ! c'est d'une sévérité effrayante.

— Attendez donc : il y a des nœuds et des torsades d'argent qui lui donnent beaucoup d'éclat.

— Ah ! c'est vrai ! voilà une toilette très-riche et très-noble. On a beau dire, Metella, c'est encore vous qui avez la mise la plus élégante, et il n'y a pas une femme de vingt ans qui puisse se vanter d'avoir une taille aussi belle...

— Hélas ! dit Metella, je ne sens plus la souplesse que j'avais autrefois ; ma démarche n'est plus aussi légère ; il me semble que je m'affaisse et que je suis moins grande d'une ligne chaque jour.

— Vous êtes trop sincère et trop bonne, ma chère lady, dit le comte en baissant la voix. Il ne faut pas dire cela, surtout devant vos soubrettes ; ce sont des babillardes qui iront le répéter dans toute la ville.

— J'ai un délateur qui parlera plus haut qu'elles, répondit Metella : c'est votre indifférence.

— Ah! toujours des reproches! Mon Dieu! qu'une femme qui se croit offensée est cruelle dans sa plainte et persévérante dans sa vengeance!

— Vengeance! moi, vengeance! dit Metella.

— Non, je me sers d'un mot inconvenant, ma chère lady; vous êtes douce et généreuse, en ai-je jamais douté! Allons, ne nous querellons pas, au nom du ciel! Ne prenez pas votre air abattu et fatigué. Votre coiffure est bien plate, ne trouvez-vous pas?

— Vous aimez ces bandeaux lisses avec un diamant sur le front...

— Je trouve qu'à présent les tresses descendant le long des joues, à la manière des reines du moyen âge, vous vont encore mieux.

— Il est vrai que mes joues ne sont plus très-rondes, et qu'on les voit moins avec des tresses. Francesca, faites-moi des tresses.

— Metella, dit le comte lorsqu'elle fut coiffée, pourquoi ne mettez-vous pas de rouge?

— Hélas! il est donc temps que j'en mette! répondit-elle tristement. Je me flattais de n'en jamais avoir besoin.

— C'est une folie, ma chère; est-ce que tout le monde n'en met pas? Les plus jeunes femmes en ont.

— Vous haïssez le fard, et vous me disiez souvent que vous préfériez ma pâleur à une fraîcheur factice.

— Mais la dernière fois que vous êtes sortie, on vous a trouvée bien pâle... On ne va pas au bal uniquement pour son amant.

— J'y vais uniquement pour vous aujourd'hui, je vous jure.

— Ah! milady, c'est à mon tour de dire qu'il n'en fut pas toujours ainsi! *Autrefois* vous étiez un peu fière de vos triomphes.

— J'en étais fière à cause de vous, Luigi; à présent qu'ils m'échappent et que je vous vois en souffrir, je voudrais me cacher. Je voudrais éteindre le soleil et vivre avec vous dans les ténèbres.

— Ah! vous êtes en veine de poésie, milady. J'ai trouvé tout à l'heure votre Byron ouvert à cette belle page des ténèbres: je ne m'étonne pas de vous voir des idées sombres. Eh bien! le rouge vous sied à merveille. Regardez-vous, vous êtes superbe. Allons, Francesca, apportez les gants et l'éventail de milady. Voici votre bouquet, Metella; c'est moi qui l'ai apporté; c'est un droit que je ne veux pas perdre.

Metella prit le bouquet, regarda tendrement le comte avec un sourire sur les lèvres et une larme dans les yeux. — Allons, venez, mon amie, lui dit-il. Vous allez être encore une fois la reine du bal.

Le bal était somptueux; mais, par un de ces hasards facétieux qui se rencontrent souvent dans le monde, il y avait une quantité exorbitante de femmes laides et vieilles. Parmi les jeunes et les agréables il y en avait peu de vraiment jolies. Lady Mowbray eut donc un très-grand succès; et Olivier, qui ne s'attendait pas à la rencontrer, s'abandonna à sa naïve admiration. Dès que le comte le vit auprès de lady Mowbray, il s'éloigna, et dès qu'il les vit s'éloigner l'un de l'autre, il prit le bras d'Olivier, et, sous le premier prétexte venu, il le ramena auprès de Metella. — Vous m'avez dit en route que vous aviez vu Goëthe, dit-il au jeune voyageur; parlez donc de lui à milady. Elle est si avide d'entendre parler du vieux Faust qu'elle voulait m'envoyer à Weimar tout exprès pour lui rapporter les dimensions exactes de son front. Heureusement pour moi, le grand homme est mort au moment où j'allais me mettre en route. Buondelmonte tourna sur ses talons fort habilement en achevant sa phrase, et laissa Olivier parler de Goëthe à lady Mowbray.

Metella, qui l'avait d'abord accueilli avec une politesse bienveillante, l'écouta peu à peu avec intérêt. Olivier n'avait pas infiniment d'esprit, mais il avait fait beaucoup de bonnes lectures; il avait de la vivacité, de l'enthousiasme, et, ce qui est extrêmement rare chez les jeunes gens, pas la moindre affectation. Avec lui, on n'était pas forcé de pressentir le grand homme en herbe, la puissance intellectuelle méconnue et comprimée; c'était un vrai Suisse pour la franchise et le bon sens, une sorte d'Allemand pour la sensibilité et la confiance; il n'avait rien de français, ce qui plut infiniment à Metella.

Vers la fin du bal le comte revint auprès d'eux, et, les retrouvant ensemble, il se sentit joyeux et triompha intérieurement de son habileté. Il laissa Olivier donner le bras à lady Mowbray pour la reconduire à sa voiture, et les suivit par derrière avec une discrétion vraiment maritale.

Le lendemain, il fit à Metella le plus pompeux éloge du jeune Suisse, et l'engagea à lui écrire un mot pour l'inviter à dîner. Après le dîner, il se fit appeler dehors pour une prétendue affaire imprévue, et les laissa ensemble toute la soirée. Comme il revenait seul et à pied, il vit deux jeunes bourgeois de la ville arrêtés devant le balcon de lady Mowbray, et il s'arrêta pour entendre leur conversation.

— Vois-tu la taille de lady Mowbray au clair de la

lune? On dirait une belle statue sur une terrasse.

— Le comte est aussi un beau cavalier. Comme il est grand et mince!

— Ce n'est pas là le comte de Buondelmonte; celui-ci est plus grand de toute la tête. Qui diable est-ce donc? je ne le connais pas.

— C'est le jeune duc d'Asti.

— Non, je viens de le voir passer en sédiole.

— Bah! ces grandes dames ont tant d'adorateurs, celle-là qui est si belle surtout! Le comte de Buondelmonte doit être fier!...

— C'est un niais. Il s'amuse à faire la cour à cette grosse princesse allemande, qui a des yeux de faïence et des mains de macaroni, tandis qu'il y a dans la ville un petit étranger nouvellement débarqué qui donne le bras à madame Metella, et qui change d'habit sept fois par jour pour lui plaire.

— Ah! parbleu! c'est lui que nous voyons là-haut sur le balcon. Il a l'air de ne pas s'ennuyer.

— Je ne m'ennuierais pas à sa place.

— Il faut que Buondelmonte soit bien fou!

Le comte entra dans le palais et traversa les appartements avec agitation. Il arriva à l'entrée de la terrasse, et s'arrêta pour regarder Metella et Olivier, dont les silhouettes se dessinaient distinctement sur le ciel pur et transparent d'une belle soirée. Il trouva le Genevois bien près de sa maîtresse; il est vrai que celle-ci regardait d'un autre côté et semblait rêver à autre chose; mais un sentiment de jalousie et d'orgueil blessé s'alluma dans l'âme italienne du comte. Il s'approcha d'eux et leur parla de choses indifférentes. Lorsqu'ils rentrèrent tous trois dans le salon, Buondelmonte remarqua tout haut que Metella avait été bien préoccupée; car elle n'avait pas fait allumer les bougies, et il se heurta à plusieurs meubles pour atteindre à une sonnette, ce qui acheva de le mettre de très-mauvaise humeur.

Le jeune Olivier n'avait pas assez de fatuité pour s'imaginer qu'il pouvait consoler Metella de l'abandon de son amant. Quoiqu'elle ne lui eût fait aucune confidence, il avait pénétré facilement son chagrin, et il en voyait la cause. Il la plaignait sincèrement et l'en aimait davantage. Cette compassion, jointe à une sorte de ressentiment des persiflages du comte, lui inspirait l'envie de le contrarier. Il vit avec joie que le dépit avait pris la place de cette singulière affectation de courtoisie, et il reprit la conversation sur un ton de sentimentalité que le comte était peu disposé à goûter. Metella, surprise de voir son amant capable encore d'un sentiment de jalousie, s'en réjouit, et, femme qu'elle était, se plut à l'augmenter en accordant beaucoup d'attention au Genevois. Si ce fut une scélératesse, elle fut excusable, et le comte l'avait bien méritée. Il devint âcre et querelleur, au point que lady Mowbray, qui vit Olivier très-disposé à lui tenir tête, craignit une scène ridicule et fit entendre au jeune homme qu'il eût à se retirer. Olivier comprit fort bien ; mais il affecta la gaucherie d'un campagnard, et parut ne se douter de rien jusqu'à ce que Metella lui eût dit tout bas : — Allez-vous-en, mon cher monsieur, je vous en prie.

Olivier feignit de la regarder avec surprise.

— Allez, ajouta t-elle, profitant d'un moment où le comte allait prendre le chapeau d'Olivier pour le lui présenter ; vous m'obligerez ; je vous reverrai...

— Madame, le comte s'apprête à me faire une impertinence ; il tient mon chapeau : je vais être obligé de le traiter de fat ; que faut-il que je fasse ?

— Rien ; allez-vous-en et revenez demain soir.

Olivier se leva : — Je vous demande pardon, monsieur le comte, dit-il ; vous vous trompez, c'est mon chapeau que vous prenez pour le vôtre ; veuillez me le rendre, je vais avoir l'honneur de vous saluer.

Le comte, toujours prudent, non par absence de courage (il était brave), mais par habitude de circonspection et par crainte du ridicule, fut enchanté d'en être quitte ainsi. Il lui remit son chapeau et le quitta poliment ; mais, dès qu'il fut parti, il le déclara souverainement insipide, malappris et ridicule. — Je ne sais comment vous avez fait pour supporter ce personnage, dit-il à Metella ; il faut que vous ayez une patience angélique.

— Mais il me semble, mon ami, que c'est vous qui m'avez priée de l'inviter, et vous me l'avez laissé sur les bras ensuite.

— Depuis quand êtes-vous si Agnès que vous ne sachiez pas vous débarrasser d'un fat importun ? Vous n'êtes plus dans l'âge de la gaucherie et de la timidité.

Metella se sentit vivement offensée de cette insolence ; elle répondit avec aigreur ; le comte s'emporta, et lui dit tout ce que depuis long-temps il n'osait pas lui dire. Metella comprit sa position, et, en s'éclairant sur son malheur, elle retrouva l'orgueil que son affection irréprochable envers le comte devait lui inspirer.

— Il suffit, monsieur, lui dit-elle ; il ne fallait pas me faire attendre si long-temps la vérité. Vous m'avez trop fait jouer auprès de vous un rôle odieux et ridicule. Il est temps que je comprenne celui que mon âge et le vôtre m'imposent : je vous rends votre liberté.

Il y avait long-temps que le comte aspirait à ce jour de délivrance ; il lui avait semblé que le mot échappé aux lèvres de Metella le ferait bondir de joie. Il avait trop compté sur la force que nous donne l'égoïsme. Quand il entendit ce mot si étrange entre eux, quand il vit en face ce dénoûment triste et honteux à une vie d'amour et de dévouement mutuels, il eut horreur de Metella et de lui-même ; il demeura pâle et consterné. Puis un violent sentiment de colère et de jalousie s'empara de lui.

— Sans doute, s'écria-t-il, cet aveu vous tardait, madame ! En vérité, vous êtes très-jeune de cœur, et je vous faisais injure en voulant compter vos années. Vous avez promptement rencontré le réparateur de mes torts et le consolateur de vos peines. Vous comptez recourir à lui pour oublier les maux que je vous ai causés, n'est-ce pas ? Mais il n'en sera pas ainsi ; demain un de nous deux, madame, sera près de vous. L'autre ne vous disputera plus jamais à personne. Dieu ou le sort décideront de votre joie ou de votre désespoir.

Metella ne s'attendait point à cette bizarre fureur. La malheureuse femme se flatta d'être encore aimée ; elle attribua tout ce que le comte lui avait dit d'abord à la colère. Elle se jeta dans ses bras, lui fit mille serments, lui jura qu'elle ne reverrait jamais Olivier s'il le désirait, et le supplia de lui pardonner un instant de vanité blessée.

Le comte s'apaisa sans joie, comme il s'était emporté sans raison. Ce qu'il craignait le plus au monde était de prendre une résolution, dans l'état de contradiction continuelle où il était vis-à-vis de lui-même. Il fit des excuses à lady Mowbray, s'accusa de tous les torts, la conjura de ne pas lui retirer son affection et l'engagea à recevoir Olivier, dans la crainte qu'il ne soupçonnât ce qui s'était passé à cause de lui.

Le jour vint et termina enfin les orages d'une nuit d'insomnie, de douleur et de colère. Ils se quittèrent réconciliés en apparence, mais tristes, découragés, incertains, et tellement accablés de fatigue l'un et l'autre, qu'ils comprenaient à peine leur situation.

Le comte dormit douze heures à la suite de cette rude émotion. Lady Mowbray s'éveilla assez tôt dans la journée ; elle attendait Olivier avec inquiétude, elle ne savait comment lui expliquer ses paroles de la veille et la conduite de M. de Buondelmonte.

Il vint et se conduisit avec assez d'adresse pour rendre Metella plus expansive qu'elle ne l'avait résolu. Son secret lui échappa, et des larmes couvrirent son visage en avouant tout ce qu'elle avait souffert et tout ce qu'elle craignait d'avoir à souffrir encore.

Olivier s'attendrit à son tour, et, comme un excellent enfant qu'il était, il pleura avec lady Mowbray. Il est impossible, quand on est malheureux par suite de l'injustice d'autrui, de n'être pas reconnaissant de l'intérêt et de l'affection qu'on rencontre ailleurs. Il faudrait, pour s'en défendre, un stoïcisme ou une défiance qu'on n'a point dans ces moments-là. Metella fut touchée de la réserve délicate et des larmes silencieuses du jeune Olivier. Elle avait compris vaguement la veille qu'elle était aimée de lui, et maintenant elle en était sûre. Mais elle ne pouvait trouver dans cet amour qu'un faible allégement aux douleurs du sien.

Plusieurs semaines se passèrent dans cette incertitude. Le comte ne pouvait rallumer son amour, sans cesse prêt à s'éteindre, qu'au feu de la jalousie. Dès qu'il se trouvait seul avec sa maîtresse, il regrettait de ne l'avoir pas quittée lorsqu'elle le lui avait offert. Alors il ramenait son rival auprès d'elle, espérant qu'une autre affection consolerait Metella et la rendrait complice de son parjure. Mais dès qu'il lui semblait voir Olivier gagner du terrain sur lui, sa vanité blessée et sans doute un reste d'amour pour lady Mowbray le rejetaient dans de violents accès de fureur. Il ne sentait le prix de sa maîtresse qu'autant qu'elle lui était disputée. Olivier comprit le caractère du comte et sa situation d'esprit. Il vit qu'il disputerait le cœur de Metella tant qu'il aurait un rival ; il s'éloigna et alla passer quelque temps à Rome. Quand il revint, il trouva Metella au désespoir et presque entièrement délaissée. Son malheur était enfin livré au public, toujours avide de se repaître d'infortunes et de se réjouir la vue avec les chagrins qu'il ne sent pas ; la désertion du comte et ses motifs rendirent le rôle de lady Mowbray fâcheux et triste. Les femmes s'en réjouissaient, et quoique les hommes la tinssent encore pour charmante et désirable, nul n'osait se présenter, dans la crainte d'être accepté comme un pis-aller. Olivier vint, et, comme il aimait sincèrement, il ne craignit pas d'être ridicule ; il s'offrit, non pas encore comme un amant, mais comme un ami sincère, comme un fils dévoué. Un matin lady Mowbray quitta Florence sans qu'on sût où elle était allée ; on vit encore le jeune Olivier pendant quelques jours dans les endroits publics, se montrant comme pour prouver qu'il n'avait pas enlevé lady Mowbray. Le comte lui en sut bon gré et ne lui chercha pas querelle. Au bout de la semaine, le Genevois disparut à son tour, sans avoir prononcé devant personne le nom de lady Mowbray.

Il la rejoignit à Milan, où, selon sa promesse, elle l'attendait ; il la trouva bien pâle et bien près de la vieillesse. Je ne sais si son amour diminua, mais son amitié s'en accrut. Il se mit à ses genoux, baisa ses mains, l'appela sa mère, et la supplia de prendre courage.

— Oui, appelez-moi toujours votre mère, lui dit-elle ; je dois en avoir pour vous la tendresse et l'autorité. Écoutez donc ce que ma conscience m'ordonne de vous dire dès aujourd'hui. Vous m'avez parlé souvent de votre affection, non pas seulement de celle qu'un généreux enfant peut avoir pour une vieille amie, mais vous m'avez parlé comme un jeune homme pourrait le faire à une femme dont il désire l'amour. Je crois, mon cher Olivier, que vous vous êtes trompé alors, et qu'en me voyant vieillir chaque jour vous serez bientôt désabusé. Quant à moi, je vous dirai la vérité. J'ai essayé de partager tous vos sentiments ; je l'ai résolu, je vous l'ai presque promis. Je ne devais plus rien à Buondelmonte, et je me devais à moi-même de le laisser disposer de son avenir. J'ai quitté Florence dans l'espoir de me guérir de ce cruel amour, et d'en ressentir un plus jeune et plus enivrant avec vous. Eh bien ! je ne vous dirai pas aujourd'hui que ma raison repousse cette imprudente alliance entre deux âges aussi différents que le vôtre et le mien. Je ne vous dirai pas non plus que ma conscience me défend d'accepter un dévouement dont vous vous repentiriez peut-être bientôt. Je ne sais pas à quel point j'écouterais ma conscience et ma raison, si l'amour était une fois rentré dans mon cœur. Je sais que je suis encore malheureusement bien jeune au moral ; mais voici ma véritable raison. Olivier, n'en soyez pas offensé, et songez que vous me remercierez un jour de vous l'avoir dite, et que vous m'estimerez de n'avoir pas agi comme une femme de mon âge, blessée dans ses plus chères vanités, eût agi envers un jeune homme tel que vous. Je suis femme, et j'avoue qu'au milieu de mon désespoir j'ai ressenti vivement l'affront fait à mon sexe et à ma beauté passée. J'ai versé des larmes de sang en voyant le triomphe de mes rivales, en essuyant les railleries de celles qui sont jeunes aujourd'hui, et qui semblent ignorer qu'elles passeront, que demain elles seront comme moi. Eh bien! Olivier, je me suis débattue contre ce dépit poignant; j'ai résisté aux conseils de mon orgueil, qui m'engageait à recevoir vos soins publiquement et à me parer de votre jeune amour comme d'un dernier trophée : je ne l'ai pas fait, et j'en remercie Dieu et ma conscience. Je vous dois aujourd'hui une dernière preuve de loyauté...

— Arrêtez, madame, dit Olivier, et ne m'ôtez pas tout espoir! Je sais ce que vous avez à me dire : vous aimez encore le comte de Buondelmonte, et vous voulez rester fidèle à la mémoire d'un bonheur qu'il a détruit. Je vous en vénère et vous en aime davantage; je respecterai ce noble sentiment, et j'attendrai que le temps et Dieu vous parlent en ma faveur. Si j'attends en vain, je ne regretterai pas de vous avoir consacré mes soins et mon respect.

Lady Mowbray serra la main d'Olivier et l'appela son fils. Ils se rendirent à Genève, et Olivier tint ses promesses. Peut-être ne furent-elles pas très-héroïques d'abord; mais, au bout de six mois, Metella, apaisée par sa résignation et rétablie par l'air vif des montagnes, retrouva la fraîcheur et la santé qu'elle avait perdues. Ainsi qu'on voit, après les premières pluies de l'automne, recommencer une saison chaude et brillante, lady Mowbray entra dans son *été de la Saint-Martin;* c'est ainsi que les villageois appellent les beaux jours de novembre. Elle redevint si belle, qu'elle espéra avec raison jouir encore de quelques années de bonheur et de gloire. Le monde ne lui donna pas de démenti, et l'heureux Olivier moins que personne.

Ils avaient fait ensemble le voyage de Venise; et, à la suite des fêtes du carnaval, ils s'apprêtaient à revenir à Genève, lorsque le comte de Buondelmonte, tiré à la remorque par sa princesse allemande, vint passer une semaine dans la ville des doges. La princesse Wilhelmine était jeune et vermeille; mais, lorsqu'elle lui eut récité une assez grande quantité de phrases apprises par cœur dans ses livres favoris, elle rentra dans un pacifique silence dont elle ne sortit plus que pour redire ses apologues et ses sentences accoutumés. Le pauvre comte se repentait cruellement de son choix et commençait à craindre une luxation de la mâchoire s'il continuait à jouir de son bonheur, lorsqu'il vit passer dans une gondole Metella avec son jeune Olivier. Elle avait l'air d'une belle reine suivie de son page. La jalousie du comte se réveilla, et il rentra chez lui déterminé à passer son épée au travers de son rival. Heureusement pour lui ou pour Olivier, il fut saisi d'un accès de fièvre qui le retint au lit huit jours. Durant ce temps, la princesse Wilhelmine, scandalisée de l'entendre invoquer sans cesse dans son délire lady Mowbray, prit la route de Wurtemberg avec un chevalier d'industrie qui se donnait à Venise pour un prince grec, et qui, grâce à de fort belles moustaches noires et à un costume théâtral, passait pour un homme très-vaillant. Pendant le même temps, lady Mowbray et Olivier quittèrent Venise sans avoir appris qu'ils avaient heurté la gondole du comte de Buondelmonte, et qu'ils le laissaient entre deux médecins, dont l'un le traitait pour une gastrite, et l'autre pour une affection cérébrale. A force de glace appliquée, par l'un sur l'estomac, et par l'autre sur la tête, le comte se trouva bientôt guéri des deux maladies qu'il n'avait pas eues, et, revenant à Florence, il oublia les deux femmes qu'il n'avait plus.

II.

Un matin, lady Mowbray, qui s'était fixée en Suisse, reçut une lettre datée de Paris; elle était de la supérieure d'un couvent de religieuses où Metella avait mis deux ou trois ans auparavant sa nièce, miss Sarah Mowbray, jeune orpheline *très-intéressante,* comme le sont toutes les orphelines en général, et particulièrement celles qui ont de la fortune. La supérieure avertissait lady Mowbray que la maladie de langueur dont miss Sarah était atteinte depuis un an faisait des progrès assez sérieux pour que les médecins eussent prescrit le changement d'air et de lieu dans le plus court délai possible. Aussitôt après la réception de cette lettre, lady Mowbray demanda des chevaux de poste, fit faire à la hâte quelques paquets, et partit pour Paris dans la journée.

Olivier resta seul dans le grand château que lady Mowbray avait acheté sur le Léman, et dans lequel depuis cinq ans il passait auprès d'elle tous les étés. C'était depuis ces cinq années la première fois qu'il se trouvait seul à la campagne, forcé, pour ainsi dire, de réfléchir et de contempler sa situation. Bien que le voyage de lady Mowbray dût être d'une quinzaine de jours tout au plus, elle avait semblé très-affectée de cette séparation, et lui-même n'avait point accepté sans répugnance l'idée qu'un tiers allait venir se placer dans une intimité jusqu'alors si paisible et si douce. Le caractère romanesque d'Olivier n'avait pas changé; son cœur avait le même besoin d'affection, son esprit la même candeur qu'autrefois. Avait-il obéi à la loi du temps, et son amour pour lady Mowbray avait-il fait place à l'amitié? il n'en savait rien lui-même, et Metella n'avait jamais eu l'imprudence de l'interroger à cet égard. Elle jouissait de son affection sans l'analyser. Trop sage et trop juste pour n'en pas sentir le prix, elle s'appliquait à rendre douce et légère cette chaîne qu'Olivier portait avec reconnaissance et avec joie.

Metella était si supérieure à toutes les autres femmes, sa société était si aimable, son humeur si égale, elle était si habile à écarter de son jeune ami tous les ennuis ordinaires de la vie, qu'Olivier s'était habitué à une existence facile, calme, délicieuse tous les jours, quoique tous les jours semblable. Quand il fut seul, il s'ennuya horriblement, engendra malgré lui des idées sombres, et s'effraya de penser que lady Mowbray pouvait et devait mourir long-temps avant lui.

Metella retira sa nièce du couvent et reprit avec elle la route de Genève. Elle avait fait toutes choses si précipitamment dans ce voyage, qu'elle avait à peine vu Sarah; elle était partie de Paris le soir même de son arrivée. Ce ne fut qu'après douze heures de route que, s'éveillant au grand jour, elle jeta un regard attentif sur cette jeune fille étendue auprès d'elle dans le coin de sa berline.

Lady Mowbray écarta doucement la pelisse dont Sarah était enveloppée, et la regarda dormir. Sarah avait quinze ans; elle était pâle et délicate, mais belle comme un ange. Ses longs cheveux blonds s'échappaient de son bonnet de dentelle, et tombaient sur son cou blanc et lisse, orné çà et là de signes bruns semblables à de petites mouches de velours. Dans son sommeil, elle avait cette expression raphaélique qu'on avait si long-temps admirée dans Metella, et dont elle avait conservé la noble sérénité en dépit des années et des chagrins. En retrouvant sa beauté dans cette jeune fille, Metella éprouva comme un sentiment d'orgueil maternel. Elle se rappela son frère qu'elle avait tendrement aimé, et quelle avait promis de remplacer auprès du dernier rejeton de leur famille ; lady Mowbray était le seul appui de Sarah, elle retrouvait dans ses traits le beau type de ses nobles ancêtres. En la lui rendant au couvent avec des larmes de regret, on lui avait dit que son caractère était angélique comme sa figure. Metella se sentit pénétrée d'intérêt et d'affection pour cette enfant ; elle prit doucement sa petite main pour la réchauffer dans les siennes ; et, se penchant vers elle, elle la baisa au front.

Sarah s'éveilla, et à son tour regarda Metella ; elle la connaissait fort peu et l'avait vue préoccupée la veille. Naturellement timide, elle avait osé à peine la regarder. Maintenant la voyant si belle, avec un sourire si doux et les yeux humides d'attendrissement, elle retrouva la confiance caressante de son âge et se jeta à son cou avec joie.

Lady Mowbray la pressa sur son cœur, lui parla de son père, le pleura avec elle ; puis la consola, lui promit sa tendresse et ses soins, l'interrogea sur sa santé, sur ses goûts, sur ses études, jusqu'à ce que Sarah, un peu fatiguée du mouvement de la voiture, se rendormit à son côté.

Metella pensa à Olivier et l'associa intérieurement à la joie qu'elle éprouvait d'avoir auprès d'elle une si aimable enfant. Mais peu à peu ses idées prirent une teinte plus sombre ; des conséquences qu'elle n'avait pas en-

core abordées se présentèrent à son esprit; elle regarda de nouveau Sarah, mais cette fois avec une inconcevable souffrance d'esprit et de cœur. La beauté de cette jeune fille lui fit amèrement sentir ce que la femme doit perdre de sa puissance et de son orgueil en perdant sa jeunesse. Involontairement elle mit sa main auprès de celle de Sarah : sa main était toujours belle; mais elle pensa à son visage, et, regardant celui de sa nièce :
— Quelle différence! pensa-t-elle; comment Olivier fera-t-il pour ne pas s'en apercevoir? Olivier est aussi beau qu'elle; ils vont s'admirer mutuellement; ils sont bons tous deux, ils s'aimeront... Et pourquoi ne s'aimeraient-ils pas? Ils seront frère et sœur; moi, je serai leur mère... La mère d'Olivier! Ne le faut-il pas? n'ai-je pas pensé cent fois qu'il en devait être ainsi? Mais déjà! Je ne m'attendais pas à trouver une jeune fille, une femme presque dans cette enfant! Je n'avais pas prévu que ce serait une rivale... Une rivale, ma nièce! mon enfant! Quelle horreur! Oh! jamais!

Lady Mowbray cessa de regarder Sarah; car, malgré elle, sa beauté, qu'elle avait admirée tout à l'heure avec joie, lui causait maintenant un effroi insurmontable; le cœur lui battait; elle fatiguait son cerveau à trouver une pensée de force et de calme à opposer à ces craintes qui s'élevaient de toutes parts, et que, dans sa première consternation, elle exagérait sans doute. De temps en temps elle jetait sur Sarah un regard effaré, comme ferait un homme qui s'éveillerait avec un serpent dans la main. Elle s'effrayait surtout de ce qui se passait en elle; elle croyait sentir des mouvements de haine contre cette orpheline qu'elle devait, qu'elle voulait aimer et protéger : — Mon Dieu, mon Dieu! s'écriait-elle, vais-je devenir jalouse! Est-ce qu'il va falloir que je ressemble à ces femmes que la vieillesse rend cruelles, et qui se font une joie infâme de tourmenter leurs rivales? Est-ce une horrible conséquence de mes années que de haïr ce qui me porte ombrage? Haïr Sarah! la fille de mon frère! cette orpheline qui tout à l'heure pleurait dans mon sein!... Oh! cela est affreux, et je suis un monstre!

— Mais non, ajoutait-elle, je ne suis pas ainsi; je ne peux pas haïr cette pauvre enfant; je ne peux pas lui faire un crime d'être belle! Je ne suis pas née méchante; je sens que ma conscience est toujours jeune, mon cœur toujours bon : je l'aimerai; je souffrirai quelquefois peut-être, mais je surmonterai cette folie...

Mais l'idée d'Olivier amoureux de Sarah revenait toujours l'épouvanter, et ses efforts pour affronter une pareille crainte étaient infructueux. Elle en était glacée, atterrée; et Sarah, en s'éveillant, trouvait souvent une expression si sombre et si sévère sur le visage de sa tante qu'elle n'osait la regarder, et feignait de se rendormir pour cacher le malaise qu'elle en éprouvait.

Le voyage se passa ainsi, sans que lady Mowbray pût sortir de cette anxiété cruelle. Olivier ne lui avait jamais donné le moindre sujet d'inquiétude; il ne se plaisait nulle part loin d'elle, et elle savait bien qu'aucune femme n'avait jamais eu le pouvoir de le lui enlever; mais Sarah allait vivre près d'eux, entre eux deux, pour ainsi dire; il la verrait tous les jours; et, lors même qu'il ne lui parlerait jamais, il aurait toujours devant les yeux cette beauté angélique à côté de la beauté flétrie de lady Mowbray; lors même que cette intimité n'aurait aucune des conséquences que Metella craignait, il y en avait une affreuse, inévitable; ce serait la continuelle angoisse de cette âme jalouse, épiant les moindres chances de sa défaite, s'aigrissant dans sa souffrance, et devenant injuste et haïssable à force de soins pour se faire aimer! — Pourquoi m'exposerais-je gratuitement à ce tourment continuel? pensait Metella. J'étais si calme et si heureuse il y a huit jours! Je savais bien que mon bonheur ne pouvait pas être éternel; mais du moins il aurait pu durer quelque temps encore. Pourquoi faut-il que j'aille chercher une ennemie domestique, une pomme de discorde, et que je l'apporte précieusement au sein de ma joie et de mon repos, qu'elle va troubler et détruire peut-être à jamais? Je n'aurais qu'un mot à dire pour faire tourner bride aux postillons et pour reconduire cette petite fille à son couvent... Je retournerais plus tard à Paris pour la marier; Olivier ne la verrait jamais, et, si je dois perdre Olivier, du moins ce ne serait pas à cause d'elle!

Mais l'état de langueur de Sarah, l'espèce de consomption qui menaçait sa vie, imposait à lady Mowbray le devoir de la soigner et de la guérir. Son noble caractère prit le dessus, et elle arriva chez elle sans avoir adressé une seule parole dure ou désobligeante à la jeune Sarah.

Olivier vint à leur rencontre sur un beau cheval anglais, qu'il fit caracoler autour de la voiture pendant deux lieues. En les abordant, il avait mis pied à terre, et il avait baisé la main de lady Mowbray en l'appelant, comme à l'ordinaire, sa chère maman. Lorsqu'il se fut éloigné de la portière, Sarah dit ingénument à lady Mowbray: — Ah mon Dieu! chère tante, je ne savais pas que vous aviez un fils; on m'avait toujours dit que vous n'aviez pas d'enfants?

— C'est mon fils adoptif, Sarah, répondit lady Mowbray; regardez-le comme votre frère.

Sara n'en demanda pas davantage, et ne s'étonna même pas; elle regarda de côté Olivier, lui trouva l'air noble et doux; mais, réservée comme une véritable Anglaise, elle ne le regarda plus, et, durant huit jours, ne lui parla plus que par monosyllabes et en rougissant,

Ce que lady Mowbray voulait éviter par-dessus tout, c'était de laisser voir ses craintes à Olivier; elle en rougissait à ses propres yeux et ne concevait pas la jalousie qui se manifeste. Elle était Anglaise aussi, et fière au point de mourir de douleur plutôt que d'avouer une faiblesse. Elle affecta, au contraire, d'encourager l'amitié d'Olivier pour Sarah; mais Olivier s'en tint avec la jeune miss à une prévenance respectueuse, et la timide Sarah eût pu vivre dix ans près de lui sans faire un pas de plus,

Lady Mowbray se rassura donc, et commença à goûter un bonheur plus parfait encore que celui dont elle avait joui jusqu'alors. La fidélité d'Olivier paraissait inébranlable; il semblait ne pas voir Sarah lorsqu'il était auprès de Metella, et s'il la rencontrait seule dans la maison, il l'évitait sans affectation.

Une année s'écoula pendant laquelle Sarah, fortifiée par l'exercice et l'air des montagnes, devint tellement belle que les jeunes gens de Genève ne cessaient d'errer autour du parc de lady Mowbray pour tâcher d'apercevoir sa nièce,

Un jour que lady Mowbray et sa nièce assistaient à une fête villageoise aux environs de la ville, un de ces jeunes gens s'approcha très-près de Sarah et la regarda presque insolemment. La jeune fille effrayée saisit vivement le bras d'Olivier et le pressa sans savoir ce qu'elle faisait. Olivier se retourna, et comprit en un instant le motif de sa frayeur. Il échangea d'abord des regards menaçants et bientôt des paroles sérieuses avec le jeune homme. Le lendemain, Olivier quitta le château de bonne heure et revint à l'heure du déjeuner ; mais, malgré son air calme, lady Mowbray s'aperçut bientôt qu'il souffrait, et le força de s'expliquer. Il avoua qu'il venait de se battre avec l'homme qui avait regardé insolemment miss Mowbray, et qu'il l'avait grièvement blessé ; mais il l'était lui-même, et Metella l'ayant forcé de retirer sa main, qu'il tenait dans sa redingote, vit qu'il l'était assez sérieusement. Elle s'occupait avec anxiété des soins qu'il fallait donner à cette blessure lorsqu'en se retournant vers Sarah elle vit qu'elle s'était évanouie auprès de la fenêtre. Cette excessive sensibilité parut naturelle à Olivier, dans une personne d'une complexion aussi délicate ; mais lady Mowbray y fit une attention plus marquée.

Lorsque Metella eut secouru sa nièce, et qu'elle se trouva seule avec Olivier, elle lui demanda le motif et les détails de son affaire. Elle n'avait rien vu de ce qui s'était passé la veille ; elle était dans ce moment à plusieurs pas en avant de sa nièce et d'Olivier, et donnait le bras à une autre personne. Olivier tâcha d'éluder ses questions ; mais comme lady Mowbray le pressait de plus en plus, il raconta avec beaucoup de répugnance que miss Mowbray ayant été regardée insolemment par un jeune homme d'assez mauvais ton, il s'était placé entre elle et ce jeune homme ; celui-ci avait affecté de se rapprocher encore pour le braver, et Olivier avait été forcé de le pousser rudement pour l'empêcher de froisser le bras de Sarah, qui se pressait tout effrayée contre son défenseur. Les deux adversaires s'étaient donc donné rendez-vous dans des termes que Sarah n'avait pas compris, et, au bout d'une heure, après que les dames étaient montées en voiture, Olivier avait été retrouver le jeune homme et lui demander compte de sa conduite. Celui-ci avait soutenu son arrogance, et, malgré les efforts des témoins de la scène pour l'engager à reconnaître son tort, il s'était obstiné à braver Olivier ; il lui avait même fait entendre assez grossièrement qu'on le regardait comme l'amant de miss Sarah, en même temps que celui de sa tante, et que, quand on promenait en public le scandale de pareilles relations, on devait être prêt à en subir les conséquences.

Olivier n'avait donc pas hésité à se constituer le défenseur de Sarah, et, tout en repoussant avec mépris ces imputations ignobles, il avait versé son sang pour elle. — Je suis prêt à recommencer demain, s'il le faut, dit-il à lady Mowbray que ces calomnies avaient jetée dans la consternation. Vous ne devez ni vous affliger ni vous effrayer ; votre nièce est sous ma protection, et je me conduirai comme si j'étais son père. Quant à vous, votre nom suffira auprès des gens de bien pour garder le sien à l'abri de toute atteinte.

Lady Mowbray feignit de se calmer ; mais elle ressentit une profonde douleur de l'affront fait à sa nièce. Ce fut dans ce moment qu'elle comprit toute l'affection que cette aimable enfant lui inspirait. Elle s'accusa de l'avoir amenée auprès d'elle pour la rendre victime de la méchanceté de ces provinciaux, et s'effraya de sa situation ; car elle n'y voyait d'autre remède que d'éloigner Olivier de chez elle tant que Sarah y demeurerait.

L'idée d'un sacrifice au-dessus de ses forces, mais qu'elle croyait devoir à la réputation de sa nièce, la tourmenta secrètement sans qu'elle pût se décider à prendre un parti.

Elle remarqua quelques jours après que Sarah paraissait moins timide avec Olivier, et qu'Olivier, de son côté, lui montrait moins de froideur. Lady Mowbray en souffrit; mais elle pensa qu'elle devait encourager cette amitié au lieu de la contrarier, et elle la vit croître de jour en jour sans paraître s'en alarmer.

Peu à peu Olivier et Sarah en vinrent à une sorte de familiarité. Sarah, il est vrai, rougissait toujours en lui parlant, mais elle osait lui parler, et Olivier était surpris de lui trouver autant d'esprit et de naturel. Il avait eu contre elle une sorte de prévention qui s'effaçait de plus en plus. Il aimait à l'entendre chanter; il la regardait souvent peindre des fleurs, et lui donnait des conseils. Il en vint même à lui montrer la botanique et à se promener avec elle dans le jardin. Un jour Sarah témoigna le regret de ne plus monter à cheval. Lady Mowbray, indisposée depuis quelque temps, ne pouvait plus supporter cette fatigue; ne voulant pas priver sa nièce d'un exercice salutaire, elle pria Olivier de monter à cheval avec elle dans l'intérieur du parc, qui était fort grand, et où miss Mowbray pût se livrer à l'innocent plaisir de galoper pendant une heure ou deux tous les jours.

Ces heures étaient mortelles pour Metella. Après avoir embrassé sa nièce au front et lui avoir fait un signe d'amitié, en la voyant s'éloigner avec Olivier, elle restait sur le perron du château, pâle et consternée comme si elle les eût vus partir pour toujours; puis elle allait s'enfermer dans sa chambre et fondait en larmes. Elle s'enfonçait quelquefois furtivement dans les endroits les plus sombres du parc, et les apercevait au loin, lorsqu'ils franchissaient rapidement tous les deux les arcades de lumières qui terminaient le berceau des allées. Mais elle se cachait aussitôt dans la profondeur du taillis, car elle craignait d'avoir l'air de les observer, et rien au monde ne l'effrayait tant que de paraître ridicule et jalouse.

Un jour qu'elle était dans sa chambre et qu'elle pleurait, le front appuyé sur le balcon de sa fenêtre, Sarah et Olivier passèrent au galop; ils rentraient de leur promenade; les pieds de leurs chevaux soulevaient des tourbillons de sable; Sarah était rouge, animée, aussi souple, aussi légère que son cheval avec lequel elle ne semblait faire qu'un; Olivier galopait à son côté; ils riaient tous les deux de ce bon rire franc et heureux de la jeunesse qui n'a pas d'autre motif qu'un besoin d'expansion, de bruit et de mouvement. Ils étaient comme deux enfants contents de crier et de se voir courir. Metella tressaillit et se cacha derrière son rideau pour les regarder. Tant de beauté, d'innocence et de douceur brillait sur leurs fronts, qu'elle en fut attendrie. — Ils sont faits l'un pour l'autre : la vie s'ouvre devant eux, pensa-t-elle, l'avenir leur sourit, et moi je ne suis plus qu'une ombre que le tombeau semble réclamer... Elle entendit bientôt les pas d'Olivier qui approchait de sa chambre; s'asseyant précipitamment devant sa toilette, elle feignit de se coiffer pour le dîner.

Olivier avait l'air content et ouvert; il lui baisa tendrement les mains, et lui remit de la part de Sarah, qui était allée se débarrasser de son amazone, un gros bouquet d'hépatiques qu'elle avait cueillies dans le parc. — Vous êtes donc descendus de cheval? dit lady Mowbray.

— Oui, répondit-il; Sarah, en apercevant toutes ces fleurs dans la clairière, a voulu absolument vous en apporter, et, avant que j'eusse pris la bride de son cheval, elle avait sauté sur le gazon. Je lui ai servi de page, et j'ai tenu sa monture pendant qu'elle courait comme un petit chevreau après les fleurs et les papillons. Ma bonne Metella, votre nièce n'est pas ce que vous croyez. Ce n'est pas une petite fille, c'est une espèce d'oiseau déguisé. Je le lui ai dit, et je crois qu'elle rit encore.

— Je vois avec plaisir, dit lady Mowbray avec un sourire mélancolique, que ma Sarah est devenue gaie. Chère enfant! elle est si aimable et si belle!

— Oui, elle est jolie, dit Olivier, elle a une physionomie que j'aime beaucoup. Elle a l'air intelligent et bon; elle vous ressemble, Metella; je ne l'ai jamais tant trouvé qu'aujourd'hui. Elle a votre son de voix par instants.

— Je suis heureuse de voir que vous l'aimez enfin, cette pauvre petite! dit lady Mowbray. Dans les commencements, elle vous déplaisait, convenez-en?

— Non, elle me gênait, et voilà tout.

— Et à présent, dit Metella en faisant un violent effort sur elle-même pour conserver un air calme et doux, vous voyez bien qu'elle ne vous gêne plus.

— Je craignais, dit Olivier, qu'elle ne fût pas avec vous ce qu'elle devait être; à présent je vois qu'elle vous comprend, qu'elle vous apprécie, et cela me fait plaisir. Je ne suis pas seul à vous aimer ici. Je puis parler de vous à quelqu'un qui m'entend, et qui vous aime autant qu'un autre que moi peut vous aimer.

Sarah entra en cet instant en s'écriant : — Eh bien! chère tante, vous a-t-il remis le bouquet de ma part? C'est un méchant homme que M. votre fils. Il me l'a presque ôté de force pour vous l'apporter lui-même. Il est aussi jaloux que votre petit chien, qui pleure quand vous caressez ma chevrette.

Lady Mowbray embrassa la jeune fille, et se dit

qu'elle devait se trouver heureuse d'être aimée comme une mère.

Quelques jours après, tandis que les deux enfants de lady Mowbray (c'est ainsi qu'elle les appelait) faisaient leur promenade accoutumée, elle entra dans la chambre de Sarah pour prendre un livre et ramassa un petit coin de papier déchiré qui était sur le bord d'une tablette. Au milieu de mots interrompus qui ne pouvaient offrir aucun sens, elle lut distinctement le nom d'Olivier, suivi d'un grand point d'exclamation. C'était l'écriture de Sarah. Lady Mowbray jeta un regard sur les meubles. Le secrétaire et les tiroirs étaient fermés avec soin; toutes les clefs en étaient retirées. Il ne convenait pas au caractère de lady Mowbray de faire d'autre enquête. Elle sortit cependant pour résister aux suggestions d'une curiosité inquiète.

Lorsque Sarah rentra de la promenade, lady Mowbray remarqua qu'elle était fort pâle et que sa voix tremblait. Un sentiment d'effroi mortel passa dans l'âme de Metella. Elle remarqua pendant le dîner que Sarah avait pleuré, et le soir elle était si abattue et si triste qu'elle ne put s'empêcher de la questionner. Sarah répondit qu'elle était souffrante, et demanda à se retirer.

Lady Mowbray interrogea Olivier sur sa promenade. Il lui répondit, avec le calme d'une parfaite innocence, que Sarah avait été fort gaie toute la première heure, qu'ensuite ils avaient été au pas et en causant; qu'elle ne se plaignait d'aucune douleur, et que c'était lady Mowbray qui, en rentrant, l'avait fait apercevoir de sa pâleur.

En quittant Olivier, lady Mowbray, inquiète de sa nièce, se rendit à sa chambre, et, avant d'entrer, elle y jeta un coup d'œil par la porte entr'ouverte. Sarah écrivait. Au léger bruit que fit Metella, elle tressaillit et cacha précipitamment son papier, jeta sa plume et saisit un livre; mais elle n'avait pas eu le temps de l'ouvrir que lady Mowbray était auprès d'elle. — Vous écriviez, Sarah? lui dit-elle d'un ton grave et doux cependant.

— Non, ma tante, répondit Sarah dans un trouble inexprimable.

— Ma chère fille, est-il possible que vous me fassiez un mensonge!

Sarah baissa la tête et resta toute tremblante.

— Qu'est-ce que vous écriviez, Sarah? continua lady Mowbray avec un calme désespérant.

— J'écrivais... une lettre, répondit Sarah au comble de l'angoisse.

— A qui, ma chère! continua Metella.

— A Fanny Hurst, mon amie de couvent.

— Cela n'a rien de répréhensible, ma chère; pourquoi donc vous cachiez-vous?

— Je ne me cachais pas, ma tante, répondit Sarah en essayant de reprendre courage. Mais sa confusion n'échappa point au regard sévère de lady Mowbray.

— Sarah, lui dit-elle, je n'ai jamais surveillé votre correspondance. J'avais une telle confiance en vous que j'aurais cru vous outrager en vous demandant à voir vos lettres. Mais si j'avais pensé qu'il pût exister un secret entre vous et moi, j'aurais regardé comme un devoir de vous en demander l'aveu. Aujourd'hui, je vois que vous en avez un, et je vous le demande.

— O ma tante! s'écria Sarah éperdue.

— Sarah, si vous me refusiez, dit Metella avec beaucoup de douceur et en même temps de fermeté, je croirais que vous avez dans le cœur quelque sentiment coupable, et je n'insisterais pas, car rien n'est plus opposé à mon caractère que la violence. Mais je sortirais de votre chambre le cœur navré, car je me dirais que vous ne méritez plus mon estime et mon affection.

— O ma chère tante, ma mère! ne dites pas cela, s'écria miss Mowbray en se jetant tout en larmes aux pieds de Metella.

Metella craignit de se laisser attendrir; et, lui retirant sa main, elle rassembla toutes ses forces pour lui dire froidement : — Eh bien! miss Mowbray, refusez-vous de me remettre le papier que vous écriviez?

Sarah obéit, voulut parler, et tomba demi-évanouie sur son fauteuil. Lady Mowbray résista au sentiment d'intérêt qui luttait chez elle contre un sentiment tout contraire. Elle appela la femme de chambre de Sarah, lui ordonna de la soigner, et courut s'enfermer chez elle pour lire la lettre. Elle était ainsi conçue :

« Je vous ai promis depuis long-temps, *dearest* Fanny, l'aveu de mon secret. Il est temps enfin que je tienne ma promesse. Je ne pouvais pas confier au papier une chose si importante sans trouver un moyen de vous faire parvenir directement ma lettre. Maintenant je saisis l'occasion d'une personne que nous voyons souvent ici, et qui part pour Paris. Elle veut bien se charger de vous porter de ma part des minéraux et un petit herbier. Elle vous demandera au parloir et vous remettra le paquet et la lettre, qui de cette manière ne passera pas par les mains de madame la supérieure. Ne me grondez donc pas, ma chère amie, et ne dites pas que je manque de confiance en vous. Vous verrez, en lisant ma lettre, qu'il ne s'agit plus de bagatelles comme celles qui nous occupaient au couvent. Ceci est une affaire sérieuse, et que je ne vous confie pas sans un grand trouble d'esprit. Je crois que mon cœur n'est pas coupable, et cependant je rougis comme si j'allais paraître devant un confesseur. Il y a plusieurs jours que je veux vous écrire. J'ai fait plus de dix lettres que j'ai toutes déchirées; enfin je me décide; soyez indulgente pour moi, et si vous me trouvez imprudente et blâmable, reprenez-moi doucement.

» Je vous ai parlé d'un jeune homme qui demeure ici avec nous, et qui est le fils adoptif de ma tante. La première fois que je le vis, c'était le jour de notre arrivée, je fus tellement troublée que je n'osai pas le regarder. Je ne sais pas ce qui se passa en moi lorsqu'il entra à demi dans la calèche pour baiser les mains de ma tante; il le fit avec tant de tendresse que je me sentis tout émue, et que je compris tout de suite la bonté de son cœur; mais il se passa plus de six mois avant que je connusse sa figure, car je n'osai jamais le regarder autrement que de profil. Ma tante m'avait dit : Sarah, regardez Olivier comme votre frère. Je me livrai donc d'abord à une joie intérieure que je croyais très-légitime. Il me semblait doux d'avoir un frère; et s'il m'eût traitée tout de suite comme sa sœur, peut-être n'aurais-je jamais songé à l'aimer autrement !... Hélas! vous voyez quel est mon malheur, Fanny; j'aime, et je crois que je ne serai jamais unie à celui que j'aime. Pour vous dire comment j'ai eu l'imprudence d'aimer ce jeune homme, je ne le puis pas; en vérité, je n'en sais rien moi-même, et c'est une bien affreuse fatalité. Imaginez-vous qu'au lieu de me parler avec la confiance et l'abandon d'un frère, il a passé plus d'un an sans m'adresser plus de trois paroles par jour; si bien que je crois que tous nos entretiens durant tout ce temps-là tiendraient à l'aise dans une page d'écriture. J'attribuais cette froideur à sa timidité ; mais, le croiriez-vous? il m'a avoué depuis qu'il avait pour moi une espèce d'antipathie avant de me connaître. Comment peut-on haïr une personne qu'on n'a jamais vue et qui ne vous a fait aucun mal ? Cette injustice aurait dû m'empêcher de prendre de l'attachement pour lui. Eh bien ! c'est tout le contraire, et je commence à croire que l'amour est une chose tout à fait involontaire, une maladie de l'âme à laquelle tous nos raisonnements ne peuvent rien.

» J'ai été bien long-temps sans comprendre ce qui se passait en moi. J'avais tellement peur de M. Olivier que je croyais parfois avoir aussi de l'éloignement pour lui. Je le trouvais froid et orgueilleux ; et cependant lorsqu'il parlait à ma tante il changeait tellement d'air et de langage, il lui rendait des soins si délicats, que je ne pouvais pas m'empêcher de le croire sensible et généreux.

» Une fois je passais au bout de la galerie, je le vis à genoux auprès de ma tante ; elle l'embrassait, et tous deux semblaient pleurer. Je passai bien vite et sans qu'on m'aperçût ; mais je ne saurais vous rendre l'émotion que cette scène touchante me causa. J'en fus agitée toute la nuit, et je me surpris plusieurs fois à désirer d'avoir l'âge de ma tante, afin d'être aimée comme une mère par celui qui ne voulait pas m'aimer comme une sœur.

» Je compris mes véritables sentiments à l'occasion du duel dont je vous ai parlé. Je ne vous ai pas nommé la personne qui me donnait le bras et qui se battit pour moi ; je vous ai dit que c'était un ami de la maison : c'était M. Olivier. Lorsqu'il revint, il était fort pâle, et tenait sa main dans sa redingote ; ma tante se douta de la vérité et le força de nous la montrer. Je ne sais si cette main était ensanglantée. Il me sembla voir du sang sur le linge qui l'enveloppait, et je sentis tout le mien se retirer vers mon cœur. Je m'évanouis, ce qui fut bien imprudent et bien malheureux; mais je crois qu'on ne se douta de rien. Quand je revis M. Olivier, je ne pus m'empêcher de le remercier de ce qu'il avait fait pour moi; et, tout en voulant parler, je me mis à pleurer comme une sotte. Je ne sais pourquoi je n'avais jamais pu me décider à le remercier devant ma tante. Peut-être que ce fut un mauvais sentiment qui me fit attendre un moment où j'étais seule avec lui. Je ne sais pas ce qu'il y avait de coupable à le faire, et cependant je me le suis toujours reproché comme une dissimulation envers lady Mowbray. J'avais espéré, je crois, être moins timide devant une seule personne que devant deux. Mais ce fut encore pis; je sentis que j'étouffais, et j'eus comme un vertige, car je ne m'aperçus pas que M. Olivier me pressait les mains. Quand je revins à moi, mes mains étaient dans les siennes, et il me dit plusieurs choses que je n'entendis pas. Je sais seulement qu'il me dit en s'en allant : Ma chère miss Mowbray, je suis touché de votre amitié; mais, en vérité, il ne faut pas que vous pleuriez pour cette égratignure. Depuis ce temps, sa conduite envers moi a été toute différente, et il a été d'une bonté et d'une obligeance qui ont achevé de me gagner le cœur. Il me donne des leçons, il corrige mes dessins, il fait de la musique avec moi; ma tante semble prendre un grand plaisir à nous voir si unis. Elle nous fait monter à cheval ensemble, elle nous force à nous donner la main pour nous raccommoder; car il arrive souvent que, tout en riant, nous finissons par nous disputer et nous bouder un peu.

Moi, j'étais tout à fait à l'aise avec lui, j'étais heureuse, et j'avais la vanité de croire qu'il m'aimait. Il me le disait du moins, et je m'imaginais que, quand on s'aime seulement d'amitié, et qu'on se convient sous les rapports de la fortune et de l'éducation, il est tout simple qu'on se marie ensemble. La conduite de ma tante semblait autoriser en moi cette espérance, et je pensais qu'on me trouvait encore trop jeune pour m'en parler. Dans ces idées, j'étais aussi heureuse qu'il est permis de l'être; je ne désirais rien sur la terre que la continuation d'une semblable existence. Mais, hélas! ce rêve s'est effacé, et le désespoir depuis ce matin... »

Ici la lettre avait été interrompue par l'arrivée de lady Mowbray.

Metella laissa tomber la lettre, et cachant son visage dans ses mains, elle resta plongée dans une morne consternation. Elle demeura ainsi jusqu'à une heure du matin, s'accusant de tout le mal et cherchant en vain comment elle pourrait le réparer. Enfin, elle céda à un besoin instinctif et se rendit à la chambre de sa nièce. Tout le monde dormait dans la maison; le temps était superbe, la lune éclairait en plein la façade du château, et répandait de vives clartés dans les galeries, dont toutes les fenêtres étaient ouvertes. Metella les traversa lentement et sans bruit, comme une ombre qui glisse le long des murs. Tout à coup elle se trouva face à face avec Sarah, qui, les pieds nus et vêtue d'un peignoir de mousseline blanche, allait à sa rencontre; elles ne se virent que quand elles traversèrent l'une et l'autre un angle lumineux des murs. Lady Mowbray surprise continua de s'avancer pour s'assurer que c'était Sarah; mais la jeune fille, voyant venir à elle cette grande femme pâle, traînant sur le pavé de la galerie sa longue robe de chambre en velours noir, fut saisie d'effroi. Cette figure morne et sombre ressemblait si peu à celle qu'elle avait habitude de voir à sa tante, qu'elle crut rencontrer un spectre et faillit tomber évanouie ; mais elle fut aussitôt rassurée par la voix de lady Mowbray, qui était pourtant froide et sévère.

— Que faites-vous ici à cette heure, Sarah, et où allez-vous ?

— Chez vous, ma tante, répondit Sarah sans hésiter.

— Venez, mon enfant, lui dit lady Mowbray en prenant son bras sous le sien.

Elles regagnèrent en silence l'appartement de Metella. Le calme, la nuit et le chant joyeux des rossignols contrastaient avec la tristesse profonde dont ces deux femmes étaient accablées.

Lady Mowbray ferma les portes et attira sa nièce sur le balcon de sa chambre. Là elle s'assit sur une chaise et la fit asseoir à ses pieds sur un tabouret ; elle attira sa tête sur ses genoux et prit ses mains dans les siennes, que Sarah couvrit de larmes et de baisers.

— Oh ! ma tante, ma chère tante, pardonnez-moi, je suis coupable....

— Non, Sarah, vous n'êtes pas coupable ; je n'ai qu'un reproche à vous faire, c'est d'avoir manqué de confiance en moi. Votre réserve a fait tout le mal, mon enfant ; maintenant il faut être franche, il faut tout me dire.... tout ce que vous savez...

Lady Mowbray prononça ces paroles dans une angoisse mortelle ; et en attendant la réponse de sa nièce, elle sentit son front se couvrir de sueur. Sarah avait-elle découvert à quel titre Olivier vivait, ou du moins avait vécu auprès d'elle durant plusieurs années ? Lady

Mowbray ne savait pas quelle raison Sarah pouvait avoir pour renoncer tout à coup à une espérance si long-temps nourrie en secret, et frémissait d'entendre sortir de sa bouche des reproches qu'elle croyait mériter. Un poids énorme fut ôté de son cœur lorsque Sarah lui répondit avec assurance : — Oui, ma tante, je vous dirai tout ; que ne vous ai-je dit plus tôt mes folles pensées ! Vous m'auriez empêchée de m'y livrer ; car vous saviez bien que votre fils ne pouvait pas m'épouser.....

— Mais, Sarah, quelles sont vos raisons pour le croire ?.... qui vous l'a donc dit ?

— Olivier, répondit Sarah. Ce matin, nous causions de choses indifférentes dans le parc ; nous étions près de la grille qui donne sur la route. Une noce vint à passer, nous nous arrêtâmes pour voir la figure des mariés ; je remarquai qu'ils avaient l'air timide. — Ils ont l'air triste, répondit Olivier. Comment ne l'auraient-ils pas ? Quelle chose stupide et misérable qu'un jour de noce ! — Eh quoi ! lui dis-je, vous voudriez qu'on se mariât en secret ? Ce serait encore bien plus triste. — Je voudrais qu'on ne se mariât pas du tout, répondit-il ; pour moi, j'ai le mariage en horreur et je ne me marierai jamais. Oh ! ma chère tante, cette parole m'enfonça un poignard dans le cœur ; en même temps elle me sembla si extraordinaire, que j'eus la hardiesse d'insister et de lui dire, en affectant de le plaisanter : — Vous ne savez guère ce que vous ferez à cet égard-là. Il me répondit avec beaucoup d'empressement, et comme s'il eût eu l'intention de m'ôter toute présomption : — Soyez sûre de ce que je vous dis, miss ; j'ai fait un serment devant Dieu, et je le tiendrai. La honte et la douleur me rendirent silencieuse, et j'ai fait de vains efforts toute la journée pour cacher mon désespoir...

Sarah fondit en larmes. Metella, soulagée d'une affreuse inquiétude, fut pendant quelques instants insensible à la douleur de sa nièce. Olivier n'aimait pas Sarah ! En vain elle l'aimait, en vain elle était jeune, riche et belle ; il ne voulait pas d'autre affection intime, pas d'autre bonheur domestique que celui qu'il avait goûté auprès de lady Mowbray. Un instant livrée à une reconnaissance égoïste, à une secrète gloire de son cœur enivré, elle laissa pleurer la pauvre Sarah, et oublia que son triomphe avait fait une victime. Mais sa cruauté ne fut pas de longue durée ; la passion de lady Mowbray pour Olivier prenait sa source dans une âme chaleureuse ouverte à toutes les tendresses qui embellissent les femmes. Elle aimait Sarah presque autant qu'Olivier, car elle l'aimait comme une mère aime sa fille. La vue de sa douleur brisa le cœur de Metella ; elle avait bien des torts à se reprocher ! Elle aurait dû prévoir les conséquences d'un rapprochement continuel entre ces deux jeunes gens. Déjà la malignité des voisins lui avait signalé un grave inconvénient de cette situation. Elle avait résisté à cet avertissement, et maintenant le bonheur de Sarah était compromis plus encore que sa réputation.

Elle la pressa dans ses bras en pleurant, et dans le premier instant de sa compassion et de sa tendresse elle pensa à lui sacrifier son amour.

— Non, lui dit-elle, égarée par un sentiment de générosité exaltée, Olivier n'a pas fait de serment ; il est libre, il peut vous épouser ; qu'il vous aime, qu'il vous rende heureuse, et je vous bénirai tous deux. Ce ne sera pas moi qui m'opposerai à l'union de deux êtres qui sont ce que j'ai de plus cher au monde...

— Oh ! je le crois bien, ma bonne tante ! s'écria Sarah en se jetant de nouveau à son cou; mais c'est lui qui ne m'aime pas! Que faire à cela?

— Il ne vous a pas dit qu'il ne vous aimait pas? Est-ce qu'il vous l'a dit, Sarah?

— Non, mais pourquoi se dit-il engagé? Oh! peut-être qu'il l'est en effet. Il a quelque raison que vous ne connaissez pas! Il aime une femme, il est marié en secret peut-être.

— Je l'interrogerai, je saurai ce qu'il pense, répondit Metella; je ferai pour vous, ma fille, tout ce qui dépendra de moi. Si je ne puis rien, ma tendresse vous restera.

— Oh! oui, ma mère! toujours, toujours! s'écria Sarah en se jetant à ses pieds.

Apaisée par les promesses hasardées de sa tante, Sarah se retira plus tranquille. Metella la mit au lit elle-même, lui fit prendre une potion calmante, et ne la quitta que quand elle eut cessé de soupirer dans son sommeil, comme font les enfants qui s'endorment en pleurant et qui sanglotent encore à demi en rêvant.

Lady Mowbray ne dormit pas; elle était rassurée sur certains points, mais à l'égard des autres elle était en proie à mille agitations, et ne voyait pas d'issue à la position délicate où elle avait placé la pauvre Sarah. La pensée d'engager Olivier à l'épouser n'avait pu prendre de consistance dans son esprit; vainement eût-elle sacrifié cette jalousie de femme qu'elle combattait si généreusement depuis plus d'une année. Il y a dans la vie des rapports qui deviennent aussi sacrés que si les lois les eussent sanctionnés, et Olivier lui-même n'eût pas pu oublier qu'il avait regardé Sarah comme sa fille.

Incapable de se retirer elle-même de cette perplexité, lady Mowbray résolut d'attendre quelques jours pour prendre un parti; elle chercha à se persuader que la passion de Sarah n'était peut-être pas aussi sérieuse que dans ses romanesques confidences la jeune fille se l'imaginait; ensuite, Olivier pouvait, par sa froideur, l'en guérir mieux que tous les raisonnements. Elle alla retrouver Sarah le lendemain, lui dit qu'elle avait réfléchi, et que le résultat de ses réflexions était celui-ci : il était impossible d'interroger Olivier sur ses intentions, et de lui demander l'explication de ses paroles de la veille sans lui laisser deviner l'impression qu'elles avaient produite sur miss Mowbray, et sans lui faire soupçonner l'importance qu'elle y attachait. — Dans la situation où vous êtes vis-à-vis de lui, dit-elle, le premier point, le plus important de tous, c'est de ne pas avouer que vous aimez sans savoir si l'on vous aime.

— Oh! certainement, ma tante, dit Sarah en rougissant.

— Il n'est pas besoin sans doute, mon enfant, que je fasse appel à votre pudeur et à votre fierté; l'une et l'autre doivent vous suggérer une grande prudence et beaucoup d'empire sur vous-même...

— Oh! certes, ma tante, repartit la jeune Anglaise avec un mélange d'orgueil et de douleur qui lui donna l'expression d'une vierge martyre de Titien.

— Si mon fils, poursuivit Metella, est réellement lié au célibat par quelque engagement qu'il ne puisse pas confier, même à moi, il faudra bien, Sarah, que vous vous sépariez l'un de l'autre....

— Oh! s'écria Sarah effrayée, est-ce que vous me chasseriez de chez vous? est-ce qu'il faudrait retourner au couvent ou en Angleterre? Loin de lui, loin de vous, toute seule!... Oh! j'en mourrais! Après avoir été tant aimée!

— Non, dit Metella d'une voix grave, je ne t'abandonnerai jamais ; je te suis nécessaire : nous sommes liées l'une à l'autre pour la vie.

En parlant ainsi elle posa ses deux mains sur la tête blonde de Sarah, et leva les yeux au ciel d'un air solennel et sombre. En se consacrant à cette enfant de son adoption, elle sentait combien étaient terribles les devoirs qu'elle s'était imposés envers elle, puisqu'il faudrait peut-être lui sacrifier le bonheur de toute sa vie, la société d'Olivier.

— Me promettez-vous du moins, continua-t-elle, que si, après avoir fait tout ce qui dépendra de moi pour votre bonheur, je ne réussis pas à fermer cette plaie de votre âme, vous ferez tous vos efforts pour vous guérir? Ai-je affaire à une enfant romanesque et entêtée, ou bien à une jeune fille forte et courageuse?

— Doutez-vous de moi? dit Sarah.

— Non, je ne doute pas de toi ; tu es une Mowbray, tu dois savoir souffrir en silence..... Allez vous coiffer, Sarah, et tâchez d'être aussi soignée dans votre toilette, aussi calme dans votre maintien que de coutume. Nous allons attendre quelques jours encore avant de décider de notre avenir. Jurez-moi que vous n'écrirez à aucune de vos amies, que je serai votre seule confidente, votre seul conseil, et que vous travaillerez à être digne de ma tendresse.

Sarah jura, en pleurant, de faire tout ce que désirait sa tante ; mais, malgré tous ses efforts, son chagrin fut si visible qu'Olivier s'en aperçut dès le premier instant. Il regarda lady Mowbray et trouva la même altération sur ses traits. Les vérités qu'il avait confusément entrevues brillèrent à son esprit ; les pensées qui, par bouffées brûlantes, avaient traversé son cerveau à de rares intervalles, revinrent l'embraser. Il fut effrayé de ce qui se passait en lui et autour de lui ; il prit son fusil et sortit. Après avoir tué quelques innocentes volatiles, il rentra plus fort, trouva les deux femmes plus calmes, et la soirée s'écoula assez doucement. Quand on a l'habitude de vivre ensemble, quand on s'est compris si bien que durant long-temps toutes les idées, tous les intérêts de la vie privée ont été en commun, il est presque impossible que le charme des relations se rompe tout à coup sur une première atteinte. Les jours suivants virent donc se prolonger cette intimité, dont aucun des trois n'avait altéré la douceur par sa faute. Néanmoins la plaie allait s'élargissant dans le cœur de ces trois personnes. Olivier ne pouvait plus douter de l'amour de Sarah pour lui ; il en avait toujours repoussé l'idée, mais maintenant tout le lui disait, et chaque regard de Metella, quelle qu'en fût l'expression, lui en donnait une confirmation irrécusable. Olivier chérissait si réellement, si tendrement sa mère adoptive, il avait connu auprès d'elle une manière d'aimer si paisible et si bienfaisante, qu'il s'était cru incapable d'une passion plus vive ; il s'était donc livré en toute sécurité au danger d'avoir pour sœur une créature vraiment angélique. A mesure que ses sentiments pour Sarah devenaient plus vifs, il réussissait à se tranquilliser en se disant que Metella lui était toujours aussi chère ; et en cela il ne se trompait pas ; seulement pour l'une l'amour prenait la place de l'amitié, et pour l'autre l'amitié avait remplacé l'amour. L'âme de ce jeune homme était si bonne et si ardente qu'il ne savait pas se rendre compte de ce qu'il éprouvait.

Mais quand il crut s'en être assuré, il ne transigea point avec sa conscience ; il résolut de partir. La tristesse de Sarah, sa douceur modeste, sa tendresse réservée et pleine d'une noble fierté achevèrent de l'enthousiasmer ; expansif et impressionnable comme il l'était, il sentit qu'il ne serait pas long-temps maître de son secret, et ce qui acheva de le déterminer, ce fut de voir que Metella l'avait deviné.

En effet, lady Mowbray connaissait trop bien toutes les nuances de son caractère, tous les plis de son visage pour n'avoir pas pénétré, avant lui-même peut-être, ce qu'il éprouvait auprès de Sarah. Ce fut pour elle le dernier coup ; car, en dépit de sa bonté, de son dévouement et de sa raison, elle aimait toujours Olivier comme aux premiers jours. Ses manières avec lui avaient pris cette dignité que le temps, qui sanctifie les affections, devait nécessairement apporter ; mais le cœur de cette femme infortunée était aussi jeune que celui de Sarah. Elle devint presque folle de douleur et d'incertitude : devait-elle laisser sa nièce courir les dangers d'une passion partagée ? devait-elle favoriser un mariage qui lui semblait contraire à toute délicatesse d'esprit et de mœurs ? Mais pouvait-elle s'y opposer, si Olivier et Sarah le désiraient tous deux ? Cependant il fallait s'expliquer, sortir de ces perplexités, interroger Olivier sur ses intentions ; mais à quel titre ? Était-ce l'amante désespérée d'Olivier, ou la mère prudente de Sarah qui devait provoquer un aveu aussi difficile à faire pour lui ?

Un soir, Olivier parla d'un voyage de quelques jours qu'il allait faire à Lyon ; lady Mowbray, dans la position désespérée où elle était réduite, accepta cette nouvelle avec joie, comme un répit accordé à ses souffrances. Le lendemain, Olivier fit seller son cheval pour aller à Genève, où il devait prendre la poste. Il vint à l'entrée du salon prendre congé des dames; Sarah, dont il baisa la main pour la première fois de sa vie, fut si troublée qu'elle n'osa pas lever les yeux sur lui; Metella, au contraire, l'observait attentivement; il était fort pâle et calme, comme un homme qui accomplit courageusement un devoir rigoureux. Il embrassa lady Mowbray, et alors sa force parut l'abandonner; des larmes roulèrent dans ses yeux, sa main trembla convulsivement en lui glissant une lettre humide...

Il se précipita dehors, monta à cheval et partit au galop. Metella resta sur le perron jusqu'à ce qu'elle n'entendît plus les pas de son cheval. Alors elle mit une main sur son cœur, pressa le billet de l'autre, et comprit que tout était fini pour elle.

Elle rentra dans le salon. Sarah, penchée sur sa broderie, feignait de travailler pour prouver à sa tante qu'elle avait du courage et savait tenir sa promesse; mais elle était aussi pâle que Metella, et, comme elle, elle ne sentait plus battre son cœur.

Lady Mowbray traversa le salon sans lui adresser une parole; elle monta dans sa chambre et lut le billet d'Olivier.

« Je pars, vous ne me reverrez plus, à moins que dans plusieurs années... et lorsque miss Mowbray sera mariée!... Ne me demandez pas pourquoi il faut que je vous quitte; si vous le savez, ne m'en parlez jamais! »

Metella crut qu'elle allait mourir, mais elle éprouva ce que la nature a de force contre le chagrin. Elle ne put pleurer, elle étouffait; elle eut envie de se briser la tête contre les murs de sa chambre; et puis elle pensa à Sarah, et elle eut un instant de haine et de fureur.

— Maudit soit le jour où tu es entrée ici! s'écria-t-elle. La protection que je t'ai accordée me coûte cher, et mon frère m'a légué la robe de Déjanire !

Elle entendit Sarah qui approchait, et se calma aussitôt ; la vue de cette aimable créature réveilla sa tendresse, elle lui tendit ses bras.

— O mon Dieu ! qu'est-ce qui nous arrive ? s'écria Sarah épouvantée. Ma tante, où est allé Olivier ?

— Il va voyager pour sa santé, répondit lady Metella avec un sourire mélancolique, mais il reviendra ; ayons courage, restons ensemble, aimons-nous bien.

Sarah sut renfermer ses larmes ; Metella reporta sur elle toute son affection. Olivier ne revint pas : Sarah ne sut jamais pourquoi.

FIN DE METELLA.

MATTEA.

I.

Le temps devenait de plus en plus menaçant, et l'eau, teinte d'une couleur de mauvais augure que les matelots connaissent bien, commençait à battre violemment les quais et à entrechoquer les gondoles amarrées aux degrés de marbre blanc de la Piazzetta. Le couchant, barbouillé de nuages, envoyait quelques lueurs d'un rouge vineux à la façade du palais ducal, dont les découpures légères et les niches aiguës se dessinaient en aiguilles blanches sur un ciel couleur de plomb. Les mâts des navires à l'ancre projetaient sur les dalles de la rive des ombres grêles et gigantesques, qu'effaçait une à une le passage des nuées sur la face du soleil. Les pigeons de la république s'envolaient épouvantés, et se mettaient à l'abri sous le dais de marbre des vieilles statues, sur l'épaule des saints et sur les genoux des madones. Le vent s'éleva, fit claquer les banderoles du port, et vint s'attaquer aux boucles roides et régulières de la perruque de ser Zacomo Spada, comme si c'eût été la crinière métallique du lion de Saint-Marc ou les écailles de bronze du crocodile de Saint-Théodore.

Ser Zacomo Spada, le marchand de soieries, insensible à ce tapage inconvenant, se promenait le long de la colonnade avec un air de préoccupation majestueuse. De temps en temps il ouvrait sa large tabatière d'écaille blonde doublée d'or, et y plongeait ses doigts qu'il flairait ensuite avec recueillement, bien que le malicieux sirocco eût depuis long-temps mêlé les tourbillons de son tabac d'Espagne à ceux de la poudre enlevée à son chef vénérable. Enfin, quelques larges gouttes de pluie se faisant sentir à travers ses bas de soie, et un coup de vent ayant fait voler son chapeau et rabattu sur son visage la partie postérieure de son manteau, il commença à s'apercevoir de l'approche d'une de ces bourrasques qui arrivent à l'improviste sur Venise au milieu des plus sereines journées d'été, et qui font en moins de cinq minutes un si terrible dégât de vitres, de cheminées, de chapeaux et de perruques.

Ser Zacomo Spada, s'étant débarrassé non sans peine des plis du camelot noir que le vent plaquait sur son visage, se mit à courir après son chapeau aussi vite que purent lui permettre sa gravité sexagénaire et les nombreux embarras qu'il rencontrait sur son chemin. Ici un brave bourgeois, qui, ayant eu la malheureuse idée d'ouvrir son parapluie et s'apercevant bien vite que rien n'était moins à propos, faisait de furieux efforts pour le refermer et s'en allait avec lui à reculons vers le canal; là une vertueuse matrone occupée à contenir l'insolence de l'orage engouffré dans ses jupes; plus loin un groupe de bateliers empressés de délier leurs barques et d'aller les mettre à l'abri sous le pont le plus voisin; ailleurs un marchand de gâteaux de maïs courant après sa vile marchandise ni plus ni moins que ser Zacomo après son excellent couvre-chef. Après bien des peines, le digne marchand de soieries parvint à l'angle de la colonnade du palais ducal où le fugitif s'était réfugié ; mais au moment où il pliait un genou et allongeait un bras pour s'en emparer, le maudit chapeau repartit sur l'aile vagabonde du sirocco, et prit son vol le long de la rive des Esclavons, côtoyant le canal avec beaucoup de grâce et d'adresse.

Le marchand de soieries fit un gros soupir, croisa un instant les bras sur sa poitrine d'un air consterné, puis s'apprêta courageusement à poursuivre sa course, tenant d'une main sa perruque pour l'empêcher de suivre le mauvais exemple, de l'autre serrant les plis de son manteau qui s'entortillait obstinément autour de ses jambes. Il parvint ainsi au pied du pont de la Paille, et il mettait de nouveau la main sur son tricorne, lorsque l'ingrat, faisant une nouvelle gambade, traversa le petit canal des Prisons sans le secours d'aucun pont ni d'aucun bateau, et s'abattit comme une mouette sur l'autre rive. — Au diable le chapeau ! s'écria ser Zacomo découragé ; avant que je n'aie traversé un pont il aura franchi tous les canaux de la ville. En profite qui voudra !...

Une tempête de rires et de huées répondit en glapissant à l'exclamation de ser Zacomo. Il jeta autour de lui un regard courroucé, et se vit au milieu d'une troupe de polissons qui, sous leurs guenilles et avec leurs mines sales et effrontées, imitaient son attitude tragique et le froncement olympien de son sourcil. — Canaille ! s'écria le brave homme en riant à demi de leurs singeries et de sa propre mésaventure, prenez garde que je ne saisisse l'un de vous par les oreilles et que je ne le lance avec mon chapeau au milieu des lagunes !

En proférant cette menace, ser Zacomo voulut faire

le moulinet avec sa canne; mais comme il levait le bras avec une noble fureur, ses jambes perdirent l'équilibre; il était près de la rive, et il abandonna le pavé pour aller tomber...

II.

Heureusement la gondole de la princesse Veneranda se trouvait là, arrêtée par un embarras de barques chioggiotes, et faisait de vains efforts de rames pour les dépasser. Ser Zacomo, se voyant lancé, ne songea plus qu'à tomber le plus décemment possible, tout en se recommandant à la Providence, laquelle, prenant sa dignité de père de famille et de marchand de soieries en considération, daigna lui permettre d'aller s'abattre aux pieds de la princesse Veneranda, et de ne point chiffonner trop malhonnêtement le panier de cette illustre personne.

Néanmoins la princesse, qui était fort nerveuse, jeta un grand cri d'effroi, et les polissons pressés sur la rive applaudirent et trépignèrent de joie. Ils restèrent là tant que leurs huées et leurs rires purent atteindre le malheureux Zacomo, que la gondole emportait trop lentement à travers la mêlée d'embarcations qui encombraient le canal.

La princesse grecque Veneranda Gica était une personne sur l'âge de laquelle les commentateurs flottaient irrésolus, du chiffre quarante au chiffre soixante. Elle avait la taille fort droite, bien prise dans un corps baleiné, d'une rigidité majestueuse. Pour se dédommager de cette contrainte, où, par amour de la ténuité, elle condamnait une partie de ses charmes, et pour paraître encore jeune et folâtre, elle remuait à tout propos les bras et la tête, de sorte qu'on ne pouvait être assis près d'elle sans recevoir au visage à chaque instant son éventail ou ses plumes. Elle était d'ailleurs bonne, obligeante, généreuse jusqu'à la prodigalité, romanesque, superstitieuse, crédule et faible. Sa bourse avait été exploitée par plus d'un charlatan, et son cortége avait été grossi de plus d'un chevalier d'industrie. Mais sa vertu était sortie pure de ces dangers, grâce à une froideur excessive d'organisation que les puérilités de la coquetterie avaient fait passer à l'état de maladie chronique.

Ser Zacomo Spada était sans contredit le plus riche et le plus estimable marchand de soieries qu'il y eût dans Venise. C'était un de ces véritables amphibies qui préfèrent leur île de pierre au reste du monde qu'ils n'ont jamais vu, et qui croiraient manquer à l'amour et au respect qu'ils lui doivent s'ils cherchaient à acquérir la moindre connaissance de ce qui existe au delà. Celui-ci se vantait de n'avoir jamais mis le pied en terre ferme, et de ne s'être jamais assis dans un carrosse. Il possédait tous les secrets de son commerce, et savait au juste quel îlot de l'Archipel ou quel canton de la Calabre élevait les plus beaux mûriers et filait les meilleures soies. Mais là se bornaient absolument ses notions sur l'histoire naturelle terrestre. Il ne connaissait de quadrupèdes que les chiens et les chats, et n'avait vu de bœuf que coupé par morceaux dans le bateau du boucher. Il avait des chevaux une idée fort incertaine, pour en avoir vu deux fois dans sa vie à de certaines solennités où, pour divertir et surprendre le peuple, le sénat avait permis à des troupes de bateleurs d'en amener quelques-uns sur le quai des Esclavons. Mais ils étaient si bizarrement et si pompeusement enharnachés, que ser Zacomo et beaucoup d'autres avaient pu penser que leurs crins étaient naturellement tressés et mêlés de fils d'or et d'argent. Quant aux touffes de plumes rouges et blanches dont on les avait couronnés, il était hors de doute qu'elles appartenaient à leurs têtes, et ser Zacomo, en faisant à sa famille la description du cheval, déclarait que cet ornement naturel était ce qu'il y avait de plus beau dans l'animal extraordinaire apporté de la terre ferme. Il le rangeait d'ailleurs dans l'espèce du bœuf, et encore aujourd'hui beaucoup de Vénitiens ne connaissent pas le cheval sous une autre dénomination que celle de bœuf sans cornes, *bue senza corni*.

Ser Zacomo était méfiant à l'excès quand il s'agissait de risquer un sequin dans une affaire, crédule comme un enfant, et capable de se ruiner quand on savait s'emparer de son imagination, que l'oisiveté avait rendue fort impressionnable; laborieux et actif, mais indifférent à toutes les jouissances que pouvaient lui procurer ses bénéfices; amoureux de l'or monnayé et *dilettante di musica*, bien qu'il eût la voix fausse et battît toujours la mesure à contre-temps; doux, souple, et assez adroit pour régner au moins sur son argent sans trop irriter une femme acariâtre; pareil d'ailleurs à tous ces vrais types de sa patrie, qui participent au moins autant de la nature du polype que de celle de l'homme.

Il y avait bien une trentaine d'années que M. Spada fournissait des étoffes et des rubans à la toilette effrénée de la princesse Gica; mais il se gardait bien de savoir le compte des ans écoulés lorsqu'il avait l'honneur de causer avec elle, ce qui lui arrivait assez souvent, d'abord parce que la princesse se livrait volontiers avec lui au plaisir de babiller, le plus doux qu'une femme grecque connaisse ; ensuite parce que Venise a eu en tout temps les mœurs faciles et familières qui n'appartiennent guère en France qu'aux petites villes, et que notre grand monde, plus collet-monté, appellerait du commérage de mauvais ton.

Après s'être fait expliquer l'accident qui avait lancé M. Zacomo à ses pieds, la princesse Veneranda le fit donc asseoir sans façon auprès d'elle, et le força, malgré ses humbles excuses, d'accepter un abri sous le drap noir de sa gondole, contre la pluie et le vent qui faisaient rage, et qui autorisaient suffisamment un tête-à-tête entre un vieux marchand sexagénaire et une jeune princesse qui n'avait pas plus de cinquante-cinq ans.

— Vous viendrez avec moi jusqu'à mon palais, lui avait-elle dit, et mes gondoliers vous conduiront jusqu'à votre boutique. Et, chemin faisant, elle l'accablait de questions sur sa santé, sur ses affaires, sur sa femme, sur sa fille ; questions pleines d'intérêt, de bonté, mais surtout de curiosité ; car on sait que les dames de Venise, passant leurs jours dans l'oisiveté, n'auraient absolument rien à dire le soir à leurs amants ou à leurs amis si elles ne s'étaient fait le matin un petit recueil d'anecdotes plus ou moins puériles.

Ser Spada, d'abord très-honoré de ces questions, y répondit moins nettement, et se troubla lorsque la princesse entama le chapitre du prochain mariage de sa fille.

— Mattea, lui disait-elle pour l'encourager à répondre, est la plus belle personne du monde ; vous devez être bien heureux et bien fier d'avoir une si charmante enfant. Toute la ville en parle, et il n'est bruit que de son air noble et de ses manières distinguées. Voyons, Spada, pourquoi ne me parlez-vous pas d'elle comme à l'ordinaire? Il me semble que vous avez quelque chagrin, et je gagerais que c'est à propos de Mattea; car, chaque fois que je prononce son nom, vous froncez le sourcil comme un homme qui souffre. Voyons, voyons; contez-moi cela. Je suis l'amie de votre petite famille; j'aime Mattea de tout mon cœur, c'est ma filleule; j'en suis fière. Je serais bien fâchée qu'elle fût pour vous un sujet de contrariété, et vous savez que j'ai droit de la morigéner. Aurait-elle une amourette? refuserait-elle d'épouser son cousin Checo?

M. Spada, dont toutes ces interrogations augmentaient terriblement la souffrance, essaya respectueusement de les éluder; mais Veneranda, ayant flairé là l'odeur d'un secret, s'acharnait à sa proie, et le bonhomme, quoique assez honteux de ce qu'il avait à dire, ayant une juste confiance en la bonté de la princesse, et d'ailleurs aimant à parler comme un Vénitien, c'est-à-dire presque autant qu'une Grecque, se résolut à confesser le sujet de sa préoccupation.

— Hélas! brillante excellence (*chiarissima*), dit-il en prenant une prise de tabac imaginaire dans sa tabatière vide, c'est en effet ma fille qui cause le chagrin que je ne puis dissimuler. Votre seigneurie sait bien que Mattea est en âge de songer à autre chose qu'à des poupées.

— Sans doute, sans doute, elle a tantôt cinq pieds de haut, répondit la princesse, la plus belle taille qu'une femme puisse avoir; c'est précisément ma taille. Cependant elle n'a pas plus de quatorze ans; c'est ce qui la rend un peu excusable; car après tout c'est encore un enfant incapable d'un raisonnement sérieux. D'ailleurs le précoce développement de sa beauté doit nécessairement lui donner quelque impatience d'être mariée.

— Hélas! reprit ser Zacomo, votre seigneurie sait combien ma fille est admirée, non-seulement par tous ceux qui la connaissent, mais encore par tous ceux qui passent devant notre boutique. Elle sait que les plus élégants et les plus riches seigneurs s'arrêtent des heures entières devant notre porte, feignant de causer entre eux ou d'attendre quelqu'un, pour jeter de fréquents regards sur le comptoir où elle est assise auprès de sa mère. Plusieurs viennent marchander mes étoffes pour avoir le plaisir de lui adresser quelques mots, et ceux qui ne sont point malappris achètent toujours quelque chose, ne fût-ce qu'une paire de bas de soie; c'est toujours cela. Dame Loredana, mon épouse, qui certes est une femme alerte et vigilante, avait élevé cette pauvre enfant dans de si bons principes que jamais jusqu'ici on n'avait vu une fille si réservée, si discrète et si honnête; toute la ville en témoignerait.

— Certes, reprit la princesse, il est impossible d'avoir un maintien plus convenable que le sien, et j'entendais dire l'autre jour dans une soirée que la Mattea était une des plus belles personnes de Venise, et que sa beauté était rehaussée par un certain air de noblesse et de fierté qui la distinguait de toutes ses égales et la faisait paraître comme une princesse au milieu d'un troupeau de soubrettes.

— Cela est vrai, par le Christ, vrai! répéta ser Zacomo d'un ton mélancolique. C'est une fille qui n'a jamais perdu son temps à s'attifer de colifichets, chose qui ne convient qu'aux dames de qualité; toujours propre et bien peignée dès le matin, et si tranquille, si raisonnable, qu'il n'y a pas un cheveu de dérangé à son chignon dans toute une journée; économe, laborieuse, et douce comme une colombe, ne répondant jamais pour se dispenser d'obéir, silencieuse que c'est un miracle, étant fille de ma femme! enfin un diamant, un vrai trésor. Ce n'est pas la coquetterie qui l'a perdue; car elle ne faisait nulle attention à ses admirateurs, pas plus aux honnêtes gens qui venaient acheter dans ma boutique qu'aux godelureaux qui en encombraient le seuil pour la regarder. Ce n'est pas non plus l'impatience d'être mariée; car elle sait qu'elle a à Mantoue un mari tout prêt, qui n'attend qu'un mot pour venir lui faire sa cour. Eh bien! malgré tout cela, voilà que du jour au lendemain, et sans avertir personne, elle s'est monté la tête pour quelqu'un que je n'ose pas seulement nommer.

— Pour qui? grand Dieu! s'écria Veneranda; est-ce le respect ou l'horreur qui glace ce nom sur vos lèvres? est-ce de votre vilain bossu garçon de boutique? est-ce du doge que votre fille est éprise?

— C'est pis que tout ce que votre excellence peut imaginer, répondit ser Zacomo en s'essuyant le front; c'est d'un mécréant, c'est d'un idolâtre, c'est du Turc Abul!

— Qu'est-ce que cet Abul? demanda la princesse.

— C'est, répondit Zacomo, un riche fabricant de ces belles étoffes de soie de Perse, brochées d'or et d'argent, que l'on façonne à l'île de Scio, et que votre excellence aime à trouver dans mon magasin.

— Un Turc! s'écria Veneranda, sainte madone! c'est en effet bien déplorable, et je n'y conçois rien. Amoureuse d'un Turc, ô Spada! cela ne peut pas être; il y a là-dessous quelque mystère. Quant à moi, j'ai été, dans mon pays, poursuivie par l'amour des plus beaux et des plus riches d'entre eux, et je n'ai jamais eu que de l'horreur pour ces gens-là. Oh! c'est que je me suis recommandée à Dieu dès l'âge où ma beauté m'a mise en danger, et qu'il m'a toujours préservée. Mais sachez que tous les musulmans sont voués au diable, et qu'ils possèdent tous des amulettes ou des philtres au moyen desquels beaucoup de chrétiennes renient le vrai Dieu pour se jeter dans leurs bras. Soyez sûr de ce que je vous dis.

— N'est-ce pas une chose inouïe, un de ces malheurs qui ne peuvent arriver qu'à moi? dit M. Spada. Une fille si belle et si honnête!

— Sans doute, sans doute, reprit la princesse; il y a de quoi s'étonner et s'affliger. Mais, je vous le demande, comment a pu s'opérer un pareil sortilége?

— Voilà ce qu'il m'est impossible de savoir. Seulement, s'il y a un charme jeté sur ma fille, je crois pouvoir en accuser un infâme serpent, appelé Timothée, Grec esclavon, qui est au service de ce Turc, et qui vient souvent avec lui dans ma maison pour servir d'interprète entre lui et moi; car ces mahométans ont une tête de fer, et depuis cinq ans qu'Abul vient à Venise, il ne parle pas plus chrétien que le premier jour. Ce n'est donc pas par les oreilles qu'il a séduit ma fille; car il s'assied dans un coin et ne dit mot non plus qu'une pierre. Ce n'est pas par les yeux; car il ne fait pas plus attention à elle que s'il ne l'eût pas encore aperçue. Il faut donc en effet, comme votre excellence le remarque et comme je l'avais déjà pensé, qu'il y ait une cause surnaturelle à cet amour-là; car de tous les hommes dont Mattea est entourée, ce damné est le dernier auquel une fille sage et prudente comme elle aurait dû songer. On dit que c'est un bel homme; quant à moi, il me semble fort laid avec ses grands yeux de chouette et sa longue barbe noire.

— Mon cher monsieur, interrompit la princesse, il y a du sortilége là-dedans. Avez-vous surpris quelque intelligence entre votre fille et ce Grec Timothée?

— Certainement. Il est si bavard qu'il parle même avec *Tisbé*, la chienne de ma femme, et il adresse très-souvent la parole à ma fille pour lui dire des riens, des âneries qui la feraient bâiller, dites par un autre, mais qu'elle accueille fort bien de la part de Timothée; c'est au point que nous avons cru d'abord qu'elle était amoureuse du Grec, et comme c'est un homme de rien, nous en étions fâchés. Hélas! ce qui lui arrive est bien pis!

— Et comment savez-vous que c'est du Turc et non pas du Grec que votre fille est amoureuse?

— Parce qu'elle nous l'a dit elle-même ce matin. Ma femme la voyant maigrir, devenir triste, indolente et distraite, avait pensé que c'était le désir d'être mariée qui la tourmentait ainsi, et nous avions décidé que nous ferions venir son prétendu sans lui rien dire. Ce matin elle vint m'embrasser d'un air si chagrin et avec un visage si pâle que je crus lui faire plaisir en lui annonçant la prochaine arrivée de Checo. Mais, au lieu de se réjouir, elle hocha la tête d'une manière qui fâcha ma femme, laquelle, il faut l'avouer, est un peu emportée, et traite quelquefois sa fille trop sévèrement. — Qu'est-ce à dire? lui demanda-t-elle; est-ce ainsi que l'on répond à son papa? — Je n'ai rien répondu, dit la petite. — Vous avez fait pis, dit la mère, vous avez témoigné du dédain pour la volonté de vos parents. — Quelle volonté? demanda Mattea. — La volonté que vous receviez bien Checo, répondit ma femme; car vous savez qu'il doit être votre mari ; et je n'entends pas que vous le tourmentiez de mille caprices, comme font les petites personnes d'aujourd'hui, qui meurent d'envie de se marier, et qui, pour jouer les précieuses, font perdre la tête à un pauvre fiancé par des fantaisies et des simagrées de toute sorte. Depuis quelque temps vous êtes devenue fort bizarre et fort insupportable, je vous en avertis, etc., etc. Votre excellence peut imaginer tout ce que dit ma femme, elle a une si brave langue dans la bouche! Cela finit par impatienter la petite, qui lui dit d'un air très-hautain : — Apprenez que Checo ne sera jamais mon mari, parce que je le déteste, et parce que j'ai disposé de mon cœur. Alors Loredana se mit dans une grande colère et lui fit mille menaces. Mais je la calmai en disant qu'il fallait savoir en faveur de qui notre fille avait, comme elle le disait, disposé de son cœur, et je la pressai de nous le dire. J'employai la douceur pour la faire parler, mais ce fut inutile. — C'est mon secret, disait-elle ; je sais que je ne puis jamais épouser celui que j'aime, et j'y suis résignée ; mais je l'aimerai en silence, et je n'appartiendrai jamais à un autre. Là-dessus ma femme, s'emportant de plus en plus, lui reprocha de s'être enamourée de ce petit aventurier de Timothée, le laquais d'un Turc, et elle lui dit tant de sottises que la colère fit plus que l'amitié, et que la malheureuse enfant s'écria en se levant et en parlant d'une voix ferme : — Toutes vos menaces sont inutiles ; j'aimerai celui que mon cœur a choisi, et puisque vous voulez savoir son nom, sachez-le ; c'est Abul. Là-dessus elle cacha son visage enflammé dans ses deux mains, et fondit en larmes. Ma femme s'élança vers elle et lui donna un soufflet.

— Elle eut tort! s'écria la princesse.

Sans doute, Excellence, elle eut tort. Aussi, quand je fus revenu de l'espèce de stupeur où cette déclaration m'avait jeté, j'allai prendre ma fille par la main, et, pour la soustraire au ressentiment de sa mère, je courus l'enfermer dans sa chambre, et je revins essayer de calmer la Loredana. Ce ne fut pas facile; enfin, à force de la raisonner, j'obtins qu'elle laisserait l'enfant se dépiter et rougir de honte toute seule pendant quelques heures. Je me chargeai ensuite d'aller la réprimander, et de l'amener demander pardon à sa mère à l'heure du souper. Pour lui donner le temps de faire ses réflexions, je suis sorti, emportant la clef de sa chambre dans ma poche, et songeant moi-même à ce que je pourrais lui dire de terrible et de convenable pour la frapper d'épouvante et la ramener à la raison. Malheureusement l'orage m'a surpris au milieu de ma méditation, et voici que je suis forcé de retourner au logis sans avoir trouvé le premier mot de mon discours paternel. J'ai bien encore trois heures avant le souper, mais Dieu sait si les questions, les exclamations et les lamentations de la Loredana me laisseront un quart d'heure de loisir pour me préparer à la conférence. Ah! qu'on est malheureux, Excellence, d'être père de famille et d'avoir affaire à des Turcs!

— Rassurez-vous, mon digne monsieur, répondit la princesse d'un air grave. Le mal n'est peut-être pas aussi grand que vous l'imaginez. Peut-être quelques exhortations douces de votre part suffiront-elles pour chasser l'influence du démon. Je m'occuperai, quant à moi, de réciter des prières et de faire dire des messes. Et puis je parlerai; soyez sûr que j'ai de l'influence sur la Mattea. S'il le faut, je l'emmènerai à la campagne. Venez me voir demain, et amenez-la avec vous. Cependant veillez bien à ce qu'elle ne porte aucun bijou ni aucune étoffe que ce Turc ait touchée. Veillez aussi à ce qu'il ne fasse pas devant elle des signes cabalistiques avec les doigts. Demandez-lui si elle n'a pas reçu de lui quelque don ; et si cela est arrivé, exigez qu'elle vous le remette, et jetez-le au feu. A votre place, je ferais exorciser la chambre. On ne sait pas quel démon peut s'en être emparé. Allez, cher Spada, dépêchez-vous, et surtout tenez-moi au courant de cette affaire. Je m'y intéresse beaucoup.

En parlant ainsi, la princesse, qui était arrivée à son palais, fit un salut gracieux à son protégé, et s'élança, soutenue de ses deux gondoliers, sur les marches du péristyle. Ser Zacomo, assez frappé de la profondeur de ses idées et un peu soulagé de son chagrin, remercia les gondoliers, car le temps était déjà redevenu serein, et reprit à pied, par les rues étroites et anguleuses de l'intérieur, le chemin de sa boutique située sous les vieilles Procuraties.

III.

Enfermée dans sa chambre, seule et pensive, la belle Mattea se promenait en silence, les bras croisés sur sa poitrine, dans une attitude de mutine résolution, et la paupière humide d'une larme que la fierté ne voulait point laisser tomber. Elle n'était pourtant vue de personne ; mais sans doute elle sentait, comme il arrive souvent aux enfants et aux femmes, que son courage tenait à un fil, et que la première larme qui s'ouvrirait un passage à travers ses longs cils noirs entraînerait un déluge difficile à réprimer. Elle se contenait donc et se donnait en passant et en repassant devant sa glace des airs dégagés, affectant une démarche altière et s'éventant d'un large éventail de la Chine, à la mode de ce temps-là.

Mattea, ainsi qu'on a pu le voir par la conversation de son père avec la princesse, était une fort belle créature, âgée de quatorze ans seulement, mais déjà très-développée et très-convoitée par tous les galants de Venise. Ser Zacomo ne la vantait point au delà de ses mérites en déclarant que c'était un véritable trésor, une fille sage, réservée, laborieuse, intelligente, etc., etc. Mattea possédait toutes ces qualités et d'autres encore que son père était incapable d'apprécier, mais qui, dans la situation où le sort l'avait fait naître, devaient être pour elle une source de maux très-grands. Elle était douée d'une imagination vive, facile à exalter, d'un cœur fier et généreux et d'une grande force de caractère. Si ces facultés eussent été bien dirigées dans leur essor, Mattea eût été la plus heureuse enfant du monde et M. Spada le plus heureux des pères; mais madame Loredana, avec son caractère violent, son humeur âcre et querelleuse, son opiniâtreté qui allait jusqu'à la tyrannie, avait sinon gâté, du moins irrité cette belle âme au point de la rendre orgueilleuse, obstinée, et même un peu farouche. Il y avait bien en elle un certain reflet du caractère absolu de sa mère, mais adouci par la bonté et l'amour de la justice, qui est la base de toute belle organisation. Une intelligence élevée, qu'elle avait reçue de Dieu seul, et la lecture furtive de quelques romans pendant les heures destinées au sommeil, la rendaient très-supérieure à ses parents, quoiqu'elle fût très-ignorante et plus simple peut-être qu'une fille élevée dans notre civilisation moderne ne l'est à l'âge de huit ans.

Élevée rudement quoique avec amour et sollicitude, réprimandée et même frappée dans son enfance pour les plus légères inadvertances, Mattea avait conçu pour sa mère un sentiment de crainte qui souvent touchait à l'aversion. Altière et dévorée de rage en recevant ces corrections, elle s'était habituée à les subir dans un sombre silence, refusant héroïquement de supplier son tyran, ou même de paraître sensible à ses outrages. La fureur de sa mère était doublée par cette résistance, et quoique au fond elle aimât sa fille, elle l'avait si cruellement maltraitée parfois que ser Zacomo avait été obligé de l'arracher de ses mains. C'était le seul courage dont il fût capable, car il ne la redoutait pas moins que Mattea, et de plus la faiblesse de son caractère le plaçait sous la domination de cet esprit plus obstiné et plus impétueux que le sien. En grandissant, Mattea avait appelé la prudence au secours de son oppression, et par frayeur, par aversion peut-être, elle s'était habituée à une stricte obéissance et à une muette ponctualité dans sa lutte ; mais la conviction qui enchaîne les cœurs s'éloignait du sien chaque jour davantage. En elle-même elle détestait son joug, et sa volonté secrète démentait à chaque instant, non pas ses paroles (elle ne parlait jamais, pas même à son père, dont la faiblesse lui causait une sorte d'indignation), mais ses actions et sa contenance. Ce qui la révoltait peut-être le plus et à juste titre, c'était que sa mère, au milieu de son despotisme, de ses violences et de ses injustices, se piquât d'une austère dévotion, et la contraignît aux plus étroites pratiques du bigotisme. La piété, généralement si douce, si tolérante et si gaie chez la nation vénitienne, était dans le cœur de la Piémontaise Loredana un fanatisme insupportable que Mattea ne pouvait accepter. Aussi, tout en aimant la vertu, tout en adorant le Christ et en dévorant à ses pieds chaque jour bien des larmes amères, la pauvre enfant avait osé, chose inouïe dans ce temps et dans ce pays, se séparer intérieurement du dogme à l'égard de plusieurs points arbitraires. Elle s'était fait, sans beaucoup de réflexion et sans aucune controverse, une religion personnelle, pure, sincère, instinctive. Elle apprenait chaque jour cette religion de son choix, l'occasion amenant le précepte, l'absurdité des arrêts les révoltes du bon sens ; et quand elle entendait sa mère damner impitoyablement tous les hérétiques, quelque vertueux qu'ils fussent, elle allait assez loin dans l'opinion contraire pour absoudre même les infidèles et les regarder comme ses frères. Mais elle ne disait point ses pensées à cet égard ; car, quoique son extrême docilité apparente eût dû désarmer pour toujours la mégère, celle-ci, à la moindre marque d'inattention ou de lenteur dans l'accomplissement de ses volontés, lui infligeait des châtiments réservés à l'enfance et dont l'âme outrée de l'adolescente Mattea ressentait vivement les profondes atteintes.

Si bien que cent fois elle avait formé le projet de s'enfuir de la maison paternelle, et ce projet eût déjà été exécuté si elle avait pu compter sur un lieu de refuge ; mais dans son ignorance absolue du monde, sans en connaître les vrais écueils, elle craignait de ne pouvoir trouver nulle part asile et protection.

Elle ne connaissait en fait de femmes que sa mère et quelques volumineuses matrones de même acabit, plus ou moins exercées aux criailleries conjugales, mais toutes aussi bornées, aussi étroites dans leurs idées, aussi intolérantes dans ce qu'elles appelaient leurs principes moraux et religieux. Mattea croyait toutes les femmes semblables à celles-là, tous les hommes aussi incertains, aussi opprimés, aussi peu éclairés que son père. Sa marraine, la princesse Gica, lui était douce et facile ; mais l'absurdité de son caractère n'offrait pas plus de garantie que celui d'un enfant. Elle ne savait où placer son espérance, et songeait à se retirer dans quelque désert pour y vivre de racines et de pleurs. — Si le monde est ainsi, se disait-elle dans ses vagues rêveries, si les malheureux sont repoussés partout, si celui que l'injustice révolte doit être maudit et chassé comme un impie, ou chargé de fers comme un fou dangereux, il faut que je meure ou que je cherche la Thébaïde. Alors elle pleurait et tombait dans de longues réflexions sur cette Thébaïde qu'elle ne se figurait guère plus éloignée que Trieste ou Padoue, et qu'elle songeait à gagner à pied avec quelques sequins, fruit des épargnes de toute sa vie.

Toute autre qu'elle eût songé à se sauver dans un couvent, refuge ordinaire, en ce temps-là, des filles coupables ou désolées. Mais elle avait une invincible méfiance et une espèce de haine pour tout ce qui portait un habit religieux. Son confesseur l'avait trahie dans de soi-disant bonnes intentions en discourant avec sa mère et de la confession reçue et de la pénitence fructueuse à imposer. Mattea le savait, et, forcée de retourner vers lui, elle avait eu la fermeté de refuser et la pénitence et l'absolution. Menacée par le confesseur, elle l'avait menacé à son tour d'aller se jeter aux pieds du patriarche et de lui tout déclarer. C'était une menace qu'elle n'aurait point exécutée, car la pauvre opprimée eût craint de trouver dans le patriarche lui-même un oppresseur plus puissant; mais elle avait réussi à effrayer le prêtre, et depuis ce temps le secret de sa confession avait été respecté.

Mattea, s'imaginant que toute nonne ou prêtre à qui elle aurait recours, bien loin de prendre sa défense, la livrerait à sa mère et rendrait sa chaîne plus pesante, repoussait non-seulement l'idée d'implorer de telles gens, mais encore celle de fuir. Elle chassait vite ce projet dans la singulière crainte de le faire échouer en étant forcée de s'en confesser, et, par une sorte de jésuitisme naturel aux âmes féminines, elle se persuadait n'avoir eu que d'involontaires velléités de fuite, tandis qu'elle conservait solide et intacte dans je ne sais quel repli caché de son cœur la volonté de partir à la première occasion.

Elle eût pu chercher dans les offres ou seulement dans les désirs naissants de quelque adorateur une garantie de protection et de salut; mais Mattea, aussi chaste que son âge, n'y avait jamais pensé; il y avait dans les regards avides que sa beauté attirait sur elle quelque chose d'insolent qui blessait son orgueil au lieu de le flatter, et qui l'augmentait dans un sens tout opposé à la puérile vanité des jeunes filles. Elle n'était occupée qu'à se créer un maintien froid et dédaigneux qui éloignât toute entreprise impertinente, et elle faisait si bien que nulle parole d'amour n'avait osé arriver jusqu'à son oreille, aucun billet jusqu'à la poche de son tablier.

Mais comme elle agissait ainsi par disposition naturelle et non par suite des leçons emphatiques de sa mère, elle ne repoussait pas absolument l'espoir de trouver un cœur noble, une amitié solide et désintéressée, qui consentît à la sauver sans rien exiger d'elle;

car si elle ignorait bien des choses, elle en savait aussi beaucoup que les filles d'une condition médiocre apprennent de très-bonne heure.

Le cousin Checo étant stupide et insoutenable comme tous les maris tenus en réserve par la prévoyance des parents, Mattea s'était juré de se précipiter dans le Canalazzo plutôt que d'épouser cet homme ridicule, et c'était principalement pour se garantir de ses poursuites qu'elle avait déclaré le matin même à sa mère, dans un effort désespéré, que son cœur appartenait à un autre.

Mais cela n'était pas vrai. Quelquefois peut-être Mattea, laissant errer ses yeux sur le calme et beau visage du marchand turc, dont le regard ne la recherchait jamais et ne l'offensait point comme celui des autres hommes, avait-elle pensé que cet homme, étranger aux lois et aux préjugés de son pays, et surtout renommé entre tous les négociants turcs pour sa noblesse et sa probité, pouvait la secourir. Mais à cette idée rapide avait succédé un raisonnable avertissement de son orgueil; Abul ne semblait nullement éprouver pour elle amour, amitié ou compassion. Il ne paraissait pas même la voir la plupart du temps; et s'il lui adressait quelques regards étonnés, c'était de la singularité de son vêtement européen, ou du bruit que faisait à son oreille la langue presque inconnue qu'elle parlait, qu'il était émerveillé. Mattea s'était rendu compte de tout cela elle se disait sans humeur, sans dépit, sans chagrin, peut-être seulement avec une surprise ingénue, qu'elle n'avait produit aucune impression sur Abul; puis elle ajoutait : — Si quelque marchand turc d'une bonne et honnête figure, et d'une intacte réputation, comme Abul-Amet, m'offrait de m'épouser et de m'emmener dans son pays, j'accepterais sans répugnance et sans scrupule; et quelque médiocrement heureuse que je fusse, je ne pourrais manquer de l'être plus qu'ici. C'était là tout, en vérité. Ni le Turc Abul, ni le Grec Timothée ne lui avaient adressé une parole qui donnât suite à ces idées, et c'était dans un moment d'exaspération singulière, délirante, inexplicable, comme il en vient seulement aux jeunes filles, que Mattea, soit pour désespérer sa mère, soit pour se persuader à elle-même qu'elle avait une volonté bien arrêtée, avait imaginé de nommer le Turc plutôt que le Grec, plutôt que le premier Vénitien venu.

Cependant, à peine cette parole fut elle prononcée, étrange effet de la volonté ou de l'imagination dans les jeunes têtes! que Mattea chercha à se pénétrer de cet amour chimérique et à se persuader que depuis plusieurs jours elle en avait ressenti les mystérieuses atteintes. — Non, se disait-elle, je n'ai point menti, je n'ai point avancé au hasard une assertion folle. J'aimais sans le savoir; toutes mes pensées, toutes mes espérances se reportaient vers lui. Au moment du péril, dans la crise décisive du désespoir, mon amour s'est révélé aux autres et à moi-même; ce nom est sorti de mes lèvres par l'effet d'une volonté divine, et, je le sens maintenant, Abul est ma vie et mon salut.

En parlant ainsi à haute voix dans sa chambre, exaltée, belle comme un ange dans sa vive rougeur, Mattea se promenait avec agitation et faisait voltiger son éventail autour d'elle.

IV.

Timothée était un petit homme d'une figure agréable et fine, dont le regard un peu railleur était tempéré par l'habitude d'une prudente courtoisie. Il avait environ vingt-huit ans, et sortait d'une bonne famille de Grecs esclavons ruinée par les exactions du pouvoir ottoman. De bonne heure il avait couru le monde, cherchant un emploi, exerçant tous ceux qui se présentaient à lui, sans morgue, sans timidité, ne s'inquiétant pas, comme les hommes de nos jours, de savoir s'il avait une vocation, une *spécialité* quelconque, mais s'occupant avec constance à rattacher son existence isolée à celle de la foule. Nullement fanfaron, mais fort entreprenant, il abordait tous les moyens de faire fortune, même les plus étrangers aux moyens précédemment tentés par lui. En peu de temps il se rendait propre aux travaux que son nouvel état exigeait; et lorsque son entreprise avortait, il en embrassait une autre aussitôt. Pénétrant, actif, passionné comme un joueur pour toutes les chances de la spéculation, mais prudent, discret et tant soit peu fourbe, non pas jusqu'à la déloyauté, mais bien jusqu'à la malice, il était de ces hommes qui échappent à tous les désastres avec ce mot: *Nous verrons bien!* Ceux-là, s'ils ne parviennent pas toujours à l'apogée de la destinée, se font du moins une place commode au milieu de l'encombrement des intrigues et des ambitions; et lorsqu'ils réussissent à monter jusqu'à un poste brillant, on s'étonne de leur subite élévation, on les appelle les privilégiés de la fortune. On ne sait pas par combien de revers patiemment supportés, par combien de fatigantes épreuves et d'audacieux efforts ils ont acheté ses faveurs.

Timothée avait donc exercé tour à tour les fonctions de garçon de café, de glacier, de colporteur, de trafiquant de fourrures, de commis, d'aubergiste, d'empirique et de régisseur, toujours à la suite ou dans les intérêts de quelque musulman; car les Grecs de cette époque, en quelque lieu qu'ils fussent, ne pouvaient s'affranchir de la domination turque, sous peine d'être condamnés à mort en remettant le pied sur le sol de leur patrie, et Timothée ne voulait point se fermer l'accès d'une contrée dont il connaissait parfaitement tous les genres d'exploitation commerciale. Il avait été chargé d'affaires de plusieurs trafiquants qui l'avaient envoyé en Allemagne, en France, en Égypte, en Perse, en Sicile, en Moscovie et en Italie surtout, Venise étant alors l'entrepôt le plus considérable du commerce avec l'Orient. Dans ces divers voyages, Timothée avait appris incroyablement vite à parler, sinon correctement, du moins facilement, les diverses langues des peuples qu'il avait visités. Le dialecte vénitien était un de ceux qu'il possédait le mieux, et le teinturier Abul-Amet, négociant considérable, dont les ateliers étaient à Corfou, l'avait pris depuis peu pour inspecteur de ses ouvriers, teneur de livres, truchement, etc. Il avait en lui une extrême confiance, et goûtait un plaisir silencieux à écouter, sans la moindre marque d'intelligence ou d'approbation, ses joyeuses saillies et son babil spirituel.

Il faut dire en passant que les Turcs étaient et sont encore les hommes les plus probes de la terre. De là une grande simplicité de jugement et une admirable imprudence dans les affaires. Ennemis des écritures, ils ignorent l'usage des contrats et des mille preuves de scélératesse qui ressortent des lois de l'Occident. Leur parole vaut mieux que signatures, timbres et témoins. Elle est reçue dans le commerce, même par les nations étrangères, comme une garantie suffisante; et à l'époque où vivaient Abul-Amet, Timothée et M. Spada, il n'y avait point encore eu à la Bourse de Venise un seul exemple de faillite de la part d'un Turc. On en compte deux aujourd'hui. Les Turcs se sont vus obligés de marcher avec leur siècle et de rendre cet hommage au règne des lumières.

Quoique mille fois trompés par les Grecs et par les Vénitiens, populations également avides, retortes et rompues à l'escroquerie, avec cette différence que les riverains orientaux de l'Adriatique ont servi d'exemples et de maîtres à ceux de l'Occident, les Turcs sont exposés et comme forcés chaque jour à se laisser dépouiller par ces fourbes commettants. Pourvus d'une intelligence paresseuse, et ne sachant dominer que par la force, ils ne peuvent se passer de l'entremise des nations civilisées. Aujourd'hui ils les appellent franchement à leur secours. Dès lors ils s'abandonnaient aux Grecs, esclaves adroits qui savaient se rendre nécessaires, et qui se vengeaient de l'oppression par la ruse et la supériorité d'esprit. Il y avait pourtant quelques honnêtes gens parmi ces fins larrons, et Timothée était, à tout prendre, un honnête homme.

Au premier abord, comme il était d'une assez chétive complexion, les femmes de Venise le déclaraient insignifiant; mais un peintre tant soit peu intelligent ne l'eût pas trouvé tel. Son teint bilieux et uni faisait ressortir la blancheur de l'émail des dents et des yeux, contraste qui constitue une beauté chez les Orientaux, et que la statuaire grecque ne nous a pu faire soupçonner. Ses cheveux, fins comme la soie et toujours imprégnés d'essence de rose, étaient, par leur longueur et leur beau noir d'ébène, un nouvel avantage que les Italiennes, habituées à ne voir que des têtes poudrées, n'avaient pas le bon goût d'apprécier; enfin la singulière mobilité de sa physionomie et le rayon pénétrant de son regard l'eussent fait remarquer, s'il eût eu affaire à des gens moins incapables de comprendre ce que son visage et sa personne trahissaient de supériorité sur eux.

Il était venu pour parler d'affaires à M. Spada, à peu près à l'heure où la tempête avait jeté celui-ci dans la gondole de la princesse Veneranda. Il avait trouvé dame Loredana seule au comptoir, et si revêche qu'il avait renoncé à s'asseoir dans la boutique, et s'était décidé à attendre le marchand de soieries en prenant un sorbet et en fumant sous les arcades des Procuraties, à trois pas de la porte de M. Spada.

Les galeries des Procuraties sont disposées à peu près comme celles du Palais-Royal à Paris. Le rez-de-chaussée est consacré aux boutiques et aux cafés, et l'entresol, dont les fenêtres sont abritées par le plafond des galeries, est occupé par les familles des boutiquiers ou par les cabinets des limonadiers; seulement l'affluence des consommateurs est telle, dans l'été, que les chaises et les petites tables obstruent le passage en dehors des cafés et couvrent la place Saint-Marc, où des tentes sont dressées à l'extérieur des galeries.

Timothée se trouvait donc à une de ces petites tables, précisément en face des fenêtres situées au-dessus de la boutique de Zacomo; et comme ses regards se portaient furtivement de ce côté, il aperçut dans une mitaine de soie noire un beau bras de femme qui semblait lui faire signe, mais qui se retira timidement avant qu'il eût pu s'en assurer. Ce manége ayant recommencé, Timothée sans affectation rapprocha sa petite table et sa chaise de la fenêtre mystérieuse. Alors ce qu'il avait prévu arriva ; une lettre tomba dans la corbeille où étaient ses macarons au girofle. Il la prit fort tranquillement et la cacha dans sa bourse, tout en remarquant l'anxiété de Loredana, qui à chaque instant s'approchait de la vitre du rez-de-chaussée pour l'observer ; mais elle n'avait rien vu. Timothée rentra dans la salle du café et lut le billet suivant ; il l'ouvrit sans façon, ayant reçu une fois pour toutes de son maître l'autorisation de lire les lettres qui lui seraient adressées, et sachant bien d'ailleurs qu'Abul ne pourrait se passer de lui pour en comprendre le sens.

« Abul-Amet, je suis une pauvre fille opprimée et
» maltraitée ; je sais que votre vaisseau va mettre à la
» voile dans quelques jours ; voulez-vous me donner un
» petit coin pour que je me réfugie en Grèce ? Vous êtes
» bon et généreux, à ce qu'on dit ; vous me protégerez,
» vous me mettrez dans votre palais ; ma mère m'a dit
» que vous aviez plusieurs femmes et beaucoup d'en-
» fants ; j'élèverai vos enfants et je broderai pour vos
» femmes, ou je préparerai la soie dans vos ateliers, je
» serai une espèce d'esclave ; mais, comme étrangère,
» vous aurez des égards et des bontés particulières pour
» moi, vous ne souffrirez pas qu'on me persécute pour
» me faire abandonner ma religion, ni qu'on me traite
» avec trop de dédain. J'espère en vous et en un Dieu
» qui est celui de tous les hommes.

» MATTEA. »

Cette lettre parut si étrange à Timothée qu'il la relut plusieurs fois jusqu'à ce qu'il en eût pénétré le sens.

Comme il n'était pas homme à comprendre à demi, lorsqu'il voulait s'en donner la peine, il vit, dans cet appel à la protection d'un inconnu, quelque chose qui ressemblait à de l'amour et qui pourtant n'était pas de l'amour. Il avait vu souvent les grands yeux noirs de Mattea s'attacher avec une singulière expression de doute, de crainte et d'espoir sur le beau visage d'Abul; il se rappelait la mauvaise humeur de la mère et son désir de l'éloigner; il réfléchit sur ce qu'il avait à faire, puis il alluma sa pipe avec la lettre, paya son sorbet, et marcha à la rencontre de ser Zacomo, qu'il apercevait au bout de la place.

Au moment où Timothée l'aborda, il caressait l'acquisition prochaine d'une cargaison de soie arrivant de Smyrne pour recevoir la teinture à Venise, comme cela se pratiquait à cette époque. La soie retournait ensuite en Orient pour recevoir la façon, ou bien elle était façonnée et débitée à Venise, selon l'occurrence. Cette affaire lui offrait la perspective la plus brillante et la mieux assurée; mais un rocher tombant du haut des montagnes sur la surface unie d'un lac y cause moins de trouble que ces paroles de Timothée n'en produisirent dans son âme : — Mon cher seigneur Zacomo, je viens vous présenter les salutations de mon maître Abul-Amet, et vous prier de sa part de vouloir bien acquitter une petite note de 2,000 sequins qui vous sera présentée à la fin du mois, c'est-à-dire dans dix jours.

Cette somme était à peu près celle dont M. Spada avait besoin pour acheter sa chère cargaison de Smyrne, et il s'était promis d'en disposer à cet effet, se flattant d'un plus long crédit de la part d'Abul. — Ne vous étonnez point de cette demande, lui dit Timothée d'un ton léger et feignant de ne point voir sa pâleur; Abul vous aurait donné, s'il eût été possible, l'année tout entière pour vous acquitter, comme il l'a fait jusqu'ici; et c'est avec grand regret, je vous jure, qu'un homme aussi obligeant et aussi généreux s'expose à vous causer peut-être une petite contrariété; mais il se présente pour lui une magnifique affaire à conclure. Un petit bâtiment smyrniote que nous connaissons vient d'apporter une cargaison de soie vierge.

— Oui, j'ai entendu parler de cela, balbutia Spada de plus en plus effrayé.

— L'armateur du smyrniote a appris en entrant dans le port un échec épouvantable arrivé à sa fortune; il faut qu'il réalise à tout prix quelques fonds et qu'il coure à Corfou, où sont ses entrepôts. Abul, voulant profiter de l'occasion sans abuser de la position du Smyrniote, lui offre 2,500 sequins de sa cargaison; c'est une belle affaire pour tous les deux, et qui fait honneur à la loyauté d'Abul, car on dit que le maximum des propositions faites ici au Smyrniote est de 2,000 sequins. Abul, ayant la somme excédante à sa disposition, compte sur le billet à ordre que vous lui avez signé; vous n'apporterez pas de retard à l'exécution de nos traités, nous le savons, et vous prions, cher seigneur Zacomo, d'être assuré que sans une occasion extraordinaire...

— Oh! faquin! délivre-moi au moins de tes phrases, s'écriait dans le secret de son âme le triste Spada; bourreaux, qui me faites manquer la plus belle affaire de ma vie, et qui venez encore me dire en face de payer pour vous!

Mais ces exclamations intérieures se changeaient en sourires forcés et en regards effarés sur le visage de M. Spada. — Eh quoi! dit-il enfin en étouffant un profond soupir, Abul doute-t-il de moi, et d'où vient qu'il veut être soldé avant l'échéance ordinaire?

— Abul ne doutera jamais de vous, vous le savez depuis long-temps, et la raison qui l'oblige à vous réclamer sa somme, votre seigneurie vient de l'entendre.

Il ne l'avait que trop entendue, aussi joignait-il les mains d'un air consterné. Enfin, reprenant courage :
— Mais savez-vous, dit-il, que je ne suis nullement forcé de payer avant l'époque convenue?

— Si je me rappelle bien l'état de nos affaires, cher monsieur Spada, répondit Timothée avec une tranquillité et une douceur inaltérables, vous devez payer à vue sur présentation de vos propres billets.

— Hélas! hélas! Timothée, votre maître est-il un homme capable de me persécuter et d'exiger à la lettre l'exécution d'un traité avec moi?

— Non, sans doute; aussi, depuis cinq ans, vous a-t-il donné, pour vous acquitter, le temps de rentrer dans les fonds que vous aviez absorbés; mais aujourd'hui...

— Mais, Timothée, la parole d'un musulman vaut un titre, à ce que dit tout le monde, et ton maître s'est engagé maintes fois verbalement à me laisser toujours la même latitude; je pourrais fournir des témoins au besoin, et...

— Et qu'obtiendriez-vous? dit Timothée, qui devinait fort bien.

— Je sais, répondit Zacomo, que de pareils engagements n'obligent personne, mais on peut discréditer ceux qui les prennent en faisant connaître leur conduite désobligeante.

— C'est-à-dire, reprit tranquillement Timothée, que vous diffameriez un homme qui, ayant des billets à ordre signés de vous dans sa poche, vous a laissé un crédit illimité pendant cinq ans ! Le jour où cet homme serait forcé de vous faire tenir vos engagements à la lettre, vous lui allégueriez un engagement chimérique ; mais on ne déshonore pas Abul-Amet, et tous vos témoins attesteraient qu'Amet vous a fait verbalement cette concession avec une restriction dont voici la lettre exacte : M. Spada ne sera point requis de payer avant un an, à moins d'un cas extraordinaire.

— A moins d'une perte totale des marchandises d'Abul dans le port, interrompit M. Spada, et ce n'est pas ici le cas.

— A moins d'un cas extraordinaire, répéta Timothée avec un sang-froid imperturbable. Je ne saurais m'y tromper. Ces paroles ont été traduites du grec moderne en vénitien, et c'est par ma bouche que cette traduction est arrivée à vos oreilles, mon cher seigneur ; ainsi donc...

— Il faut que j'en parle avec Abul, s'écria M. Spada, il faut que je le voie.

— Quand vous voudrez, répondit le jeune Grec.

— Ce soir, dit Spada.

— Ce soir il sera chez vous, reprit Timothée ; et il s'éloigna en accablant de révérences le malheureux Zacomo, qui, malgré sa politesse ordinaire, ne songea pas à lui rendre seulement un salut, et rentra dans sa boutique, dévoré d'anxiété.

Son premier soin fut de confier à sa femme le sujet de son désespoir. Loredana n'avait pas les mœurs douces et paisibles de son mari, mais elle avait l'âme plus désintéressée et le caractère plus fier. Elle le blâma sévèrement d'hésiter à remplir ses engagements, surtout lorsque la passion funeste de leur fille pour ce Turc devait leur faire une loi de l'éloigner de leur maison.

Mais elle ne put amener son mari à cet avis. Il était dans leurs querelles d'une souplesse de formes qui rachetait l'inflexibilité de ses opinions et de ses desseins. Il finit par la décider à envoyer sa fille pour quelques jours à la campagne chez la signora Veneranda, qui le lui avait offert, promettant, durant son absence, de terminer avantageusement l'affaire d'Abul. Le Turc, d'ailleurs, partirait après cette opération ; il ne s'agissait que de mettre la petite en sûreté jusque-là. —Vous vous trompez, dit Loredana ; il restera jusqu'à ce que sa soie puisse être emportée, et s'il la met en couleur ici, ce ne sera pas fait de sitôt. Néanmoins elle consentit à envoyer sa fille chez sa protectrice. M. Spada, cachant bien à sa femme qu'il avait donné rendez-vous à Abul pour le soir même, et se promettant de le recevoir sur la place ou au café, loin de l'œil de son Honesta, monta, en attendant, à la chambre de sa fille, se vantant tout haut de la gronder et se promettant bien tout bas de la consoler.

— Voyons, lui dit-il en se jetant tout haletant de fatigue et d'émotion sur une chaise, qu'as-tu dans la tête ? cette folie est-elle passée ?

— Non, mon père, dit Mattea d'un ton respectueux, mais ferme.

— Oh ! par le corps de la Madone, s'écria Zacomo, est-il possible que tu penses vraiment à ce Turc ? Espères-tu l'épouser ? Et le salut de ton âme, crois-tu qu'un prêtre t'admettrait à la communion catholique après un mariage turc ? Et ta liberté ? ne sais-tu pas que tu seras enfermée dans un harem ? Et ta fierté ? tu auras quinze ou vingt rivales. Et ta dot ? tu n'en profiteras pas, tu seras esclave. Et tes pauvres parents ? les quitteras-tu pour aller demeurer au fond de l'Archipel? Et ton pays, et tes amis, et Dieu, et ton vieux père?

Ici M. Spada s'attendrit, sa fille s'approcha et lui baisa la main; mais faisant un grand effort pour ne pas s'attendrir elle-même :

— Mon père, dit-elle, je suis ici captive, opprimée, esclave, autant qu'on peut l'être dans le pays le plus barbare. Je ne me plains pas de vous, vous avez toujours été doux pour moi; mais vous ne pouvez pas me défendre. J'irai en Turquie, je ne serai la femme ni la maîtresse d'un homme qui aura vingt femmes; je serai sa servante ou son amie, comme il voudra. Si je suis son amie, il m'épousera et renverra ses vingt femmes; si je suis sa servante, il me nourrira et ne me battra pas.

— Te battre, te battre! par le Christ! on ne te bat pas ici.

Mattea ne répondit rien; mais son silence eut une éloquence qui paralysa son père. Ils furent tous deux muets pendant quelques instants, l'un plaidant sans vouloir parler, l'autre lui donnant gain de cause sans oser l'avouer.

— Je conviens que tu as eu quelques chagrins, dit-il enfin; mais écoute; ta marraine va t'emmener à la campagne, cela te distraira; personne ne te tourmentera plus, et tu oublieras ce Turc. Voyons, promets-le-moi.

— Mon père, dit Mattea, il ne dépend pas de moi de l'oublier; car croyez bien que mon amour pour lui n'est pas volontaire, et que je n'y céderai jamais si le sien n'y répond pas.

— Ce qui me rassure, dit M. Zacomo en riant, c'est que le sien n'y répond pas du tout...

— Qu'en savez-vous, mon père? dit Mattea poussée par un mouvement d'orgueil blessé. Cette parole fit frémir Spada de crainte et de surprise. Peut-être se sont-ils entendus, pensa-t-il; peut-être l'aime-t-il et l'a-t-il séduite par l'entremise du Grec, si bien que rien ne pourra l'empêcher de courir à sa perte. Mais en même temps qu'il s'effrayait de cette supposition, je ne sais comment les deux mille sequins, le bâtiment smyrniote et la soie blanche lui revinrent en mémoire, et son cœur bondit d'espérance et de désir. Je ne veux pas savoir non plus par quel fil mystérieux l'amour du gain unit ces deux sentiments opposés, et fit que Zacomo se promit d'éprouver les sentiments d'Abul pour sa fille, et de les exploiter en lui donnant une trompeuse espérance. Il y a tant d'honnêtes moyens de vendre la dignité d'une fille! cela peut se faire au moyen d'un regard qu'on lui permet d'échanger en détournant soi-même la tête et en fredonnant d'un air distrait. Spada entendit l'horloge de la place sonner l'heure de son rendez-vous avec Abul. Le temps pressait; tant de chalands pouvaient être déjà dans le port autour du bâtiment smyrniote!

— Allons, prends ton voile, dit-il à sa fille, et viens faire un tour de promenade. La fraîcheur du soir te fera du bien, et nous causerons plus tranquillement.

Mattea obéit.

— Où donc menez-vous cette fille égarée? s'écria Loredana en se mettant devant eux au moment où ils sortaient de la boutique.

— Nous allons voir la princesse, répondit Zacomo.

La mère les laissa passer. Ils n'eurent pas fait dix pas qu'ils rencontrèrent Abul et son interprète qui venaient à leur rencontre.

— Allons faire un tour sur la Zueca, leur dit Zacomo; ma femme est malade à la maison, et nous causerons mieux d'affaires dehors.

Timothée sourit et comprit très-bien qu'il avait greffé dans le cœur de l'arbre. Mattea, très-surprise et saisie de défiance, sans savoir pourquoi, s'assit toute seule au bord de la gondole et s'enveloppa dans sa mantille de dentelle noire. Abul, ne sachant absolument rien de ce qui se passait autour de lui et à cause de lui, se mit à fumer à l'autre extrémité avec l'air de majesté qu'aurait un homme supérieur en faisant une grande chose. C'était un vrai Turc, solennel, emphatique et beau, soit qu'il se prosternât dans une mosquée, soit qu'il ôtât ses babouches pour se mettre au lit. M. Zacomo, se croyant plus fin qu'eux tous, se mit à lui témoigner beaucoup de prévenance; mais chaque fois qu'il jetait les yeux sur sa fille, un sentiment de remords s'emparait de lui. — Regarde-le encore aujourd'hui, lui disait-il dans le secret de sa pensée en voyant les grands yeux humides de Mattea briller au travers de son voile et se fixer sur Abul; va, sois belle et fais-lui soupçonner que tu l'aimes. Quand j'aurai la soie blanche, tu rentreras dans ta cage, et j'aurai la clef dans ma poche.

V.

La belle Mattea s'étonnait avec raison de se voir amenée en cette compagnie par son propre père, et dans le premier moment elle avait craint de sa part quelque sortie maladroite ou quelque ridicule proposition de mariage; mais en l'entendant parler de ses affaires à Timothée avec beaucoup de chaleur et d'intérêt, elle crut comprendre qu'elle servait de leurre ou d'enjeu, et que son père mettait en quelque sorte sa main à prix. Elle en était humiliée et blessée, et l'involontaire mépris qu'elle ressentait pour cette conduite augmentait en elle l'envie de se soustraire à l'autorité d'une famille qui l'opprimait ou la dégradait.

Elle eût été moins sévère pour M. Spada si elle se fût rendu bien compte de l'indifférence d'Abul et de l'impossibilité d'un mariage légal entre elle et lui. Mais depuis qu'elle avait résolu à l'improviste de concevoir une grande passion pour lui, elle était en train de divaguer, et déjà elle se persuadait que l'amour d'Abul avait prévenu le sien, qu'il l'avait déclaré à ses parents, et que, pour cette raison, sa mère avait voulu la forcer d'épouser au plus vite son cousin Checo. Le redoublement de politesses et de prévenances de M. Spada envers ces deux étrangers, que le matin même elle lui avait entendu maudire et traiter de chiens et d'idolâtres, semblait, au reste, une confirmation assez évidente de cette opinion. Mais si cette opinion flattait sa fantaisie, sa fierté naturelle et sa délicatesse se révoltaient contre l'espèce de marché dont elle se croyait l'objet; et, craignant d'être complice d'une embûche dressée au musulman, elle s'enveloppait dans sa mante, et restait morne, silencieuse et froide, comme une statue, le plus loin de lui qu'il lui était possible.

Cependant Timothée, résolu à s'amuser le plus longtemps possible de cette comédie, inventée et mise en jeu par son génie facétieux, car Abul n'avait pas plus songé à réclamer ses deux mille sequins pour acheter de la soie blanche qu'il n'avait songé à trouver Mattea jolie; Timothée, dis-je, semblable à un petit gnôme ironique, prolongeait les émotions de M. Zacomo en le jetant dans une perpétuelle alternative de crainte et d'espoir. Celui-ci le pressait de communiquer à Abul la proposition d'acheter la soie smyrniote de moitié avec lui, offrant de payer le tout comptant, et de ne rembourser à Abul les deux mille sequins qu'avec le bénéfice de l'affaire. Mais il n'osait pressentir le rôle que jouait Mattea dans cette négociation ; car rien dans la contenance d'Abul ne trahissait une passion dont elle fût l'objet. Timothée retardait toujours cette proposition formelle d'association, en disant qu'Abul était sombre et intraitable si on le dérangeait quand il était en train de fumer un certain tabac. Voulant voir jusqu'où irait la cupidité misérable du Vénitien, il le fit consentir à descendre sur la rive droite de la Zueca, et à s'asseoir avec sa fille et le musulman sous la tente d'un café. Là, il commença un dialogue fort divertissant pour tout spectateur qui eût compris les deux langues qu'il parla tour à tour ; car tandis qu'il s'adressait à Zacomo pour établir avec lui les conditions du traité, il se tournait vers son maître et lui disait : — M. Spada me parle de la bonté que vous avez eue jusqu'ici de ne jamais user de vos billets à ordre, et d'avoir bien voulu attendre sa commodité; il dit qu'on ne peut avoir affaire à un plus digne négociant que vous.

— Dis-lui, répondait Abul, que je lui souhaite toutes sortes de prospérités, qu'il ne trouve jamais sur sa route une maison sans hospitalité, et que le mauvais œil ne s'arrête point sur lui dans son sommeil.

— Que dit-il? demandait Spada avec empressement.

— Il dit que cela présente d'énormes difficultés, répondait Timothée. Nos mûriers ont tant souffert des insectes l'année dernière, que nous avons un tiers de perte sur nos taffetas pour nous être associés à des négociants de Corfou qui ont eu part égale à nos bénéfices sans avoir part égale aux frais.

Cette bizarre conversation se prolongeait ; Abul n'accordait aucune attention à Mattea, et Spada commençait à désespérer de l'effet des charmes de sa fille. Timothée, pour compliquer l'imbroglio dont il était le poète et l'acteur, proposa de s'éloigner un instant avec Spada pour lui faire en secret une observation importante. Spada, se flattant à la fin d'être arrivé au fait, le suivit sur la rive hors de la portée de la voix, mais sans perdre Mattea de vue. Celle-ci resta donc avec son Turc dans une sorte de tête-à-tête.

Cette dernière démarche parut à Mattea une triste confirmation de tout ce qu'elle soupçonnait. Elle crut que son père flattait son penchant d'une manière perfide, et l'engageait à entrer dans ses vues de séduction pour arriver plus sûrement à duper le musulman. Extrême dans ses jugements comme le sont les jeunes têtes, elle ne pensa pas seulement que son père voulait retarder ses paiements, mais encore qu'il voulait manquer de parole et donner les œillades et la réputation de sa fille en échange des marchandises turques qu'il avait reçues. Cette manière d'agir des Vénitiens envers les Turcs était si peu rare, et ser Zacomo lui-même avait en sa présence usé de tant de mesquins subterfuges pour tirer d'eux quelques sequins de plus, que Mattea pouvait bien craindre, avec quelque apparence de raison, d'être engagée dans une intrigue semblable.

Ne consultant donc que sa fierté, et cédant à un irrésistible mouvement d'indignation généreuse, elle se flatta de faire comprendre la vérité au marchand turc. S'armant de toute la résolution de son caractère dans un moment où elle était seule avec lui, elle entr'ouvrit son voile, se pencha sur la table qui les séparait, et lui dit, en articulant nettement chaque syllabe et en simplifiant sa phrase autant que possible pour être entendue de lui : — Mon père vous trompe, je ne veux pas vous épouser.

Abul, surpris, un peu ébloui peut-être de l'éclat de ses yeux et de ses joues, ne sachant que penser, crut d'abord à une déclaration d'amour, et répondit en turc : — Moi aussi je vous aime, si vous le désirez.

Mattea, ne sachant ce qu'il répondait, répéta sa première phrase plus lentement, en ajoutant : — Me comprenez-vous ?

Abul, remarquant alors sur son visage une expression plus calme et une fierté plus assurée, changea d'avis et répondit à tout hasard : — Comme il vous plaira, *madamigella*.

Enfin, Mattea ayant répété une troisième fois son avertissement en essayant de changer et d'ajouter quelques mots, il crut comprendre, à la sévérité de son visage, qu'elle était en colère contre lui. Alors, cherchant en lui-même en quoi il avait pu l'offenser, il se souvint qu'il ne lui avait fait aucun présent ; et s'imaginant qu'à Venise, comme dans plusieurs des contrées qu'il avait parcourues, c'était un devoir de politesse indispensable envers la fille de son associé, il réfléchit un instant au don qu'il pouvait lui faire sur-le-champ pour réparer son oubli. Il ne trouva rien de mieux qu'une boîte de cristal pleine de gomme de lentisque qu'il portait habituellement sur lui, et dont il mâchait une pastille de temps en temps, suivant l'usage de son pays. Il tira ce don de sa poche et le mit dans la main de Mattea. Mais comme elle le repoussait, il craignit d'avoir manqué de grâce, et se souvenant d'avoir vu les Vénitiens baiser la main aux femmes qu'ils abordaient, il baisa celle de Mattea; et, voulant ajouter quelque parole agréable, il mit sa propre main sur sa poitrine en disant en italien d'un air grave et solennel : *Votre ami.*

Cette parole simple, ce geste franc et affectueux, la figure noble et belle d'Abul firent tant d'impression sur Mattea, qu'elle ne se fit aucun scrupule de garder un présent si honnêtement offert. Elle crut s'être fait comprendre, et interpréta l'action de son nouvel ami comme un témoignage d'estime et de confiance. — Il ignore nos usages, se dit-elle, et je l'offenserais sans doute en refusant son présent. Mais ce mot d'ami qu'il a prononcé exprime tout ce qui se passe entre lui et moi : loyauté sainte, affection fraternelle; nos cœurs se sont entendus.

Elle mit la boîte dans son sein en disant : — *Oui, amis, amis pour la vie.* Et tout émue, joyeuse, attendrie, rassurée, elle referma son voile et reprit sa sérénité. Abul, satisfait d'avoir rempli son devoir, se rendit le témoignage d'avoir fait un présent de valeur convenable, la boîte étant de cristal du Caucase, et la gomme de lentisque étant une denrée fort chère et fort rare que produit la seule île de Scio, et dont le grand-seigneur avait alors le monopole. Dans cette confiance, il reprit sa cuiller de vermeil et acheva tranquillement son sorbet à la rose.

Pendant ce temps, Timothée, jaloux de tourmenter M. Spada, lui communiquait d'un air important les observations les plus futiles, et chaque fois qu'il le voyait tourner la tête avec inquiétude pour regarder sa fille, il lui disait : — Qui peut vous tourmenter ainsi, mon cher seigneur? la signora Mattea n'est pas seule au café. N'est-elle pas sous la protection de mon maître, qui est l'homme le plus galant de l'Asie-Mineure ? Soyez sûr que le temps ne semble pas trop long au noble Abul-Amet.

Ces réflexions malignes enfonçaient mille serpents dans l'âme bourrelée de Zacomo ; mais en même temps elles réveillaient la seule chance sur laquelle pût être fondé l'espoir d'acheter la soie blanche, et Zacomo se disait : — Allons, puisque la faute est faite, tâchons d'en profiter. Pourvu que ma femme ne le sache pas, tout sera facile à arranger et à réparer.

Il en revenait alors à la supputation de ses intérêts. — Mon cher Timothée, disait-il, sois sûr que ton maître a offert beaucoup trop de cette marchandise. Je connais bien celui qui en a offert deux mille sequins (c'était lui-même), et je te jure que c'était un prix honnête.

— Eh quoi ! répondait le jeune Grec, n'auriez-vous pas pris en considération la situation malheureuse d'un confrère, si c'était vous, je suppose, qui eussiez fait cette offre ?...

— Ce n'est pas moi, Timothée ; je connais trop les bons procédés que je dois à l'estimable Amet pour aller jamais sur ses brisées dans un genre d'affaire qui le concerne exclusivement.

— Oh ! je le sais, reprit Timothée d'un air grave, vous ne vous écartez jamais en secret de la branche d'industrie que vous exercez en public ; vous n'êtes pas de ces débitants qui enlèvent aux fabricants qui les fournissent un gain légitime ; non certes !

En parlant ainsi, il le regarda fixement sans que son visage trahît la moindre ironie ; et ser Zacomo, qui, à l'égard de ses affaires, possédait une assez bonne dose de ruse, affronta ce regard sans que son visage trahît la moindre perfidie.

— Allons donc décider Amet, reprit Timothée, car, entre gens de bonne foi comme nous le sommes, on doit s'entendre à demi-mot. M. Spada vient de m'offrir pour vous, dit-il en turc à son maître, le remboursement de votre créance de cette année; le jour où vous aurez besoin d'argent, il le tiendra à votre disposition.

— C'est bien, répondit Abul; dis à cet honnête homme que je n'en ai pas besoin pour le moment, et que mon argent est plus en sûreté dans ses mains que sur mes navires. La foi d'un homme vertueux est un roc en terre ferme, les flots de la mer sont comme la parole d'un larron.

— Mon maître m'accorde la permission de conclure cette affaire avec vous de la manière la plus loyale et la plus avantageuse aux deux parties, dit Timothée à M. Spada; nous en parlerons donc dans le plus grand détail demain, et si vous voulez que nous allions ensemble examiner la marchandise dans le port, j'irai vous prendre de bonne heure.

— Dieu soit loué! s'écria M. Spada, et que dans sa justice il daigne convertir à la vraie foi l'âme de ce noble musulman!

Après cette exclamation ils se séparèrent, et M. Spada reconduisit sa fille jusque dans sa chambre, où il l'embrassa avec tendresse, lui demandant pardon dans son cœur de s'être servi de sa passion comme d'un enjeu; puis il se mit en devoir d'examiner ses comptes de la journée. Mais il ne fut pas long-temps tranquille, car madame Loredana vint le trouver avec un coffre à la main. C'étaient quelques hardes qu'elle venait de préparer pour sa fille, et elle exigeait que son mari la conduisît chez la princesse le lendemain dès le point du jour, M. Spada n'était plus aussi pressé d'éloigner Mattea ; il tâcha d'éluder ces sommations ; mais voyant qu'elle était décidée à la conduire elle-même dans un couvent s'il hésitait à l'emmener, il fut forcé de lui avouer que la réussite de son affaire dépendait seulement de quelques jours de plus de la présence de Mattea dans la boutique. Cette nouvelle irrita beaucoup la Loredana ; mais ce fut bien pis lorsque ayant fait subir un interrogatoire implacable à son époux, elle lui fit confesser qu'au lieu d'aller chez la princesse dans la soirée, il avait parlé au musulman dans un café en présence de Mattea. Elle devina les circonstances aggravantes que célait encore M. Spada, et les lui ayant arrachées par la ruse, elle entra dans une juste colère contre lui et l'accabla d'injures violentes mais trop méritées.

Au milieu de cette querelle, Mattea, à demi déshabillée, entra, et se mettant à genoux entre eux deux :— Ma mère, dit-elle, je vois que je suis un sujet de trouble et de scandale dans cette maison ; accordez-moi la permission d'en sortir pour jamais. Je viens d'entendre le sujet de votre dispute. Mon père suppose qu'Abul-Amet a le désir de m'épouser, et vous, ma mère, vous supposez qu'il a celui de me séduire et de m'enfermer dans son harem avec ses concubines. Sachez que vous vous trompez tous deux. Abul est un honnête homme à qui sa religion défend sans doute de m'épouser, car il n'y songe pas, mais qui, ne m'ayant point achetée, ne songera jamais à me traiter comme une concubine. Je lui ai demandé sa protection et une existence modeste en travaillant dans ses ateliers ; il me l'accorde ; donnez-moi votre bénédiction, et permettez-moi d'aller vivre à l'île de Scio. J'ai lu un livre chez ma marraine dans lequel j'ai vu que c'était un beau pays, paisible, industrieux, et celui de toute la Grèce où les Turcs exercent une domination plus douce. J'y serai pauvre, mais libre, et vous serez plus tranquilles quand vous n'aurez plus, vous, ma mère, un objet de haine ; vous, mon père, un sujet d'alarmes. J'ai vu aujourd'hui combien le soin de vos richesses a d'empire sur votre âme; mon exil vous tiendra quitte de la dot sans laquelle Checo ne m'eût point épousée, et cette dot dépassera de beaucoup les deux mille sequins auxquels vous eussiez sacrifié le repos et l'honneur de votre fille, si Abul n'eût été un honnête homme, digne de respect encore plus que d'amour.

En achevant ce discours, que ses parents écoutèrent jusqu'au bout, paralysés qu'ils étaient par la surprise, la romanesque enfant, levant ses beaux yeux au ciel, invoqua l'image d'Abul pour se donner de la force ; mais en un instant elle fut renversée sur une chaise et rudement frappée par sa mère, qui était réellement folle dans la colère. M. Spada, épouvanté, voulut se jeter entre elles deux, mais la Loredana le repoussa si rudement qu'il alla tomber sur la table. — Ne vous mêlez pas d'elle, criait la mégère, ou je la tue.

En même temps elle poussa sa fille dans sa chambre ; et comme celle-ci lui demandait avec un sang-froid forcé, inspiré par la haine, de lui laisser de la lumière, elle lui jeta le flambeau à la tête. Mattea reçut une blessure au front, et voyant son sang couler : — Voilà, dit-elle à sa mère, de quoi m'envoyer en Grèce sans regret et sans remords.

Loredana exaspérée eut envie de la tuer; mais saisie d'épouvante au milieu de sa frénésie, cette femme, plus malheureuse que sa victime, s'enfuit en fermant la porte à double tour, arracha violemment la clef qu'elle alla jeter à son mari; puis elle courut s'enfermer dans sa chambre, où elle tomba sur le carreau en proie à d'affreuses convulsions.

Mattea essuya le sang qui coulait sur son visage et regarda une minute cette porte par laquelle sa mère venait de sortir; puis elle fit un grand signe de croix en disant : « Pour jamais! »

En un instant les draps de son lit furent attachés à sa fenêtre, qui, étant située immédiatement au-dessus de la boutique, n'était éloignée du sol que de dix à douze pieds. Quelques passants attardés virent glisser une ombre qui disparut sous les couloirs sombres des Procuraties; puis bientôt après une gondole de place, dont le fanal était caché, passa sous le pont de *San-Mose*, et s'enfuit rapidement avec la marée descendante le long du grand canal.

Je prie le lecteur de ne point trop s'irriter contre Mattea; elle était un peu folle, elle venait d'être battue et menacée de la mort; elle était couverte de sang, et de plus elle avait quatorze ans. Ce n'était pas sa faute si la nature lui avait donné trop tôt la beauté et les malheurs d'une femme, quand sa raison et sa prudence étaient encore dignes d'un enfant.

Pâle, tremblante et retenant sa respiration comme si elle eût craint de s'apercevoir elle-même au fond de la gondole, elle se laissa emporter pendant environ un quart d'heure. Lorsqu'elle aperçut les dentelures triangulaires de la mosquée se dessiner en noir sur le ciel éclairé par la lune, elle commanda au gondolier de s'arrêter à l'entrée du petit canal des Turcs.

La mosquée de Venise est un bâtiment sans beauté,

mais non sans caractère, flanqué et comme surchargé de petites constructions, qui, par leur entassement et leur irrégularité au milieu de la plus belle ville du monde, présentent le spectacle de la barbarie ottomane, inerte au milieu de l'art européen. Ce pâté de temple et de fabriques grossières est appelé à Venise *il Fondaco dei Turchi*. Les maisonnettes étaient toutes habitées par des Turcs; le comptoir de leur compagnie de commerce y était établi, et lorsque Phingari, la lune, brillait dans le ciel, ils passaient les longues heures de la nuit prosternés dans la mosquée silencieuse.

À l'angle formé par le grand et le petit canal qui baignent ces constructions, une d'elles, qui n'est pour ainsi dire que la coque d'une chambre isolée, s'avance sur les eaux à la hauteur de quelques toises. Un petit prolongement y forme une jolie terrasse; je dis jolie à cause d'une tente de toile bleue et de quelques beaux lauriers-roses qui la décorent. Dans une pareille situation, au sein de Venise, et par le clair de lune, il n'en faut pas davantage pour former une retraite délicieuse. C'est là qu'Abul-Amet demeurait. Mattea le savait pour l'avoir vu souvent fumer au déclin du jour, accroupi sur un tapis au milieu de ses lauriers-roses; d'ailleurs chaque fois que son père passait avec elle en gondole devant le Fondaco, il lui avait montré cette baraque, dont la position était assez remarquable, en lui disant : — Voici la maison de notre ami Abul, le plus honnête de tous les négociants.

On abordait à cette prétendue maison par une marche au-dessus de laquelle une niche pratiquée dans la muraille protégeait une lampe, et derrière cette lampe, il y avait et il y a encore une madone de pierre qui est bien littéralement flanquée dans le ventre de la mosquée turque, puisque toutes les constructions adjacentes sont superposées sur la base massive du temple. Ces deux cultes vivaient là en bonne intelligence, et le lien de fraternité entre les mécréants et les giaours, ce n'était pas la tolérance, encore moins la charité ; c'était l'amour du gain, le dieu d'or de toutes les nations.

Mattea suivit le degré humide qui entourait la maison jusqu'à ce qu'elle eût trouvé un escalier étroit et sombre qu'elle monta au hasard. Une porte, fermée seulement au loquet, s'offrit à elle, et ensuite une pièce carrée, blanche et unie, sans aucun ornement, sans autre meuble qu'un lit très-bas et d'un bois grossier, couvert d'un tapis de pourpre rayé d'or, une pile de carreaux de cachemire, une lampe de terre égyptienne, un coffre de bois de cèdre incrusté de nacre de perle, des sabres, des pistolets, des poignards et des pipes du plus grand prix, une veste chamarrée de riches broderies, qui valait bien quatre ou cinq cents thalers, et à laquelle une corde tendue en travers de la chambre servait d'armoire. Une écuelle d'airain de Corinthe pleine de pièces d'or était posée à côté d'un yatagan ; c'était la bourse et la serrure d'Amet. Sa carabine, couverte de rubis et d'émeraudes, était sur son lit, et une devise en gros caractères arabes était écrite sur la muraille au-dessus de son chevet.

Mattea souleva la portière de tapisserie qui servait de fenêtre, et vit sur la terrasse Abul déchaussé et prosterné devant la lune.

Cette profonde immobilité de sa prière, que la présence d'une femme seule avec lui, la nuit, dans sa chambre, ne troublait pas plus que le vol d'un moucheron, frappa la jeune fille de respect. — Ce sont là, pensa-t-elle, les hommes que les mères qui battent leurs filles vouent à la damnation. Comment donc seront damnés les cruels et les injustes ?

Elle s'agenouilla sur le seuil de la chambre et attendit, en se recommandant à Dieu, qu'il eût fini sa prière. Quand il eut fini en effet, il vint à elle, la regarda, essaya d'échanger avec elle quelques paroles inintelligibles de part et d'autre ; puis, comprenant tout bonnement que c'était une fille amoureuse de lui, il résolut de ne pas faire le cruel, et, souriant sans rien dire, il appela son esclave, qui dormait en plein air sur une terrasse supérieure, et lui ordonna d'apporter des sirops, des confitures sèches et des glaces. Puis il se mit à charger sa plus longue pipe de cerisier, afin de l'offrir à la belle compagne de sa nuit fortunée.

Heureusement pour Mattea, qui ne se doutait guère des pensées de son hôte, mais qui commençait à trouver fort embarrassant qu'il ne comprît pas un mot de sa langue, une autre gondole avait descendu le grand canal en même temps que la sienne. Cette gondole avait aussi éteint son fanal, preuve qu'elle allait en aventures. Mais c'était une gondole élégante, bien noire, bien fluette, bien propre, avec une grande scie bien brillante, et montée par les deux meilleurs rameurs de la place. Le signore que l'on menait en conquête était couché tout seul au fond de sa boîte de satin noir, et, tandis que ses jambes nonchalantes reposaient allongées sur les coussins, ses doigts agiles voltigeaient avec une négligente rapidité sur une guitare. La guitare est un instrument qui n'a son existence véritable qu'à Venise, la ville silencieuse et sonore. Quand une gondole rase ce fleuve d'encre phosphorescente, où chaque coup de rame enfonce un éclair, tandis qu'une grêle de petites notes légères, nettes et folâtres bondit et rebondit sur les cordes que parcourt une main invisible, on voudrait arrêter et saisir cette mélodie faible, mais distincte, qui agace l'oreille des passants et qui fuit le long des grandes ombres des palais, comme pour appeler les belles aux fenêtres, et passer en leur disant : — Ce n'est pas pour vous la sérénade, et vous ne saurez ni d'où elle vient ni où elle va.

Or, la gondole était celle que louait Abul durant les mois de son séjour à Venise, et le joueur de guitare était Timothée. Il allait souper chez une actrice, et sur son passage il s'amusait à lutiner par sa musique les jaloux ou les amantes qui veillaient sur les balcons. De temps en temps il s'arrêtait sous une fenêtre, et attendait que la dame eût prononcé bien bas en se penchant sous sa *tendina* le nom de son galant pour lui répondre : *Ce n'est pas moi*, et reprendre sa course et son chant moqueur. C'est à cause de ces courtes, mais fréquentes stations, qu'il avait tantôt dépassé, tantôt laissé courir devant lui la gondole qui renfermait Mattea. La fugitive s'était effrayée chaque fois à son approche, et, dans sa crainte d'être poursuivie, elle avait presque cru reconnaître une voix dans le son de sa guitare.

Il y avait environ cinq minutes que Mattea était entrée dans la chambre d'Abul lorsque Timothée, passant devant le Fondaco, remarqua cette gondole sans fanal qu'il avait déjà rencontrée dans sa course, amarrée maintenant sous la niche de la madone des Turcs. Abul n'était guère dans l'usage de recevoir des visites à cette heure, et d'ailleurs l'idée de Mattea devait se présenter d'emblée à un homme aussi perspicace que Timothée. Il fit amarrer sa gondole à côté de celle-là, monta précipitamment, et trouva Mattea qui recevait une pipe de la main d'Abul, et qui allait recevoir un baiser auquel elle ne s'attendait guère, mais que le Turc se reprochait de lui avoir déjà trop fait désirer. L'arrivée de Timothée changea la face des choses; Abul en fut un peu contrarié : — Retire-toi, mon ami, dit-il à Timothée, tu vois que je suis en bonne fortune.

— Mon maître, j'obéis, répliqua Timothée; cette femme est-elle donc votre esclave?

— Non pas mon esclave, mais ma maîtresse, comme on dit à la mode d'Italie; du moins elle va l'être, puisqu'elle vient me trouver. Elle m'avait parlé tantôt, mais je n'avais pas compris. Elle n'est pas mal.

— Vous la trouvez belle? dit Timothée.

— Pas beaucoup, répondit Abul, elle est trop jeune et trop mince; j'aimerais mieux sa mère, c'est une belle femme bien grasse. Mais il faut bien se contenter de ce qu'on trouve en pays étranger, et d'ailleurs ce serait manquer à l'hospitalité que de refuser à cette fille ce qu'elle désire.

— Et si mon maître se trompait, reprit Timothée; si cette fille était venue ici dans d'autres intentions?

— En vérité, le crois-tu?

— Ne vous a-t-elle rien dit?

— Je ne comprends rien à ce qu'elle dit.

— Ses manières vous ont-elles prouvé son amour?

— Non, mais elle était à genoux pendant que j'achevais ma prière.

— Est-elle restée à genoux quand vous vous êtes levé?

— Non, elle s'est levée aussi.

— Eh bien! dit Timothée en lui-même en regardant la belle Mattea qui écoutait, toute pâle et tout interdite, cet entretien auquel elle n'entendait rien, pauvre insensée! il est encore temps de te sauver de toi-même.

— Mademoiselle, lui dit-il d'un ton un peu froid,

que désirez-vous que je demande de votre part à mon maître?

— Hélas! je n'en sais rien, répondit Mattea fondant en larmes; je demande asile et protection à qui voudra me l'accorder; ne lui avez-vous pas traduit ma lettre de ce matin? Vous voyez que je suis blessée et ensanglantée; je suis opprimée et maltraitée au point que je n'ose pas rester une heure de plus dans la maison de mes parents; je vais me réfugier de ce pas chez ma marraine, la princesse Gica; mais elle ne voudra me soustraire que bien peu de temps aux maux qui m'accablent et que je veux fuir à jamais, car elle est faible et dévote. Si Abul veut me faire avertir le jour de son départ, s'il consent à me faire passer en Grèce sur son brigantin, je fuirai, et j'irai travailler toute ma vie dans ses ateliers pour lui prouver ma reconnaissance.....

— Dois-je dire aussi votre amour? dit Timothée d'un ton respectueux, mais insinuant.

— Je ne pense pas qu'il soit question de cela, ni dans ma lettre, ni dans ce que je viens de vous dire, répondit Mattea en passant d'une pâleur livide à une vive rougeur de colère; je trouve votre question étrange et cruelle dans la position où je suis; j'avais cru jusqu'ici à de l'amitié de votre part. Je vois bien que la démarche que je fais m'ôte votre estime; mais en quoi prouve-t-elle, je vous prie, que j'aie de l'amour pour Abul-Amet?

— C'est bon, pensa Timothée, c'est une fille sans cervelle et non pas sans cœur. Il lui fit d'humbles excuses, l'assura qu'elle avait droit au secours et au respect de son maître, ainsi qu'aux siens, et s'adressant à Abul:
— Seigneur mon maître, qui avez été toujours si doux et si généreux envers moi, lui dit-il, voulez-vous ac-

corder à cette fille la grâce qu'elle demande, et à votre serviteur fidèle celle qu'il va vous demander?

— Parle, répondit Abul; je n'ai rien à refuser à un serviteur et à un ami tel que toi.

— Eh bien! dit Timothée, cette fille, qui est ma fiancée et qui s'est engagée à moi par des promesses sacrées, vous demande la grâce de partir avec nous sur votre brigantin, et d'aller s'établir dans votre atelier à Scio; et moi je vous demande la permission de l'emmener et d'en faire ma femme. C'est une fille qui s'entend au commerce et qui m'aidera dans la gestion de nos affaires.

— Il n'est pas besoin qu'elle soit utile à mes affaires, répondit gravement Abul; il suffit qu'elle soit fiancée à mon serviteur fidèle pour que je devienne son hôte sincère et loyal. Tu peux emmener ta femme, Timothée; je ne soulèverai jamais le coin de son voile; et quand je la trouverais dans mon hamac, je ne la toucherais pas.

— Je le sais, ô mon maître, répondit le jeune Grec, et tu sais aussi que, le jour où tu me demanderas ma tête, je me mettrai à genoux pour te l'offrir; car je te dois plus qu'à mon père, et ma vie t'appartient plus qu'à celui qui me l'a donnée.

— Mademoiselle, dit-il à Mattea, vous avez bien fait de compter sur l'honneur de mon maître; tous vos désirs seront remplis, et, si vous voulez me permettre de vous conduire chez votre marraine, je connaîtrai désormais en quel lieu je dois aller vous avertir et vous chercher au moment du départ de notre voile.

Mattea eût peut-être bien désiré une réponse un peu moins strictement obligeante de la part d'Abul, mais elle n'en fut pas moins touchée de sa loyauté. Elle en exprima sa reconnaissance à Timothée, tout en regrettant tout bas qu'une parole tant soit peu affectueuse n'eût pas accompagné ses promesses de respect. Timothée la fit monter dans sa gondole, et la conduisit au palais de la princesse Veneranda. Elle était si confuse de cette démarche hardie, aveugle inspiration d'un premier mouvement d'effervescence, qu'elle n'osa dire un mot à son compagnon durant la route. — Si l'on vous emmène à la campagne, lui dit Timothée en la quittant à quelque distance du palais, faites-moi savoir où vous allez, et comptez que j'irai vous y trouver.

— On m'enfermera peut-être, dit Mattea tristement.

— On sera bien malin si on m'empêche de me moquer des gardiens, reprit Timothée. Je ne suis pas connu de cette princesse Gica ; si je me présente à vous devant elle, n'ayez pas l'air de m'avoir jamais vu. Adieu, bon courage. Gardez-vous de dire à votre marraine que vous n'êtes pas venue directement de votre demeure à la sienne. Nous nous reverrons bientôt.

VI.

Au lieu d'aller souper chez son actrice, Timothée rentra chez lui et se mit à rêver. Lorsqu'il s'étendit sur son lit, aux premiers rayons du jour, pour prendre le peu d'instants de repos nécessaire à son organisation active, le plan de toute sa vie était déjà conçu et arrêté. Timothée n'était pas, comme Abul, un homme simple et candide, un héros de sincérité et de désintéressement. C'était un homme bien supérieur à lui dans un sens, et peu inférieur dans l'autre, car ses mensonges n'étaient jamais des perfidies, ses méfiances n'étaient jamais des injustices. Il avait toute l'habileté qu'il faut pour être un scélérat, moins l'envie et la volonté de l'être. Dans les occasions où sa finesse et sa prudence étaient nécessaires pour opérer contre des fripons, il leur montrait qu'on peut les surpasser dans leur art sans embrasser leur profession. Ses actions portaient toutes un caractère de profondeur, de prévoyance, de calcul et de persévérance. Il avait trompé bien souvent, mais il n'avait jamais dupé ; ses artifices avaient toujours tourné au profit des bons contre les méchants. C'était là son principe, que tout ce qui est nécessaire est juste, et que ce qui produit le bien ne peut être le mal. C'est un principe de morale turque qui prouve le vide et la folie de toute formule humaine, car les despotes ottomans s'en servent pour faire couper la tête à leurs amis sur un simple soupçon, et Timothée n'en faisait pas moins une excellente application à tous ses actes. Quant à sa délicatesse personnelle, un mot suffisait pour la prouver : c'est qu'il avait été employé par dix maîtres cent fois moins habiles que lui, et qu'il n'avait pas amassé la plus petite pacotille à leur service. C'était un garçon jovial, aimant la vie, dépensant le peu qu'il gagnait, aussi incapable de prendre que de conserver, mais aimant la fortune et la caressant en rêve comme une maîtresse qu'il est très-difficile d'obtenir et très-glorieux de fixer.

Sa plus chère et sa plus légitime espérance dans la vie était de se trouver un jour assez riche pour s'établir en Italie ou en France, et pour être affranchi de toute domination. Il avait pourtant une vive et sincère affection pour Abul, son excellent maître. Quand il faisait des tours d'adresse à ce crédule patron (et c'était toujours pour le servir, car Abul se fût ruiné en un jour s'il eût été livré à ses propres idées dans la conduite des affaires); quand, dis-je, il le trompait pour l'enrichir, c'était sans jamais avoir l'idée de se moquer de lui, car il l'estimait profondément, et ce qui était à ses yeux de la stupidité chez ses autres maîtres devenait de la grandeur chez Abul.

Malgré cet attachement, il désirait se reposer de cette vie de travail, ou au moins en jouir par lui-même, et ne plus user ses facultés au service d'autrui. Une grande opération l'eût enrichi s'il eût eu beaucoup d'argent; mais, n'en ayant pas assez, il n'en voulait pas faire de petites, et surtout il repoussait avec un froid et silencieux mépris les insinuations de ceux qui voulaient l'intéresser aux leurs aux dépens d'Abul-Amet. M. Spada n'y avait pas manqué; mais, comme Timothée n'avait pas voulu comprendre, le digne marchand de soieries se flattait d'avoir été assez habile en échouant pour ne pas se trahir.

Un mariage avantageux était la principale utopie de Timothée. Il n'imaginait rien de plus beau que de conquérir son existence, non sur des sots et des lâches, mais sur le cœur d'une femme d'esprit. Mais, comme il ne voulait pas vendre son honneur à une vieille et laide créature, comme il avait l'ambition d'être heureux en même temps que riche, et qu'il voulait la rencontrer et la conquérir jeune, belle, aimable et spirituelle, on pense bien qu'il ne trouvait pas souvent l'occasion d'espérer. Cette fois, enfin, il l'avait touchée du doigt, cette espérance. Depuis long-temps il essayait d'attirer l'attention de Mattea, et il avait réussi à lui inspirer de l'estime et de l'amitié. La découverte de son amour pour Abul l'avait bouleversé un instant; mais, en y réfléchissant, il avait compris combien peu de crainte devait lui inspirer cet amour fantasque, rêve d'un enfant en colère qui veut fuir ses pédagogues, et qui parle d'aller dans l'île des Fées. Un instant aussi il avait failli renoncer à son entreprise, non plus par découragement, mais par dégoût; car il voulait aimer Mattea en la possédant, et il avait craint de trouver en elle une effrontée. Mais il avait reconnu que la conduite de cette jeune fille n'était que de l'extravagance, et il se sentait assez supérieur à elle pour l'en corriger en faisant le bonheur de tous deux. Elle avait le temps de grandir, et Timothée ne désirait ni espérait l'obtenir avant quelques années. Il fallait commencer par détruire un amour dans son cœur avant de pouvoir y établir le sien. Timothée sentit que le plus sûr moyen qu'un homme puisse employer pour se faire haïr, c'est de combattre un rival préféré et de s'offrir à la place. Il résolut, au contraire, de favoriser en apparence le sentiment de Mattea, tout en le détruisant par le fait sans qu'elle s'en aperçût. Pour cela, il n'était pas besoin de nier les vertus d'Abul, Timothée ne l'eût pas voulu; mais il pouvait faire ressortir l'impuissance de ce cœur musulman pour un amour de femme, sans porter la moindre atteinte de regret à l'amateur éclairé qui trouvait la matrone Loredana plus belle que sa fille.

La princesse Veneranda fut dérangée au milieu de son précieux sommeil par l'arrivée de Mattea à une heure indue. Il n'est guère d'heures indues à Venise; mais en tout pays il en est pour une femme qui subordonne toutes ses habitudes à l'importante affaire de se maintenir le teint frais. Comme pour ajouter au bienfait de ses longues nuits de repos, elle se servait d'un enduit cosmétique dont elle avait acheté la recette à prix d'or à un sorcier arabe; elle fut assez troublée de cet événement, et s'essuya à la hâte pour ne point faire soupçonner qu'elle eût besoin de recourir à l'art. Quand elle eut écouté la plainte de Mattea, elle eut bien envie de la gronder, car elle ne comprenait rien aux idées exaltées; mais elle n'osa le faire, dans la crainte d'agir comme une vieille et de paraître telle à sa filleule et à elle-même. Grâce à cette crainte, Mattea eut la consolation de lui entendre dire : — Je te plains, ma chère amie; je sais ce que c'est que la vivacité des jeunes têtes; je suis encore bien peu sage moi-même, et entre femmes on se doit de l'indulgence. Puisque tu viens à moi, je me conduirai avec toi comme une véritable sœur et te garderai quelques jours, jusqu'à ce que la fureur de ta mère, qui est un peu trop dure, je le sais, soit passée. En attendant, couche-toi sur le lit de repos qui est dans mon cabinet, et je vais envoyer chez tes parents afin qu'en s'apercevant de ta fuite ils ne soient pas en peine.

Le lendemain M. Spada vint remercier la princesse de l'hospitalité qu'elle voulait bien donner à une malheureuse folle. Il parla assez sévèrement à sa fille. Néanmoins il examina avec une anxiété qu'il s'efforçait vainement de cacher la blessure qu'elle avait au front. Quand il eut reconnu que c'était peu de chose, il pria la princesse de l'écouter un instant en particulier; et, quand il fut seul avec elle, il tira de sa poche la boîte de cristal de roche qu'Abul avait donnée à Mattea.
— Voici, dit-il, un bijou et une drogue que cette pauvre infortunée a laissés tomber de son sein pendant que sa mère la frappait. Elle ne peut l'avoir reçue que du Turc

ou de son serviteur. Votre Excellence m'a parlé d'amulettes et de philtres : ceci ne serait-il point quelque poison analogue, propre à séduire et à perdre les filles?

— Par les clous de la sainte croix, s'écria Veneranda, cela doit être!

Mais quand elle eut ouvert la boîte et examiné les pastilles : — Il me semble, dit-elle, que c'est de la gomme de lentisque, que nous appelons mastic dans notre pays. En effet, c'est même de la première qualité, du véritable skinos. Néanmoins il faut essayer d'en tremper un grain dans de l'eau bénite, et nous verrons s'il résistera à l'épreuve.

L'expérience ayant été faite, à la grande gloire des pastilles, qui ne produisirent pas la plus petite détonation et ne répandirent aucune odeur de soufre, Veneranda rendit la boîte à M. Spada, qui se retira en la remerciant et en la suppliant d'emmener au plus vite sa fille loin de Venise.

Cette résolution lui coûtait beaucoup à prendre; car avec elle il perdait l'espoir de la soie blanche, et il retrouvait la crainte d'avoir à payer ses deux mille *doges*. C'est ainsi que, suivant une vieille tradition, il appelait ses sequins, parce que leur effigie représente le doge de Venise à genoux devant saint Marc. *Doze a Zinocchion* est encore pour le peuple synonyme de sequins de la république. Cette monnaie, qui mériterait par son ancienneté de trouver place dans les musées et dans les cabinets, a encore cours à Venise, et les Orientaux la reçoivent de préférence à toute autre, parce qu'elle est d'un or très-pur.

Néanmoins Abul-Amet, à sa prière, se montra d'autant plus miséricordieux qu'il n'avait jamais songé à le rançonner; mais, comme le vieux fourbe avait voulu couper l'herbe sous le pied à son généreux créancier en s'emparant de la soie blanche en secret, Timothée trouva que c'était justice de faire faire cette acquisition à son maître sans y associer M. Spada. Assem, l'armateur smyrniote, s'en trouva bien; car Abul lui en donna mille sequins de plus qu'il n'en espérait, et M. Spada reprocha souvent à sa femme de lui avoir fait par sa fureur un tort irréparable; mais il se taisait bien vite lorsque la virago, pour toute réponse, serrait le poing d'un air expressif, et il se consolait un peu de ses angoisses de tout genre avec l'assurance de ne payer ses chers et précieux doges, ses *dattes succulentes*, comme il les appelait, qu'à la fin de l'année.

Veneranda et Mattea quittèrent Venise ; mais cette prétendue retraite, où la captive devait être soustraite au voisinage de l'ennemi, n'était autre que la jolie île de Torcello, où la princesse avait une charmante villa, et où l'on pouvait venir dîner en partant de Venise en gondole après la sieste. Il ne fut pas bien difficile à Timothée de s'y rendre entre onze heures et minuit sur la *barchetta* d'un pêcheur d'huîtres.

Mattea était assise avec sa marraine sur une terrasse couverte de sycomores et d'aloès, d'où ses grands yeux rêveurs contemplaient tristement le lever de la lune, qui argentait les flots paisibles et semait d'écailles d'argent le noir manteau de l'Adriatique. Rien ne peut donner l'idée de la beauté du ciel dans cette partie du monde ; et quiconque n'a pas rêvé seul le soir dans une barque au milieu de cette mer, lorsqu'elle est plus limpide et plus calme qu'un beau lac, ne connaît pas la volupté. Ce spectacle dédommageait un peu la sérieuse Mattea des niaiseries insipides dont l'entretenait une vieille fille coquette et bornée.

Tout à coup il sembla que le vent apportait les notes grêles et coupées d'une mélodie lointaine. La musique n'était pas chose rare sur les eaux de Venise ; mais Mattea crut reconnaître des sons qu'elle avait déjà entendus. Une barque se montrait au loin, semblable à une imperceptible tache noire sur un immense voile d'argent. Elle s'approcha peu à peu, et les sons de la guitare de Timothée devinrent plus distincts. Enfin la barque s'arrêta à quelque distance de la villa, et une voix chanta une romance amoureuse où le nom de Veneranda revenait à chaque refrain au milieu des plus emphatiques métaphores. Il y avait si long-temps que la pauvre princesse n'avait plus d'aventures qu'elle ne fut pas difficile sur la poésie de cette romance. Elle en parla toute la soirée et tout le lendemain avec des minauderies charmantes et en ajoutant tout haut, pour moralité à ses doux commentaires, de grandes exclamations sur le malheur des femmes qui ne pouvaient échapper aux inconvénients de leur beauté et qui n'étaient en sûreté nulle part. Le lendemain Timothée vint chanter plus près encore une romance encore plus absurde, qui fut trouvée non moins belle que l'autre. Le jour suivant il fit parvenir un billet, et le quatrième jour il s'introduisit en personne dans le jardin, bien certain que la princesse avait fait mettre les chiens à l'attache et qu'elle avait envoyé coucher tous ses gens. Ce n'est pas qu'aux temps les plus florissants de sa vie elle n'eût été galante. Elle n'avait jamais eu ni une vertu ni un vice ; mais tout homme qui se présentait chez elle avec l'adulation sur les lèvres était sûr d'être accueilli avec reconnaissance. Timothée avait pris de bonnes informations, et il se précipita aux pieds de la douairière dans un moment où elle était seule, et, sans s'effrayer de l'évanouissement qu'elle ne manqua pas d'avoir, il lui débita une si belle tirade qu'elle s'adoucit ; et, pour lui sauver la vie (car il ne fit pas les choses à demi, et, comme tout galant eût fait à sa place, il menaça de se tuer devant elle), elle consentit à le laisser venir de temps en temps baiser le bas de sa robe. Seulement, comme elle tenait à ne pas donner un mauvais exemple à sa filleule, elle recommanda bien à son humble esclave de ne pas s'avouer pour le chanteur de romances et de se présenter dans la maison comme un parent qui arrivait de Morée.

Mattea fut bien surprise le lendemain à table lorsque ce prétendu neveu, annoncé le matin par sa marraine, parut sous les traits de Timothée ; mais elle se garda bien de le reconnaître, et ce ne fut qu'au bout de quelques jours qu'elle se hasarda à lui parler. Elle apprit de lui, à la dérobée, qu'Abul, occupé de ses soieries et de sa teinture, ne retournerait guère dans son île qu'au bout d'un mois. Cette nouvelle affligea Mattea, non-seulement parce qu'elle lui inspirait la crainte d'être forcée de retourner chez sa mère, d'où il lui serait très-difficile désormais de s'échapper, mais parce qu'elle lui ôtait le peu d'espérance qu'elle conservait d'avoir fait quelque impression sur le cœur d'Abul. Cette indifférence de son sort, cette préférence donnée sur elle à des intérêts commerciaux, c'était un coup de poignard enfoncé peut-être dans son amour-propre encore plus que dans son cœur ; car nous avouons qu'il nous est très-difficile de croire que son cœur jouât un rôle réel dans ce roman de grande passion. Néanmoins, comme ce cœur était noble, la mortification de l'orgueil blessé y produisit de la douleur et de la honte sans aucun mélange d'ingratitude ou de dépit ; elle ne cessa pas de parler d'Abul avec vénération et de penser à lui avec une sorte d'enthousiasme.

Timothée devint, en moins d'une semaine, le sigisbé en titre de Veneranda. Rien n'était plus agréable pour elle que de trouver, à son âge, un tout jeune et assez joli garçon, plein d'esprit, et jouant merveilleusement de la guitare, qui voulût bien porter son éventail, ramasser son bouquet, lui dire des impertinences et lui écrire des bouts-rimés. Il avait soin de ne jamais venir à Torcello qu'après s'être bien assuré que M. et madame Spada étaient occupés en ville et ne viendraient pas le surprendre aux pieds de sa princesse, qui ne le connaissait que sous le nom du prince Zacharias Kalasi.

Durant les longues soirées, le sans-gêne de la campagne permettait à Timothée d'entretenir Mattea, d'autant plus qu'il venait souvent des visites, et que dame Gica, par soin de sa réputation, prescrivait à son cavalier servant de l'attendre au jardin tandis qu'elle serait au salon ; et pendant ce temps, comme elle ne craignait rien au monde plus que de le perdre, elle recommandait à sa filleule de lui tenir compagnie, sûre que ses charmes de quatorze ans ne pouvaient entrer en lutte avec les siens. Le jeune Grec en profita, non pour parler de ses prétentions, il s'en garda bien, mais pour l'éclairer sur le véritable caractère d'Abul, qui n'était rien moins qu'un galant paladin, et qui, malgré sa douceur et sa bonté naturelles, faisait jeter une femme adultère dans un puits, ni plus ni moins que si c'eût été un chat. Il lui peignit en même temps les mœurs des Turcs, l'intérieur des harems, l'impossibilité d'enfreindre leurs lois qui faisaient de la femme une marchandise appartenant à l'homme, et jamais une compagne ou une amie. Il lui porta le dernier coup en lui apprenant qu'Abul, outre vingt femmes dans son harem, avait une femme légitime dont les enfants étaient élevés avec plus de soin que ceux des autres, et qu'il aimait autant qu'un Turc peut aimer une femme, c'est-à-dire un peu plus que sa pipe et un peu moins que son cheval. Il engagea beaucoup Mattea à ne pas se placer sous la domination de cette femme, qui, dans un accès de jalousie, pourrait bien la faire étrangler par ses eunuques. Comme il lui disait toutes ces choses par manière de conversation, et sans paraître lui donner des avertissements dont elle se fût peut-être méfiée, elles faisaient une profonde impression sur son esprit et la réveillaient comme d'un rêve.

En même temps il eut soin de lui dire tout ce qui pouvait lui donner l'envie d'aller à Scio, pour y jouir, dans les ateliers qu'il dirigeait, d'une liberté entière et d'un sort paisible. Il lui dit qu'elle trouverait à y exercer les talents qu'elle avait acquis dans la profession de son père, ce qui l'affranchirait de toute obligation qui pût faire rougir sa fierté auprès d'Abul. Enfin il lui fit une si riante peinture du pays, de sa fertilité, de ses productions rares, des plaisirs du voyage, du charme qu'on éprouve à se sentir le maître et l'artisan de sa destinée, que sa tête ardente et son caractère fort et aventureux embrassèrent l'avenir sous cette nouvelle face. Timothée eut soin aussi de ne pas détruire tout à fait son amour romanesque, qui était le plus sûr garant de son départ, et dont il ne se flattait pas vainement de triompher. Il lui laissa un peu d'espoir, en lui disant qu'Abul venait souvent dans les ateliers et qu'il y était adoré. Elle pensa qu'elle aurait au moins la douceur de le voir; et quant à lui, il connaissait trop la parole de son maître pour s'inquiéter des suites de ces entrevues.

Quand tout ce travail que Timothée avait entrepris de faire dans l'esprit de Mattea eut porté les fruits qu'il en attendait, il pressa son maître de mettre à la voile, et Abul, qui ne faisait rien que par lui, y consentit sans peine. Au milieu de la nuit, une barque vint prendre la fugitive à Torcello et la conduisit droit au canal des Marane, où elle s'amarra à un des pieux qui bordent ce chemin des navires au travers des bas-fonds. Lorsque le brigantin passa, Abul tendit lui-même une corde à Timothée, car il eût emmené trente femmes plutôt que de laisser ce serviteur fidèle, et la belle Mattea fut installée dans la plus belle chambre du navire.

VII.

Trois ans environ après cette catastrophe, la princesse Veneranda était seule un matin dans la villa de Torcello, sans filleule, sans sigisbé, sans autre société pour le moment que son petit chien, sa soubrette et un vieil abbé qui lui faisait encore de temps en temps un madrigal ou un acrostiche. Elle était assise devant une superbe glace de Murano, et surveillait l'édifice savant que son coiffeur lui élevait sur la tête avec autant de soin et d'intérêt qu'aux plus beaux jours de sa jeunesse. C'était toujours la même femme, pas beaucoup plus laide, guère plus ridicule, aussi vide d'idées et de sentiments que par le passé. Elle avait conservé le goût fantasque qui présidait à sa parure et qui caractérise les femmes grecques lorsqu'elles sont dépaysées, et qu'elles veulent entasser sur elles les ornements de leur costume avec ceux des autres pays. Veneranda avait en ce moment sur la tête un turban, des fleurs, des plumes, des rubans, une partie de ses cheveux poudrée et une autre teinte en noir. Elle essayait d'ajouter des crépines d'or à cet attirail qui ne la faisait pas mal ressembler à une des belettes empanachées dont parle La Fontaine, lorsque son petit nègre lui vint annoncer qu'un jeune Grec demandait à lui parler. — Juste ciel! serait-ce l'ingrat Zacharias? s'écria-t-elle.

— Non, madame, répondit le nègre, c'est un très-beau jeune homme que je ne connais pas, et qui ne veut vous parler qu'en particulier.

— Dieu soit loué! c'est un nouveau sigisbé qui me tombe du ciel, pensa Veneranda; et elle fit retirer les témoins en donnant l'ordre d'introduire l'inconnu par l'escalier dérobé. Avant qu'il parût, elle se hâta de donner un dernier coup d'œil à sa glace, marcha dans la chambre pour essayer la grâce de son panier, fonça un peu son rouge, et se posa ensuite gracieusement sur son ottomane.

Alors un jeune homme, beau comme le jour ou comme un prince de conte de fées, et vêtu d'un riche costume grec, vint se précipiter à ses pieds et s'empara d'une de ses mains qu'il baisa avec ardeur.

— Arrêtez, monsieur, arrêtez! s'écria Veneranda éperdue; on n'abuse pas ainsi de l'étonnement et de l'émotion d'une femme dans le tête-à-tête. Laissez ma main; vous voyez que je suis si tremblante que je n'ai pas la présence d'esprit de vous la retirer. Qui êtes-vous? au nom du ciel! et que doivent me faire craindre ces transports imprudents?

— Hélas! ma chère marraine, répondit le beau garçon, ne reconnaissez-vous point votre filleule, la coupable Mattea, qui vient vous demander pardon de ses torts et les expier par son repentir?

La princesse jeta un cri en reconnaissant en effet Mattea, mais si grande, si forte, si brune et si belle sous ce déguisement, qu'elle lui causait la douce illusion d'un jeune homme charmant à ses pieds. — Je te pardonnerai, à toi, lui dit-elle en l'embrassant; mais que ce misérable Zacharias, Timothée, ou comme on voudra l'appeler, ne se présente jamais devant moi.

— Hélas! chère marraine, il n'oserait, dit Mattea; il est resté dans le port sur un vaisseau qui nous appartient et qui apporte à Venise une belle cargaison de soie blanche. Il m'a chargée de plaider sa cause, de vous peindre son repentir et d'implorer sa grâce.

— Jamais! jamais! s'écria la princesse.

Cependant elle s'adoucit en recevant de la part de son infidèle sigisbé un cachemire si magnifique, qu'elle oublia tout ce qu'il y avait d'étrange et d'intéressant dans le retour de Mattea pour examiner ce beau présent, l'essayer et le draper sur ses épaules. Quand elle en eut admiré l'effet, elle parla de Timothée avec moins d'aigreur, et demanda depuis quand il était armateur et négociant pour son compte.

— Depuis qu'il est mon époux, répondit Mattea, et qu'Abul lui a fait un prêt de cinq mille sequins pour commencer sa fortune.

— Eh quoi! vous avez épousé Zacharias? s'écria Veneranda, qui voyait dès lors en Mattea une rivale; c'était donc de vous qu'il était amoureux lorsqu'il me faisait ici de si beaux serments et de si beaux quatrains? O perfidie d'un petit serpent réchauffé dans mon sein! Ce n'est pas que j'aie jamais aimé ce freluquet; Dieu merci, mon cœur superbe a toujours résisté aux traits de l'amour ; mais c'est un affront que vous m'avez fait l'un et l'autre...

— Hélas ! non, ma bonne marraine, répondit Mattea, qui avait pris un peu de la fourberie moqueuse de son mari ; Timothée était réellement fou d'amour pour vous. Rassemblez bien vos souvenirs, vous ne pourrez en douter. Il songeait à se tuer par désespoir de vos dédains. Vous savez que de mon côté j'avais mis dans ma petite cervelle une passion imaginaire pour notre respectable patron Abul-Amet. Nous partîmes ensemble, moi pour suivre l'objet de mon fol amour, Timothée pour fuir vos rigueurs, qui le rendaient le plus malheureux des hommes. Peu à peu, le temps et l'absence calmèrent sa douleur ; mais la plaie n'a jamais été bien fermée, soyez-en sûre, madame ; et s'il faut vous l'avouer, tout en demandant sa grâce, je tremble de l'obtenir ; car je ne songe pas sans effroi à l'impression que lui fera votre vue.

— Rassure-toi, ma chère fille, répondit la Gica tout à fait consolée, en embrassant sa filleule, tout en lui tendant une main miséricordieuse et amicale ; je me souviendrai qu'il est maintenant ton époux, et je te ménagerai son cœur, en lui montrant la sévérité que je dois avoir pour un amour insensé. La vertu que, grâce à la sainte Madone, j'ai toujours pratiquée, et la tendresse que j'ai pour toi, me font un devoir d'être austère et prudente avec lui. Mais explique-moi, je te prie, comment ton amour pour Abul s'est passé, et comment tu t'es décidée à épouser ce Zacharias que tu n'aimais point.

— J'ai sacrifié, répondit Mattea, un amour inutile et vain à une amitié sage et vraie. La conduite de Timothée envers moi fut si belle, si délicate, si sainte, il eut pour moi des soins si désintéressés et des consolations si éloquentes, que je me rendis avec reconnaissance à son affection. Lorsque nous avons appris la mort de ma mère, j'ai espéré que j'obtiendrais le pardon et la bénédiction de mon père, et nous sommes venus l'implorer, comptant sur votre intercession, ô ma bonne marraine !

— J'y travaillerai de mon mieux ; cependant je doute qu'il pardonne jamais à ce Zacharias, à ce Timothée, veux-je dire, les tours perfides qu'il lui a joués.

— J'espère que si, reprit Mattea ; la position de mon mari est assez belle maintenant, et ses talents sont assez connus dans le commerce, pour que son alliance ne semble point désavantageuse à mon père.

La princesse fit aussitôt amener sa gondole, et conduisit Mattea chez M. Spada. Celui-ci eut quelque peine à la reconnaître sous son habit sciote ; mais dès qu'il se fut assuré que c'était elle, il lui tendit les bras et lui pardonna de tout son cœur. Après le premier mouvement de tendresse, il en vint aux reproches et aux lamentations ; mais dès qu'il fut au courant de la face qu'avait prise la destinée de Mattea, il se consola, et voulut aller sur-le-champ dans le port voir son gendre et la soie blanche qu'il apportait. Pour acheter ses bonnes grâces, Timothée la lui vendit à un très-bas prix, et n'eut point lieu de s'en repentir ; car M. Spada, touché de ses égards et frappé de son habileté dans le négoce, ne le laissa point repartir pour Scio sans avoir reconnu son mariage et sans l'avoir mis au courant de toutes ses affaires. En peu d'années la fortune de Timothée suivit une marche si heureuse et si droite, qu'il put rembourser la somme que son cher Abul lui avait prêtée ; mais il ne put jamais lui en faire accepter les intérêts. M. Spada, qui avait un peu de peine à abandonner la direction de sa maison, parla pendant quelque temps de s'associer à son gendre; mais enfin Mattea étant devenue mère de deux beaux enfants, Zacomo se sentant vieillir, céda son comptoir, ses livres et ses fonds à Timothée, en se réservant une large pension, pour le payement régulier de laquelle il prit scrupuleusement toutes ses sûretés, en disant toujours qu'il ne se méfiait pas de son gendre, mais en répétant ce vieux proverbe des négociants : *Les affaires sont les affaires.*

Timothée se voyant maître de la belle fortune qu'il avait attendue et espérée, et de la belle femme qu'il aimait, se garda bien de laisser jamais soupçonner à celle-ci combien ses vues dataient de loin. En cela il eut raison. Mattea crut toujours de sa part à une affection parfaitement désintéressée, née à l'île de Scio, et inspirée par son isolement et ses malheurs. Elle n'en fut pas moins heureuse pour être un peu dans l'erreur. Son mari lui prouva toute sa vie qu'il l'aimait encore plus que son argent, et l'amour-propre de la belle Vénitienne trouva son compte à se persuader que jamais une pensée d'intérêt n'avait trouvé place dans l'âme de Timothée à côté de son image. Avis à ceux qui veulent savoir le fond de la vie, et qui tuent la poule aux œufs d'or pour voir ce qu'elle a dans le ventre! Il est certain que si Mattea, après son mariage, eût été déshéritée, Timothée ne l'aurait pas moins bien traitée, et probablement il n'en eût pas ressenti la moindre humeur; les hommes comme lui ne font pas souffrir les autres de leurs revers, car il n'est guère de véritables revers pour eux. Abul-Amet et Timothée restèrent associés d'affaires et amis de cœur toute leur vie. Mattea vécut toujours à Venise, dans son magasin, entre son père, dont elle ferma les yeux, et ses enfants, pour lesquels elle fut une tendre mère, disant sans cesse qu'elle voulait réparer envers eux les torts qu'elle avait eus envers la sienne. Timothée alla tous les ans à Scio, et Abul revint quelquefois à Venise. Chaque fois que Mattea le revit après une absence, elle éprouva une émotion dont son mari eut très-grand soin de ne jamais s'apercevoir. Abul ne s'en apercevait réellement pas, et, lui baisant la main à l'italienne, il lui disait la seule parole qu'il eût pu jamais apprendre : *Votre ami*.

Quant à Mattea, elle parlait à merveille les langues modernes de l'Orient, et dans la conduite de ses affaires elle était presque aussi entendue que son mari. Plusieurs personnes, à Venise, se souviennent de l'avoir vue. Elle était devenue un peu forte de complexion pour une femme, et le soleil d'Orient l'avait bronzée, de sorte que sa beauté avait pris un caractère un peu viril. Soit à cause de cela, soit à cause de l'habitude qu'elle en avait contractée dans la vie de commis qu'elle avait menée à Scio, et qu'elle menait encore à Venise, elle garda toujours son élégant costume sciote, qui lui allait à merveille, et qui la faisait prendre pour un jeune homme par tous les étrangers. Dans ces occasions, Veneranda, quoique décrépite, se redressait encore, et triomphait d'avoir un si beau sigisbé au bras. La princesse laissa une partie de ses biens à cet heureux couple, à la charge de la faire ensevelir dans une robe de drap d'or et de prendre soin de son petit chien.

FIN DE MATTEA.

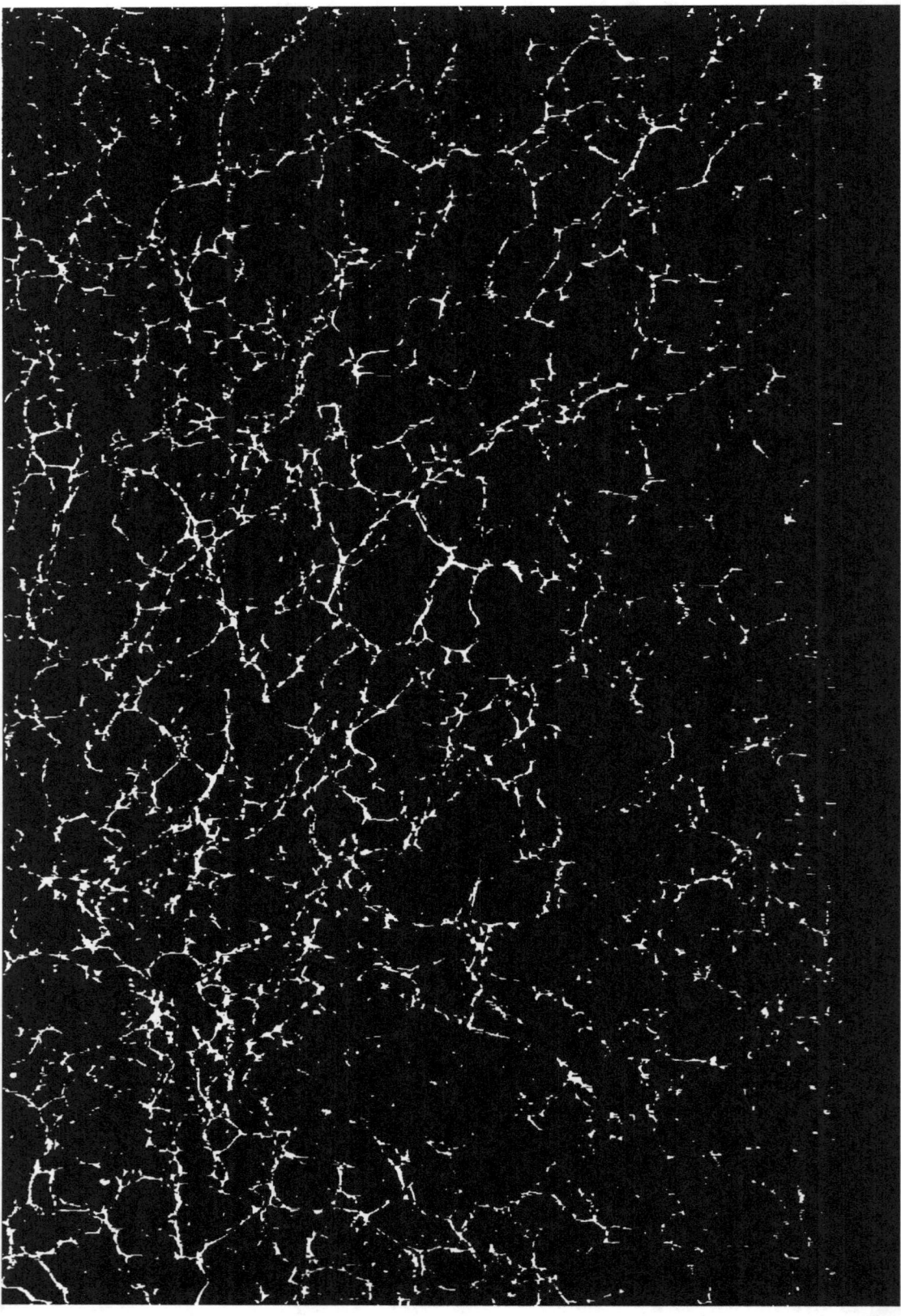

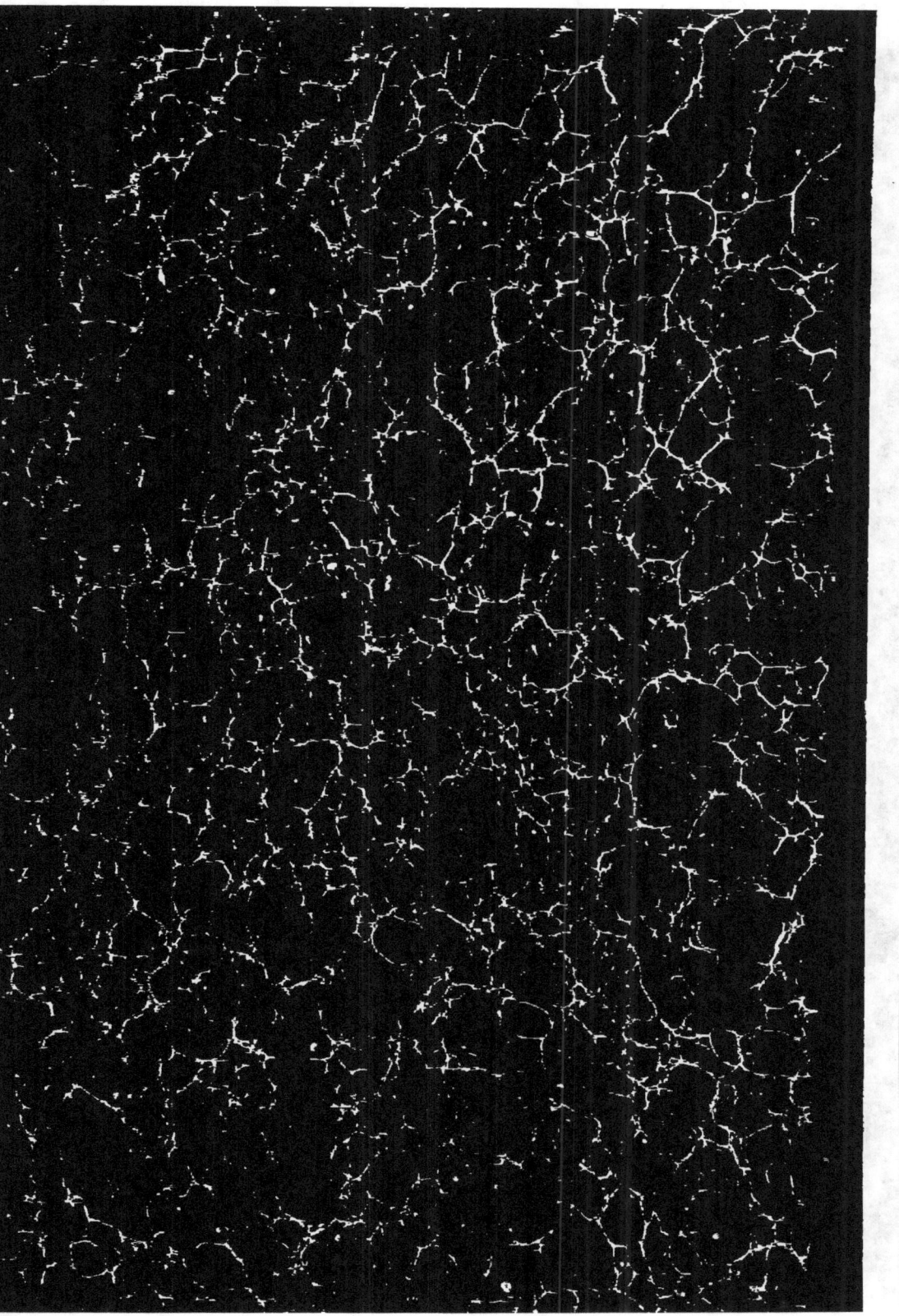